青岛市社科规划重点项目

青岛市经济社会发展蓝皮书:2022

青岛市社会科学院
青岛市城市发展研究中心　编

中国海洋大学出版社
·青岛·

图书在版编目(CIP)数据

青岛市经济社会发展蓝皮书.2022/青岛市社会科学院,青岛市城市发展研究中心编.—青岛:中国海洋大学出版社,2021.12

ISBN 978-7-5670-3062-6

Ⅰ.①青⋯　Ⅱ.①青⋯②青⋯　Ⅲ.①区域经济发展—经济分析—青岛—2022②区域经济发展—经济预测—青岛—2022③社会发展—社会分析—青岛—2022④社会预测—青岛—2022　Ⅳ.①F127.523

中国版本图书馆 CIP 数据核字(2021)第 273222 号

出版发行	中国海洋大学出版社		
社　　址	青岛市香港东路 23 号	**邮政编码**	266071
出 版 人	杨立敏		
网　　址	http://pub.ouc.edu.cn		
电子信箱	coupljz@126.com		
订购电话	0532—82032573(传真)		
责任编辑	李建筑	**电　　话**	0532—85902505
印　　制	青岛国彩印刷股份有限公司		
版　　次	2021 年 12 月第 1 版		
印　　次	2021 年 12 月第 1 次印刷		
成品尺寸	164 mm×240 mm		
印　　张	22		
字　　数	386 千		
印　　数	1—1000		
定　　价	58.00 元		

编辑委员会

前　言

　　2021年是中国共产党成立100周年,我们党的一百年,是矢志践行初心使命的一百年,是筚路蓝缕奠基立业的一百年,是创造辉煌开辟未来的一百年。在中国共产党百年华诞的重要时刻,在"两个一百年"奋斗目标历史交汇关键节点上,党的十九届六中全会胜利召开,审议通过了《中共中央关于党的百年奋斗重大成就和历史经验的决议》,这是一篇光辉的马克思主义纲领性文献,是新时代中国共产党人牢记初心使命、坚持和发展中国特色社会主义的政治宣言,是以史为鉴、开创未来、实现中华民族伟大复兴的行动指南。当前,世界百年未有之大变局加速演进,中华民族伟大复兴进入关键时期,我们比历史上任何时期都更接近、更有信心和能力实现中华民族伟大复兴的目标。奋斗新时代,奋进新征程。新起点呼唤新担当,新征程需要新作为。2021年,青岛被中央文明委确定为13个全国文明典范城市试点城市,今后,青岛将从党的百年历史中汲取继续前行的智慧和力量,牢记习近平总书记嘱托,锚定"走在前列、全面开创""三个走在前"总目标,扎实做好青岛各项工作,持续推动高质量发展,加快建设现代化国际大都市,努力当好山东发展的龙头,为实现第二个百年奋斗目标、实现中华民族伟大复兴贡献青岛力量。在即将到来的2022年,作为青岛市社科规划重点项目的《青岛市经济社会发展蓝皮书》已走过21个春秋,它是青岛市社会科学院、青岛市城市发展研究中心汇集青岛市社会各界专家学者的集体智慧而奉献给读者的精品力作;它选择青岛市经济社会发展进程中的重点、热点和难点问题,以科学、翔实的经济社会发展数据为分析预测基础,遵循理论与实践相联系、宏观研究与微观研究相结合的原则,真实、全面地分析了青岛市年度经济社会发展的形势,客观地预测下一年度青岛市经济社会的发展走势;它已成为每年青岛市党代表、人大代表、政协委员的参考书目,已成为青岛市社科界服务党委和政府决策的重要平台和联系社会公众的桥梁纽带,已成为青岛城市经济社会发展的历史见证。

2021年，青岛市高举中国特色社会主义伟大旗帜，以马克思列宁主义、毛泽东思想、邓小平理论、"三个代表"重要思想、科学发展观、习近平新时代中国特色社会主义思想为指导，深入学习贯彻党的十九大和十九届二中、三中、四中、五中、六中全会精神，深入学习贯彻习近平总书记对山东、对青岛工作的重要指示要求，立足青岛市经济社会发展实际，统筹推进"五位一体"总体布局，协调推进"四个全面"战略布局，坚定不移贯彻新发展理念，积极融入新发展格局，加快建设现代化国际大都市，经济社会各项事业取得令人瞩目的成就。

《青岛市经济社会发展蓝皮书：2022》是青岛市社会科学院、青岛市城市发展研究中心组织编写的第21本蓝皮书。"蓝皮书"以习近平新时代中国特色社会主义思想为统领，契合"建设现代化国际大都市"的总体要求，强调实事求是地反映2021年青岛市经济社会发展中取得的成果和存在的问题，在客观公正地分析研究的基础上，对2022年青岛市经济社会发展的趋势进行了较为科学的预测，并提出了具有较强可行性的对策建议。

2022年"蓝皮书"在框架体系上既继续保留以往的风格，又进一步完善创新，并形成新的特色。在体例上分为"经济篇""社会篇""区（市）篇"3个篇章，由31个分报告组成。"经济篇""社会篇""区（市）篇"既相互联系，又各具特色，共同构筑起2022年"蓝皮书"的整体框架，突出和保持青岛市"蓝皮书"的多层次、宽领域、更全面地反映经济社会发展形势的鲜明特色。

"经济篇"共设10个分报告，从经济全视角审视了青岛2021年经济发展情况并作了深入、客观的分析，对2022年经济发展趋势进行科学预测和展望。该篇以2021—2022年青岛市经济形势分析与预测为重点，对青岛市高水平开放、现代服务业、上市公司、创新驱动、港口经济、金融业、区域协调发展、科技创新、"十三五"税收形势及"十四五"税收等方面设立分报告进行专门分析及预测，以此作为对青岛市经济形势分析与预测的有力支撑，并尽可能全面反映青岛经济高质量发展中呈现出的特点。

"社会篇"共设11个分报告，以2021—2022年青岛市社会形势分析与预测为重点，透过社会发展不同领域的具体情况，高起点、宽领域、多视角地展示青岛市社会和谐发展的形势。如对青岛市就业、乡村治理、市政公用事业、旅游业、社会救助、学前教育、"博物馆之城"、招才引智与创业城市、公立医院高质量发展、数字政府建设等方面进行的分析预测和研究。

"区（市）篇"共设10个分报告，对青岛市各区（市）经济社会发展的现状作了细致分析，比较理性地预测了其走势，并在此基础上重点突出了各区(市)的特色。如李沧区构筑共建共治共享社区治理共同体、西海岸新区民营经济发展形势、崂山区优化营商环境情况、即墨区文化产业发展状况、平度市农村养老服务发展情况、莱西市全面推进乡村振兴情况、市南区西部老城区产业业态升级、市北区统一战线助推营商环境优化、城阳区基层社会治理、胶州市建立党史学习教育常态化机制等方面进行的分析预测和研究。

近年来,青岛市各级领导机关和有关部门,都十分注重对城市经济和社会发展状况的综合分析和科学预测工作,并取得了相应的丰硕成果,为城市发展宏观决策提供了参考。这对于率先走在前列,实现蓝色跨越,加快建设现代化国际大都市的青岛来说,在决策的科学化方面发挥了重要的作用。正因为如此,"蓝皮书"的编写得到各方面领导的高度重视,也可以说是在他们的直接关怀和指导下完成的。中共青岛市委常委、宣传部部长孙立杰在百忙中对本书的编写作了重要指示;市委宣传部副部长、二级巡视员刘青林对本书编写提出了许多有价值的意见和具体的要求;青岛市社科规划办也将"蓝皮书"列入青岛市社科规划重点项目;本书在编写过程中,还得到了各级党委政府、有关部门和社会各界人士的大力支持。在此,我们谨表示衷心的感谢。

本书由赵明辉研究员、于淑娥研究员、姜红编审进行编辑、校对;由市社科联副主席、社科院副院长李本雄审稿、统稿;由市社科联党组书记崔坤山审稿、统稿并最后定稿。王发栋同志负责本书的组织协调等工作。

需要强调的是,按照"蓝皮书"通常定稿时间为本年度11月末的惯例,作者对形势分析所采用的数据大部分截止到2021年的第三季度末,并在此基础上预测出全年的测算数据,2021年全年的实际数据仍以青岛市统计局正式公布的数据为准;本书各篇文章的观点,仅代表作者本人,既不代表编者,也不代表作者所属的机构;同时,由于编写水平及时间所限,错误之处肯定存在,敬请广大读者不吝赐教。

编者

二〇二一年十一月

目　次

经济篇

社会篇

区（市）篇

CONTENTS

Economy Part

Society Part

District Part

2022

经济篇

2021—2022年青岛市经济形势分析与预测

冷 静

2021年是我国开启全面建设社会主义现代化国家新征程的第一年,也是"十四五"规划的开局之年。面对国内外风险挑战明显增多的复杂局面,全市认真贯彻落实党中央、省委决策部署,持续巩固疫情防控和经济社会发展成效,聚焦聚力"六稳""六保"工作任务,强化政策支撑引领,扎实推动经济高质量发展,着力增强市民获得感、幸福感、安全感,始终保持经济持续健康发展和社会大局稳定,实现了经济发展速度、质量和效益的统筹兼顾。

一、2021年1—9月青岛市经济形势分析

2021年以来,面对全球疫情仍在持续演变,外部环境更趋复杂严峻,国内经济恢复仍然不稳固、不均衡,经济运行还面临许多结构性矛盾、体制性障碍的困难局面,青岛深入贯彻习近平总书记对青岛工作的重要指示要求,聚力发展实体经济、推动数字化转型、扩大对外开放、提升城市品质,加快建设现代化国际大都市,迅速打开各项工作的突破口,经济持续健康发展。总体看,全市经济延续稳定增长态势,主要经济指标平稳向好,经济结构调整优化,质量效益稳步提升,经济社会高质量发展取得新成效,为实现全年目标和"十四五"开好局打下了坚实基础(表1)。

表1 2021年1—9月全国、山东省、青岛市经济发展情况

	全国		山东省		青岛市	
	数值	增速（％）	数值	增速（％）	数值	增速（％）
国内生产总值(亿元)	823131	9.8	60439.2	9.9	10310.36	10.7
三次产业结构	6.2：39.0：54.8		6.8：39.2：54.0		3.2：34.7：62.1	

（续表）

	全国		山东省		青岛市	
	数值	增速（%）	数值	增速（%）	数值	增速（%）
规模以上工业增加值（亿元）	—	11.8	—	11.6	—	11.3
固定资产投资（亿元）	397827	7.3	—	8.7	—	10.9
社会消费品零售总额（亿元）	318057	16.4	23674.6	18.6	4000.3	18.0
进出口总额（亿元）	283264	22.7	21187.3	36.8	6225.9	36.6
进口总额（亿元）	127787	22.6	8854.6	33.4	2710.7	47.2
出口总额（亿元）	155477	22.7	12332.8	39.3	3515.2	29.4
实际利用外资（亿美元）	8595.1	19.6	162.6	50.9	48.4	19.3
一般公共财政预算收入（亿元）	164020	16.3	5809.6	16.4	1065.3	15.4
城镇居民人均可支配收入（元）	35946	8.7	35497	8.6	44900	8.5
农村居民人均可支配收入（元）	13726	11.2	16861	11.8	22143	11.6

（一）创新驱动战略顺利实施，创新城市建设进一步加强

1. 战略科技力量逐步提升，科技创新策源能力明显增强

2021 年以来，积极推进国家高速列车技术创新中心建设，实行"事业＋公司"双轨运行模式，在轮轨系统动力学、轻量化材料和系统节能等领域开展关键技术攻关，世界首套时速 600 千米高速磁浮交通系统成功下线。推进中科院海洋大科学研究中心建设，山东能源研究院完成一期工程项目招标。青岛新能源山东省实验室建设方案获省政府批复。获批国家耐盐碱水稻技术创新中心（分中心）。承建工业互联网、航空轮胎、无水印染等 16 家省级技术创新中心，获批海洋生物、海洋环境模拟等 5 家省重点实验室。科技部批复建设全省规模最大生物安全 P3 实验室。获批科技部中国—沙特石油能源"一带一路"联合实验室，开展能源领域跨国科技协同攻关。推进中国—上海合作组织技术转移中心建设，建成涵盖 500 余个高端项目的国际技术成果库。推动中德青年科学院（青岛）发展中心与中车四方签约共建"中德轨道交通轻量化研究所"。引进青岛认知人工智能研究院落地，开展治疗自闭症、抑郁症等技术产品研发。出台《青岛产业领军人才（团队）选拔管理办法》，破除"四唯"倾向，以项目水平评定人才层次，注重成果转化、市场

贡献和产业前景。印发《青岛市离岸创新创业基地管理办法》,扩大海外人才"朋友圈",吸引国外人才项目资源。

2.企业创新主体地位突出,创业孵化平台体系逐步强化

积极开展国家科技型中小企业评价,上半年,三批共3000家企业通过评价,科技型企业队伍持续壮大。持续开展高新技术企业上市培育行动,上半年新增上市高新技术企业6家,总数达33家,更多科技企业借助资本力量做大做强,质量规模不断攀升。推动军事医学研究院、中科院"高端轴承"先导专项、科学仪器产业园等落地项目加快建设,促进国际领先医药健康领域产业孵化平台——中关村医学工程转化中心在青建设"分中心"暨"中关村医学产业园"。与中国气象局共建青岛海洋气象研究院,打造国家级海洋气象产学研综合示范基地。落实"碳达峰碳中和"战略部署,承担科技部"氢进万家"科技示范工程任务。获批科技部科技监督评估和诚信管理改革试点,是唯一获批副省级城市。加快科创母基金投出用好,上半年,深入对接并储备近200只子基金,立项子基金超过40只,总规模超200亿元,通过投决子基金和直投项目12个,完成认缴额近20亿元,带动社会资本超过50亿元。完善科技信贷"白名单"制度,引导商业银行加大对科技型中小企业的资金扶持力度,上半年累计助力企业获得信贷998亿元。海创汇上半年建立7个加速器,加速项目346个,总估值达1600亿元,孵化培育上市公司2家、"独角兽"企业3家、"瞪羚"企业24家、高新技术企业26家、科技型中小企业98家。

3.世界海洋科技大会顺利举行,海洋科研实力凸显

2021年10月,2021世界海洋科技大会在青岛举行,大会以"加快海洋科技创新,构建海洋命运共同体"为主题,聚集全球海洋人才、学术、产业资源,旨在打造国际海洋科技领域交流高地,搭建"双招双引"平台以及海洋科技成果转化平台。来自中国、美国、英国、德国、乌克兰、韩国、日本等国家和地区的100余位海洋领域专家学者,通过线上线下形式参会,共议全球海洋热点问题。大会除发布"2021年十大海洋科学问题和工程技术难题"外,还首次发布了"中国海洋新兴产业指数"以及"2021年海洋科技指数",为进一步研判世界海洋科技发展形势、促进海洋经济高质量发展提供重要参考。其中,"2021年海洋科技指数"由山东省大数据研究会发布,国际海洋科技指数中洛杉矶蝉联第一,青岛保持第二,上海位列第五;中国大陆海洋科技指数中青岛稳居首位,杭州升至第2位,上海降至第3位。中国—上海合作组织技术转移中心、中以(青岛)国际客厅发展有限公司、山东省海洋科技成果转移转化中心、国家海洋技术转移中心、山东省材料学会等十家科研机构、学会、企业带来56项海洋科技成果与需求进行发布,涵盖海洋新能源、

探测观测、海洋生物资源、海上通信技术、海水淡化、新材料、海工船舶等领域。

4. "独角兽"企业建设争先进位,新经济企业发展迅速

第三届全球独角兽企业 500 强大会(2021)发布《全球独角兽企业 500 强发展报告(2021)》及"2021 全球独角兽企业 500 强榜单",青岛共有 13 家企业入选全球独角兽企业 500 强榜单,包括能链集团、杰华生物和特来电等,其中新增 3 家,分别为歌尔微电子、以萨技术和创新奇智,总估值为 230.59 亿美元,在中国"独角兽"城市排名中位列第五,北方城市排名中位列第二,成功跻身全球"独角兽"城市排名前十。2021年 6 月,长城战略咨询发布新一期"中国潜在独角兽企业榜单",小鸟看看、慧拓无限、小胖机器人、中科航星和全掌柜 5 家企业入选。从区域分布看,青岛潜在"独角兽"企业分别分布在 5 个区(市)。其中,中科航星位于西海岸新区,慧拓无限位于青岛市高新区,全掌柜位于李沧区,以上三区首次出现潜在"独角兽"企业,此外,小鸟看看位于崂山区,小胖机器人位于即墨区。潜在"独角兽"现身范围的不断扩张,证明各区域间创新活力持续攀升,更加注重营造创新创业生态,培育、引进创新性企业。从产业角度,相比拥有新技术赋能传统产业基因的第一代"独角兽",此次入围的 5 家"潜力股"企业更加聚焦在虚拟现实、人工智能、航空科技、机器人、金融科技等前沿科技领域,硬科技属性突出,凸显了科技引领产业变革的发展特点。120 家企业入选 2021 年度青岛市新经济潜力企业榜单,榜单突出轻资产特征,综合考虑产业赛道、企业规模、成长速度、盈利能力、资本跟投等指标情况。其中,崂山区 23 家,城阳区 18 家,胶州市 16 家,西海岸新区 15 家,即墨区 15 家,李沧区 10家,莱西市 8 家,市南区 6 家,平度市 4 家,市北区 3 家,青岛自贸试验区 2 家。

5. 品牌工作成效明显,软件业发展取得突破

高规格、高标准成功举办青岛国际标准化大会,出台《加快以品牌建设引领青岛高质量发展的意见》,全市 84 家企业入选山东省高端品牌培育企业名单。印发《关于强化知识产权保护的实施意见》,建设国家产业知识产权运营中心,高价值专利、有效商标拥有量均居全省首位。由世界品牌实验室(World Brand Lab)公布的 2021 年《中国 500最具价值品牌》排行榜中,青岛市有 18 个品牌入围,海尔以品牌价值4575.29 亿元居第 3 位,与上年持平,排行入选青岛企业的首位。其他依次是:青岛啤酒 1985.66 亿元(第 22 位)、海信 651.45 亿元(第 89位)、双星轮胎 639.79 亿元(第 96 位)、卡奥斯 COSMOPlat637.17 亿元(第 106 位)、赛轮轮胎 587.56 亿元(第 157 位)、卡萨帝 505.81 亿元(第165 位)、崂山啤酒 462.68 亿元(第 173 位)、三翼鸟 331.62 亿元(第 230

位)、日日顺 300.16 亿元(第 265 位)、青岛啤酒博物馆 251.56 亿元(第 291 位)、盈康一生 223.65 亿元(第 321 位)、海创汇 200.15 亿元(第 348 位)、青岛银行 181.39 亿元(第 360 位)、半岛都市报 130.15 亿元(第 387 位)、哈德门 108.53 亿元(第 434 位)、雷神 THUNDEROBOT 103.21 亿元(第 442 位)、王子 42.78 亿元(第 492 位)。截至 9 月底,青岛软件企业达到 1848 家,在 15 个副省级城市中列第 5 位;软件业务收入 2040.79 亿元,同比增长 20.2%,在副省级城市中列第 8 位。其中,软件产品收入 600.44 亿元,同比增长 18.6%;信息技术服务收入 714.63 亿元,同比增长 22.7%;信息安全收入 41.9 亿元,同比增长 11.5%;嵌入式系统软件收入 683.82 亿,同比增长 19.7%,在 15 个副省级城市中的排名依次为第 8、9、6、2 位。软件企业利润总额 171.15 亿元,同比增长 14.2%,在副省级城市中列第 7 位。

(二)先进制造业发展速度加快,新旧动能转换成效进一步彰显

1. 工业升级态势明显,高技术制造业引领作用突出

2021 年前三季度,规模以上工业增加值同比增长 11.3%,两年平均增长 8.0%。多数行业和产品保持增长。分行业看,35 个大类行业中,有 31 个行业同比实现增长,占 88.6%;20 个行业增速超过全市平均,其中,文教、工美、体育和娱乐用品制造业,家具制造业,金属制品业,酒、饮料和精制茶制造业,仪器仪表制造业等 9 个行业增速超过 20%。分产品看,319 种工业主要产品中有 242 种产品同比实现增长,增长面超七成。前三季度,规模以上高技术制造业增加值同比增长 17.9%,快于规模以上工业平均水平 6.6 个百分点,占规模以上工业的比重为 9.8%,同比提升 0.2 个百分点。其中,医疗仪器设备及仪器仪表制造业、电子及通信设备制造业增长较快,分别增长 28% 和 20.9%。从主要产品看,电子元件增长 34.7%,传感器增长 27.2%,医疗仪器设备及器械增长 27%。第三季度,全市工业产能利用率为 76.6%,同比提高 0.6 个百分点。在 35 个大类行业中,有 20 个行业产能利用率高于上年同期,占比 57.1%,其中,造纸、家具、燃气生产供应 3 个行业同比实现两位数提升;金属制品、纺织业、化学纤维制造业等 15 个行业产能利用率均达到 80% 以上。1—8 月份,全市规模以上工业企业实现利润同比增长 30.6%,比 2019 年同期增长 37%,两年平均增长 17%,继续保持平稳增长态势。全市规模以上工业企业资产负债率 56.9%,同比下降 1.8 个百分点;每百元营业收入中的费用为 9.2 元,同比减少 0.14 元。

2. 重大项目建设进展顺利,重点产业链项目加快落地

前三季度,全市 265 个重点招引项目完成注册 249 个、注册率

94%,落地开工 190 个、落地开工率 71.7%;注册率排名并列第一的 5 个区(市)是市北区、李沧区、崂山区、西海岸新区和平度市,均为 100%;落地开工率排名前三位的是崂山区(95.0%)、西海岸新区(89.2%)、市北区(80.0%)。276 个省市重点建设项目开工在建 273 个,开工在建率 98.9%,年度投资完成率 119.4%;其中开工在建率排名并列第一的区(市、功能区)是市南区、市北区、李沧区、崂山区、城阳区、即墨区、胶州市、平度市、高新区和蓝谷,均为 100%;投资完成率排名前三位的是李沧区(181.8%)、城阳区(159.4%)、崂山区(147.7%)。315 个攻势重点项目开工在建 275 个,开工在建率 87.3%,年度投资完成率 72.9%;开工在建率排名前三位的是国际时尚城攻势、乡村振兴攻势、"高端制造业+人工智能"攻势,均为 100%;投资完成率排名前三位的是壮大民营经济攻势(99.5%)、"海洋攻势"(95.1%)、"双招双引"攻势(83.6%)。84 个产业链重点项目开工在建 77 个,开工在建率 91.7%,年度投资完成率 78.5%;其中开工在建率排名并列第一的 8 个专班是新一代信息技术、新能源、现代物流、商务服务、高端化工及传统制造业、文化创意、精品旅游、高端装备专班,均为 100%;投资完成率排名前三位的是高端化工及传统制造业专班(212.5%)、新一代信息技术专班(131.7%)、现代物流专班(96.5%)。

3. 制造业集群化趋势明显,产业能级持续提升

上半年,重点工业产业集聚区内新增规模以上企业 46 家,智能家电、轨道交通装备入选国家先进制造业集群;家电及电子信息、船舶与海洋工程装备获评五星级国家新型工业化产业示范基地。重点推动"工赋青岛"三大计划、12 项任务、40 个项目落地落实,19 个特定行业特定领域工业互联网平台上线运行。召开工业互联网产业生态创新发展大会,工业互联网企业综合服务平台正式上线。新发布"工业赋能"场景 750 个,初步达成合作意向 362 个。青啤入选世界"灯塔工厂",索尔汽车"智享青云"入选全国企业上云典型案例,2 个案例入选工业和信息化部"5G+工业互联网"十个典型应用场景和五个重点行业实践名单。在国家发展改革委公布的全国物流业与制造业深度融合创新发展典型案例名单(50 个)、入围案例名单(60 个)中,山东省共有 11 个案例进入全国名单。其中,青岛市青岛港智慧港口自动化码头建设、日日顺物流全流程供应链服务、中外运助力数据通信企业产品全球交付、双星工业 4.0 全流程智能物流生产、中储公司创新优化船板供应管理、云豹科技 Icheetah 智慧运输平台项目等 6 个案例入选,占全省案例总数的一半以上,涉及先进制造、供应链服务、信息平台等多个领域,相关企业行业代表性突出,技术模式先进,服务能力较强,具有较高的示范推广价值。

4. 市场主体总量取得突破，民营经济实现新进展

上半年，全市实有市场主体 1882510 户，同比增长 12.63％，全市新登记市场主体 159026 户。从市场主体构成看，青岛市企业 695321 家，同比增长 13.31％，占比 36.94％；个体工商户 1168750 户，同比增长 12.01％，占比 62.08％；农民专业合作社 18439 户，同比增长 28.07％，占比 0.98％。1—7 月，全市新登记民营市场主体 18.1 万户，同比减少 8.9％，较 2019 年同期增长 0.6％，新登记民营市场主体占全市新登记市场主体总量的 99.2％。其中，新登记民营企业 7.3 万家，同比减少 10.3％，较 2019 年同期增长 9.7％，新登记民营企业占全市新登记企业总量的 98.1％。截至 2021 年 7 月，全市实有民营市场主体 185.9 万户，同比增长 11.7％，较 2019 年同期增长 29.4％，实有民营市场主体占全市市场主体总量的 98.2％。其中，实有民营企业 66.6 万家，同比增长 12.7％，较 2019 年同期增长 33.8％，实有民营企业占全市实有企业总量的 95.1％。1—7 月，全市民营经济实现税收 845.9 亿元，同比增长 30.7％，占全市税收总额的比重达 63.1％。全市民营经济新吸纳就业 18.5 万人，同比减少 1.4％，占全市城镇新增就业的 80.3％。"2021 中国民营企业 500 强榜单"正式发布，海尔智家、青建集团、新华锦集团、利群集团和世纪瑞丰 5 家青岛民营企业上榜，2020 年度营收总额达到 3639.69 亿元，较上年增长 90.85％。其中，海尔智家（2097.26 亿元）排名第 28 位，青建集团（666.32 亿元）排名第 132 位，新华锦集团（361.62 亿元）排名第 286 位，利群集团（271.26 亿元）排名第 409 位，世纪瑞丰（243.23 亿元）排名第 473 位。此外，海尔智家、赛轮集团、青特集团、即发集团上榜"2021 中国制造业民营企业 500 强榜单"，新华锦集团上榜"2021 中国服务业民营企业 100 强榜单"。

(三)服务业创新发展顺利推进，新动能进一步增强

1. 服务业发展持续向好，转型升级步伐加快

前三季度，服务业实现增加值 6402.50 亿元，同比增长 11.1％，服务业增加值占全市生产总值比重为 62.1％，支柱产业地位稳固。供需两端持续回暖，服务业企业营业收入稳步增长。1—8 月份，规模以上服务业实现营业收入 2031.8 亿元，同比增长 42.8％，两年半均增长 21.6％，分别比全省高 12.7 个、8.9 个百分点。减税降费政策红利释放，企业赢利空间进一步扩大。1—8 月份，规模以上服务业企业实现利润总额 150.7 亿元，同比增长 27.2％，比上月提高 2.4 个百分点；营业收入利润率 7.0％，比上月高 0.9 个百分点，赢利能力明显提高。新旧动能转换加快推进，以高技术服务业和科技服务业为代表的新兴行业保持良好增长态势。1—8 月份，高技术服务业和科技服务业营业收入

同比分别增长29.7%、30.7%,合计上拉规模以上服务业企业营业收入增长14.8个百分点;规模以上互联网和相关服务、软件和信息技术服务业营业收入同比分别增长68.3%和23.9%,两年平均分别增长36.1%、14.8%。其中,软件开发、信息系统集成和物联网技术服务营业收入同比分别增长17.3%和49.3%,合计拉动互联网和相关服务、软件和信息技术服务业营业收入增长16个百分点;供给、需求持续恢复,重点行业增长有力。规模以上交通运输仓储和邮政业、科学研究和技术服务业营业收入同比分别增长56.6%、53.4%,分别高于全省22.1个、20个百分点,两年平均分别增长31.0%、21.1%,对规模以上服务业营业收入增长的贡献率达79.1%。1—9月,青岛港实现货物吞吐量4.81亿吨,同比增长6.2%,居全国沿海港口第四位;实现集装箱吞吐量1783万标准箱,同比增长11.1%,居全国沿海港口第5位;实现外贸吞吐量3.53亿吨,同比增长5.1%,保持全国沿海港口第2位、北方港口第1位(表2)。

表2 青岛港与国内部分港口2021年1—9月货物、集装箱吞吐量情况

港口	货物吞吐量		外贸货物吞吐量		集装箱吞吐量	
	数值(亿吨)	全国排序	数值(亿吨)	全国排序	数值(万标准箱)	全国排序
宁波-舟山港	9.23	1	4.25	1	2397	2
唐山港	5.36	2	1.93	6	221	18
上海港	5.22	3	3.08	3	3480	1
青岛港	4.81	4	3.53	2	1783	5
广州港	4.66	5	1.20	10	1786	4
苏州港	4.20	6	1.29	9	590	8
天津港	4.04	7	2.21	5	1580	6
大连港	2.36	13	1.05	13	269	14
深圳港	2.09	16	1.56	7	2141	3

2. 消费市场恢复态势强劲,结构性调整步伐加快

前三季度,全市社会消费品零售总额4000.3亿元,同比增长18.0%,两年平均增长7.0%。按经营单位所在地分,城镇消费品零售额3340.2亿元,同比增长18.7%,两年平均增长7.0%;乡村消费品零售额660.0亿元,同比增长14.6%,两年平均增长7.0%。基础民生和基本生活类商品销售平稳增长。其中,限额以上粮油食品类和饮料类商品零售在上年同期分别增长12.4%和51.3%的基础上,继续保持较

快增长,同比分别增长 15.4％和 17.8％。限额以上日用品类增速由负转正,上年同期下降 5％,2021 年同比增长 13.9％。在限额以上有店铺零售中,便利店、超市和专卖店零售额同比分别增长 35.9％、27.1％和 23.7％,两年平均分别增长 17.5％、12.3％和 8.9％。食杂店和仓储会员店等实体零售业态也快速发展,同比分别增长 14％和 58.6％,两年平均分别增长 23.6％和 25.9％。全市限额以上批发和零售业、住宿和餐饮业销售额增长 58.3％,较上年同期提高 44.2 个百分点,两年平均增长 34.4％。其中,受大宗商品价格攀升、假期旅游市场复苏等因素带动,批发业销售额和住宿业营业额同比分别增长 65.5％、50.1％。限额以上金银珠宝类、体育娱乐用品类和通信器材类等商品零售同比分别增长 67.6％、130.4％和 147.3％。体育娱乐用品类和通信器材类两年平均增长分别为 50.6％和 53.6％,已经超过疫情前同期增长水平,居民商品消费升级态势明显。其中,体育娱乐用品类商品零售额同比增长 130.4％,增速比上半年加快 6.1 个百分点;通信器材类商品零售额增长 147.3％,增速比上半年加快 33.6 个百分点。前三季度,全市电子商务交易平台实现交易额 1.12 万亿元,同比增长 31.2％;全市限额以上批零业网上零售额快速上升,同比增长 26.2％,对批零业增长贡献率达 38.9％;快递业务量完成 5.49 亿件,同比增长 38.9％,两年平均增长 33.1％。

3. 旅游业发展步入快车道,假期消费成旅游新热点

上半年,全市文化和娱乐业营业收入 14.5 亿元,同比增长 70.8％;接待游客总人数 4173.37 万人次,同比增长 169.4％,恢复至 2019 年同期的 99.23％;实现旅游总收入 639.53 亿元,同比增长 182.52％,恢复至 2019 年同期的 82.44％。推动 2020 年签约的 26 个项目落地,国梦文创产业园、海天中心、西海艺术湾等重点项目建成运营;俄罗斯雅钻文旅交流中心、青啤精酿花园、胶东星天地文旅小镇等项目开工建设;疯狂的孤岛沉浸式演艺项目落户市南区,上合复星时光里项目落户胶州上合示范区;熊出没动漫谷、中国电影云基地、东方伊甸园等在建项目有序推进。积极推动国广新媒体基金设立,指导主旋律文化产业基金、同程海控旅游基金投资文旅项目 3 个,总投资额 9600 余万元。海角七号、伊罗美薇入选省首批五星级旅游民宿;东方影都融创酒店获评五星级旅游饭店;全力推动奥帆海洋文化旅游区创建 5A 级景区。发放乡村旅游扶持奖励资金 590 万元,即墨温泉小镇、崂山流清湾滨海旅游小镇获评首批省精品文旅小镇。启动 2021 年文化和旅游消费促进活动,围绕 677 项主题,开展活动 3300 余场次,200 余万人次参与,发放惠民消费补贴 1896 万元,拉动消费约 1.04 亿元。举办"嗨游青岛享悦冬季"文旅惠民季,推出特惠旅游产品 332 项,打造五大类 13 条特色

主题线路,组织节会活动 104 个,文化演出 500 余场。春节、"五一"、国庆期间,全市十大重点商贸监测企业(集团)分别实现销售额 8.58 亿元、7.2 亿元、9.38 亿元,同比分别增长 84.9%、31%、19.6%。

4. 金融业实现新发展,创投风投取得显著进步

2021 年上半年,青岛市金融业增加值占 GDP 比重达到 6.9%,金融业税收占全市税收比重超过 10%,对地方经济发展的支撑力不断增强。山东港信期货开业运营,联储证券落户青岛,恒丰理财获批筹建;基金管理人和管理基金数量增速均居全国第 2 位,金融发展活力进一步显现;不良贷款率降至 1.05%,为 2017 年以来最低值,在改革发展的同时保持了良好的金融稳定形势。截至 8 月 31 日,青岛辖区 53 家境内上市公司 2021 年上半年共计实现营业收入 2497.16 亿元,实现归属于母公司股东净利润(以下简称"净利润")200.59 亿元。金家岭金融聚焦区上半年实现金融业增加值 99.7 亿元,同比增长 12%,居全市首位。截至 2021 年 8 月底,青岛辖区在中基协登记的私募基金管理人为 424 家,较上月增加 8 家(其中新增 11 家、迁出 3 家),同比增长 32.92%,排名全国第十位;已备案私募基金为 1457 只,较上月增加 117 只,同比增长 100.97%,排名全国第十位;管理基金规模为 1436.71 亿元,较上月增加 4.85 亿元,同比增长 47.86%,排名全国第 18 位。9 月底,由中国(深圳)综合开发研究院与英国智库 Z/Yen 集团共同发布第 30 期的《全球金融中心指数报告》,并公布 2021 年最新的全球金融中心城市榜单,青岛位列第 38 名(国内城市排名第 3 位)。自 2016 年 3 月首次被纳入全球金融中心城市榜单至今,青岛已 10 次进入全球金融中心排名前 50 名。前三季度,集聚区已建成金融配套楼宇面积 800 万平方米,税收过 10 亿元楼宇 3 座,税收过 1 亿元的楼宇 26 座;集聚金融机构和类金融企业 1098 家,法人金融机构 23 家(全市 37 家);落户项目 127 个,其中注册资本金过 1 亿元大项目 41 个,到账资金达 132 亿元。

(四)国际城市战略全面实施,全方位开放格局进一步确立

1. 外贸进出口韧性较足,贸易结构持续优化

前三季度,青岛市外贸进出口总值 6225.9 亿元人民币,比上年同期增长 36.6%,较 2019 年同期增长 44.7%,占同期山东省进出口总值的 29.4%。其中,出口额 3515.2 亿元,增长 29.4%,较 2019 年同期增长 44.4%;进口额 2710.7 亿元,增长 47.2%,较 2019 年同期增长 45.1%。前三季度,青岛市一般贸易进出口额 4223.1 亿元,增长 34.5%,占全市进出口总值的 67.8%。同期,加工贸易进出口额 903.2 亿元,增长 9.6%。前三季度,青岛市民营企业进出口额 4142 亿元,增长 40.4%,占全市进出口总值的 67%,占比提升 1.8 个百分点,这一比

例明显高于全国 48.2％的平均占比。同期,外商投资企业进出口额
1289.3 亿元,增长 21.4％;国有企业进出口额 782.4 亿元,增长 47％。
前三季度,东盟是青岛市最大的贸易市场,青岛市对其进出口额 966.3
亿元,增长 53.7％,占全市进出口总值的 15.5％;其次为欧盟和美国,进
出口额分别为 740.7 亿元和 721.1 亿元,分别增长 21.8％和 35.7％,分
别占全市进出口总值的 11.9％和 11.6％。同期,青岛对韩国、日本和巴
西进出口额分别增长 39.8％、15.3％和 30.9％。对"一带一路"沿线国
家进出口额 1873.6 亿元,增长 47.5％,占全市进出口总值的 30.1％;对
RCEP 其他成员国进出口额 2357.3 亿元,增长 42.6％,占全市进出口
总值的 37.9％。机电产品出口额 1686.8 亿元,增长 33.6％,占全市出
口总值的 48％,并拉高出口增速 15.6 个百分点。其中,家用电器、集装
箱、汽车零配件和通用机械设备出口额分别增长 26.7％、87.1％、
24.4％和 27.7％。同期,劳动密集型产品出口额 733.8 亿元,增长
18.7％,占全市出口总值的 20.9％,其中纺织服装出口额 408.4 亿元,
增长 7％。《中国海关》杂志发布《2020 年中国城市外贸竞争力报告》,
青岛在 2020 中国外贸竞争力百强城市榜单中列全国第 11 位,居全省
首位(表3)。

表3　2021 年 1—9 月山东省各市对外贸易情况

地区	进出口合计		出口		进口	
	金额（亿元）	同比增长（％）	金额（亿元）	同比增长（％）	金额（亿元）	同比增长（％）
总计	21187.3	36.8	12332.8	39.3	8854.6	33.4
青岛	6225.9	36.6	3515.2	29.4	2710.7	47.2
烟台	3143.4	42.8	1861.3	40.1	1282.1	47.1
潍坊	1841.1	32.0	1251.1	44.6	590.0	11.6
东营	1462.3	48.2	405.8	54.9	1056.5	45.8
威海	1428.3	27.5	1023.7	30.2	404.6	21.1
济南	1390.3	32.1	821.7	45.7	568.6	16.3
临沂	1143.4	53.6	1005.8	60.5	137.5	17.0
日照	935.0	29.5	314.4	27.0	620.6	30.8
淄博	871.2	39.1	514.0	65.1	357.2	13.4
滨州	731.6	21.9	331.1	44.1	400.5	8.2
济宁	467.0	32.5	319.1	40.2	147.9	18.5
菏泽	423.5	29.4	190.4	30.1	233.1	28.8

（续表）

地区	进出口合计		出口		进口	
	金额（亿元）	同比增长（%）	金额（亿元）	同比增长（%）	金额（亿元）	同比增长（%）
德州	376.3	52.2	231.8	43.8	144.5	67.7
聊城	376.1	25.9	248.8	56.8	127.3	−9.1
泰安	204.6	62.7	140.3	52.2	64.3	91.5
枣庄	167.2	25.1	158.1	23.2	9.1	71.4

2. 重大开放平台建设加快推进，城市开放能级逐步提升

上半年，自贸青岛片区 106 项试点任务已实施 98 项，总结形成 92 项最佳实践案例和改革试点经验，其中保税原油混兑调和监管模式等 13 个首创型案例入选山东省首批"最佳实践案例"复制推广。1—6 月，片区新增市场主体 5208 个，其中新增外资企业 39 家。实际利用外资 5.35 亿美元，同比增长 127%。实现货物进出口总值 890 亿元，同比增长 70%。前三季度，综合保税区和自贸试验区对外贸发展的作用日益突出，保税物流进出口额 896.2 亿元，增长 68.3%，高水平开放平台发展势头强劲。上半年，上合示范区新引进贸易主体 433 个、累计 1100 个，完成进出口额 115 亿元，增长 48.5%，其中对上合组织国家 12 亿元，增长 84.6%。前三季度，上合示范区青岛多式联运中心开行中欧班列"齐鲁号"403 列，开行量超过上年全年总量；完成集装箱作业量 65.4 万标准箱，同比增长 27.7%；"胶黄小运转"到发约 10 万标准箱，同比增长 7.74%；国际班列到发完成 3.8 万标准箱，同比增长 50.41%。截至 9 月底，示范区已常态化开行国际、国内班列 21 条，通达上合组织和"一带一路"沿线 18 个国家、46 个城市，获批商贸服务型国家物流枢纽、省级欧亚班列集结中心。即墨区汽车及零部件、莱西市石墨制品、平度市化工产品 3 个国家外贸转型升级基地获批，全市国家级外贸转型示范基地达到 12 个。9710、9810 相继落地，实现跨境电商六种通关模式全覆盖，全国首批、山东省首个航空物流超级货站项目落地青岛西海岸新区，中荷首个"前展后仓"项目落地青岛。西海岸新区进口贸易促进创新示范区加快建设，上半年主要大宗商品合计进口额增长 41.2%，拉动全市进口额增长 19.8 个百分点。即墨国际商贸城已建成市场采购贸易联网信息平台，上半年实现出口额超过 80 亿元。即墨综保区开关运作，中德生态园获批全省首批国际合作园区。上半年，全市 11 个省级以上开发区新注册企业主体 6150 个；外资到账 13.3 亿美元，增长 17%；进出口额 347.8 亿美元，增长 58%。

3.境外投资呈现新亮点，外商投资项目实现突破

1—6月，全市备案对外投资项目28个，中方协议投资额1.78亿美元，中方实际投资额4.89亿美元；全市对外承包工程业务新承揽项目18个，新签合同额11.29亿美元，完成营业额13.61亿美元；全市对外劳务合作业务派出各类劳务人员5932人，6月末在外各类劳务人员22795人。前三季度，全市实际境外投资额7.62亿美元，同比增长6.5%，占全省境外投资总额的14.4%（表4）；全市对外承包工程业务新签合同额22.73亿美元，完成营业额21.4亿美元；全市对外劳务合作业务派出各类劳务人员8637人（表5）。上半年，265个重点招引产业项目，已推进注册落地144个，占比54.3%。新增总投资5亿元以上重点签约项目180个，开工运营102个，开工运营率56.7%。全市新引进世界500强签约、投资项目11个，累计有168家世界500强企业在青岛市投资设立358个项目。选取中高端制造、高新技术等重点产业领域的18个重点外资项目，在服务保障方面给予优先支持。全市增资过1000万美元外资项目35个，合同外资22.61亿美元。积极推动全市13个产业专班绘制"两图一表"（产业链全景图、产业链路径图、重点招商项目表），加快重点产业招商引资强链、补链。拓展完善招商引资"双平台"能效，重点项目调度平台全面运行，招商资源信息化社交平台已聚集社会招商中介机构79个、商协会12个、头部招商机构25个，已引荐投资项目170个，总投资额780亿元。

表4 2021年1—9月山东省各市实际境外投资情况

地区	金额（亿美元）	同比增长（%）	占比（%）
全省	53.11	−20.9	100.0
济南市	13.46	11.5	25.3
青岛市	7.62	6.5	14.4
淄博市	1.58	−72.4	3
枣庄市	0.01	−8.5	0
东营市	1.98	34.9	3.7
烟台市	1.16	−19.2	21.9
潍坊市	3.91	6.8	7.4
济宁市	5.00	−43.7	9.4
泰安市	0.46	−13.8	0.9
威海市	3.07	−27.1	5.8

（续表）

地区	金额（亿美元）	同比增长（%）	占比（%）
日照市	0.09	−91.2	0.2
临沂市	0.51	226.3	1
德州市	1.28	34.8	2.4
聊城市	0.06	−96.7	0.1
滨州市	1.71	−62.2	3.2
菏泽市	0.73	28.2	1.4

表5 2021年1—9月山东省各市对外承包劳务情况

地区	新签合同额		完成额		派出人数	
	金额（亿美元）	同比增长（%）	金额（亿美元）	同比增长（%）	人次	同比增长（%）
合计	65.10	12.5	59.50	−3.7	19176	30.3
济南	29.77	1.8	22.60	−26.5	2673	7.0
青岛	22.73	22.6	21.4	25.8	8637	24.6
淄博	3.63	55.1	3.31	−0.6	149	282.1
枣庄	0.05	−43.6	0.08	15.3	12	33.3
东营	0.003	−90.3	0.07	−88.5	15	0.0
烟台	2.71	−28.5	3.85	13.4	1379	44.9
潍坊	0.03	/	0.01	/	523	−32.7
济宁	0	−100.0	0.52	29.7	1387	551.2
泰安	0.32	−68.4	1.34	25.3	1202	155.2
威海	3.10	39.4	4.25	46.6	2018	15.9
日照	0	/	0	/	724	4.3
临沂	2.06	1244.9	0.91	50.2	98	127.9
德州	0.70	144.1	1.02	0.3	246	256.5
聊城	0	/	0	−100.0	32	−78.2
滨州	0	/	0	/	0	/
菏泽	0	−100.0	0	−100.0	0	/

表6 2021年1—9月山东省各市外商直接投资情况

地区	企业		实际利用外资	
	数量(家)	同比增长(%)	金额(亿美元)	同比增长(%)
总计	2362	17.92	162.64	50.93
济南市	257	115.97	20.50	79.90
青岛市	720	11.98	48.43	19.27
淄博市	55	−1.79	6.87	144.39
枣庄市	65	−16.67	3.46	88.18
东营市	40	−2.44	5.31	78.07
烟台市	308	6.57	18.00	37.76
潍坊市	168	−7.69	10.08	54.07
济宁市	111	24.72	8.43	55.12
泰安市	47	14.63	3.25	67.73
威海市	279	10.28	11.55	40.98
日照市	45	80.00	4.02	54.32
临沂市	109	14.74	9.42	110.96
德州市	27	28.57	2.68	109.01
聊城市	58	93.33	3.12	348.29
滨州市	28	64.71	4.27	78.44
菏泽市	45	87.50	3.27	113.72

(五)乡村振兴战略全面推进,城乡融合发展格局进一步形成

1.农业生产形势较好,都市现代农业涌现新动能

上半年,夏粮生产喜获丰收,全市小麦面积341.37万亩,平均亩产418.77千克、总产量142.96万吨,单产和总产创下近15年新高。大力推广水肥一体化、统防统治、智慧农机等节本高效技术,打赢了近30年来最严重的小麦条锈病防控阻击战。建设高标准农田34万亩,建立农作物新品种示范点20多处,引进评价新品种400多个,打造了20个农业新技术集成示范基地。统筹抓好标准化示范场创建和重大动物疫情防控,全市生猪存栏量达到169.7万头、同比增长30%,出栏量142.1万头、同比增长47.6%。前三季度,农林牧渔业增加值同比增长7.2%,增速与上半年持平,两年平均增长4.4%。主要秋粮作物长势较好,全

年粮食生产有望再获丰收。在生猪生产显著恢复的基础上,产能持续扩大。前三季度,生猪出栏193.4万头,同比增长44.2%。渔业稳步增长。前三季度,水产品产量68.2万吨,同比增长4.6%,比上半年加快4.3个百分点。上半年引进过1亿元农业项目40个,乡村振兴重点项目库入库项目104个。新增1个省级现代农业产业园、1个国家级农业产业强镇。"新六产"发展指数持续位居全省第一。灵山韭菜、岳家蜜桃获评国家地理标志农产品,总数为54个,继续保持全国同类城市领先;新增9个省级知名农产品品牌、全省最多,胶州大白菜等3个品牌入选"山东名片"影响力榜单,"青岛农品品牌宣传推广项目"荣获全国传媒经营"金推手"优秀案例奖。海优禾等4个智慧农业应用平台获评农业农村部优秀案例。胶州市、莱西市入选省级数字乡村试点市,张家楼镇、移风店镇入选省级试点镇。黄岛区现代农业产业园被评为全省首批省级现代农业产业园,莱西市姜山镇入选国家农业产业强镇,九联集团入选国家农业国际贸易高质量发展基地,莱西市沽河示范基地被认定为首批国家农作物品种展示评价基地。

2. 农村改革全面深化,县域经济实现新进展

上半年,将农村产权交易平台交易范围由土地流转拓展到村级工程、采购、租赁等领域,累计交易额达59亿元。发展农业生产社会化服务,推广单环节、多环节和全程托管等服务模式,全市社会化服务土地面积达到520万亩,为农户节约生产成本2亿多元;推动全市土地规模经营面积373万亩,规模化率达到72%。加快建设生产+农产品加工、休闲农业、冷链物流的"生产+N"乡村产业一体发展平台,并打好平台建设、项目引建和规模主体培育的发展"组合拳"。西海岸新区探索"六个统筹"促进脱贫攻坚与乡村振兴有效衔接试验经验,入选国家农村改革试验区办公室印发的《2021年农村改革试验区改革实践案例集》。前三季度,青岛县域四区(市)生产总值实现3135.96亿元,占全市比重为30.42%;即墨、胶州、平度、莱西生产总值同比分别增长10.1%、14.2%、11%和10.4%;四市社会消费品零售总额实现1255.39亿元,占全市比重为31.38%;四市完成公共财政预算收入287.25亿元,占全市比重为26.96%(表7)。2021年8月,由赛迪顾问县域经济研究中心编制的《2021赛迪县域经济百强研究》正式发布。该研究围绕高质量发展主题,坚持"创新、协调、绿色、开放、共享"新发展理念,遵循科学性、系统性、权威性及可操作、可对比的原则,从经济实力、增长潜力、富裕程度、绿色发展四大维度构建了包含24个三级指标的县域经济高质量发展评价体系,最终形成2021年赛迪强县榜单。山东省共有13个县上榜,低于江苏省的25席和浙江省的18席,列全国第三位。青岛的胶州市排第15位,平度市第55位,莱西市第69位。

表7　2021年1—9月所辖4区(市)经济发展情况

地区	生产总值		财政收入		固定资产投资		社会消费品总额	
	数值(亿元)	同比增长(%)	数值(亿元)	同比增长(%)	数值(亿元)	同比增长(%)	数值(亿元)	同比增长(%)
即墨区	1056.34	10.1	95.43	10.1	—	11.2	361.68	16
胶州市	1045.08	14.2	90.33	15.4	—	11.3	438.03	15.6
平度市	589	11	50.71	15.3	—	19.2	238.99	15.9
莱西市	445.54	10.4	50.78	23.4	—	19.8	216.69	15.3
合计	3135.96	—	287.25	—			1255.39	—
占全市比重	30.42%	—	26.96%	—			31.38%	—

3.城乡统筹取得新进展,新型城镇化成效显著

上半年,全市建筑业实现产值1251.9亿元,同比增长13.6%;建设行业实现税收293.7亿元,同比增长35.2%。提前一年建成新机场高速连接线(双埠—夏庄段)工程,为新机场交通联系提供有力保障。建成太原路东延段、安顺路匝道工程。深入推进胶州湾第二隧道、环湾路—长沙路立交等工程建设。开工建设20条未贯通道路,其中7条建成通车。开工建设城市天然气管网176千米、加氢站3座,新增海绵城市达标面积10.7平方千米、城市供热配套面积207万平方米、工业余热和清洁能源供热能力220万平方米。建成公共停车场主体14个,新增泊位7000余个,累计上线运行泊位9.2万个,完成28条市政道路、2500余处路灯整治提升。开工公共租赁住房房源496套,新增公共租赁住房补贴2638户,全市住房租赁补贴在保家庭1.34万户;确定人才住房建设房源4.3万套,开工房源1.1万套,货币补贴数量、公租房和人才住房建设筹集数量均居全省首位。开工改造老旧小区196个,改造面积518万平方米;启动棚户区改造9000套(户),开工既有建筑节能保暖改造266.8万平方米,完成既有住宅34部电梯加装工作,正在推进225部。高起点推进全国首个绿色城市建设发展试点,开工装配式建筑353万平方米,新增星级绿色建筑标识129万平方米,完成公共建筑节能改造58.5万平方米,资源化利用建筑废弃物1400万吨。加大乡村建筑风貌塑造引导,推动20个美丽村居省级、市级试点深入创建。推动农村改厕和垃圾治理规范升级,建立非正规垃圾堆放点立体式监管制度,开工建设10处镇级农村生活垃圾处理终端,建成农村改厕服务站281个,完成116个生活垃圾分类示范村创建。加强农村危房改造和农村房屋安全隐患排查,完成304户危房改造。

(六)服务经济发展的财政融资能力不断提升,资本支撑体系进一步完善

1. 财政收入质量提升,财政经济良性互动

前三季度,全市一般公共预算收入 1065.3 亿元,同比增长 15.4％,两年平均增长 6.9％。财政收入质量提升。税收收入占一般公共预算收入比重 72.4％,比上半年提升 2.4 个百分点(表8)。上半年坚持顶格协调,积极争取青岛市 2021 年新增政府债务限额 510 亿元,在各省市新增政府债务限额普遍收紧的情况下,逆势增长 6.5％。积极争取再融资债券限额 202 亿元,较上年增长 127％。进一步优化政府引导基金让利措施,深化与知名企业、头部基金管理机构合作,持续加快政府引导基金设立和投资步伐。年初,政府引导基金累计参股设立基金突破100 只,总规模突破 1000 亿元。上半年,政府引导基金新参股设立航空产融、中车转型升级、齐鲁前海等 9 只基金,总规模 217.9 亿元,重点投资海洋经济、工业互联网、智能制造、轨道交通、节能环保等产业领域。发挥财政对接金融资本市场的优势,在全国率先打造"资本公共平台",创新"以资招商"新模式,新招引落地财通易鑫融资租赁公司等上市公司区域总部项目,通过政府引导基金引入平台型、资本型、总部型项目 14 个。打破原有财政人才资金支持模式,设立"人才金",将 5000万元人才专项资金注入资金管理人,在强化资本赋能人才发展的同时,变财政无偿拨款为股权投资,实现财政资金滚动循环使用,放大财政资金效能。在文化产业领域首次尝试财政资金股权投资试点,对入驻中国广电·青岛 5G 高新视频产业实验园区的企业,市级财政资金通过参与定向增发、协议入股、发起设立项目公司等,给予股权投资扶持。

表8 2021 年 1—9 月地方财政收入情况表

指标名称	数值(亿元)	同比增长(％)
一般公共预算收入	1065.29	15.4
税收收入	771.08	19.1
增值税	269.39	12.6
企业所得税	154.63	35.5
个人所得税	48.96	48.5

2. 资本市场融资能力明显增强,企业减税降费幅度加大

8月末,全市本外币各项存款余额 22278 亿元,同比增长 9.71％,增速比上年同期下降 3.44 个百分点,比上月提高 0.34 个百分点;比年初增加 1771 亿元,同比少增 659 亿元。其中 8 月份存款增加 309 亿

元,同比多增 90 亿元。其中,住户存款余额 8766 亿元,同比增长
11.85％,增速较上年同期下降 5.05 个百分点;前 8 个月住户存款增加
608 亿元,其中 8 月份增加 9 亿元。非金融企业存款余额 8784 亿元,
同比增长 9.43％,增速较上年同期下降 4.87 个百分点;前 8 个月非金
融企业存款增加 699 亿元,其中 8 月份增加 123 亿元。9 月末,全市本
外币各项存款余额 2.22 万亿元,同比增长 8.9％;各项贷款余额 2.37 万
亿元,同比增长 13.0％。截至 2021 年 7 月,青岛新增上市企业 10 家,
新增上市企业数量在全国副省级城市中排第三位,占全省新增上市公
司数量的四成,全市境内外上市及过会公司总数达到 70 家,居全省首
位。同时,在证监会及交易所排队等待和在青岛证监局辅导的青岛企
业达 32 家,3 个区获批全省上市公司孵化聚集区试点,101 家青企入围
山东重点上市企业后备名单。不折不扣落实国家减税降费决策部署,
强化对小微企业、制造业和科技创新税收优惠支持,上半年青岛市累计
新增减税降费 40.98 亿元。其中,新增减税 26.66 亿元,新增降费 14.32
亿元(表 9)。

表 9　2021 年 1—9 月份金融机构存款余额情况

	余额(亿元)	比年初增加(亿元)
金融机构本外币各项存款余额	22210.68	1703.56
金融机构人民币各项存款余额	21199.18	1377.38
境内存款	21144.87	1374.22
住户存款	8891.15	860.2
境外存款	54.31	3.15

3. 高质量投资水平进一步提升,服务实体经济发展的能力显著提升

2021 年以来,全市积极扩大高质量投资,投资对经济增长、结构优
化、新旧动能转换等方面起到了关键性作用。前三季度,全市固定资产
投资同比增长 10.9％,两年平均增长 6.3％。分产业看,第一产业投资
同比增长 19.7％,两年平均增长 58.3％;第二产业投资增长 37.6％,两
年平均增长 17.5％;第三产业投资增长 3.7％,两年平均增长 2.5％。前
三季度,制造业投资占全市投资比重 23.8％,拉动投资增长 7.3 个百分
点,对全市投资增长贡献率达 66.7％。其中,全市高技术制造业投资实
现较快增长,特别是在全市"5＋3"行业布局引导下,高技术产业投资保
持平稳增长,尤其是高技术制造业增长明显。前三季度,高技术制造业
完成投资同比增长 106.3％,拉动高技术投资增长 29.6 个百分点,对高
技术投资增长贡献率达到 152.1％,对全市投资增长贡献率达到
26.1％。前三季度,全市"四新"经济投资项目 3610 个,同比增加 450

个;完成投资增长 14.2%,比上半年提升 1.6 个百分点,占全市投资比重为 50.8%,提升 0.9 个百分点。前三季度,全市民间投资同比增长 15.2%,比上年同期提升 1.2 个百分点,两年平均增速 14.6%。其中,产业民间投资增长 24.1%。全市在建民间投资项目 3948 个,同比增加 442 个,增长 12.6%。其中,产业类项目 2845 个,同比增加 470 个。截至 9 月末,信贷结构优化,对实体经济信贷支持力度不减。前三季度,企事业单位贷款增加 1853.5 亿元,占全部贷款增量的 69.8%。其中,中长期贷款新增 1066.6 亿元,同比多增 87.9 亿元(表 10,表 11)。

表 10 2021 年 1—9 月份固定资产投资情况

	数值(亿元)	同比增长(%)
1. 固定资产投资	—	10.9
房地产开发投资	1501.7	2.8
住宅投资	1126.2	4.8
2. 第一产业投资	—	19.7
3. 第二产业投资	—	37.6
4. 第三产业投资	—	3.7

表 11 2021 年 1—9 月份金融机构贷款余额情况

	余额(亿元)	比年初增加(亿元)
金融机构本外币各项贷款余额	23719.58	2654.77
金融机构人民币各项贷款余额	22767.37	2556.41
住户贷款	7515.39	870.71

4. 财政支出结构调整幅度增强,保障和改善民生力度进一步加大

财政支出平稳,民生保障持续加强。前三季度,一般公共预算支出同比增长 12.7%,比上半年提升 0.6 个百分点。其中,卫生健康、教育支出分别增长 33.7%、14.9%。上半年全市民生支出 542.3 亿元,比上年同期增长 7.8%。多渠道统筹财政性资金,市级统筹 22.6 亿元,支持办好 10 件 32 项民生实事,加快补齐就业、教育、医疗、社会保障等领域民生短板。支持稳步提高社会保障待遇水平,将城乡居民基本医疗保险人均财政补助标准提高 30 元,将城乡低保、特困、孤儿生活保障等困难群体救助保障标准提高 10%,将退休人员基本养老金水平提高 4.5%。加强常态化疫情防控资金保障,上半年全市公共卫生支出 15.88 亿元,比上年同期增长 26.2%。强化新冠病毒疫苗接种费用保

障,统筹安排 9.2 亿元支持实施新冠病毒疫苗全民免费接种。加强医疗基础设施建设,通过市财力投资和政府专项债安排 20.6 亿元,支持推进总投资 60 亿元的市公共卫生临床中心、应急备用医院、山东大学齐鲁医院二期、市八医东院区等项目。上半年拨付企业技改补助 5 亿元,支持工业企业技术改造和产品创新,撬动企业技术改造投入超过 40 亿元。筹措 8 亿元重点支持山东能源研究院、中科院海洋大科学中心、山东产研院(青岛)等重大创新平台建设,打造科技自立自强创新高地。上半年统筹整合涉农资金 67.9 亿元,重点支持粮食及重要农产品稳产保供、现代农业产业园、农田水利工程、农村人居环境整治提升。运用财政资金+市场化融资模式,统筹 70 亿元重点支持新机场高速连接线工程、长沙路环湾立交工程、海尔路银川路立交等市政基础设施建设(表 12)。

表 12　2021 年 1—9 月地方财政支出情况表

指标名称	数值(亿元)	同比增长(%)
一般公共预算支出	1238.71	12.7
一般公共服务	155.28	4.9
教育	208.58	14.9
社会保障和就业	178.18	5.3
医疗卫生	91.25	33.7
城乡社区事务	182.98	19.2

二、2022 年青岛市经济发展预测

2022 年是我国开启社会主义现代化强国建设的第二年。面对经济运行存在的突出问题,我们要紧紧围绕党中央、国务院和省委、省政府各项政策措施及市委、市政府总体部署,深刻认识社会主要矛盾变化带来的新特征新要求,深刻认识错综复杂的国际环境带来的新矛盾新挑战,增强机遇意识和风险意识,保持战略定力,办好自己的事,认识和把握发展规律,发扬斗争精神,树立底线思维,准确识变、科学应变、主动求变,善于在危机中育先机、于变局中开新局,抓住机遇,应对挑战,趋利避害,奋勇前进,努力创造出更多"青岛震撼"。

(一)继续实施创新驱动战略,全面推进国际化创新型城市建设

2022 年,青岛将以提升基础研究能力和突破关键核心技术为主攻方向,激发各类主体的创新动力和活力,以更加开放包容的政策和环境培育集聚各类科创要素,建设长江以北地区重要的国家科技创新基地。一是建立关键核心技术攻关新型组织实施模式。实现政府投入更多向基础研究领域倾斜,扩大经费"包干制"试点范围,构建与科研规律相适应的项目经费预算、审计和财务管理机制。探索建立科学基金会,引导社会资本以共建新型研发机构、联合资助、慈善捐赠等方式加大对基础研究的投入。采用定向择优或定向委托方式,支持企业等各类优势单位开展关键软件、芯片、装备、材料研制、绿色低碳技术等关键核心技术攻关,争取在基础性通用性技术等方面实现突破。推行科技攻关"揭榜挂帅"制度,强化协同机制和配套政策,赋予科研团队更大的经费支配权和科研自主权,形成机会均等的开放式社会创新模式。二是建立更加市场化、专业化的技术转移机制。完善科研院所技术成果转化的考核机制和针对性激励政策。建立健全赋予高校、科研机构科研人员职务科技成果所有权或长期使用权的激励流程和管理制度,推动成果转化政策适用的主体范围和成果类型进一步扩大。探索一定年限内未转化的科技成果主动公开许可试点和科技成果转化税收优惠试点。发挥中国智慧家庭产业知识产权运营中心平台功能,以专利运营为核心,推动"技术专利化—专利标准化—标准国际化"。三是健全与创新发展相适应的投融资体系。提升政府引导基金对社会资本的导向作用,适度扩大政策性融资担保基金的普惠面,加大对种子期、初创期中小微科创企业的支持力度。深化投贷联动,完善"股权+债权"管理模式,推动商业银行在信贷准入、考核激励和风险容忍等方面建立匹配科创企业轻资产、无抵押等特点的融资模式。大力优化创业投资发展的政策环境,吸引境内外创业投资基金、产业投资基金等来青设立总部或分支机构,支持天使投资等早期资本发展。四是构建更加灵活有效的人才评价和激励机制。引入市场评价、社会评价和同行评价,坚持凭创新能力、质量、实效、贡献评价人才,赋予用人单位、行业组织人才评价主体地位。支持符合条件的高校、科研院所自主引进人才和评定职称,推进更加灵活的人才使用机制。深化科技创新激励改革,加大对贡献突出人才的倾斜力度,优化绩效工资增长机制,加大重点产业人才奖励力度,建立创新者分享产权的机制,全面激发科研人员创新热情。

(二)继续推动服务业创新发展,全面推进国家级服务经济中心建设

2022 年,青岛将坚持标准化、规模化、品牌化、网络化、智能化方向,大力发展枢纽经济、目的地经济、流量经济,推动生产性服务业向专业化和价值链高端延伸、生活性服务业向高品质和多样化升级,聚力提升城市核心服务功能和辐射带动作用。一是打造现代物流先导城市,发展社会化、专业化物流,提升物流信息化、标准化、网络化、智慧化水平,加快发展冷链物流、电商物流、保税物流、城乡配送、网络货运、即时物流等业态,建设高效便捷、通达顺畅、绿色安全的现代物流服务体系,强化国家物流枢纽承载城市综合功能。二是构建现代金融服务生态,积极设立法人保险、证券、期货、公募基金公司和金融控股公司,培育引进财富管理机构,大力发展创业投资、私募股权投资,有序扩大合格境外有限合伙人、本土企业跨境融资、跨国公司资金集中管理等试点业务规模。三是营造高端商务会展平台,发展会计、法律、咨询评估、总部管理、人力资源、会展广告等行业,培育引进一批专业服务业法人机构,构建与国际接轨的商务服务体系。四是建设工业设计和软件信息服务高地,引导企业加强新技术、新工艺、新设备、新材料的应用设计,发展产品规划、设计管理咨询等高增值工业设计服务,培育一批工业设计中心和品牌设计企业。五是建设国际滨海旅游目的地,大力发展邮轮游艇、海岛度假、滨海康养、乡村旅游,推动景点旅游向全域旅游、度假旅游转型,联合胶东其他城市共建世界级旅游景区、度假区和国家级旅游休闲城市及街区。六是建设医养健康胜地,建立健康导向型医疗保健服务体系,重点培育一批智慧医疗服务、个性化医疗服务、健康管理服务等领域知名企业,统筹建设互联网医院,推广远程会诊、远程监护、在线就医、家庭医生等服务。深化国家医养结合试点,积极发展规范化、连锁化、专业化社会养老机构和为老服务机构,推广智慧养老,发展商业长期护理保险等金融产品。七是建设影视文化名城,发展集创作、创意、拍摄、制作、发行、交易、影视装备等于一体的全产业链,拓展数字传媒、动漫游戏、互联网内容制作等新兴文化产业,开发系列文化周边产品,举办电子竞技游戏游艺赛事,打造一批城市级文化IP。

(三)继续实施海洋强市战略,全面推进引领型现代海洋城市建设

2022年,青岛将加快壮大海洋装备、海洋药物与生物制品、海水淡化等海洋新兴产业,培育和引进企业功能性总部,建设海洋新兴产业合作发展联盟,培育完善的产业链体系,提升现代化水平,打造海洋新兴产业增长引擎。一是面向海洋油气、海底矿产和极地资源领域,瞄准大型、高端、深水、智能方向,推动建造企业与研发机构优势互补,打造国内一流的船舶海工装备产业基地。筹建中国海洋工程研究院,推进中国船舶集团海洋装备研究院、山东省船舶与海洋工程装备创新中心等一批高端研发创新平台建设,开展中国船柴柴油机等重点项目建设。积极承接国家深远海开发战略,筹建中国深远海开发集团,推进深海资源勘察、开发利用的关键系统和专用设备研发,完善国家深海运载装备体系。二是支持青岛海洋生物医药研究院建成国内一流的海洋生物医

药创新研制平台。积极争取国家、省支持青岛市建设各类实验室和工程中心,引导企业增加研发投入,推动企业特别是大型企业建立研发机构,建设和完善企业国家重点实验室、国家工程技术研究中心等研发平台。充分发挥青岛市海洋生物制品产业联盟作用,促进企业、政府、科研机构之间的有效沟通和良性互动,通过联合开展技术攻关等方式,提高海洋生物核心技术拥有量和成果转化效率。坚持仿创并举、引育共进的推进路径,打造国内知名的海洋生物医药研产基地。三是按照"统一规划、以需定产"原则,优化海水淡化设施布局,推进形成李沧海水淡化市政供水应用示范区、董家口淡化海水工业直供示范区、平度新河海水淡化循环经济示范区。明确淡化水作为海岛第一水源的战略定位,因地制宜建设海岛海水淡化工程,配置海水淡化装置。推进百发海水淡化扩建项目,积极争取国家海水淡化示范城市在青岛落地,带动胶东经济圈海水淡化产业集群发展。四是培育海上风电装备制造企业,开展海上风能关键技术攻关和应用示范,开发具有自主知识产权的核心装备,规划海上风电配套的储能设施建设与智慧能源管理。积极探索"海上风电+海洋牧场""海上风电+制氢""海上风电+海水淡化"等跨界融合发展新模式,重点支持西海岸新区三峡新能源海上风电项目、蓝谷新能源海上风电项目、胶州市上海电气风电装备产业园、西海岸新区中能融合浮式海洋风电机组生产制造基地等建设。推进深远海风电发展,突破浮式风电基础等新技术研发。

(四)继续加快新旧动能转换步伐,全面推进先进制造业高地建设

2022年,青岛将聚焦高知识密集、高集成度、高复杂性的产业链高端与核心环节,以新一代信息技术赋能产业提质增效,保持制造业比重稳中有升,实现制造业高质量发展,重塑"青岛制造"优势。一是聚焦高端智能家电、轨道交通装备、新能源汽车、高技术船舶与海工装备、高端化工等产业,全力打造代表国家参与全球竞争的标志性产业链和产业集群。实施关键配套强链工程,推进智能家电转向智慧家居和大规模个性化定制,发展轨道交通装备研发设计—装备制造—智能运维等全产业链,加快汽车电动化、智能化、网联化发展和氢燃料电池汽车产业化。实施重点产业延链工程,推进高端炼化及深加工基地建设,延伸"三烯"和精细化工、化工新材料等石化产业链;提升大型船舶、海工装备研发制造能力,发展智能船舶、特种船舶、邮轮等高技术船舶和各类海洋工程平台,油气资源勘探开采储运等高端设备。实施基础薄弱环节补链工程,夯实关键基础材料、核心基础零部件(元器件)、先进基础工艺、产业技术基础,集中组织重大科技攻关,形成适用技术和产品国产化替代。实施链主领航稳链工程,支持产业链龙头企业参与政府产业发展决策,参与制定国际国家行业标准,提升产业链控制力、主导力。二是坚持高端化、智能化、绿色化方向,全面推进纺织服装、食品饮料、机械制造等传统产业优化升级,打造经济稳定发展的"压舱石"和供给适配需求的"稳定器"。推进产业高端化,实施新一代"青岛金花"培育行动,鼓励传统产业向产业链两端高附加值生产服务延伸拓展,支持研发设计、采购分销、运营管理、售后服务等环节专业化。推进产业智能化,运用互联网、物联网、大数据、人工智能等技术为传统产业升级赋能,建设智能工厂、数字化车间、自动化生产线。推进产业绿色化,围绕制造业全产业链和产品全生命周期,开展绿色产品设计、绿色供应链构建。三是培育发展新一代信息技术、生物医药、智能制造装备、新能源、新材料、现代海洋、航空航天等产业,推动科技创新、现代金融、人力资源、数据信息等要素协同发力,打造国家重要的战略性新兴产业基地。重点围绕5G、集成电路、人工智能、传感器、机器人、高效储能、高端化工新材料、先进碳硅材料、海洋信息、航空发动机、卫星导航应用等领域,系统布局技术研发、标准制定、应用示范和产业化等环节重大工程,推进新基建支撑、要素资源保障、融合创新协同、企业主体培育、应用场景拓展、发展环境优化六大专项行动。

(五)继续实施国际城市战略,全面推进国际贸易中心城市建设

2022年,青岛将积极应对国际市场和全球价值链变化的挑战,实施贸易高质量发展战略,建设集散功能强劲、有形无形贸易统筹发展、高效链接国内国际两个市场的全球贸易枢纽。一是促进消费提质扩容,激发本地消费、提升外来消费、引导高端消费回流,加快推动服务消费升级,扩大健康消费、促进信息消费、丰富体验消费,打造最潮消费场景,营造最优消费环境,建设世界级商圈,持续打响"青岛购物"品牌,加快建设国际消费中心城市。二是促进贸易规模稳中有升,强化贸易与投资双向互动,稳固国际货物贸易口岸城市地位。支持加工贸易创新发展,鼓励企业进行技术改造、设立研发中心,促进生产制造与服务贸易融合发展。深化西海岸新区进口贸易创新示范区建设,做强一批功能性、专业化贸易平台,形成集商品进口、保税仓储、分拨配送、展示销售、零售推广及售后服务等于一体的贸易服务链。积极把握RCEP等自贸协定签署实施带来的全方位经济效应,支持企业优化国际市场布局,拓展与"一带一路"相关国家合作空间。三是加快跨境电商综合试验区建设,鼓励模式创新,建设跨境电商营运中心、物流中心和结算中心。深化跨境电商出口试点,支持企业建设海外仓,提供多元化增值服务。提升公共服务平台服务能级,支持专业服务机构为跨境电商企业提供通关、物流、品牌营销、融资、法律等服务。增强转口贸易枢纽功

能,进一步简化进出境备案手续,提高货物流转的通畅度和自由度。对转口贸易企业实施信用分级管理,优化货物状态分类监管模式,提升货物集拼和分拨便利化。实现离岸贸易创新突破,扩大以自由贸易账户等为基础的离岸贸易企业参与范围,培育一批离岸贸易结算标杆企业。创新高端设备再制造监管模式,集聚具有重要影响力的再制造检测认证与研发创新中心和企业。四是聚焦橡胶、棉花、石油化工等领域,打造若干千亿元级、万亿元级的大宗商品现货交易平台。积极推动大宗商品交易规则和监管治理创新,布局亚太地区交割仓库、物流网络以及交易经纪业务,建立完善大宗商品供应链体系。提升亚太供应链管理能力,吸引集聚更多供应链核心环节集聚青岛,完善国际物流分拨、贸易结算、研发设计等功能。推进现代流通体系建设,加快集聚供应链总部企业,支持打造形成立足全国、面向亚太的供应链、产业链集群。

(六)继续实施乡村振兴战略,全面推进国家城乡融合发展试验区建设

2022年,青岛将优先发展农业农村,加快农业农村现代化,促进城乡资源双向流动,盘活土地资源和集体资产,不断提升郊区乡村的宜居度和吸引力,促进农业高质高效、乡村宜居宜业、农民富裕富足。一是构建现代农业产业体系。深入推进农业供给侧结构性改革,推动品种培优、品质提升、品牌打造和标准化生产,打造一批特色农产品优势区和优质农产品生产基地。实施全产业链提升工程,做大做强农副食品加工千亿元级产业链,培育打造粮食、油料、果蔬等百亿元级产业链。开展深远海绿色养殖先行先试,打造集良种繁育、绿色养殖、资源养护、远洋渔业、加工出口、冷链物流于一体的千亿元级现代渔业产业集群。二是推动三次产业融合发展。开发农业多种功能和多重价值,促进农业与加工、旅游、文化、康养深度融合。培育青岛农业金花,建设国家级农村产业融合发展示范园,打造一批现代农业产业园和产业强镇,推进"多镇一业"发展优势主导产业,做强农产品加工业。突出山海特色和农家风情,丰富乡村旅游精品线路,建设农耕文化、休闲观光基地,做优体验农业。发展中央厨房、农村电商、网红直播、订单农业等新业态新模式,做大终端农业。培育农产品区域公用品牌和企业产品品牌。三是建设现代农业四大高地。打造农业科创高地,鼓励涉农企业、科研院所和协会整合创新资源,加快推进农业关键核心技术攻关,强化耕地质量监测、标准化种养、动植物疫情防控等领域技术支撑。打造现代种业高地,加强优势种质资源研发、保护和利用,强化现代种业企业引育,建设国内一流的小麦、花生、耐盐碱水稻、蓝莓、蔬菜、肉兔等良种繁育中心,建设青岛"国际种都"。打造智慧农机高地,实施"两全两高"装备工程,发挥国际田间试验机械化协会总部作用,办好中国(青岛)国际农机展。打造农业开放合作高地,建设农业国际客厅,举办亚洲农业与食品产业博览会、中国区域农业品牌发展论坛。四是完善现代农业经营体系。壮大新型农业经营主体,推广"龙头企业＋合作社＋农户"生产经营组织方式。实施家庭农场培育计划,推广基层党组织领办农民专业合作社,创建示范合作社、家庭农场。统筹农村各类资源,构建主体多元、覆盖全程、综合配套、便捷高效的农业专业化社会化服务体系,推广"服务组织＋村集体经济组织＋农户"服务模式,让农民分享产业增值收益。

(作者单位:青岛市社会科学院)

2021—2022年青岛市高水平开放发展形势分析与预测

毕监武

2021年和2022年,是青岛实施更大范围、更宽领域、更深层次的新时代更高水平对外开放的启动时期,是青岛更高水平"搞活一座城"、开启建设现代化国际大都市新征程的关键时间节点。为此,必须进一步搭建开放合作新平台,打造开放创新新高地,开创开放共赢新局面,构建开放安全新体系,实现全市开放工作创新转型、跨越发展。

一、2021年青岛市高水平开放发展状况分析

2021年以来,面对错综复杂的国际环境和艰巨繁重的改革发展稳定任务,青岛市用国际视野提升境界,积极适应经济发展新常态,主动融入世界经济,深度共建"一带一路",持续扩大对外开放,全市开放发展取得显著成就。

(一)外贸规模扩大,质量效益提升

2020年,全市进出口总额实现6407亿元(926.9亿美元),超额完成"十三五"规划提出的货物进出口800亿美元的任务目标,比"十二五"末净增2045.7亿元,年均增长8%,占全国进出口总额的1.99%。民营企业进出口增长19.4%,占全市的66.2%,一般贸易进出口额增长19%,占全市的69.3%。与229个国家(地区)有贸易往来。

2021年前三季度,全市外贸进出口额6225.9亿元,同比增长36.6%,占全省进出口额29.4%。其中,出口额3515.2亿元,增长29.4%;进口额2710.7亿元,增长47.2%。全市民营企业进出口额4142亿元,同比增长40.4%,占全市进出口总值的67%。对前三大贸易市场东盟、欧盟和美国进出口额同比分别增长53.7%、21.8%和35.7%,对"一带一路"沿线国家、RCEP其他成员国进出口额分别增长47.5%和42.6%。

外贸新业态新模式蓬勃发展,即墨区汽车及零部件、莱西市石墨制品、平度市化工产品 3 个国家外贸转型升级基地获批,全市国家级外贸转型示范基地达到 12 个。全市家用电器、汽车零配件、纺织服装出口额分别增长 41.9%、30.7%和 4.9%。

(二)国际投资平稳增长,"双招双引"成效显著

到 2020 年底,全市制造业和现代服务业实际利用外资 201 亿美元,世界 500 强企业在青岛市投资设立外资项目 93 个,涉及飞机制造、整车制造、轨道交通、清洁能源、金融、商业等领域。创新利用外资方式,青岛企业境外上市募集资金超过 20 亿美元。2021 年 1—6 月,新增总投资 5 亿元以上重点签约项目 180 个,开工运营 102 个。增资过1000 万美元外资项目 35 个,合同外资 22.61 亿美元。推动全市 13 个产业专班绘制"两图一表"(产业链全景图、产业链路径图、重点招商项目表),加快重点产业招商引资强链、补链。拓展完善招商引资"双平台"能效,重点项目调度平台全面运行,招商资源信息化社交平台已聚集社会招商中介机构 79 个、商协会 12 个、头部招商机构 25 个,已引荐投资项目 170 个,总投资额 780 亿元。

(三)对外经济关系有序推进,对外投资健康发展

到 2020 年底,全市累计在全球 112 个国家(地区)设立境外投资企业(机构)1774 家,建设一批家电、轮胎、纺织、服装等生产基地,全市对"一带一路"沿线投资 54 亿美元,其中投资过 1 亿美元项目 15 个。2021 年上半年,龙头企业加快全球战略布局,海尔、海信、双星等企业并购国际知名品牌,提升国际市场竞争力。境外经贸合作区建设成效明显,境外产业集聚效应突出,海尔巴基斯坦鲁巴经济区等 5 个园区纳入商务部重点监测的境外合作区库。中启胶建集团在柬埔寨投资兴建园区、企业,充分利用柬埔寨林木资源,投资 10 亿元建设中启产业园柬埔寨木材加工基地。上合农控与乌兹别克斯坦安集延州签订《车厘子(大樱桃)种植、初加工项目合作协议》,总投资 16.7 亿元,已完成樱桃种植面积 2384 亩。

(四)上合示范区高起点规划,高标准建设

上合示范区旨在打造"一带一路"国际合作新平台,重点建设国际物流、现代贸易、双向投资、商旅文交流合作中心,打造上合组织国家面向亚太市场的"出海口",形成与上合组织国家相关城市交流合作集聚的示范区。2021 年上半年,新引进贸易主体 433 个、累计 1100 个,完成进出口额 115 亿元、增长 48.5%。其中对上合组织国家进出口额 12

亿元、增长 84.6％。2021 年 1—8 月，上合示范区青岛多式联运中心开行欧亚班列 358 列、增长 53.6％，集装箱作业量 57.2 万标准箱、增长 31.5％。2021 年上半年，上合示范区与上合组织国家双向投资额 1052 万美元，是 2020 年的 26 倍。上合示范区与 17 个国家的 4 个城市、21 个园区签署合作备忘录，新引进吉利卫星互联网、法国埃顿等 46 个项目，总投资 1605 亿元，新增拓邦智能控制运营中心、复星上合时光里等 17 个上合元素项目。

(五)自贸区建设全面启动,引领示范作用强

青岛自贸片区注重制度创新的顶层设计和系统性安排,积极探索全链条、全流程、全体系的系统集成创新模式,深入开展首创性、差异性、集成性改革探索。设立两年来,106 项试点任务全部实施,总结形成 143 个创新案例,平均 5 天推出一项创新成果。其中,进口原油"先放后检"监管模式在全国复制推广;保税原油"混兑调和业务模式"等 13 个创新举措在全省复制推广。2021 年上半年,新增市场主体 5208 个,其中新增外资企业 39 家,实际利用外资 5.35 亿美元,同比增长 127％,每平方千米实际利用外资是全国自贸区平均值的 1.7 倍。完成外贸进出口额 882.1 亿元,同比增长 59.3％,增速高于全国 32.2 个百分点。

(六)创新平台机制,国际经济合作持续扩大

成功举办第二届跨国公司领导人青岛峰会,国务院副总理胡春华出席开幕式并致辞,全球 390 家世界 500 强企业和 517 家行业领军企业领导人参会,青岛市在峰会期间签约项目 12 个(其中,世界 500 强项目 8 个,行业领军项目 4 个),投资总额 29.4 亿美元。创新国际经济合作伙伴关系机制,累计与韩国釜山、大田,日本京都、川崎、宫崎,美国旧金山、芝加哥,德国曼海姆、汉堡、卡塞尔等 61 个国家(地区)的 111 个城市(省州、机构)建立经济合作伙伴关系,广泛拓展经贸交流合作。先后在新加坡、韩国、德国、美国、日本、以色列等 9 个国家(地区)设立了青岛境外工商中心。完善外资服务机制,综合运用政务服务平台,为外资企业解决问题 68 件,企业满意度 100％。兑现重大外资项目到账支持政策,形成持续政策吸引。

青岛市开放发展也面临一些深层次矛盾和问题。主要表现为:门户枢纽功能较弱,面向国际、国内两个市场配置资源的能力有待加强,全面融入全球产业链供应链的优势不明显。开放高地引领示范效应不突出,同位竞争特色优势不鲜明,经济园区支撑作用有待提高。资源要素约束与现有闲置资源的错配现象比较突出。对外贸易转型升级难度

加大,比较优势持续弱化,高新技术产品进口、自主品牌出口比重不高。跨境电商、服务贸易贡献发展水平有待提高。区域协同开放有待加强,沿黄流域和胶东经济圈一体化的开放带动作用有待提高。

二、2022年青岛市高水平开放发展形势展望

(一)2022年青岛市高水平开放发展面临的形势分析

当前和今后一个时期,我国发展仍然处于重要战略机遇期,更高水平对外开放是大势所趋,机遇挑战出现新的发展变化。

1. 世界正经历百年未有之大变局

新一轮科技革命和产业变革深入发展,国际力量对比深刻调整,人类命运共同体理念深入人心。全球产业链供应链深度调整重构,共建"一带一路"、扩大开放倡导自由贸易得到广泛支持,各国经济社会发展联系日益密切,这为青岛市发挥开放综合优势,巩固扩大全球产业链供应链合作提供了机遇。同时,国际经济政治格局复杂多变,新冠肺炎疫情全球持续蔓延流行对世界经济贸易造成严重冲击,不稳定性、不确定性明显增加。保护主义、单边主义上升,反倾销反补贴调查高发,国际经贸规则面临重大变化。国际投资萎缩,发达国家推进"再工业化",部分中高端制造业向发达国家回流。发展中国家劳动力成本优势明显,国际投资竞争增强。

2. 我国转向高质量发展阶段

制度优势显著,治理效能提升,经济长期向好,市场空间广阔,发展韧性强劲,经济正由高速增长转向高质量发展,加快形成以国内大循环为主体、国内国际双循环相互促进的新发展格局。围绕建设开放强国,加快推动由商品和要素开放向规则、规制、管理、标准等制度开放转变,制定出台一系列制度性对外开放措施,进一步扩大开放投资、金融服务、商品贸易等领域,实现全方位、多层次、宽领域全面开放。同时,发展不平衡不充分问题仍然突出,开放领域关键环节改革任务仍然艰巨,创新能力不适应高质量发展要求,经济增长过度依赖出口导向,有效需求之力和有效供给不足并存,更高水平对外开放受到结构性新约束,集聚国际要素资源促进产业升级和激发庞大内需市场不够。劳动力、土地、资源要素供求趋紧,成本持续攀升,利用外资竞争加剧、制约因素增多,外贸传统优势逐步弱化,转型升级难度加大。

3. 青岛市建设现代化国际大都市开启新征程

习近平总书记"办好一次会、搞活一座城"等一系列重要指示,赋予青岛建设上合示范区、打造"一带一路"国际合作新平台,建设山东自贸

试验区青岛片区等国家战略的重大责任。山东省委要求青岛打造面向世界开放发展的桥头堡,推进胶东经济圈一体化发展。青岛又一次站在了中国更高水平对外开放的最前沿。深度融入共建"一带一路"、区域全面经济伙伴关系协定(RCEP)、黄河流域生态保护和高质量发展等重大机遇叠加,为青岛服务构建新发展格局、提升城市能级拓展了战略空间。深化服务贸易创新发展试点,"双招双引"攻势和国际航运贸易金融中心攻势的加快实施,为青岛汇聚全球要素资源、集聚高质量发展强大动能提供了有力支撑。

当前矛盾集中在优化外部环境和创新发展方面,风险主要存在于投资的区域结构和行业结构,应加强指导予以规避。特别是受疫情影响,企业和人员"走出去"难度加大,对开拓国际市场和招商引资带来一定影响,需要采取更加有力的措施。为此,要深刻认识错综复杂的国际环境带来的新矛盾新挑战,增强机遇意识和风险意识,抓住新一轮对外开放的重大机遇,主动融入全球产业链供应链,深度融入国内国际双循环新发展格局。借鉴"珠三角""长三角"区域发展成功经验,努力打造长江以北地区国家纵深开放新的重要战略支点,加快与胶东经济圈、沿黄流域深化开放合作,积极构建面向欧亚、对接日韩、辐射亚太、拓展拉非的全球开放新格局。

(二)2022 年青岛市高水平开放发展趋势预测

2022 年,青岛市将以习近平总书记提出的共建开放型世界经济倡议和我国扩大开放的五项新举措为推进更高水平对外开放根本遵循,深度融入以国内大循环为主体、国内国际双循环相互促进的新发展格局。以开放促改革、促创新、促发展,通过更大开放力度、更高开放质量、更强开放包容、更好开放安全,推进由要素开放向规则开放,深度嵌入全球产业链供应链,强化国际门户枢纽、全球资源配置,构建全方位、多层次、宽领域的对外开放新格局。成为国内大循环的重要支点和国内国际双循环的重要战略链接,世界知名国际航运贸易金融创新中心城市,在世界城市体系中的竞争力、影响力显著增强。

1. 上合示范区"一带一路"合作新平台将粗具规模

国际门户枢纽、全球资源配置和国内外市场链接功能显著提升,集聚配置上合组织与"一带一路"沿线国家的经济、技术、资本、人才等资源要素,打造成为上合组织国家相关地方间双向投资贸易制度创新的试验区、企业创业兴业的聚集区、"一带一路"地方经贸合作的先行区。与上合组织国家贸易额将增长 30%,双向投资将增长 25%,集装箱海铁联运量将增长 10%。

2. 中国(山东)自由贸易试验区青岛片区制度开放将取得明显成效

《中国(山东)自由贸易试验区总体方案》中青岛片区 106 项改革试点任务全面实施,形成推广一批对标国际先进规则、有国际竞争力的制度创新成果。打造成为国家对外开放新高地,沿黄流域创新策源地,现代海洋、国际贸易、航运物流、现代金融、先进制造等产业融合发展主阵地,打造具有示范效应的贸易投资便利、金融服务完善、监管安全高效、辐射带动作用突出的高标准高质量自由贸易园区。片区固定资产投资将完成 200 亿元,外贸进出口额将突破 100 亿美元,跨境电商等新消费模式实现营业收入将达 200 亿元以上。

3. 货物进出口优化提升

2022 年,货物进出口额将增长 10%。落实国家全面深化服务贸易创新发展试点任务,形成一批试点经验和典型案例在全国推广。跨境电商综合试验区实现高质量发展,年进出口额将达到 400 亿元规模。

4. 双向投资持续稳定增长

利用外资质量效益进一步提升,结构更加合理,布局更趋协调,外商投资对经济社会发展的贡献度进一步提升,实际利用外资将达到 200 亿美元。对外投资合作平稳有序发展,企业国际竞争力持续加强,在全球产业链、价值链中的地位进一步提高。全市对外投资 30 亿美元,对外承包工程营业额 50 亿美元。

5. 国际经济交流合作进一步扩大

交流合作活动更加务实多元,经济合作伙伴城市网络覆盖"一带一路"沿线主要城市,青岛的国际影响力进一步提升。"国际客厅"在集聚配置国际国内资源要素中发挥重要作用,区域协同开放的青岛龙头带动作用明显提升。

(三)建议

2022 年,要切实提高把握新发展阶段、贯彻新发展理念的能力,充分发挥青岛在新发展格局中的独特价值,统筹中华民族伟大复兴战略全局和世界百年未有之大变局,把握重要战略机遇期,实行更高水平对外开放。用市场的逻辑谋事、资本的力量干事,以开放创新引领高质量发展,努力成为国内大循环的重要支点和国内国际双循环的重要战略链接。

1. 提高认识,推动全方位对外开放

贯彻落实习近平总书记提出的构建人类命运共同体倡议,以更加开放的心态,促进国际合作,实现互利共赢。扩大青岛经贸合作"朋友圈",共享发展成果。发挥对外开放综合优势,深度融入"一带一路",大力拓展全球经贸合作布局。用好国际国内两个市场、两种资源,提高全球配置资源要素能力。增强开放动力,国际国内双循环相互促进,助推经济增长内需潜力不断释放。提高开放质量,塑造国际合作竞争新优势,开创高质量发展新局面。

2. 培育新业态,增强对外贸易新动能

实施跨境电商倍增计划,扩大跨境电商 B2B(9710、9810)出口规模,拓展跨境电商零售进口、保税展示销售、进口商品直销、离岸贸易等贸易新业态新模式,推动市场采购贸易方式试点、跨境医药进口试点,开展"全球中心仓"模式创新。推进进口贸易促进创新示范区创新进口贸易模式,优化进口贸易结构。推进市场采购与外贸新业态新模式融合发展。推动国家级服务贸易创新发展试点全面起势,围绕新一轮现代服务业规划,构建"双核引领、主轴支撑、多点协同"的服务贸易发展空间布局,加快培育特色服务贸易集聚区,打造区域联动、生态赋能、错位发展、各具特色的服务贸易发展新高地。

3. 推动双向投资,促进项目落地

加大线上招商签约和服务力度,精准招引 13 条产业链、先进制造业和"四新"经济等重点领域项目,突破日韩合作,把握中欧投资协定战略机遇,扩大重点国家跨国企业招引。提升各级园区载体功能,引进有实力的园区运营开发商招商运营。拓展招商引资"双平台"服务能级,促进信息共享,线上线下联动招商,面向国内外配置招商资源。鼓励境外投资和对外承包工程企业以建营一体化、投建营一体化等多种方式实施项目,带动装备、零部件出口,提高产业链参与度和在国际分工中的地位。

4. 高质量建设中国—上海合作组织地方经贸合作示范区

推进实施《中国—上海合作组织地方经贸合作示范区建设总体方案》,发挥青岛在"一带一路"新亚欧大陆桥经济走廊建设和海上合作中的作用。通过积极创新政策体系、建设合作平台,探索合作模式、强化区域合作,促进产业升级、服务双循环发展,加快建设国际物流、现代贸易、双向投资、商旅文化交流、海洋合作五大中心建设,打造"一带一路"国际合作新平台。落实省政府《关于支持中国—上海合作组织地方经贸合作示范区建设若干措施的通知》和"负面清单制",推动已出台政策落地落实,争取空港综合保税区尽早获批。

5. 高水平建设中国(山东)自由贸易试验区青岛片区

对标上海临港新片区和海南自由贸易港,推出一批贸易投资、金融开放、创新驱动的改革创新举措,实施更高水平的贸易投资自由化便利化措施。结合功能区改革,深化"管委会+平台公司"等体制机制创新,建立机构更加精简高效、运营机制更加灵活实用、人员管理更加富有活力、政策支撑更加系统集成的体制机制。建设橡胶、棉花、铁矿石、原油、木材等大宗商品交易集散地,吸引集聚国际知名大宗商品交易商,打造国际贸易供应链平台,增强大宗贸易、物流集散、供应链金融、专业服务、商品定价功能。探索建立橡胶、原油、粮食等品种国家战略储备。发展保税原油混兑调和贸易,建设保税原油混兑贸易直销中心、国际原油金融贸易中心和集散分拨中心。加快冷链仓储和交易平台,发展水产品精深加工、海洋特色产品跨境电商及大宗水产品贸易。制订综合保税区"一区一策"实施方案,推动海关特殊监管区域提质升级、错位发展。

6. 抓住 RCEP 机遇,勇于先行先试

梳理分析用足 RCEP 政策存在的堵点、难点,精准施策推动 RCEP 在青岛市落地,帮助青岛市企业用足用好 RCEP 的政策红利。出台落实 RCEP 先期行动计划实施方案,深化国际产能合作,推进境外经贸合作园区建设。创建中日韩地方经贸合作示范城市,在与日韩的经贸交流与合作方面开展政策突破创新,将中日韩自贸谈判有关会议放在青岛举办。打造立足青岛、辐射周边、面向世界的专业化、特色化、国际化中日韩消费专区,建成中日韩双向消费的最佳体验区、日韩游客"旅游首末站"、国民最佳的日韩文化体验区、东北亚全球商品体验中心。

(作者单位:青岛市社会科学院)

2021—2022年青岛市现代服务业发展形势分析与预测

赵明辉

2021年以来,青岛市上下齐心协力,统筹推进疫情防控和经济社会发展,有效实施促进"双循环""六稳""六保"等各项政策,青岛市服务业质量效益稳步提升,新动能活力彰显,重点行业支撑有力,服务业运行呈现稳中加固、进中向好的积极态势,成为经济发展的主动力和新引擎,有力地提升了青岛经济发展的质量和效率,增强了全市经济发展的稳定性和协调性。2022年,青岛市将继续深化服务业改革开放,推动服务业提质增效,全面推进国家级服务经济中心建设,为全市经济高质量发展积蓄强劲动能,提供更广阔的空间。

一、2021年青岛市服务业发展形势分析

(一)服务业稳步向好,成为青岛经济增量的主导引擎

2021年以来,青岛市服务业呈现稳步向好发展态势。1—2月份,全市规模以上服务业企业实现营业收入440.5亿元,同比增长48.4%,比2019年1—2月份增长44.8%,两年平均增长20.3%。同比增长率比全国、全省分别高出10.6个和4.4个百分点,两年平均增长率比全国、全省分别高出10.3个和7.6个百分点。2021年上半年,全市限额以上批发和零售业、住宿和餐饮业销售额合计增长71.8%,比2019年同期增长82.6%,两年平均增长35.1%。其中,产业链畅通、供需两端持续复苏带动限额以上批发业实现加速增长,销售额同比增长80.7%,比2019年同期增长98.2%,两年平均增长40.8%。1—8月份,规模以上服务业实现营业收入2031.8亿元,同比增长42.8%,两年平均增长21.6%,分别比全省高12.7个、8.9个百分点。

服务业继续发挥主导作用,对全市经济发展促进和拉动作用持续增强。根据地区生产总值统一核算结果,2021年第一季度,青岛服务

业增加值 2009.97 亿元,比上年增长 17.4%。服务业增加值占全市生产总值比重达到 66.2%。上半年,全市服务业增加值 4080.31 亿元,同比增长 14.5%。服务业增加值占全市生产总值比重 62.4%,拉动全市生产总值增长 9.1 个百分点,成为推动城市产业升级、创新发展和能级提升的主导引擎。前三季度,全市服务业实现增加值 6402.50 亿元,同比增长 11.1%。服务业增加值占全市生产总值比重为 62.1%,支柱产业地位稳固。

(二)重点行业支撑作用显著,现代服务业为青岛城市功能的重要载体

现代服务业具有更大的产业辐射力、更广阔的空间覆盖性和更强大的整合配置资源能力,是新一轮城市发展竞速中必须抢占的核心优势。2021 年以来,青岛市现代服务业重点行业快速发展,成为城市产业升级、创新发展和功能提升的重要引擎。

2021 年 1—5 月份,全市规模以上互联网和相关服务企业营业收入同比增长 53.6%,两年平均增长 36.8%;多式联运和运输代理业企业营业收入同比增长 83.7%,两年平均增长 40.0%。文化、体育和娱乐业迅速复苏。1—5 月份,规模以上文化、体育和娱乐业营业收入同比增长 68.3%,快于规模以上服务业 26.1 个百分点。线上交易拉动快递业务量大幅增长。上半年,邮政业务总量完成 42.3 亿元,同比增长 39.0%,两年平均增长 28.7%;快递业务量完成 3.6 亿件,同比增长 49.8%,两年平均增长 34.1%。1—8 月份,规模以上交通运输仓储和邮政业、科学研究和技术服务业营业收入同比分别增长 56.6%、53.4%,分别高于全省 22.1 个、20 个百分点,两年平均分别增长 31.0%、21.1%,对规模以上服务业营业收入增长的贡献率达 79.1%。

(三)新项目激发新动力,服务业运行质量不断提升

2021 年以来,青岛市按照“项目落地年”决策部署,聚焦重点领域项目建设,推动服务业新业态、新模式项目建设快马加鞭。年初,市发改委公布了 2021 年度 63 个市级服务业重点项目,对照国家和省、市“十四五”相关规划,一批制造业与服务业“两业”融合发展、制造服务业的新项目被纳入清单,现代服务业在扩大有效投入、提升产业层次中发挥的示范带动作用进一步彰显。这些项目中,与青岛市重点建设的 13 条产业链直接相关的强链、固链、延链项目占比超过 70%,单个项目投资额均超过 15 亿元,合计总投资达到 2265 亿元。为推动项目“加速跑”,青岛市相关部门采取一系列有效措施,为项目落地、征迁、审批、建设、运营提供优质高效服务,并通过加强项目管理服务,强化用地保障、金融支持,全力以赴推进服务业大项目建设。

通过顶层设计、项目推进,受益于减税降费等利好政策,青岛服务业运行质量不断向好,企业赢利空间进一步扩大。2021年1—2月份,全市规模以上服务业企业实现利润总额15.7亿元,同比增长112.0%,10个行业门类赢利均比上年同期有所改善。1—8月份,全市规模以上服务业企业实现利润总额150.7亿元,同比增长27.2%,营业收入利润率7.0%,比上月高0.9个百分点,赢利能力明显提高。

(四)新兴行业稳健增长,新动能表现活跃

2021年以来,青岛市新旧动能转换加快推进,现代服务业新兴行业稳健复苏、健康发展,以高技术服务业和科技服务业为代表的新兴行业发展态势良好,为服务业发展注入新动力。1—5月份,全市规模以上高技术服务业和科技服务业营业收入同比分别增长37.0%、37.8%,比1—4月份分别加快8.8个、8.6个百分点;合计拉动规模以上服务业营业收入增长18.6个百分点,拉动幅度较1—4月份扩大4.7个百分点。1—8月份,高技术服务业和科技服务业营业收入同比分别增长29.7%、30.7%,合计拉动规模以上服务业企业营业收入增长14.8个百分点。

互联网软件行业稳步增长。1—2月份,全市规模以上互联网和相关服务、软件和信息技术服务业营业收入同比分别增长67.8%和12.5%,两年平均分别增长16.0%、14.9%。其中,应用软件开发、信息系统集成服务营业收入同比分别增长22.3%和30.6%,合计拉动行业增长14.8个百分点。1—5月份,全市规模以上互联网和相关服务、软件和信息技术服务业营业收入同比分别增长53.6%、29.9%,较1—4月份分别提高31.8个、6.6个百分点,两年平均分别增长36.8%、15.7%。1—8月份,规模以上互联网和相关服务、软件和信息技术服务业营业收入同比分别增长68.3%和23.9%,两年平均分别增长36.1%、14.8%。其中,软件开发、信息系统集成和物联网技术服务营业收入同比分别增长17.3%和49.3%,合计拉动互联网和相关服务、软件和信息技术服务业营业收入增长16个百分点。

(五)服务业新业态新模式加快发展,新业态焕发新活力

2021年以来,随着扩内需、促消费等政策的持续发力,青岛市服务业新业态新模式活力释放,带动线上交易较快增长。前三季度,全市电子商务交易平台实现交易额1.12万亿元,同比增长31.2%。网上交易热度持续,促进邮政电信行业较快发展。1—8月份,全市邮政行业业务总量增长35.0%,其中,快递服务企业业务量增长43.6%,电信业务

总量增长 26.2%。

消费潜力逐步释放,消费市场强劲复苏。随着疫情防控成果持续巩固,在"五一"小长假带动下,民众的出行意愿不断增强。1—5 月份,规模以上铁路运输、航空运输、旅行社及相关服务营业收入同比分别增长 76.7%、35.5%和 59.2%,比 1—4 月份分别提升 26.9 个、12.4 个和 15.9 个百分点。住宿餐饮服务业消费增长迅速。2021 年上半年,限额以上住宿业和限额以上餐饮业营业额同比分别增长 99.8%、60.0%,两年平均分别增长 6.4%、13.3%。随着国内疫情防控形势的好转,居民被抑制的文化消费需求进一步释放。1—5 月份,规模以上文化和娱乐业营业收入同比增长 70.8%,增速快于规模以上服务业营业收入增速 28.6 个百分点。前三季度,全市限额以上批发和零售业、住宿和餐饮业销售额增长 58.3%,较上年同期提高 44.2 个百分点,两年平均增长 34.4%。其中,受大宗商品价格攀升、假期旅游市场复苏等因素带动,批发业销售额和住宿业营业额同比分别增长 65.5%、50.1%。

(六)青岛服务品牌建设力度提升,服务品牌做大做强

2021 年以来,青岛市通过做大做强青岛服务品牌,提升青岛现代服务业辐射能级,增强城市核心服务功能。2021 年中国品牌日活动 5 月 10 日起在上海展览中心举行,主题为"中国品牌,世界共享;聚力双循环,引领新消费"。为进一步做大做强青岛服务品牌、推进青岛现代服务业高质量创新发展,青岛市发展和改革委员会携前期遴选的 24 家青岛企业和品牌亮相 2021 年中国自主品牌博览会线上线下展示平台,集中展示青岛品牌发展建设新成果、新形象,扩大青岛自主品牌知名度、影响力。青岛利群、青岛银行、伟东云教育、爱心大姐、蓝海股权、百洋药业、京师法律服务、城运控股等服务品牌企业分享了各自在企业品牌创建进程中的工作实践经验,意在通过品牌引领和典型带动,进一步明晰服务品牌建设创新发展的思路,巩固老品牌、培育新品牌,推进企业服务品牌建设和城市现代服务业高质量创新发展。

2021 年 5 月 28 日,"2021 青岛服务品牌大会"召开,这也是青岛首届服务品牌大会,掀开了青岛服务品牌建设全新篇章。大会以"全视角传播、全方位推广,聚力双循环、服务新生活"为主题,聚合行业专家和 100 余家服务业企业,分享服务业企业品牌塑造经验,共商青岛城市品牌发展大计。《"青岛榜样"服务品牌倡议书》,倡议新闻媒体共同发声,讲好青岛服务品牌故事,传播青岛服务品牌,推动青岛服务走向世界。

(七)服务业平台功能提档,产业集聚园区建设升级

近年来,青岛市不断创新服务业平台建设,突出平台功能提升。例如,成功举办了跨国公司领导人青岛峰会、博鳌亚洲论坛全球健康论坛大会、亚欧创新发展论坛、上合组织国际投资贸易博览会、全球(青岛)创投风投大会、世界韩商大会等一系列重大会展活动,搭建起服务业融合发展新平台。获批建设中国—上海合作组织地方经贸合作示范区、中国(山东)自由贸易试验区青岛片区等重大开放平台和胶东临空经济示范区、中日(青岛)地方发展合作示范区等开放载体。

聚焦服务业细分行业,打造优势特色产业集聚园区。印发《青岛市加快现代服务业集聚区发展行动计划(2020—2022年)》等指导性文件,引导区(市)服务业差异化发展,胶州湾国际物流园入选国家级物流示范园区,日日顺物流青岛仓获批国家智能化仓储物流示范基地,灵山湾影视文化产业集群、青岛金家岭金融现代服务业集聚示范区、天安数码城获评省现代服务业集聚示范区,即墨服装小镇等9个单位获评省服务业特色小镇,青岛橡胶谷等9个园区入选省重点服务业园区,初步构建起国家级、省级、市级服务业集聚区梯次发展格局。

(八)服务业综合改革推进,对外开放持续扩大

近年来,特别是2021年以来,青岛市认真落实《青岛市开展服务业综合改革试点实施方案》,在财富金融管理、知识产权质押融资、陆海多式联运、邮轮经济、影视产业集聚创新发展等领域取得较大突破,先后获评全国物流创新发展试点城市、中国邮轮旅游发展实验区、全国首批产教融合型试点城市、全国首批国家体育消费试点城市等国家级试点。青岛自贸片区13项制度创新成果入选山东省首批最佳实践案例;实施海关、外汇等支持上合示范区建设系列政策,创新完善重要制度15项。2021年,青岛市以2020年8月2日成功获批"全面深化服务贸易创新发展试点城市"为契机,加快推动服务贸易创新发展。在2021年中国国际服务贸易交易会上,组织了城市形象展、"青岛日"主题推介会、项目签约等活动,向全球推介城市投资环境,贡献服务贸易创新"青岛方案",15个产业招商项目、6个服务贸易项目集中签约,涵盖现代服务业及服务贸易领域,计划投资总额341亿元。2021年上半年,全市服务贸易进出口额增长28.6%。

(九)营商环境不断优化,服务业市场主体活力不断提升

2021年以来,青岛市不断完善服务业政策体系,强化制度精准供给,实施促进生产性服务业、生活性服务业、服务业创新发展等政策,构建支持服务业发展的政策体系。建立商务服务、现代金融、现代物流、精品旅游、医养健康、商贸服务、文化创意等七大产业推进专班,形成"一个产业、一个行动计划、一个招商团队、一批重点企业、一个承载园

区"的"五个一"工作机制。创新推行"一事全办""一业一证"改革,优化升级"一窗式"改革,开展"自助办""全市通办""帮办代办""延时办",打通政务服务"最后一公里"。

随着营商环境不断优化,服务业市场活力有效激发,服务业市场主体大幅增长,成为吸纳就业的重要阵地。2021年上半年,青岛市实有市场主体1882510个,同比增长12.63%,全市新登记市场主体159026个。从行业分布看,新登记市场主体主要分布于批发和零售业、住宿和餐饮业、租赁和商务服务业,分别为67926个、15000个、14386个。

二、2022年青岛市服务业发展形势展望

党中央、国务院赋予青岛经略海洋、军民融合、动能转换等先行先试任务,为现代服务业高质量发展提供了重大机遇;国家先后批复建设上合示范区、青岛自贸片区、中日(青岛)地方发展合作示范区等高能级开放平台,省委、省政府全力推进山东半岛城市群建设和胶东经济圈一体化发展,为青岛服务业融入新发展格局带来了历史契机;青岛还是国家服务业综合改革试点、国家首批先进制造业和现代服务业深度融合试点,这也为服务业融入新发展格局带来了新支撑。2022年,青岛市服务业将抓住机遇,聚焦构建新发展格局赋予的新使命、新一轮产业革命孕育增长的新潜能、转型提质发展催生服务的新需求,勇于创新突破、攻坚克难,在扩大内需、深化开放、提升品质上持续发力,加快服务业创新发展、增强服务经济发展新动能,提高服务业国际竞争力,实现全市服务业又快又好发展,全面建设国家级服务经济中心。

(一)全面建设国家级服务经济中心将开启新征程

《青岛市"十四五"现代服务业发展规划》提出了青岛服务业发展的新目标:全面建设国家级服务经济中心。根据《规划》,"十四五"时期,青岛将围绕全面建设国家级服务经济中心,到2025年,实现质量效益迈向新台阶,生产性服务业增加值占服务业增加值比重达到55%左右;创新融合跃上新水平,数字经济核心产业增加值占GDP比重达到8.5%左右;集聚发展呈现新格局,市级及以上服务业集聚区数量达50家以上;品质服务实现新提升;改革开放取得新突破。2022年,青岛市围绕全面建设国家级服务经济中心的各项工作将全面迈入快车道,突出核心服务功能提升,加快建设国际航运、贸易、金融、创新中心,国际海洋科技服务中心,创建面向日韩的服务贸易国际合作示范区等服务业重大平台;突出辐射带动功能提升,打造中国北方总部经济高地,建设多式联运组织中心,建设胶东经济圈时尚消费中心。提升现代物流、

现代金融、信息服务、科技服务、商务服务、精品旅游、现代商贸、文化创意、医养健康九大重点产业发展水平。坚持"标准化、规模化、品牌化、网络化、智能化"发展方向,着力推动生产性服务业向专业化和价值链高端延伸,生活性服务业向高品质和多样化升级,叫响"青岛服务"品牌,全面建设国家级服务经济中心。

(二)服务业质量效益将迈向新台阶,对全市经济社会发展支撑作用将进一步加大

2022年,青岛市服务业在稳固规模存量的基础上,将大力激发培育新动能增量,推动传统服务变革跃升,促进新兴服务繁荣壮大,将重点围绕优化结构、提升能级、增强品牌、提高效率,构建数字赋能、业态高端、特色鲜明、辐射力强的现代服务业体系,全面促进服务业质量和效益进一步迈向新的台阶。现代服务业对稳增长、促消费的基础作用进一步提升,经济贡献地位更加突出。2022年服务业增加值占全市生产总值比重将达65%左右,拉动全市生产总值增长约10个百分点,服务业从业人员占全社会从业人员比重将达50%左右。

(三)服务业结构将更加优化,科技对服务业引领动力更加显著

2022年,青岛市生产性服务业和知识密集型服务业的发展速度将进一步加快,生产性服务业增加值占服务业增加值比重将达55%左右,以信息服务、专业服务、科技研发服务等为主的知识密集型服务业将迅速发展,力争知识密集型服务业增加值占全市生产总值比重达40%左右。现代物流、现代金融、信息服务、科技服务等重点行业能级将得到进一步提升,服务业技术创新、业态创新、模式创新进一步强化。2022年,青岛市将继续深入实施创新驱动发展战略,全面提升云计算、大数据、人工智能等新一代信息科学技术在服务经济发展中的引领作用,科技对服务业引领动力将更加显著,科技创新应用推动服务业效率显著提升。

(四)服务业与制造业融合将更加深入,融合发展将是服务业发展的重要趋势

在信息技术的推动下,服务业与制造业之间界限日趋模糊,两者实现融合发展日渐重要,制造服务化与服务制造化都表现出与互联网高度融合的趋势。2022年,青岛将进一步深化服务业与制造业互动耦合,以新业态新模式促进新动能加快成长,为城市经济发展提供更广阔的空间。

不断培育融合发展新业态新模式。智能工厂建设、工业互联网创新应用、柔性化定制、共享生产平台、供应链优化管理、服务衍生制造等重点节点建设将进一步推进,知识产权服务、标准化服务等将不断做大做强,业态模式加快创新步伐,融合发展潜力将进一步释放,促进制造业、服务业转型升级。

服务工业互联网发展的技术支撑能力将进一步增强。2021年7月28日,青岛工业互联网创新赋能中心启动。该项目引入世界领先的工业互联网编程、数字孪生、产品全生命周期管理等信息技术,可为中小企业提供低成本工具软件,加快操作工艺数字化进程。在服务工业互联网发展的技术支撑层面,青岛已聚集了中国信通院、国家工业信息安全中心、中国互联网研究院、国家工业互联网平台应用创新体验中心等一批"国家队"。

"两业融合"试点企业示范带动作用将进一步增强。2021年3月,市发展改革委启动了青岛市"两业融合"试点企业申报评选工作,入选首批试点名单的10家企业中,既有双星集团、有屋智能等与消费品、装备、汽车等制造行业紧密相关的企业,也有高测科技、山东科讯等从互联网、物流、研发设计、金融等现代服务业中孵化出的企业。2022年,这些试点企业将进一步推进制造业的服务环节补短板、拓空间、提品质、增效益,并且以其具备技术和专业化优势,将进一步衍生服务业制造业、推进制造业服务业化。

(五)生产性服务业将向专业化和价值链高端延伸

资料显示,当服务业占GDP的70%、生产性服务业占服务业的70%时,城市就进入了以创新为主动能的服务经济时代;将生产性服务业发展程度提高1%,制造业效率可以提升39.6%。发展具备融通产业循环能力的生产性服务业将是服务业发展的重中之重。2022年,青岛将继续重点培育生产性服务业新业态、新模式,进一步完善金融服务、科技服务、商务服务、软件和信息、电子商务、节能环保等服务业的具体意见,推动现代物流、现代金融、信息服务、科技服务、商务服务五大生产性服务业向专业化和价值链高端延伸,逐步将青岛建设成为功能强大的生产性服务业中心。例如,在现代物流方面,2022年,青岛市将以打造全国主要的国际物流中心为目标,大力发展社会化、专业化物流,提升物流信息化、标准化、网络化、智慧化水平,建设高效便捷、通达顺畅、绿色安全的现代物流服务体系;加快推动物流与制造、商贸等联动融合发展,提高物流供应链管理水平。鼓励发展冷链物流、跨境电商物流、保税物流、网络货运、即时物流等高端和新兴业态,拓展物流衍生服务。

(六)现代服务业集聚区建设将提质升级,核心承载能力将进一步提升

现代服务业集聚区是新形势下服务业集聚发展的主要形态,日益成为新常态下引领区域经济增长和促进新旧动能转换的重要引擎。根据《青岛市加快现代服务业集聚区发展行动计划(2020—2022 年)》,2022 年,青岛市将立足产业基础、区位优势、资源条件和环境承载力,重点做强现代物流、现代金融、文化创意、数字信息等四大优势引领型集聚区,做大医养健康、科技服务、电子商务、商务服务、节能环保等五大新兴成长型集聚区,做优精品旅游、时尚消费、新型专业市场等三大传统提升型集聚区。促进空间更加集中,争取省级以上服务业集聚区达 15 家以上,新认定市级现代服务业集聚区 30 家左右;实现产业更加集聚,生产性服务业集聚区占比 75% 以上,市级及以上集聚区产业集聚度全部达 70% 以上,形成一批主导产业突出、产业链比较完善、辐射带动能力较强的特色服务业集群;力争资源更加集合,土地、人才、资金、技术、数据等各类资源要素加快耦合提升,推动服务业改革创新政策在集聚区先行先试。现代服务业集聚区实现数量、规模、质量、效益同步提升,基本形成规划布局合理、协同推进有力、产业特色突出、集聚效应明显的发展新格局。

(七)服务业将持续改革开放,国际化、标准化程度不断提升,营商环境将进一步优化

2022 年,青岛市将加大服务业重点领域关键环节市场化改革力度,深度推进简政放权、放管结合、优化服务改革,争取服务业扩大开放试点政策,进一步优化营商环境,以高水平改革开放引领服务业高质量发展。一是重点区域改革发展的支撑体系建设将实现突破。推动青岛自贸片区服务业扩容,做大保税原油混兑调和、国际航行船舶保税油供应等新业态,探索开展保税铁矿混矿"随卸随混"监管和进口棉花"集成查检、分次出区"等新模式。创新"一线放开、二线安全高效管住"贸易监管制度,实现国际贸易"单一窗口"全覆盖,构建适应跨境电商贸易特点的海关、退税、物流等监管和跨境支付等支撑体系。二是服务业对外开放将持续扩大。推进商务、金融、贸易、航运、消费、会展等服务业重点领域开放发展,创建 RCEP 青岛经贸合作先行区,对标世界最高水平开放形态,探索实施部分自由贸易港制度和政策等,全市服务业对外开放进一步扩大,投资贸易自由化、便利化进一步推进,在全球价值链的地位进一步提升。三是服务业标准化建设将不断推进。通过搭建国际标准化交流合作平台、打造国际标准化培训基地,不断创新标准化建设方法。以服务标准化助力服务品牌化,支持服务业组织参与国际标

准、国家标准、行业标准制修订等标准化活动;强化服务业质量标准实施,在重点服务领域将开展具有国际水平的"青岛标准"先进性的评价,树立标准化试点示范典型标杆,具有青岛特色的现代服务业标准体系将加快构建。四是"放管服"改革将进一步深化,国际化营商环境将不断优化。将重点聚焦"办事方便",进一步提高对涉企和民生服务事项的政务服务效率,加快数字政府建设,以数字化倒逼行政审批制度改革,更好服务企业、自然人、项目建设、创新创业"四个全生命周期";聚焦"法治公平",加快法治政府建设,坚持严格规范公正文明执法,维护司法公正,依法平等保护各类市场主体合法权益。

(作者单位:青岛市社会科学院)

2021—2022 年青岛市上市公司的发展形势分析与预测

刘志亭

2019 年,科创板的设立开创了我国资本市场"注册制"发行上市的先河,意味着资本市场以"增量改革"为引领,以"注册制"为标志的市场发行新机制、新模式的开启。

我国的股票发行制度从额度制到审批制,从审批制到核准制,再从核准制到注册制,每一次发行制度的改革都意味着资本市场融资进入一个新的阶段,都是一次制度进步。面对新的发行制度,2021 年,青岛上市公司也迎来了新的发展机遇,取得了不俗的成就。

一、我国资本市场的改革与发展趋势

(一)注册制改革正逐步走向深入

当前,我国资本市场体系主要由主板(包括原中小板)、创业板、科创板、"新三板"和地方性股权市场等部分组成。主板市场是资本市场中最重要的组成部分,上市门槛较高,对发行企业的营业期限、股本大小、赢利水平、最低市值等方面都具有较高要求。上市的多为大型成熟企业,或处于某个行业的龙头地位,具有较大的资本规模及稳定的赢利能力的企业。原中小板是深交所为了鼓励自主创新而专门设置的中小型公司聚集板块,其中部分企业成长性较强,上市后快速发展。2021年,为了推行全面注册制,中小板与深交所主板合并,成为 A 股主板市场的一部分。

创业板市场又被称为二板市场,是为具有高成长性的中小企业和高科技企业融资服务的资本市场。与主板市场相比,在创业板市场上市的企业规模较小、上市条件相对较低,中小企业更容易上市募集运营发展资金。在科创板诞生之前,创业板是我国科技类、成长型企业的重要集聚板块。

　　科创板开设目的主要是服务于符合国家战略、突破关键核心技术、市场认可度高的科技创新企业。中国证监会《关于在上海证券交易所设立科创板并试点注册制的实施意见》中提出,"科创板"坚持面向世界科技前沿、面向经济主战场、面向国家重大需求,服务于符合国家战略、突破关键核心技术、市场认可度高的科技创新企业。重点支持新一代信息技术、高端装备、新材料、新能源、节能环保以及生物医药等高新技术产业和战略性新兴产业,推动互联网、大数据、云计算、人工智能和制造业深度融合,引领中高端消费,着力推动质量变革、效率变革、动力变革。作为我国资本市场发展过程中最重要的改革和创新,科创板必将促进我国创新驱动发展战略进入新阶段,也将为科创企业带来历史性的发展机遇。

　　科创板开设之前,尚未赢利的高科技企业不能在 A 股上市。一些发展前景非常好的企业只能改头换面(在海外注册、搭建红筹架构)去海外上市,典型的如 BATJ(百度、阿里巴巴、腾讯、京东)等,导致境内投资者无法分享这些科技企业高速发展带来的科技红利。近两年来,科创板精选了一批具有较高技术含量的公司,这些公司在所处的行业具有龙头地位。科创板公司的高技术红利也为投资者带来很好的回报。

　　科创板主要有三大优势:一是企业上市门槛低,允许符合科创板定位、尚未赢利或存在累计未弥补亏损的企业在科创板上市。二是手续简便,上市周期短,可大大节省上市成本和时间成本。由上交所负责审核,证监会负责注册,上市周期只有 9 个月的时间。其中,上交所审核不超过 3 个月,发行人和中介机构回复不超过 3 个月,中止审核期限不超过 3 个月。三是多元包容,允许符合相关要求的特殊股权结构企业和红筹股企业在科创板上市。

　　注册制与核准制的区别在于审核机关是否对公司的价值作出判断。注册制下证券发行审核机构只对注册文件进行形式审查,不进行实质判断。核准制下证券发行审核机构不仅对披露内容的真实性进行核查,还必须判断发行申请人的投资价值与风险。核准制下的申请人必须满足包括比如连续赢利等各个方面的条件需求,在此基础上,还需要得到批准才能上市,这就导致了资本市场并不能完全市场化。注册制相对于核准制在硬条件上相对放松,只要满足条件就能上市,让企业有了更宽的融资渠道,是成熟资本市场的一种股票发行制度。

　　2020 年,继科创板之后,创业板也实行了注册制。2020 年 8 月 24日,首批 18 家创业板注册制企业在深圳证券交易所集体上市,标志着 A 股存量市场注册制改革也正式落地。改革后的创业板主要服务于成长型创新创业企业,支持传统产业与新技术、新产业、新业态、新模式深度融合,进一步扩大了支持创新创业企业的覆盖面。

注册制在科创板和创业板先后落地后,由"注册制＋试点板块"至"注册制＋全市场"也在稳步推进,意味着主板市场离实行注册制也不远了。注册制下证交所负责科创板发行上市审核,证监会负责科创板股票发行注册,证监会对证交所审核工作进行监督,强化证监会对事前事中事后全过程监管。注册制与核准制的根本区别在于,注册制以信息披露为规则内核,强调市场化、法治化运行,要求上市公司肩负起主体责任,加强信息披露质量建设,从源头把关,把真实、准确、及时、完整作为信息披露的生命线。同时,注册制能够为上市公司高质量发展提供其所需的更高效的投融资环境、监管环境以及发展预期,从而形成良性循环的资本市场生态。

注册制的进一步深化有利于补齐资本市场支持创新创业方面的短板,落实创新驱动战略,激发全社会加大对创新创业在技术、人力、资本等方面的投入,助力高新技术企业发展,加快新旧动能转换,推动经济走上高质量发展之路。

(二)北京证券交易所设立

2021年9月2日,习近平总书记在中国国际服务贸易交易会全球服务贸易峰会上发表视频致辞提出:"继续支持中小企业创新发展,深化新三板改革,设立北京证券交易所,打造服务创新型中小企业主阵地。"设立北京证券交易所将以新三板股转系统为基础进行,既是贯彻国家创新驱动发展的战略,也是更好支持创新型中小企业的发展的需要,对专精特新的"小巨人"公司来说是重大利好。北京证券交易所将构建一套契合创新型中小企业特点的涵盖发行上市、交易、退市、持续监管、投资者适当性管理等基础制度安排,补足多层次资本市场发展普惠金融的短板。

北京证券交易所首次发行上市条件及标准如下。

1. 发行人申请公开发行并上市,应当符合的条件

发行人为在全国股转系统(新三板)连续挂牌满12个月的创新层挂牌公司;符合中国证券监督管理委员会规定的发行条件;最近一年期末净资产不低于5000万元;向不特定合格投资者公开发行的股份不少于100万股,发行对象不少于100人;公开发行后,公司股本总额不少于3000万元;公开发行后,公司股东人数不少于200人,公众股东持股比例不低于公司股本总额的25%;公司股本总额超过4亿元的,公众股东持股比例不低于公司股本总额10%;市值及财务指标符合相关规定的标准。

2. 发行人申请公开发行并上市,市值及财务指标应当至少符合下

列标准中的一项

（1）预计市值不低于 2 亿元，最近两年净利润均不低于 1500 万元且加权平均净资产收益率平均不低于 8％，或者最近一年净利润不低于 2500 万元且加权平均净资产收益率不低于 8％；

（2）预计市值不低于 4 亿元，最近两年营业收入平均不低于 1 亿元，且最近一年营业收入增长率不低于 30％，最近一年经营活动产生的现金流量净额为正；

（3）预计市值不低于 8 亿元，最近一年营业收入不低于 2 亿元，最近两年研发投入合计占最近两年营业收入合计比例不低于 8％；

（4）预计市值不低于 15 亿元，最近两年研发投入合计不低于 5000 万元。

二、青岛市企业上市的发展分析与预测

1993 年 8 月 27 日，青岛啤酒在上海证券交易所上市，成为山东省的第一家上市公司，既是中国资本市场第一家非沪深当地的上市企业，也是中国首家 A 股和 H 股两地上市的公司，开启了青岛市资本市场的发展历程。

（一）上市企业数量逐步增加

青岛啤酒上市之后，在相当一段时间内，青岛市的企业上市之路并不平坦。从第 1 家 A 股上市公司到第 10 家公司上市，耗费了 13 年时间；从第 10 家到第 20 家，历时约 9 年；从第 20 家到第 30 家，历时 3 年半；从第 30 家到第 40 家，历时 1 年半；而从第 40 家到第 50 家，历时 1 年。可见，在资本市场全面深化改革和地方经济高质量发展助力下，青岛企业上市成功实现了"加速跑"。

2020 年，青岛市新增境内外过会及上市公司 17 家，境内外上市公司总数达到 59 家，居全省首位。上市公司募集资金 179 亿元，新三板挂牌公司募集资金 2.7 亿元，蓝海股权交易中心实现融资 41.6 亿元。截至 2020 年末，青岛市在中基协登记私募基金管理人 362 家，管理基金 887 只，管理规模 1039.3 亿元，比 2019 年末增加 91 家、334 只、218.1 亿元，同比增速分别为 33.6％、60.4％、26.6％。其中，私募基金管理人家数居全国第 11 位，同比增速连续两年居全国首位；私募基金只数同比增速居全国第 2 位。

2021 年以来，"青岛板块"在 A 股 IPO（首次发行）市场表现出喜人的成绩。截至 2021 年 7 月 1 日，根据相关研究机构发布的 2021 上半年 A 股新增 IPO 的榜单，青岛以半年新增 6 家 A 股上市公司的佳绩挺进全国前十,与广州、无锡、东莞并列全国第八位,成为仅次于北京的北方第二城,山东唯一上榜城市。1月11日,征和工业敲钟深交所,青岛资本市场实现了北向平度的突破;2月25日,冠中生态在深交所创业板上市,成为青岛第45家A股上市公司;2月26日,海泰新光在上交所上市,成为第三家科创板的青岛企业;3月3日,来自胶州的德固特敲钟深交所,成为青岛第47家A股上市公司;5月26日,海程邦达在上交所主板上市,成为青岛第48家A股上市公司;再加之6月30日,百洋医药在深交所创业板上市,青岛市上半年在A股上市公司达到6家。此外,6月25日,青岛市控股的每日优鲜在美国纳斯达克上市,继续拓展着国外资本市场。

2021年下半年,7月2日,海泰科在深交所创业板上市;7月6日,德才装饰在上交所上市;7月16日,青达环保在上交所科创板上市;10月21日,伴随着青岛食品的上市,国内外资本市场青岛军团的阵容扩大到70家,总市值达到13084亿元。其中境内上市公司54家(A股53家,B股1家)。截止到2021年9月底,2021青岛市新增境内外上市公司达11家,其中新增A股上市公司10家,新增上市企业数量在全国副省级城市中排第三位,占全省新增上市公司数量的三成。

(二)上市企业质量不断提升

如果说上市企业数量代表着一座城市资本市场发展的速度与规模,那么上市公司的质量则代表着城市经济发展的潜力。

为了体现大力发展实体经济特别是先进制造业的宗旨,新的上市企业都是各个领域的佼佼者。尤其在登录科创板的企业中,有从事医用内窥镜器械和光学产品供应商的海泰新光;为大健康产业赋能,要做"破局者"的百洋医药;从事环保设备生产销售的德固特;从事生态修复业务的冠中生态等等。青岛的"资本力量"正日渐成为城市创新、产业升级的动力之源。上市公司是企业的优秀代表,是经济发展的重要支柱,是创新发展的引领者,是产业发展的主力军,是推进全市重大战略的排头兵。

在效益方面,根据青岛证监局的统计显示,2020年青岛辖区上市公司营收合计4330亿元,同比增长4.7%,高于全国平均水平2.2个百分点。2020年青岛辖区有6家上市公司营收过100亿元,7家净利润过十亿元。

2021年前三季度,青岛市辖区境内外上市公司总市值达到13084亿元,超过2021年全市前三季度GDP 2774亿元,对促进经济高质量发展起到了重要作用。这其中,以制造业企业为主的上市公司成为不可或缺的重要推动力。无论是聚焦高端品牌、场景品牌、生态品牌三级品牌升级战略,净利润增长146％的海尔智家,或是"1＋4"业务布局进一步完善,上半年营收增长32％的海信视像,还是加快产能优化和产品升级,净利润增长30％的青岛啤酒,工业强市,大力发展实体经济特别是先进制造业理念,得到了最真切的印证。

截止到2021年9月底,青岛辖区上市公司中高新技术企业42家、战略性新兴产业企业30家。7家上市公司入选国家级、省级专精特新企业名录。研发人员合计3.55万人,研发人员占员工总数比例12.7％,其中32家公司的研发人员占比超过10％,东软载波、鼎信通讯占比分别超60％和30％。全市45家国家级企业技术中心中,上市公司占据了19席、占比约42％;在以数字化为引领的模式创新上,涌现出海尔卡奥斯、酷特智能、赛轮橡链云等优秀案例,成为打造世界工业互联网之都的重要力量。

2020年12月11日,青岛啤酒A股股价,成为青岛本地首只百元股。2021年4月23日,海尔生物突破百元关口,成为继青岛啤酒之后,第二只股价突破百元的青岛本地股。2021年5月18日,海泰新光达到101.94元,成为第三只股价突破百元的青股。

(三)优惠政策不断加持

近年来,青岛市充分发挥政策的引导放大效应,结合企业上市需求,出台了系列"真金白银"的鼓励政策。如按企业上市阶段实行提前奖补,将奖励政策时间前移到券商出具尽调报告阶段,有效降低企业上市前期成本,使企业上市积极性持续提高。2021年,市地方金融局还会同市财政局将市级上市扶持政策由300万元提高到400万元,各区(市)也不断提加大上市奖补力度,有的区(市)已经将补助提高到1500万元,并在税收等方面上给予扶持政策。另外,这些成绩的取得,也离不开创投风投的资本支持和精准孵化,近年来,青岛市一方面着力培育科技企业上市,一方面加大创投的发展,犹如在好的土壤里播下优良的种子。

2020年7月24日,青岛市在"全市企业上市工作专题视频会"提到,发挥政策导向作用,研究制定支持拟上市企业发展的专项政策措施,积极培育上市企业后备资源,持续加大对企业的扶持力度,降低企业上市成本。不断优化政务服务环境,强化对企业的服务保障,提升企业对接资本市场的积极性,加快提高全市上市公司数量。

2020年8月28日,青岛市成立高新技术企业上市服务联盟。高新技术企业上市服务联盟是一个资源共享、互惠互利、共同发展的平台。通过搭建企业与专业服务机构对接通道,加强高企上市服务,发挥投资机构、证券公司、其他上市服务机构在多领域技术、信息、人才、资金等方面的优势,为高新技术企业上市提供全方位的服务。

通过开展万名企业家资本市场培训等,让企业、企业家主动拥抱资本、善用多层次资本市场。为企业提供引进创投风投、股改、辅导、上市等全流程、一站式服务。两年来,共举办各类企业上市相关的培训160余场次,参训企业13000余家次,参训人员14000余人次,提升了企业家对资本市场的认知与信心,得到企业的广泛认同,对接资本市场的热情和能力明显提升。

(四)企业上市尚存在的差距

尽管青岛市上市公司数量近年来取得重大突破,但与一些南方城市相比,还有不小的差距。在全国范围内,青岛市的上市公司数量相对处于劣势地位,如目前深圳有境内上市公司367家,杭州201家,南京95家,宁波87家,而青岛市境内上市公司只有51家,差距比较明显。2021年上半年全国各城市A股IPO排行榜中,深圳新增上市公司23家,位列第一,苏州以18家位列第三,杭州、成都、宁波则分别增加了17家、8家和7家,都超过了青岛。环顾四周,无论是北上广深这样的一线城市,还是同为副省级城市的杭州、宁波等,对资本的重视与支持都前所未有。

另外,青岛市中小企业的融资环境相对落后,已成为制约中小企业发展的主要瓶颈。注册制作为一个新生事物,除了部分企业和专业机构外,青岛市大部分企业和相关机构都对其知之不多,是加快推进中小企业上市的最大障碍,也是必须尽快解决的问题。

(五)企业上市数量的预测

目前,青岛市正通过企业上市培育库等方式,对拟上市企业进行精准施策,加码推进上市工作。青岛云路已过会待发,在证监会、交易所排队审核企业10家。根据青岛证监局披露《青岛辖区辅导备案企业基本信息汇总表》,截至9月30日,青岛辖区辅导备案企业共有22家(包括文达通、中加特、柯英泰、泰德、凯能环保、以萨、歌尔微电子、雷神、美泰、三祥等)。全省重点上市后备企业101家,市重点上市后备企业504家,形成了充足的拟上市企业梯队储备。

预计,2021全年,青岛市新增境内外上市公司达12家,其中新增境内A股上市公司11家。国内外上市公司总数将达到71家,其中境内上市公司55家(A股54家,B股1家)。

预计,2022全年,青岛市将新增境内外上市公司15家,其中新增境内A股上市公司13家。国内外上市公司总数将达到86家,其中境内上市公司68家(A股67家,B股1家)。

北京证券交易所的设立,一个重要任务就是支持我国众多的"专精特新"企业上市融资。青岛市目前有70家企业在新三板挂牌,其中基础层56家、创新层12家、精选层2家(分别是建邦股份和丰光精密)。工信部公布的第三批专精特新"小巨人"企业名单中,青岛50家企业上榜。青岛市共有97家国家级专精特新"小巨人"企业,这些企业都是北京证券交易所上市的后备军。

预计,2021年,青岛市在新三板挂牌企业将达到80家,其中精选层挂牌企业5家;2022年,青岛市在新三板挂牌企业将达到100家,其中精选层挂牌企业12家。

截至2021年9月底,青岛辖区在中基协登记私募基金管理人432家,已备案私募基金1534只,管理基金规模1424.62亿元。预计,到2021年底,在中基协登记私募基金管理人将达到450家,备案私募基金将达到1700只,管理基金规模将达到1500亿元。到2022年底,在中基协登记私募基金管理人将达到550家,备案私募基金将达到2500只,管理基金规模将达到2200亿元。

三、加快推动青岛市企业上市的对策建议

(一)加强顶层设计,实施统筹谋划,从全局高度推进企业上市

上市公司的数量和质量是一个城市经济活力的关键要素,青岛市应进一步重视资本市场的发展,将企业上市作为实现高质量发展的重要抓手,加强顶层设计,实施统筹谋划,着力打造中国北方资本市场新高地。

注册制的实施对企业上市与融资所带来了深远影响,最为受益的是科技类、成长类企业。注册制下证券发行审核机构只对注册文件进行形式审查,不进行实质判断。因此,注册制相对于核准制在硬条件上相对宽松,只要满足条件就能上市,尤其是允许尚未赢利的企业在科创板上市,让企业有了更宽的融资渠道。注册制可以大大降低上市费用,减少上市等待时间,使上市节奏加快;有利于优化资本市场上市公司整体质量,优化市场环境。

面对新的形势,青岛市应坚持境内上市与境外上市统筹兼顾、上市与挂牌同步推进,重点支持科创板、创业板上市的总方针。进一步强化政策引导,加强主体培育,优化上市环境,完善市场体系。遵循"培育一批、改制一批、辅导一批、申报一批、上市一批"梯次推进模式,形成在上市工作的每个环节上都有众多的后备企业。

由市地方金融局、市国资委等部门为主导成立青岛市企业上市工作领导小组,全面统筹研究和协调推进资本市场总体规划、服务机制和

政策支持,及时研究解决企业上市中遇到的困难和问题,全面推进企业上市工作。加强与上交所、深交所的沟通交流,代表青岛市签署全面合作备忘录等文件,为企业上市以及金融机构开展相关业务提供帮助和便利。

(二)建立上市培育企业"白名单",开辟企业上市"绿色通道"

上市培育"白名单"企业是指有上市意向、达到一定上市门槛的企业。"白名单"企业包含拟上市企业。拟上市企业是指基本符合境内外上市条件,与券商、律师、会计师等中介机构已签订合作协议,形成改制重组方案或尽职调查报告,上市工作进入实操阶段的企业。对"白名单"企业实行动态管理、分类指导、精准服务。

领导小组各成员单位要全力支持"白名单"企业上市工作,在上市过程中需相关成员单位出具证明或访谈的,相关成员单位应建立绿色通道,主动服务,简化流程,限时结办。对"白名单"企业上市中遇到的相关问题,相关成员单位应结合实际积极研究并协调解决。对"白名单"企业上市过程中的历史遗留问题,领导小组相关成员应本着尊重历史和解决问题的态度,采取"一事一议"和"一企一策"等方式,积极稳妥研究解决。

优先推荐符合条件的"白名单"企业申报国家和省、市各类政策性资金和发展项目。同等条件下,产业政策、科技政策、人才政策、金融政策等各项政策性扶持资金优先向"白名单"企业倾斜。

(三)充分发挥政府的主导作用,培育一批面向注册制的中外金融机构,激发企业上市热情

相关政府部门要深刻认识到注册制是企业上市融资的新机遇,加快出台"注册制背景下,青岛市关于加快企业上市的指导意见"和有关细则,将企业上市纳入"企业上市直通车"服务平台;在税收、财政、土地等方面,制定相应的鼓励措施,积极引导金融机构创新体制机制,创新金融产品、服务和贷款抵质押方式,扩大对拟上市企业的贷款规模,优先提供过桥贷款,以缓解企业的临时性资金紧张的局面。

加快落实合格境外有限合伙人(QFLP)的优惠政策,引进境外投资机构,发起设立注册制人民币私募投资基金,向境内外投资人募集资金,直接投资于本市拟上市企业以及已上市的企业,推动国际性财富管理中心的建设。

按照规定,企业申请注册制上市,需由上交所进行审核,证监会负责注册,信息披露审核会在 3 个月内完成,注册在 20 天内完成。在这么短的时间内完成企业上市的系列程序,光靠企业与证券公司投行部门的力量难度很大,因此必须未雨绸缪,提前做好准备,由市金融办牵头发改委、证监局等部门,组织证券公司、评估公司、会计师事务所、律师事务所等中介机构,加大对企业上市的服务力度,激发企业上市热情。

(四)利用青岛蓝海股权交易中心平台作用,加快"专精特新"中小企业上市培育

青岛蓝海股权交易中心作为山东省仅有的两家股权交易中心之一,与北京证券交易所有着天然的纽带。在新的形势下,应支持蓝海股权交易中心加强与北京证券交易所的合作,在股权交易中心设立"专精特新"专板。一方面可以储备培育大量的本地拟上市企业,为北交所提供优秀的挂牌企业资源;另一方面可以学习交易所的运作管理经验,加快构建青岛市的多层次资本市场体系。

充分发挥青岛蓝海股权交易中心平台作用,加强与市中小企业局、工商局等部门对接,积极创新服务方式,通过政策宣讲、知识培训、现场诊断等形式,有效推动全市中小企业的改制工作。积极发挥舆论引导作用,广泛宣传有关政策,加大企业上市及资本运作成功范例宣传力度,通过示范效应,引导和激励企业利用资本市场做大做强。加强培训辅导,邀请专家做上市挂牌业务培训和政策解读,提升"专精特新"企业对资本市场的认识和运用能力。

(五)加大政策扶持力度,鼓励企业多维度上市

在原有政策基础上,进一步加大政策扶持力度。对拟在国内主板、创业板、科创板首发上市的企业,其发生的券商、律师、会计师、资产评估、项目咨询等中介机构服务费用,按照总额的50%给予补助。企业完成科创板上市后,给予600万元奖励;完成主板、创业板、境外市场上市后,给予500万元奖励;完成北交所上市后,给予200万元奖励;完成新三板创新层挂牌后,给予150万元奖励;完成新三板基础层挂牌后,给予100万元奖励。对实现"买壳"上市并将上市公司注册地迁至青岛市的企业和在境外主板首发上市的企业,参照境内首发上市企业给予扶持。

对拟上市企业及其股东在上市过程中因改制、优化股权结构、并购重组,以及留存收益、资本公积转增股本、股东分红等而产生的企业所得税和个人所得税,按照其实现贡献的100%予以扶持。

上市企业自然人股东及其持股平台(有限合伙)在青岛市减持限售股的,按其实现的区级税收贡献的100%给予扶持。上市公司实现再融资,包括配股增发、定向增发、发行债券等,在募集资金到账后,按年度再融资额的0.2%给予补助。

(作者单位:青岛市社会科学院)

2021—2022年青岛市创新驱动发展形势分析与预测

吴　净

党的十八大以来，以习近平同志为核心的党中央把科技创新摆在现代化发展全局的核心位置。作为国家发展的战略支撑，实施创新驱动发展战略，开启了建设世界科技强国的新征程。2021年以来，青岛市认真贯彻落实党中央、省委有关科技创新重要决策部署，坚持创新在现代化建设全局中的核心地位，以开放促进创新、以创新倒逼改革，主动服务国家科技自立自强，面向世界科技前沿、面向经济主战场、面向国家重大需求、面向人民生命健康，深入实施创新驱动发展战略，聚焦高质量发展的要求，以工业互联网串联产业创新发展主脉络，以创业城市加速创意创新创造元素集聚，以深入推进项目落地促进创新发展大提升，全力建设创业城市和国际化创新型城市。

一、2021年青岛市创新驱动发展形势分析

（一）突出关键技术攻关，高水平科技供给不断增强

2021年以来，青岛市深入推进基础研究、应用研究和技术创新融通发展，聚焦重点领域，在突破一批关键共性技术和前沿引领技术上持续发力，对关键技术攻关项目最高给予500万元支持。在生命科学、材料科学、空天海洋、信息科学等领域，加强"从0到1"原创性研究，探索市场前景广阔的重大原创性、颠覆性技术，培育科研领域国际"领跑者"和产业核心技术创新"策源点"。在工业互联网、轨道交通装备、新材料、新能源汽车、现代海洋等领域，部署科技重点专项，突破一批面向战略需求与重大场景的产业化关键技术，率先推动科技成果转移转化。在医养健康、节能环保、应急管理、品种选育等领域，开展保障人民生命安全和身体健康的关键技术攻关，促进科技惠民。

尤其在航天、探月、北斗、移动通信、深海探测等诸多领域，青岛市

自主研发的一些科学仪器、设备逐渐达到国内领先、国际"并跑"水平，在全国乃至全球重大科研领域凸显着"青岛创造"的力量。

（二）突出项目落地，高端创新平台不断扩容

重点科技项目的落地是城市科技创新见实效最直接的表现。2021年以来，按照"项目落地年"要求，青岛市强化主动布局，深入推进科技项目落地。截至6月底，聚焦海洋经济、智能家电、新一代信息技术、新能源汽车、轨道交通装备五大重点产业集群和航空航天、生物医药、新能源新材料三大新兴产业，青岛市布局重点研发计划项目25项，支持资金4320万元。青岛市强化市、区资源叠加投入，共组织局区会商重大项目21项，支持资金超1亿元。其中，预计年营业收入2.95亿元的全球首艘10万吨级智慧养殖工船，国内首个全要素集聚的青岛科学仪器产业园，以及青岛认知人工智能研究院等项目均在支持之列，将有力推动全市海洋经济、科学仪器、人工智能等未来产业的发展。

青岛市大型科学仪器共享服务平台也在不断完善。截至6月底，服务平台入网仪器达到4700余台套，仪器原值超过38亿元，仪器类别覆盖了分析仪器、海洋仪器等15个类别，基本满足各行各业的检验测试需求。

（三）突出市场驱动，企业创新主体地位不断提升

企业是科技创新的主体，是高新技术的"产出地"，也是高新产业发展的助推器。2021年以来，青岛市进一步构建以企业需求为导向的科研立项机制，累计下达资金9.1亿元，其中7.4亿元投向企业，占比达到81.3%。截至6月底，青岛企业技术中心总数达到582家，其中国家企业技术中心45家、省级企业技术中心167家、市级企业技术中心370家。不断优化高企认定流程，探索建立申报受理常态化机制。截至6月底，全市共有4批4000家科技型中小企业通过评价。聚焦海洋等重点领域，通过高企上市培育库等方式，强化政策"组合拳"，对具有巨大潜力的高科技企业加大精准扶持力度。截至6月底，全市新增上市高新技术企业6家。

从青岛辖区上市企业运行来看，截至6月底，辖区53家上市企业中高新技术企业42家，占比79%；战略性新兴产业企业30家，占比57%。7家上市企业入选国家级、省级专精特新企业名录。研发投入资金合计68亿元，同比增长28%，超过营业收入的增长幅度，其中海尔智家、海信视像研发投入分别达37.4亿元和8.8亿元。研发投入占营业收入的总比例为2.72%，其中海尔生物、高测股份、海泰新光、青达环保4家科创板企业的研发投入占比均在8%以上。研发人员合计

3.55万人,占员工总数比例为12.7%,其中32家企业的研发人员占比超过10%,东软载波、鼎信通讯占比分别超过60%和30%,显示出较强的科创属性。

(四)突出数字牵引,高新技术产业发展不断加速

2021年以来,青岛市加速集聚数据创新资源,搭建数字经济发展生态圈,涌现出一大批优质数字经济园区。截至6月底,5G高新视频园、青岛国际创新园、青岛国际特别创新区、动漫产业园等数字经济园区累计引入企业4000余家,为青岛市数字经济创新资源集聚不断注入新动能。全市规模以上数字经济核心产业运行良好,数字产品制造业、数字产品服务业、数字技术应用业、数字要素驱动业四大类增速均在25%以上,呈现主体增多、规模增大、动力增强的特点。其中,发挥数字技术与产业融合发展桥梁纽带作用的数字技术应用业表现较为突出,营业收入增速达到30.5%。

同时,青岛市以打造世界工业互联网之都为目标,加速构建工业互联网生态体系,持续推进工业互联网、人工智能、大数据等信息技术与制造业深度融合。截至6月底,全市已建成426个智能工厂、数字化车间,企业上云数量近1.5万家,“两化”融合指数达到91。高技术制造业增加值同比增长15.8%,拉动规模以上工业增长1.6个百分点;从产品产量看,金属集装箱增长94.2%,电子元件增长40.6%,传感器增长29.1%,智能电视增长22.5%,光电子器件增长12.1%。

(五)突出提质增效,科技成果转化不断强化

2021年以来,青岛市坚持顶层设计与市场主导相结合,以孵化器建设为基础与核心,不断完善“众创空间＋孵化器＋加速器”企业孵化培育机制,推动孵化器提升服务能级,加快从载体建设向主体培育、从基础服务向增值服务、从链式孵化向创业生态等升级转变,“全生命周期”孵化服务供给能力不断提升。截至6月底,青岛市共认定孵化机构244家,其中包括孵化器130家、众创空间114家。国家级孵化器和众创空间分别为21家和69家。全市孵化总面积约207万平方米,拥有在孵企业2921家。

同时,青岛市加强科技创新改革谋划,尝试“组阁揭榜”、科研经费“包干制”等新举措,出台《关于进一步加强科研诚信建设的实施意见》,建立科研诚信建设联席会议制度,成为全国唯一获批科技部科技监督评估和诚信管理改革试点的副省级城市,为科技成果转化提供更多实现路径。此外,青岛市依托“半岛科创联盟”平台,不断集聚胶东半岛创新资源,收集创新需求649项、科研成果8315项,组织各种形式科技成

果转化专场对接会 5191 场,推动 349 个项目得到精准的深入对接。

(六)突出能效提升,创新创业生态不断优化

2021 年以来,青岛市深入贯彻落实"青创十条"意见,制定"青创十条"政策兑现办法,成立"产业赋能专班"、"资本驱动专班"、"人才支撑专班"、"科技引领专班"和"创业城市服务办公室",畅通创业城市建设"4+1"工作运行机制,强化产业链、资金链、人才链、技术链等领域服务保障,积极营造"让创业者温馨、让企业家舒心"创业生态环境,努力提升城市创业活跃度,加快推动创业城市建设。截至 6 月底,全市实有市场主体 1882510 个,同比增长 12.63%,全市新登记市场主体 159026 个;已备案私募基金达到 1457 只,在全国 31 个省(自治区、直辖市)和 5 个计划单列市排名中居第 10 位。

同时,青岛市坚持平台思维和生态思维,围绕战略性新兴产业等重点领域,以及服务广大中小微企业在新技术、新产品、新模式、新业态等领域开展创新创业,成功举办 2021 青岛·全球创新创业大赛行业赛,为技术领先、团队优秀、市场广阔、产业化成熟的创业企业提供对接资本、展示风采、提速发展的良好机遇。对于参加比赛的优质企业提供信用贷款、股权投资以及科创母基金投资等扶持政策;对于参加国家行业总决赛获奖企业,根据其获得的国家大赛奖励支持金额,按照 1∶1 比例予以配套资金支持。

(七)突出激励导向,创新人才不断集聚

2021 年以来,青岛市以政策落实、高端引领为主线,发起"人才政策落实年"行动,出台《青岛市"人才政策落实年"行动方案》《关于实施"青岛菁英工程"的意见》等文件,进一步健全人才政策宣传推介机制,优化人才政策兑现流程,强化人才政策监督落实,打通人才政策落地"最后一公里"。政策制定从"政府端菜"转向"企业点单",梯次化培育高端人才队伍,加快赋能人才创新创业,全链条提升政策效能,人才发展环境不断优化。截至 6 月底,青岛市引才聚才 11.02 万人,与 2020 年同期相比增长 19.1%,人才集聚支撑引领高质量发展能力不断提升。

为进一步提升高校毕业生留青率、就业率,促进校地加快融合发展,青岛市创新开展"青才实训营"行动,积极搭建企业与高校交流互动平台。截至 6 月底,全市已认定青年见习基地 680 家,累计提供见习实习岗位 4.6 万个,9800 余名大学生参加见习实习活动。同时,青岛市围绕人才创新创业普遍面临的资金"瓶颈",着重加强资本赋能,建立完善"人才金"制度,通过股权投资的方式助力人才项目发展,在全省开启了"拨改投"赋能人才发展的先河。对快速发展期的人才项目,引导银行

提供"人才贷",助力人才项目由"单一产品"迈向"系列产品"、由"小市场"走向"大市场"。对快速扩张的人才项目,依托青岛蓝海股权交易中心,创办"人才板",为人才提供项目融资、股权托管、上市孵化等服务。截至6月底,市和区(市)两级"人才金"累计投资人才项目20余个;"人才贷"累计为400余家人才企业提供了20余亿元资金支持;"人才板"累计扶持80家人才企业挂牌融资。

二、2022年青岛市创新驱动发展趋势预测

从国际看,世界正处于百年未有之大变局,严峻复杂的国际环境、新冠肺炎疫情、经济全球化逆行等不确定不稳定因素增加,国际格局加速演变,科技创新日益成为国家竞争力的核心支撑。加强科技创新、掌握关键核心技术、推动产业变革成为各国掌握竞争和发展主动权的关键。伴随基础科学的交叉融合不断加速,重大颠覆性技术不断创造新产业新业态,人工智能、量子科技、生物技术等领域竞争日趋白热化,科学技术对国家前途命运和人民生活福祉将会带来更加深远的影响。

从国内看,中国特色社会主义进入新时代,经济发展进入高质量发展阶段,国内大循环为主体、国内国际双循环相互促进成为新发展格局,科技自立自强成为国家发展的战略支撑。加快构建现代化创新治理体系和治理能力,促进科技资源向经济活动有效配置,将为我国迈向创新型国家前列增添新动力。我国科技实力也正处于从量的积累向质的飞跃、点的突破向系统能力提升的重要时期,科技自立自强对经济社会发展和民生改善的支撑作用愈发凸显。

从青岛看,当前是青岛市把握新一轮科技革命、产业变革的重要机遇期,是全面塑造发展新优势、实现新旧动能转换的攻坚期,是营造国内一流科技创新生态、增强科技创新策源功能、建设长江以北地区重要的国家科技创新基地的关键期;青岛市经济社会高质量发展对科技创新的需求正在变得更加迫切。与此同时,青岛市科技创新亦面临着"不进则退、慢进亦退"的严峻局面:国内主要创新城市凭借各自优势正在创新全链条上高速进位,青岛市更应从科技自立自强的战略高度勇担使命,主动作为;青岛市科技创新战略布局融入国家发展大局还不够深入,创新型领军企业数量和实力均有待提高,高端人才资源还不够富集,全社会创新创业活力仍存在很大提升空间,等等。由此,伴随着人工智能、大数据、物联网等新技术逐渐成为牵动全面深化改革的重要参数。2022年,青岛市将坚定不移贯彻创新发展理念,深入实施创新驱动发展战略,进一步优化创新资源供给端与需求端匹配水平,促使科技创新成为城市高质量发展最强劲的内生动力,为全国、全省发展大局贡

献更大力量。

（一）国际化创新型城市建设将迈上快车道

一座城市对科技的态度，决定了城市发展的高度。2022 年，青岛市将紧盯国家重大发展战略，紧盯"十四五"规划布局，紧盯市委、市政府决策部署，突出坚持创新的核心地位，突出科技自立自强，依托自身基础特色和比较优势，围绕打造国际化创新型城市标杆这一核心目标，增强科技创新策源能力，更加注重以市场导向促进科技创新，突出企业创新主体地位，推动产学研深度融合，利用好中日、中韩、中德、中以、上合等国际客厅，在更大的市场空间中优化配置创新资源，加速国内外科技创新资源要素集聚，进一步释放青岛在"大循环"和"双循环"格局中独特的"双节点"价值效应，加快打造全球创投风投中心和创业城市，切实提升城市创新发展水平。

（二）科技创新策源能力将进一步增强

2022 年，青岛市将持续聚焦国家科技创新战略需求，加快建设国家实验室及若干重大科技基础设施，组织实施重大科技攻关，进一步发挥在国家科技创新布局和全球创新网络中的关键节点作用。聚焦类脑智能、基因技术、未来网络、深海空天开发、氢能与储能等前沿科技和产业变革领域，强化前沿技术多路径探索、交叉融合和颠覆性技术源头供给，支撑培育中子技术、下一代显示、软磁材料、新型光存储、脑科学等一批未来产业。继续突破一批产业重点领域关键核心技术，推动互联网、大数据、人工智能和实体经济深度融合，持续提升海洋经济、智能家电、新一代信息技术、新能源汽车、轨道交通装备等重点产业，以及航空航天、生物医药、新能源新材料等新兴产业发展水平。持续依托市、区两级大型科学仪器共享服务平台，充分挖掘现有仪器的服务潜力，推动资源共享、业务共享，实现服务机构的互利共赢。

（三）创新主体培引力度将进一步提升

2022 年，青岛市将进一步提升企业技术创新能力，强化企业创新主体地位，加快推进高水平高校院所建设，大力发展新型研发机构，加速打造以企业为主体，高等学校、科研院所等各类创新主体协同联动，产学研深度融合的创新格局。持续激励企业加大研发投入，支持企业专注细分市场，研发"专精特新"产品，培育壮大科技型中小企业规模。持续发挥上市服务联盟作用，支持高新技术企业与科创板、主板、中小板、创业板等多层次资本市场有效对接、做优做强，打造更多爆发式成长、竞争力突出的高科技头部企业。发挥企业家在技术创新中的重要作用,吸引更多企业家参与科技创新战略、规划、政策、标准制定和立项评估等工作。优化在青高校创新平台布局,提高承担重大科技任务的组织化程度和集成攻关能力;支持其围绕全市经济社会发展需求,建设新兴技术和交叉融合学科。支持在青科研机构承担国家重大科研任务,不断增强科技研发和产业化能力。支持国内外知名高校院所、企业在青设立以产业技术研发为主的新型研发机构。

(四)区域联动创新发展将进一步深化

2022年,青岛市将以青岛高新区"一区多园"为主要载体,不断优化创新资源空间布局,整合与高效配置鳌山湾、胶州湾、灵山湾等湾区科技创新资源要素,推进科教产资源集聚和深度融合,加强关键共性技术、前沿引领技术、现代工程技术、颠覆性技术联合攻关,整体提升全市联动创新发展水平。继续围绕新材料、生物医药、生命科学、人工智能等领域,加强与"一带一路"沿线国家企业、机构合作。将深入推进中国—上海合作组织技术转移中心建设,支持企业在上合组织国家推广适用技术成果,以科技合作带动产能合作。持续聚焦新一代信息技术、材料科学、精密智造等领域,整合日韩在青资源,创新科技合作机制,强化与日韩技术研发机构、转移转化机构、国际组织、行业组织对接。进一步发挥半岛科创联盟平台作用,强化青岛创新引领功能,带动胶东半岛科技创新与产业创新的良性循环发展。

(五)科技与经济社会深度融合将进一步推进

2022年,青岛市将继续打通从科技强、产业强到经济社会发展强的通道,加快推动新技术与全市优势产业融合,促进新业态、新模式加速落地,引领青岛走上高质量发展"快车道"。将建立和完善以企业需求为导向、重大应用场景为驱动的科技项目形成机制,健全科技成果转化政策体系,推广技术成熟度评价,进一步完善技术要素市场化配置。将继续引进培育高水平技术转移机构,搭建服务专业、全链条覆盖的技术转移平台体系。将加快布局一批创新应用实验室和场景应用实验室,开展新技术、新模式、新业态融合创新的场景实测,推动应用场景建设。进一步强化科技赋能数字城市、生命健康、绿色低碳、乡村振兴、公共安全等重点领域高质量发展,强化科技利民惠民,提升科技支撑城市现代化治理水平能力,切实增强人民群众获得感、幸福感和安全感。

(六)创新创业活力将进一步激发

2022年,青岛市将进一步以发展创业资本、健全科技治理机制、倡导创业文化等为重点,不断完善"政、产、学、研、才、金、服、用、奖、赛"政策支持体系,加快释放全社会创新活力和创造潜能。持续发挥科创母基金等政府引导基金作用,强化天使投资、创业投资、风险投资、并购投资、产业投资等基金集聚发展,不断壮大创投风投基金群,提升对原始创新、成果转化及高科技产业化支撑能力。将不断丰富科技企业孵化器、众创空间等创新创业服务载体建设,加快在先进城市和发达国家建设国内异地孵化器和境外离岸孵化基地,提升对国内外优质项目、成果和人才资源引进力度。支持事业单位科研人员等兼职创新、在职创办企业、离岗创办企业、到企业工作或参与项目合作,赋予科研人员职务科技成果所有权或长期使用权。持续弘扬新时代科学家精神、企业家精神、工程师精神、工匠精神,营造风清气正的科研环境和鼓励创业、宽容失败的社会氛围。

(七)创新人才队伍将进一步壮大

2022 年,青岛市将进一步完善人才工作体制机制,加大对科技人才、产业人才、创业人才等的重视程度,聚焦创新驱动发展战略,聚焦经济社会发展,继续深入开展招才引智活动,深化"自主荐才""按薪定才""以赛选才"等市场化人才评价方式,提升人才工作的市场化水平,充分发挥市场在人才资源配置中的决定性作用。持续聚焦重点产业领域,完善"四链合一"的产才融合机制,发挥重大创新平台"磁场效应",加快引进培育一批具有国际视野和资源整合能力,能推动和引领产业发展的顶尖人才、领军人才和创新创业团队。进一步扩大"蓝洽会""海外院士青岛行"等引才品牌影响力,不断发挥引才引智平台作用。进一步完善人才服务大数据平台建设,健全人才生活"关键小事"服务机制,统筹落实好税收优惠、子女教育、医疗保健、住房保障、交通出行等人才服务各项政策,不断提升人才服务水平。

(作者单位:青岛市社会科学院)

2021—2022年青岛市港口经济发展形势分析与预测

李勇军

2021年是我国现代化建设进程中具有特殊重要性的一年,开启了全面建设社会主义现代化国家新征程。随着新冠肺炎疫情有所好转以及新冠疫苗接种速度的提升,各国陆续解除封锁措施,世界经济贸易逐步复苏。青岛市面对肺炎疫情的挑战和国内国际新形势,抢抓山东自贸区、上合示范区、新旧动能转换等发展机遇,助推青岛港转型升级,全力打造东北亚国际航运枢纽中心。

一、2021年青岛市港口经济发展形势分析

(一)货物吞吐量分析

2021年以来,为摆脱新冠肺炎疫情的影响,部分国家采取财税刺激政策,消费市场得以快速回暖,国际贸易需求显著提升。从供给看,随着产业链和供应链的逐渐恢复,摩根大通全球制造业PMI指数、OECD综合领先指标、全球粗钢产量等生产指标基本回到疫情前水平。由此,全球主要港口生产形势逐步进入上升通道。

亚洲地区得益于疫情防控得当,经济率先恢复,港口生产形势逐渐回暖。我国出台了一系列促内需、稳外贸等支持经济恢复的政策措施,各地认真贯彻落实党中央、国务院的决策和部署,精准施策,巩固和拓展经济社会发展成果,我国经济持续稳定恢复,生产较快增长,经济发展呈现出稳中加固、稳中向好的态势,国内港口的生产也得到了快速恢复。

2021年1—9月,全国累计完成货物吞吐量为1154837万吨,同比增长8.9%,其中沿海港口完成货物吞吐量为746106万吨,同比增长6.3%。1—9月,上海港共完成货物吞吐量52213万吨,同比增长10.2%。(表1)

表 1   2021 年 1—9 月沿海港口货物吞吐量及同比增速

排序	港口	吞吐量（万吨）	同比增速（%）	排序	港口	吞吐量（万吨）	同比增速（%）
1	宁波-舟山	92337	4.1	8	烟台	31884	7.7
2	唐山	53617	5.7	9	广西北部湾港	26555	19.7
3	上海	52213	10.2	10	大连	23620	—7.0
4	青岛	48087	6.2	11	黄骅	22882	2.4
5	广州	46610	1.9	12	深圳	20857	9.9
6	天津	40355	4.5	13	连云港	20447	12.4
7	日照	39946	6.7	14	神州	20044	9.8

由于我国疫情防控有效、复工复产措施得力，国内外市场货物需求量持续增加，海运货物数量快速增加，上海港充分利用政策优势，顺应市场变化趋势，推出沿海捎带、中转集拼、区块链和平台建设等有效措施，使货物吞吐量大幅增长，有效扭转了 2020 年因疫情影响负增长的局面，累计效应集聚放大。

2021 年 1—9 月，宁波-舟山港共完成货物吞吐量 92337 万吨，同比增长 4.1%。作为全球货物吞吐量第一的大港，宁波-舟山港在打造双循环枢纽，做强海铁联运、江海联运、海河联运等多式联运体系的同时，出台了一系列的政策措施推进本省及内陆腹地顺利出货，确保货物吞吐量的稳定增长。

2021 年 1—9 月，青岛港完成货物吞吐量为 48087 万吨，同比增长 6.2%，稍低于全国平均增速，但 2020 年位列第四的广州港同比增速仅为 1.9%，青岛港超越广州港暂列第四位。山东港口一体化改革为青岛港带来了更大的平台和更多的机遇，青岛港积极应对疫情带来的新情况和新变化，2 月份同比增速达到 6.2%后稳步提高，5 月同比增速达到了 7.9%。在金属矿石、煤炭及其他货物处理方面创新业态，货源明显增加，如巴西淡水河谷矿山原矿中转、铁矿石保税筛分等业务等，先后开通中国台湾地区与日、韩的中转专线，上半年完成铁矿石国际中转同比增长 67%。（图 1）

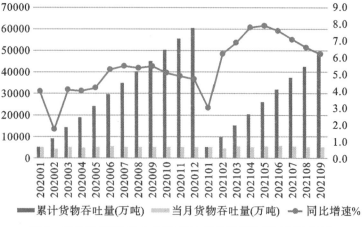

图1　青岛港 2020 年 1 月至 2021 年 9 月货物吞吐量及增速

(二)外贸货物吞吐量分析

2021 年 1—9 月,全国共完成外贸货物吞吐量 354759 万吨,同比增长 5.2%;沿海港口合计完成外贸货物吞吐量 315572 万吨,同比增长 4.9%。排在第一位的宁波-舟山港完成 42506 万吨。从增速来看,深圳港、广西北部湾港、烟台港、广州港和厦门港等港口增速较快,超过了 13%。(表 2)

表2　2021 年 1—9 月沿海港口外贸货物吞吐量及同比增速

排序	港口	吞吐量(万吨)	同比增速(%)	排序	港口	吞吐量(万吨)	同比增速(%)
1	宁波-舟山	42506	6.1	8	广西北部湾港	12931	16.7
2	青岛	35316	5.1	9	烟台	12604	15.9
3	上海	30762	7.8	10	广州	12028	14.2
4	日照	25606	3.7	11	连云港	10524	7.2
5	天津	22134	2.1	12	大连	10470	−17.9
6	唐山	19264	−13	13	厦门	8633	13.5
7	深圳	15568	14.9	14	营口	6140	−11

2021 年 1—9 月,我国外贸货物吞吐量增长较快原因有二:一是我国疫情防控较好,复工复产的政策措施有效;二是新冠疫苗的接种使全球疫情得到一定的控制,生产生活逐步恢复,海外市场货物需求日益增加,进出口货运持续增加。

1—9 月,青岛港完成外贸货物吞吐量 35316 万吨,排在第二位。进入 2 月,累计完成外贸货物吞吐量 7351 万吨、增速达到 6.3％,4 月份增速达到了 8.0％。(图 2)

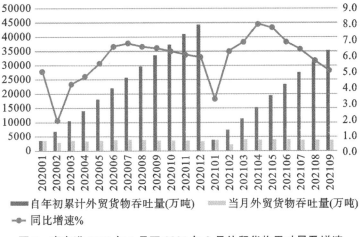

图 2　青岛港 2020 年 1 月至 2021 年 9 月外贸货物吞吐量及增速

(三)集装箱吞吐量分析

2021 年 1—9 月,我国集装箱吞吐量出现恢复性增长,主要得益于东亚地区经济体,尤其是我国率先控制疫情,快速实现复工复产。相比 2020 年,我国港口集装箱吞吐量的增长速度有较大程度上升。

1—9 月,上海港完成集装箱吞吐量 3480 万标准箱,同比增长 9.9％,稳坐集装箱吞吐量世界第一宝座;宁波-舟山港完成集装箱 2397 万标准箱,同比增长 12.2％。宁波-舟山、深圳和天津港上升明显。(表 3)

表 3　2021 年 1—9 月沿海港口集装箱吞吐量及同比增速

排序	港口	吞吐量 (万标准箱)	同比增速 (％)	排序	港口	吞吐量 (万标准箱)	同比增速 (％)
1	上海	3480	9.9	8	广西北部湾港	419	19.1
2	宁波-舟山	2397	12.2	9	营口	396	−4.6
3	深圳	2141	13.2	10	日照	383	8.9
4	广州	1786	5.2	11	连云港	375	3.8
5	青岛	1783	11.1	12	烟台	275	13.8
6	天津	1580	14.8	13	大连	269	−37.2
7	厦门	900	7.6	14	福州	250	−1.2

上海港、宁波-舟山港依托后方发达的经济腹地,加快发展多式联运和港口间的分工合作,打造了外高桥江海中转平台,开通了义乌—宁波-舟山港海铁联运专列,依托区块链等科技创新,积极开拓沿海捎带、中转集拼等服务创新,有效拉动了集装箱吞吐量的快速增长。

1—9月,青岛港完成集装箱吞吐量 1783 万标准箱,同比增长 11.1%。青岛港通过增加航线、扩大舱容、增加中转,以及陆向开行班列、建设陆港、拓展货源,与船公司合作新增和加密航线。2021 年上半年新增集装箱航线 15 条,中转箱量同比增长 15%;完善了干支线网络配套发展格局,推进海铁联运布局,推动内陆地区推介成果落地。2021年上半年新开 7 条班列线路,海铁联运箱量同比增长 8%。(图3)

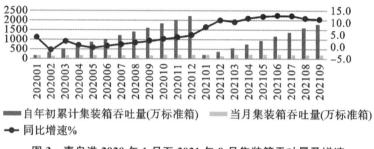

图3 青岛港 2020 年 1 月至 2021 年 9 月集装箱吞吐量及增速

(四)推进国际航运中心建设,全球影响力显著提升

2021 年 7 月,新华社中国经济信息社、波罗的海交易所联合在上海发布了《2021 新华·波罗的海国际航运中心发展指数报告》。青岛被评价为迅速进步的城市,在全球航运中心城市的综合实力中青岛列第 15 位。新加坡、伦敦、上海、香港、迪拜、鹿特丹、汉堡、雅典、纽约-新泽西、宁波-舟山排在前 10 位。

国际航运中心发展指数包含 3 个一级指标、16 个二级指标,从港口条件、航运服务和综合环境三个维度对全球 43 个样本城市的阶段性综合实力予以评估。2014 年首次发布时,青岛排名第 23 位,2018 年排名跃升到第 19 位,2019 年进位到第 17 位,2020 年再次进位至第 15位,2021 年继续保持着第 15 位。2021 年前 8 个月新增 20 条集装箱航线,其中 16 条为外贸线(7 条为东南亚线,3 条为俄罗斯远东线,其余包括欧洲线、韩国线、美东线、美西线和印巴线等)。青岛港综合实力和全球影响力显著提升,在东北亚地区大型港口中居于领先地位。青岛港集装箱吞吐量超越釜山港,全球排名第 6 位,成为东北亚领先的国际集装箱干线港;青岛港航线增速创出历史新高,超过同期釜山港增量;班轮运输连通性指数(LSCI)由 92 点提高到 98 点,连通性稳居中国北方港口第一位。

(五)持续推进陆海联动,初步形成多式联运物流枢纽

近年来,青岛持续打造以青岛港为轴线、辐射欧亚的国际物流网络,构建了"胶黄小运转"港站一体化模式,打造港口集疏运物流通道,在全国率先实现"前港后站、一体运作"的海铁联运模式,实现了多部门协同化管理。

青岛海铁国际联运班列2021年新开通了来自日韩、东南亚等国货物,在青岛港卸货后,由上合示范区青岛多式联运中心国际联运班列发往德国、俄罗斯、哈萨克斯坦、吉尔吉斯斯坦和乌兹别克斯坦等国家,只需7～15天,大大节省了运输时间,为日韩和欧亚双向过境货物提供了快捷、经济的物流通道。

支持中欧班列"上合快线"拓展业务范围,开行对外承包工程出口货物专列、首列冷链专列、首班跨境电商货物专列等特色班列。青岛2021年前8个月到发中欧班列358列,运输2.9万标准箱,同比分别增长53.6%和85.2%。目前22条国际、国内铁路班列通达上海合作组织和"一带一路"沿线18个国家、46个城市。

以海港、空港、陆路三大物流系统为支撑的区域性现代物流枢纽、"一带一路"多式联运物流枢纽已初步形成,"一带一路"跨境集装箱海铁公多式联运示范工程也列入首批12个国家多式联运示范工程。

(八)推进智慧港口建设,装卸效率稳步提高

青岛港自动化集装箱码头是目前世界上技术最先进、自动化程度最高、装卸速度最快的自动化码头,也是亚洲首个全自动化集装箱码头。正式投入商业运营以来,装卸效率持续稳步提高,目前平均单机效率达到36.2自然箱/小时,最高达到47.6自然箱/小时,全面超越人工码头,作业效率比国外同类自动化码头高50%以上。2021年6月,青岛港举行智能空中轨道集疏运系统(示范段)竣工仪式,这是青岛港又一个全球首创技术。

青岛港自动化码头共规划建设6个泊位,岸线长2088米,码头前沿水深20米,可停靠24000标准箱集装箱船,设计年吞吐能力520万标准箱,是目前世界上最大的自动化码头之一。从规划设计到建成运营,全部由青岛港通过自主开发完成,开创了"低成本、短周期、高效率、全智能、更安全、零排放"的高质量发展"青岛模式",在全球自动化码头领域制高点上树起了"中国方案""中国效率"的旗帜。

青岛港与海关、海事等部门联合量身打造一套智慧监管模式,大幅压缩了货物通关时间。青岛海关在自动化码头推行智能无人卡口监管

模式,实现了现场监管"零干预"、卡口监管"零驻守"、实货监管"零待时"。

(七)推进绿色港口建设,实现健康可持续发展

青岛港 2016 年就获得了国家"绿色港口"称号。为实现"碳达峰""碳中和"目标,青岛港编制了《"碳达峰、碳中和"实施方案》《"碳达峰、碳中和"三年行动计划》,明确降碳达峰时间节点、实施路径,梳理重点任务清单,定期调度推进。

青岛港积极转变能源结构,充分挖掘光伏发电潜力,引进光伏、风电等新能源技术,安装光伏发电设备,光伏年发电量达到 100 万千瓦时。风电、光伏等非化石能源占发电总量的比重不断提升,从根源上直接为碳排放做"减法",也为实现港口健康可持续发展,加快打造国际领先智慧绿色港奠定了基础。

(八)促进产业深度融合,助推港口转型升级

在推动交通与物流融合、发展冷链等产业方面,青岛港由传统"生产资料港"向"生产生活资料港"转型,在青岛、济南分别建设中国北方生活消费品分拨中心,"济青双中心、沿黄多基地"的运输格局已粗具规模;与大型船公司联合相继开通东南亚冷链快航。青岛港将产业平台做大做强,打造冷链进口消费品精品航线组群;在进口消费品产业生态链中,通过搭建分拨网络等措施,构建全新的发力点和优势。

二、青岛市港口经济发展趋势展望与建议

(一)2022 年青岛港口经济发展趋势展望

2021 年我国经济持续稳定恢复,稳中加固、稳中向好,但是从全球来看,主要经济体的经济复苏发生了明显的分化,中国、美国等部分主要经济体在引领着世界经济的复苏,大多新兴市场和发展中经济体仍然受到新冠疫情的强烈冲击,经济复苏非常缓慢;发达国家和地区延续着宽松的货币政策和财政刺激政策,市场对全球通胀预期、美联储货币政策变化担忧在日益提升,金融市场的波动性和脆弱性上升。

进入 2021 年,国际集装箱海运市场供不应求,集装箱航运市场持续向好。受美国和欧洲的部分港口设施老旧、运营模式不适宜等多种因素影响,出现了装卸速度慢、仓储空间不足和运输集装箱的司机和卡车严重不足的现象,面对货物激增与船舶集中到港,欧美部分港口陷入持续拥堵局面,港口效率大幅下降。8 月中旬,平均每艘船在美国洛杉

矶港和长滩港需等待6天左右才能装卸货物;随着拥堵恶化,10月底等待卸载时间平均长达10～12天。瑞银在研究报告中预计,港口拥堵情况将会持续到2022年。我国也采取了一系列措施来缓解这一局面,如通过中欧班列减少对海运的依赖,投入更多集装箱,通过"集改散"方式减少用箱量,但只能起到部分缓解作用,不可能在短期内彻底解决港口拥堵问题。

虽然困难重重,但2022年青岛市港口经济仍将以2021年的增幅稳步增长。

(二)促进青岛市港口经济发展的对策建议

1. 继续推进一流港口建设

在新的历史发展阶段,青岛港应继续以服务人民群众、服务国家重大战略为己任,持续推进世界一流港口建设,为青岛市打造国际门户枢纽城市、全球海洋中心城市提供重要支撑。应深度融入"双循环"新发展格局,立足国内,放眼世界,构建起稳定的物流共赢链服务网络,以港口、山东自贸区青岛片区吸引要素聚集,进一步增强产业集群的竞争力。

2. 积极优化港口营商环境

建立口岸营商环境评价机制,进一步规范审批行为,取消不必要的监管。优化简化通关流程,通过前置服务、后续监管、信息共享、执法合作等手段,压缩口岸现场执法和物流操作耗时。强化口岸收费目录清单管理,健全口岸收费公示制度,实现动态更新,落实港口降费的各项措施,加快口岸中介服务规范化建设,加大口岸收费检查、查处力度。

3. 加快推进绿色港口建设

力争2030年前碳达峰、努力争取2060年前实现碳中和,是以习近平同志为核心的党中央统筹国内国外大局作出的重大战略决策。《中共中央、国务院关于完整准确全面贯彻新发展理念做好碳达峰碳中和工作的意见》《2030年前碳达峰行动方案》等一系列政策文件陆续出台,对碳达峰、碳中和进行了系统谋划、总体部署。港口是能耗排放的重点关注领域,相关行业受"碳中和"影响较大,应加快推进港口作业设施设备清洁化改造、运输结构和能源结构的调整,打造清洁低碳的用能结构。同时要推进能耗和碳排放检测平台建设,推动青岛港的绿色低碳循环发展。

4. 持续推进智慧港口建设

科学合理规划完善基础设施建设是港口经济高质量发展的助推器。应继续运用智慧化手段提升作业效率,在推动设施设备智能化改造、提升工艺水平的同时,加快新技术赋能行业发展,有效应对疫情等突发事件。应注重精细化的管理,综合考量成本、效率与收益等要素的平衡,提升自动化码头效率和效益水平。利用大数据、物联网、云计算、区块链等技术提升智能化发展水平,助推世界一流港口建设。

通过港口与金融机构合作,开发金融创新业务,满足客户多元化的融资需求,促进产融结合。吸引外资及民间资本投入智慧港口相关项目建设,将有力推动智慧港口基建项目和港口经济高质量发展。

5. 大力推进多式联运

充分利用"公转铁"政策,发挥区域优势,抓住龙头企业,调整运输结构,突出重点,精准施策,大力推进多式联运,加快构建"通道＋枢纽"的物流体系,打造铁路物流品牌,推动绿色交通发展取得新成效。完善三级营销体系,进一步加快物流基地和铁路专用线建设。坚持政府引导、市场驱动、社会参与,在货源充足的内陆地区建设物流基地。制定专项规划,推进铁路专用线进港、进物流园,细化流程,降低全程物流成本。

6. 推进国际化高端化航运服务业发展

进一步集聚和扩大货运代理、船舶代理、船舶管理等基础航运服务业市场规模,引培和完善高端化航运服务产业企业,健全航运服务市场功能,推动航运服务业优化提升。吸引国际船舶代理、船舶管理、航运经纪等服务机构落户青岛。打造国际航运服务集聚区,大力发展港航物流、航运金融、港口贸易等港航物流企业总部经济。

7. 探索构建中日韩自由贸易区

近年来,美欧贸易保护主义和单边主义政策日益升温,东北亚地区有着共同的利益诉求和较高的贸易依存度,因此经贸合作和贸易往来将越来越频繁,将进一步推进中日韩自贸区的建设。青岛要成为适应我国开放型经济高质量发展需要,探索构建中日韩自由贸易区,支撑东北亚地区合作发展的"开放门户"。中日韩之间关于建立自由贸易区的谈判已持续多年,可探索在青岛港和相关地区划出特定区域建设中日韩经贸合作示范区,创新中日韩经贸合作机制及政策举措,以加快推动中日韩自贸协定谈判进程,巩固青岛港东北亚国际航运门户枢纽地位。

8. 参与"一带一路"港航投资

编制实施海外投资规划,重点关注东南亚与中东欧区域,形成青岛港海外网络链接点。深化与全球航运巨头、航运联盟合作,加大丝路沿线国家和地区航线航班开发力度,拓展海上丝路航线网络。推进与欧亚路桥、中亚、中孟印经济走廊对接,加强与沿线地区物流园区合作,争取其国际过境货源。

(作者单位:青岛市社会科学院)

2021—2022年青岛市金融业发展形势分析与展望

周建宁　朱芸辉

2021年青岛市金融业围绕着"建设国际财富管理中心"深化金融改革,围绕跨境财富管理等核心领域开展制度创新,扎实服务青岛战略布局,金融业发展展现澎湃活力,青岛市金融产业规模与服务能级显著提升,财富管理与创投风投"两个高地"优势突出,航运金融、贸易金融、海洋金融、绿色金融、金融科技等新兴金融业态蓬勃发展。

一、2021年青岛市金融业发展状况分析

(一)青岛市金融业继续保持稳定健康发展的势头

2021年在国内金融业持续"去杠杆"大背景下,青岛市的金融业依然保持着持续稳健发展的势头。金融业增速领跑全市,1—8月青岛实现金融业增加值617.3亿元,增速居国民经济十大行业首位。金融业实现全口径税收128.6亿元,同比增长5.4%,金融业对经济增长的贡献稳步提升。

前三季度,青岛市金融业继续保持良好发展势头,规模和质量实现双提升。金融业增加值占GDP比重达到6.9%,金融业税收占全市税收比重超过10%;本外币存贷款余额分别突破2.2万亿元和2.3万亿元,仅新增贷款超过2020年全年的3/4,连续21个月保持两位数增长;金融业对于地方经济发展的支撑力度不断增强。

(二)青岛各类金融资源聚集取得突破性进展,面向国际的财富管理中心形成规模

青岛市法人金融机构落户实现了新的突破。继光大理财子公司之后,联储证券有限责任公司于2021年5月18日落户青岛,成为青岛市首家的全牌照券商,也是青岛首家证券公司全国总部。联储证券原名

众成证券,成立于 2001 年 2 月 28 日,系由山东、河南、湖南、西安、沈阳五大证券交易中心重组筹建的全国性证券公司。公司注册资本 25.731 亿元人民币,净资产 57 亿元,原注册地为深圳,现拥有 15 家证券营业部,分布在上海、济南、郑州、长沙、西安、沈阳、平顶山、济宁等地。此次联储证券将注册地由深圳迁址青岛,进行增资扩股,增资后股本由 25.7 亿元增至 31.34 亿元。联储证券落户青岛不仅可以填补青岛市全牌照券商的空白,还会通过税收、人才反哺青岛,对青岛建设国际金融中心城市具有里程碑意义。

5 月 20 日,新沃基金管理有限公司正式从上海迁址青岛,落户崂山区,成为继兴华基金后第二家落户青岛的公募基金管理公司。新沃基金成立于 2015 年 8 月,注册资本 1.35 亿元,是一家经证监会批准设立的全国性公募基金管理公司。新沃基金以“专业创造机会,合作实现价值”为发展理念,以帮助投资者创造价值为服务宗旨,确立一级、二级市场发展并重的投资思路与产品条线,兼顾主动管理和被动投资,以满足投资者的不同理财需求。新沃基金的落户将进一步丰富青岛市金融业态,对促进财富管理金融综合改革试验区建设具有重要意义。

中信集团公司于本期入主青岛资产管理有限公司,并更名为“中信青岛资产管理有限公司”。2015 年 9 月青岛市政府下发了《青岛市人民政府同意设立青岛市资产管理有限责任公司的批复》(青政字〔2015〕90 号),青岛市资产管理有限责任公司正式成立,青岛国际投资有限公司为发起单位,注册资本 10 亿元。2016 年 2 月 22 日,中国银监会正式下发文件,青岛市资管公司获得批量收购处置金融机构不良资产业务资质,成为全国首家市级的 AMC 公司。2016 年 12 月经青岛市国资委批准,公司注册资本增加至 30 亿元。

中信集团自 2020 年 1 月开始尽调工作,收购事项由山东省政府推进,青岛市地方金融监督管理局“搭桥”。青岛资管在上海联合产权交易所(下称“上海联交所”)发布信息称,中信集团以不低于 25.79 亿元的价格,获得青岛资管 66.67% 的股权,取代青岛国际投资公司成为青岛资管第一大股东。此次股权转让完成后,青岛资管就剩两大股东:中信集团和青岛国际投资,持股比例分别为 66.67% 和 33.33%,此次股权变动有利于青岛资管轻装上阵,开启新的发展征程。

作为青岛本地唯一的法人信托投资公司,陆家嘴国际信托有限公司本年度实施了增资,注册资本金由 48 亿元增至 57 亿元。增资后,公司股权结构保持不变。陆家嘴国际信托是 2012 年由青岛海协信托投资有限公司更名而来。从股权结构来看,上海陆家嘴金融发展有限公司、青岛国信发展(集团)有限责任公司、青岛国信金融控股有限公司分别持股 71.606%、10.112% 和 18.282%。此次增资,也显示出青岛金融对陆家嘴国际信托业绩认可和发展充满信心。

(三)青岛辖区发行上市继续呈现强劲发展势头

对于青岛辖区而言,2021年以来发行上市工作依然保持强劲势头。A股"青岛军团"厚积薄发,呈现出惊人的爆发力。发行上市工作继续取得重大突破,势头强劲。2021年以来,已有征和工业、冠中生态、海泰新光、德固特、海程邦达、百洋医药、海泰科、德才装饰、青达环保等9家公司成功登陆A股资本市场,青岛A股上市公司总数达到52家,每日优鲜也已经成功在美国纳斯达克挂牌上市。

青岛征和工业股份有限公司于2021年1月11日在深圳证券交易所上市。股票代码为003033。征和工业首次公开发行后总股本为2045万股。征和工业发行价格为23.28元/股,发行后每股净资产为9.69元。征和工业2020年全年可实现营业收入91364.74万元至93714.22万元,较2019年增长13.34%至16.25%;归属于母公司股东的净利润为12076.39万元至12393.26万元,较2019年增长31.32%至34.77%。征和工业是国内链系统领域的龙头企业,最主要产品是摩托车传动链条。

2021年2月25日,冠中生态正式登录深交所创业板。冠中生态首次公开发行新股2334万股,发行价13元/股,发行后总股份9334万股。股票代码300948。主要业务为生态修复。

德固特节能装备股份有限公司于2021年3月3日在深交所创业板上市,股票代码300950。发行价8.41元/股,首次公卄发行后总股本1亿股,拟募集资金4.54亿元,其中2.86亿元拟用于节能装备生产线技术。德固特的主营业务为空气预热器、余热锅炉、装备维修改造。

2021年6月30日,专业的第三方健康品牌商业化平台青岛百洋医药股份有限公司(证券简称:百洋医药,证券代码:301015)在创业板上市。开盘当日股价报35.10元/股,涨幅359.42%,截至午间收盘大涨420.29%,公司总市值超200亿元。百洋医药成立于2005年,是国内领先的健康品牌商业化平台公司,主营业务为品牌运营、批发配送、零售业务。

2021年6月25日晚,每日优鲜正式在纳斯达克挂牌上市,股票代码"MF"。开盘后便跌超18%,其开盘价报10.65美元/股,IPO定价为13美元/股;此后跌幅扩大至30%,盘中股价最低触及8.12美元/股,跌幅超37%。截至收盘,该股报9.66美元/股,跌幅25.69%,市值22.74亿美元。每日优鲜上市首日开盘破发,日内最大跌幅近40%。

2021年7月6日,德才装饰股份有限公司(股票简称:德才股份,股票代码:605287)在上海证券交易所隆重举行首次公开发行A股上市仪式,成功登陆资本市场,成为山东省第一家在国内 A 股上市的建筑业企业。

(四)科创板上市继续取得突破

自 2019 年上交所科创板创立以来,科创板市场出现了五大趋势:强调"硬科技",更能体现资产配置特征,更能体现大国竞争态势,更有利于一、二级市场循环,更接近成熟资本市场。科创板上市公司里,新一代信息技术公司数量占比为 40%,生物医药占比为 20%~25%,高端设备占比超 10%,三个行业上市公司数量占比就达到了 80%,继海尔生物后,青岛在科创板上市方面也取得了可喜的突破。

青岛海泰新光科技股份有限公司股票于 2021 年 2 月 26 日在上海证券交易所科创板成功上市。股票代码 688677。海泰新光系医用成像器械行业的高新技术企业,自 2003 年成立以来,公司始终坚持高端医用成像器械的自主研发与创新,致力于成为医用成像器械领域世界领先的科技公司,为临床医学提供全套解决方案。海泰新光以医疗应用为重点,在保持并巩固内窥镜领域竞争优势的同时,持续开发与完善微创医疗器械领域的产品线布局,如医用内窥镜器械产品、光学产品、医用光学产品、工业及激光光学产品等。

2021 年 7 月 16 日,青岛达能环保设备股份有限公司(以下简称"青达环保")在上交所科创板成功上市。青达环保本次公开发行股票 2367 万股,发行价为 10.57 元/股。青达环保位于青岛市胶州市,公司自成立以来,深耕于节能环保行业,致力于节能降耗、环保减排设备的设计、制造与销售,为电力、热力、化工、冶金、垃圾处理等领域的客户提供炉渣环保处理系统、烟气节能环保处理系统和清洁能源消纳系统解决方案,业务模式可分为产品设计制造业务(EP)和工程承包业务(EPC)两类,以 EP 业务为主。

2021 年 8 月 30 日,青岛云路先进材料技术股份有限公司顺利通过科创板上市委审核,拟在上海证券交易所科创板上市,成为青岛市"科创板"第五股。青岛云路成立于 2015 年 12 月,公司位于青岛市即墨区蓝村镇,是中国航空发动机集团有限公司下属控股单位。目前,公司非晶合金材料的市场份额为全球第一,是非晶合金材料行业的龙头企业。公司注册资本 9000 万元,占地面积 170 余亩,资产总额逾 7 亿元。青岛云路于 2008 年启动非晶材料研发,历经 10 余年自主创新发展,已成为国内磁性材料行业少数同时具备材料基础研究与评价能力、极端工艺装备实现能力、产品应用拓展能力的企业。青岛云路主要生产软磁材料及衍生品,已形成非晶合金、纳米晶合金、磁性粉末三大材料及其制品系列。

(五)青岛辖区上市公司在收购兼并、产业整合、转型发展方面的新突破

2021年,青岛辖区的上市公司继续在并购整合、产业链整合及延伸方面加大工作力度,在产业整合、收购兼并及资本运作方面实现了新突破,以打造公司的核心竞争力。

1. 高测股份拟投资 16.49 亿元建设乐山 20GW 光伏大硅片及配套项目

2021 年 7 月 20 日,高测股份发布公告:为把握市场机遇,加速促进公司高硬脆材料系统切割解决方案的产业化应用,公司拟在四川省乐山市建设 20GW 光伏大硅片及配套项目,项目总投资约 16.49 亿元。据悉,项目拟建设年产 20GW 光伏硅片的切片产能;拟租赁厂房,并配套建设生产、生活设施;拟购置金刚线切片机、硅片清洗机及机加设备等生产设备及生产辅助设备,并安装、调试。

项目计划分两期实施;项目一期计划投资约 5.66 亿元人民币,拟建设 6GW 光伏硅片的切片产能,建设周期计划为 9 个月;项目二期计划投资约 10.83 亿元人民币,拟建设 14GW 光伏硅片的切片产能,项目二期将根据光伏产业发展情况择机启动。

对于乐山项目规划,高测股份表示,伴随着全球各国纷纷设立"碳中和"目标,光伏行业迎来了新的快速发展机遇,光伏硅片加速向"大尺寸"和"薄片化"方向发展。通过本项目的实施,将有利于公司更好地把握市场机遇,将有利于公司更充分地发挥公司在光伏切割装备、切割耗材及切割工艺方面的技术优势和协同优势,进一步提升公司的经营业绩。

2. 强强联手,英派斯与海尔云科技达成战略合作

2021 年 8 月 12 日,青岛英派斯健康科技股份有限公司与海尔云科技签订了《战略合作协议》。双方拟从家庭、社区、园区和城市等场景切入,结合双方优势,整合优质的生态资源,共同搭建开放的健康生态平台,以进一步促进全面健康大健康事业,增强国民体质。双方战略合作主要基于以下五个方面:

(1)基于智能健身场景所需要的智能设备开发,形成以数据分析为导向,可落地的智慧化健身场景,引导用户科学健身,健康数据可追溯,可针对性配置衣、食、住、娱等健康环境提升,并不断复制推广,实现其他园区、其他企业的样板复制。

(2)基于海尔园区的智能健身场馆建设,包括项目综合解决方案设计、软硬件、智能化应用开发等;以西园区项目为切入点,共同打造健康企业样板。

(3)共同搭建健康管理平台,建立科学健康管理运营模式,推动智慧健康社区、智慧健康城市项目落地。

（4）结合双方优势,共同打造家庭场景的运动健身产品系列。包括不局限于英派斯旗下家用健身品牌导入海尔康联网平台,充分利用双方优势,从品牌、产品研发、供应链生产到销售环节深入合作,整合优质的生态资源,垂直构建家庭场景下的智慧健身场景。

（5）双方共同打造智慧健身社区标准产品方案,共同推进全民健身的标准化建设,整合相关生态伙伴协调、融合发展,构建高水平的全民健身公共服务体系,积极落实推进以人民为中心的《全民健身计划（2021—2025年）》。

本次签订战略合作协议,有利于双方建立紧密的业务合作关系,重点围绕智能硬件开发、智能设备交互、智慧健身指导方案标准化等方面,开展全面深入合作,发挥双方优势,整合优质资源,共同推动全民健康管理智慧化升级。有利于英派斯进一步提升在建设智慧健身生态场所方面的服务能力及公司品牌影响力。

（六）创投风投机构逆势成长

2021年以来,青岛市创投风投各项业务指标继续保持快速增长势头。截至8月末,青岛市在中国证券投资基金业协会登记私募基金管理人424家,居全国（包括全国31个省、自治区、直辖市和5个计划单列市）第10位,较年初增加62家;比上年同期增加105家,增长32.9%、增速居全国第2位。管理基金1457只,居全国第10位,较年初增加570只;比上年同期增加732只,增长100.9%,增速居全国第2位。管理规模1436.7亿元,较年初增加397.4亿元;比上年同期增加465.1亿元,增长47.9%,增速居全国第7位。

截至2021年9月底,青岛市私募基金管理人和管理基金数量首次双双进入全国前十,创投风投中心建设取得新突破。

二、2022年青岛市金融业发展形势展望

2022年是青岛财富管理金融综合改革试验区获批设立8周年,青岛市金融业将在开放的格局下迎来新突破。在控制疫情的基础上,青岛金融业将主动作为,攻坚克难,在机构聚集、平台搭建、改革创新等方面加大力度,持续加大对于实体经济的支持力度,金额运行态势良好,金融业主要指标快速增长,为推动青岛经济社会持续向好发展贡献金融力量。

（一）《青岛市"十四五"金融业发展规划》公布,确定了未来青岛市金融业发展的战略方向

金融是现代经济的核心,"十四五"时期是青岛金融业发展迈向更

高水平的关键期。青岛市政府发布了《青岛市"十四五"金融业发展规划》,以习近平新时代中国特色社会主义思想为指导,以推动金融业高质量发展为主题,以深化金融供给侧结构性改革为主线,系统性、整体性、前瞻性对青岛市金融业未来五年发展作出全面谋划部署。

到 2025 年,青岛市金融业增加值超过 1200 亿元,占 GDP 比重达 7.5％左右,本外币存贷款余额分别超过 33000 亿元和 33500 亿元,金融机构总数超过 310 家,境内外上市公司数量超过 100 家,私募基金管理规模超过 2000 亿元。青岛金融产业规模和服务能级显著提升,财富管理与创投风投"两个高地"优势突出,航运金融、贸易金融、海洋金融、绿色金融、金融科技等新兴金融业态蓬勃发展,中国北方资本强市地位更加牢固,国际航运贸易金融创新中心、全球创投风投中心、国际财富管理中心和金融科技中心建设取得实质性进展。在此基础上,到 2035 年青岛要实现区域性国际金融中心的远景目标。

2022 年及今后,青岛市金融业的重点任务是:引导生产要素配置,提升金融服务实体经济能力;拓展航运贸易金融,建设国际航运贸易金融创新中心;优化创投风投生态,打造全球创投风投中心;深化金融改革,建设国际财富管理中心;大力发展数字金融,建设金融科技中心;增强区域金融辐射能力,加快胶东经济圈金融一体化发展;优化开放布局,扩大金融业高水平双向开放;加强金融风险防范,牢牢守住安全底线。

(二)青岛各类金融业态蓬勃发展,正在逐步构建面向国际的财富管理中心

继光大理财子公司、青银理财子公司之后,经中国银保监会批复,恒丰银行获准筹建全资理财子公司,成为 2021 年第二家获批筹建理财子公司的商业银行。恒丰银行将出资 20 亿元人民币筹建恒丰理财有限责任公司(简称"恒丰理财"),注册地为青岛市崂山区,筹建时间不超过半年。筹建工作完成后,恒丰银行将按照监管有关规定和程序正式提出开业申请。恒丰理财经营范围为:面向不特定社会公众公开发行理财产品,对受托的投资者财产进行投资和管理;面向合格投资者非公开发行理财产品,对受托的投资者财产进行投资和管理;理财顾问和咨询服务;经国务院银行业监督管理机构批准的其他业务。

继联储证券落户青岛崂山后,国信集团收购国融证券有限公司的进程也在紧锣密鼓的推动中。青岛国信发展(集团)有限责任公司日前发布公告称,为收购国融证券股份有限公司(以下简称"国融证券"),国信集团以 45.3832 亿元价格受让国融证券股东所持约 7.3 亿股股份,国信集团与国信金控合计投资 23.0327 亿元认购国融证券新增股份 3.745 亿股。目前,公司已与协议各方签订了股权转让协议及增资协

议,协议金额合计约 68.416 亿元。

随着光大理财子公司、联储证券、意才基金销售、兴华基金、山东港信期货等法人金融机构先后获批,青岛成为拥有全部七大类金融牌照(银行、证券、保险、基金、信托、期货、租赁)的城市。而国信集团收购国融证券获批后,将补齐青岛本土券商的"短板",再度"加码"财富管理金融综合改革试验区建设。

(三)青岛市资本市场上市工作继续呈现良好发展态势

经过近年来的不懈努力,青岛市已储备了一大批优质的上市资源。除 2021 年已经成功上市的上市公司以外,截至 2021 年 9 月底,青岛尚有青岛豪江智能科技股份有限公司、盘古智能、青岛三柏硕健康科技、科捷智能科技股份有限公司、青岛大牧人机械股份有限公司、思普润水处理股份有限公司等处于上市冲刺过程,而歌尔微电子、欧特美交通、特来电、青禾人造草坪则处于青岛证监局辅导阶段。

(四)北交所的创立给青岛市资本市场带来新的契机,青岛地区新三板公司迎来发展新机遇

9 月 2 日,国家主席习近平在 2021 年中国国际服务贸易交易会全球服务贸易峰会发表视频致辞,在强调中国将提高开发水平,扩大合作空间,加强服务领域规则建设的同时,表示"继续支持中小企业创新发展,深化新三板改革,设立北京证券交易所,打造服务创新型中小企业主阵地"。

此次北京证券交易所宣布成立,资本市场将迎来 30 年新格局。在深、沪交易所于 1990 年相继设立后,时隔 30 余年,中国大陆资本市场将迎来又一个全国性证券交易所。而北京证券交易所的设立意味着新三板改革进入新的历史阶段。2019 年以来,新三板已经形成了由基础层、创新层、精选层依次递进的市场结构。

根据证监会计划安排,本次设立的北京交易所,将总体平移精选层的各项基础制度,坚持北京证券交易所上市公司由创新层公司产生,维持新三板基础层、创新层与北京证券交易所的市场结构,并同步试点实行注册制,本次改革意味着新三板市场将翻开新的历史篇章。

截至 9 月 26 日,全国股转公司公布的数据,精选层申报企业共有 168 家。其中,处于已受理状态的 4 家,已问询状态的 21 家,挂牌委会议通过 5 家,证监会受理 1 家,已核准 71 家。

在新三板精选层方面,青岛辖区已有建邦股份、丰光精密成功实现挂牌,而青岛积成因需"补财报",目前尚处于中止状态。北交所的最终设立,将为青岛辖区新三板市场的发展带来新的契机。

（五）青岛国企正加速站上混改的潮头，法人治理结构将不断完善，企业活力将进一步增强

新一轮国企改革发展至今，国企混改已进入深水区，亟须在深度转换经营机制上实现破题。当前，包括青岛在内的多地已明确提出了混改上市思路和目标。国企混改可以通过与民营企业"混"资本，完善法人治理结构，实现"改"机制，增强企业的活力。上市本身就是国企混改的优势路径之一，这种方式公开透明，且有利于资本升值和套现，比较容易吸引战略投资者。同时，资本市场还具有公开透明、合规运营、价格发现的特征，可倒逼国有上市公司加快完善公司治理、转化经营机制。

作为国内化工领域的"绩优生"，青岛海湾化学有限公司启动了混改。海湾化学的前身是海晶化工，后与青岛碱业、东岳泡花碱两家企业整合重组。作为一家始建于1947年的老牌化工企业，海湾化学从诞生到发展壮大，成为国内氯碱化工龙头企业。2010年，海湾化学抓住企业搬迁董家口的历史机遇，淘汰落后产能，引进国际最先进的设备及生产工艺，走上了高端转型升级之路。海湾化学乙烯法聚氯乙烯年产量80万吨，居全国首位，且产品质量高端，已在多领域实现进口替代，稳坐国内乙烯法聚氯乙烯头把交椅。

海湾化学下游客户有雀巢集团、荣威体育用品、威高集团、扬子江制药等行业的顶端企业。根据规划，到2023年，海湾化学营业收入将突破200亿元，2025年将达到300亿元。

海湾化学拟新增注册资本1.12亿元，引入两个战略投资方，募集资金金额3.68亿元，对应持股比例为7.8%。海湾化学此次扩股增资的对象，被分成产业类和产融类两大类。在拟公开募集资金方面，产业类约1.41亿元，产融类约2.26亿元，对应持股比例分别为3%和4.8%，显然产融类战略投资者的持股比例更高。海湾化学还将按照与战略投资者同股同价的原则，同步实施员工增资入股，员工持股平台增资比例20%，增资金额不低于9.44亿元。上述两部分增资扩股总金额不低于13.128亿元。

海湾化学在集团混改的同时融入上市思路，将混改与资本上市有机统一，实现经营机制的深度转换。以上市促混改，或将蹚出一条国企混改的新路子，加快推动国有企业改制上市，打造青岛国企混改升级版的样本。海湾集团如能顺利完成混改与资本上市，无疑将成为国企混改升级的新实践，为青岛积极稳妥深化混合所有制改革提供可复制的新路径。

［作者单位：周建宁，中信证券（山东）有限责任公司；朱芸辉，青岛黄海学院］

新时代青岛市推进区域协调发展面临的挑战及对策研究

于忠珍

党的十九大首次提出,实施区域协调发展战略,建立更加有效的区域协调发展新机制。党的十九届五中全会通过的"十四五"规划建议进一步提出:"坚持实施区域重大战略、区域协调发展战略、主体功能区战略,健全区域协调发展体制机制,完善新型城镇化战略,构建高质量发展的国土空间布局和支撑体系。"因此,准确理解区域协调发展战略提出的背景以及促进区域协调发展面临的挑战,对于青岛市深入贯彻落实十九届五中全会精神,更好把握"十四五"时期促进区域协调发展的思路和任务,自觉推动区域协调协调发展具有重要意义。

一、区域发展战略的演变及背景

区域发展从不平衡到平衡、从不协调到协调、从不和谐到和谐是经济社会发展的客观规律。改革开放以后,我国采取了非均衡发展战略,充分发挥沿海地区的区位和经济、人才、技术等方面的优势,率先对外开放、率先发展,以此带动东西部地区发展,区域发展战略目标强调效率优先。这一战略导致东中西部地区经济发展的差距不断拉大,东部地区经济总量规模持续上升,而中西部地区以及东北老工业基地持续下降。

20世纪90年代以后,区域之间、城乡之间的均衡协调发展逐步得到了高度的重视。进入新世纪,我国赋予了区域协调发展新的内涵,区域协调发展是指区域之间建立在分工和比较优势基础之上的经济、社会和生态环境的和谐发展,以满足所有人对美好生活的向往和需要。"十一五"以来,我国形成了三大区域发展战略框架,包括区域发展总体战略、主体功能区战略、重点区域战略,区域经济发展总体战略布局和体系不断完善,区域协调发展水平得到长足提升。

(一)区域发展总体战略

区域总体发展战略确定了东中西和东北老工业基地"四大板块"的战略目标和任务。党的十六大以后科学发展观、"五个统筹"的提出,区域协调发展显得更加重要。1999年9月,党的十五届四中全会通过的《中共中央关于国有企业改革和发展若干重大问题的决定》提出,实施西部大开发战略。2003年10月,《关于实施东北地区等老工业基地振兴战略的若干意见》,吹响了振兴东北老工业基地的号角。2006年4月,《关于促进中部地区崛起的若干意见》提出促进中部地区崛起战略。实施区域发展总体战略,对于充分发挥东中西部自身比较优势,缩小东中西部的发展差距,形成相互促进、共同发展的新格局具有十分重大的意义。

(二)主体功能区战略

我国人多地少空间窄,人均土地面积,特别是人均平原面积匮乏,适宜工业化城镇化开发的面积小。我国人口与能源、资源分布不平衡,决定了我们的开发和人口、生产的布局必须与资源、环境调节相适应。21世纪以来,快速的城镇化和大规模的区域开发的无序导致生态系统受损、环境破坏严重。在这种情况下,实施主体功能区战略,才能从根源上解决诸如过度开发、分散开发等一些深层问题,实现适宜性开发和高效集约开发,保护环境,节约资源。

主体功能区指基于不同区域的资源环境承载能力、现有开发密度和发展潜力等,将特定区域确定为特定主体功能定位类型的一种空间单元。主体功能区战略就是把全国的主体空间按开发方式划分为优化开发区域、重点开发区域、限制开发区域和禁止开发区域四类地区;从功能上划分为城市化地区、农产品主产区、重点生态功能区三类地区。其中,城市化地区就是优化开发区域或重点开发区域,而限制开发区域和禁止开发区域则包括了农产品主产区和重点生态功能区。优化开发区域是经济比较发达、人口比较密集、开发强度较高、资源环境问题更加突出,从而应该优化进行工业化城镇化开发的城市化地区。重点开发区域是有一定经济基础、资源环境承载能力较强、发展潜力较大、集聚人口和经济的条件较好,从而应该重点进行工业化城镇化开发的城市化地区。限制开发区域分为农产品主产区和重点生态功能区,其中农产品主产区是保证农产品的区域;重点生态功能区主要是保证国家生态安全。禁止开发区主要是依法设立的各级各类自然文化资源保护区域和珍稀动植物基因资源保护地。

（三）重点区域战略

2006年以来,在推进总体发展"四大板块"战略框架下,国家相继出台了一系列的区域规划和特殊区域政策性文件,实行"一区一策"。目的是弥补四大地区区域范围过大导致的区域战略粗放的问题;服务于国家城乡统筹、两型社会、转型发展、生态文明建设等改革和发展战略;加快重点地区的发展,通过典型带动、重点推动,促进欠发达地区的加快发展;深化区域合作和扩大对外开放。重点区域战略包括两大战略:一是实施京津冀、长三角、粤港澳大湾区三区和黄河、长江两河"3+2"重大区域战略,各区域的任务、目标、导向是不一样的,京津冀是以缩减北京为"牛鼻子"推进经济协同发展;长三角一体化,主要是以高质量为导向推进一体化发展;粤港澳大湾区则要加强粤港澳融合,加大改革开放的度,建设国际一流的湾区;长江区域,贯彻生态文明理念,提出以共抓大保护、不搞大开发为导向推动长江经济带发展;黄河区域,一是推进黄河流域的生态保护,二是促进黄河流域的高质量发展。二是实施类型区战略,就是吸取新区经验,把小空间尺度的经济功能区建设作为培育区域增长极,开展改革试验,促进开发开放的重大战略举措。主要包括新区、自贸区、国家自主创新示范区,都有功能平台来支持。

总之,党的十八大以来,我们在推动区域协调发展上取得了一系列历史性成就,区域协调发展呈现开放合作程度加深、产业转型升级加速、效率与公平并重的新特点。

二、新时代促进区域协调发展面临的挑战

党的十九大对我国社会的主要矛盾进行了新的科学判断,提出"我国社会主要矛盾已经转化为人民日益增长的美好生活需要和不平衡不充分的发展之间的矛盾"。其中,区域发展的不平衡、不充分的问题尤为突出。

1.经济布局与资源空间分布的匹配关系更加严峻,生产组织成本加大

我国东南沿海和南方经济发达,大量的资源、能源等生产要素及商品都必须长距离大跨度流动或调动,并且呈现规模越来越大、距离越来越长的趋势。南水北调、北煤南送、西煤东送、西气东输、西电东输等加大了生产成本。

2.经济布局与人口空间分布失衡,区域发展不协调性依然较大

人口与经济分布的不均匀,既带来了大规模的人口流动,加剧了全国运力紧张,人才和劳动力持续向东部沿海、向一二线城市流入,造成

了不同地区间的人均GDP、人均财政收入、人均财富和教育、医疗等公共服务水平继续分化,经济社会发展差距明显。

3.板块间、板块内部和地区间分化明显

当前分化不仅出现在东中西和东北"四大板块"间,而且在"四大板块"内部的各个地区之间,如同为西部地区,西南地区云贵川经济增速持续高于西北地区,部分资源型地区增速下降明显。除此以外,近年来经济增长呈现"南快北慢"的态势,南北方经济差距逐渐扩大,引起了社会各界的高度关注。

4.对城镇化空间无序扩张问题长期缺乏有效对策

一些地方不顾发展实际,以城市群、新城新区、大学城、特色小镇等概念,竞相扩展城镇化用地空间,侵占大量生态用地和农业用地。

5.社会经济与自然基础的适应关系没有得到切实改善

虽然在经济发展上取得了很大成效,但对资源的消耗和生态环境的破坏较大:荒漠化面积越来越大。

6.区域协调的发展体制机制依然不健全

一是户籍、土地、资金等要素流动机制不畅通;二是财税体制,如一般性转移支付规模偏小、专项转移支付名目繁多;三是资源和生态补偿机制尚未形成;四是对区域规划缺乏法律保障。

三、青岛促进区域协调发展的对策

党的十九届五中全会审议通过的《中共中央关于制定国民经济和社会发展第十四个五年规划和二〇三五年远景目标的建议》(以下简称《建议》)在构建国土空间开发保护新格局、推动区域协调发展、推进以人为核心的新型城镇化三个方面部署了推进区域协调发展的任务。区域协调发展的思路明确,即以"四大板块"为基础,以主体功能区战略和国土空间规划为本底,以新型城镇化战略为牵引,以三区两河"3+2"重大区域战略为重点,坚持扬强扶弱联动,提升优势区域整体实力和竞争力,扶持问题区域增强自我发展能力和可持续发展能力,实现区域协调互动与对外开放相互促进、相互支撑,形成区域协调协同共同发展的良好局面。《建议》提出促进区域协调发展,既体现了我国区域发展战略的延续性和稳定性,也突出了与时俱进和问题导向性,站位更为高远。因此,要结合青岛实际,切实推动区域协调发展。

(一)要自觉做好地区战略与国家重大战略之间的有机衔接

要把不同地区发展战略与国家重点区域发展战略、区域协调发展战略结合起来,加快重点区域发展,提高城市群、城市带的经济、人口和社会的承载力。对于青岛来说,就要大力发展湾区经济,加快形成多中心的空间发展格局,缩小辐射半径,去碎片化管理,实现公共服务的均等化,缩小南北和城乡差距。同时,推动胶东经济圈一体化发展,在合作中实现互利共赢。

(二)从全局的高度自觉落实国土空间功能差异化分工和定位

《建议》指出,构建国土空间开发保护新格局。立足资源环境承载能力,发挥各地比较优势,逐步形成城市化地区、农产品主产区、生态功能区三大空间格局,优化重大基础设施、重大生产力和公共资源布局。青岛所在的山东半岛是国家优化开发地区,优化开发区域是提升国家竞争力的重要区域、带动经济社会发展的龙头、在更高层次参与国际分工及影响力的经济区。要准确把握优化的内涵要求,优化空间结构、产业结构、成本结构、人口分布等,加快新动能的培育和发展方式转变。

(三)贯彻新发展理念,构建区域新发展格局

按照创新、协调、共享、开放、绿色发展的新理念,兼顾区域发展的效率和公平,扬强扶弱。促进公共服务均等化以及基础设施的互联互通,推动生产要素的合理流动。优化重大基础设施、重大生产力和公共资源布局。让各地区的人民都能共享改革发展的成果。

第一,扬强。要提升先发区域、培育后发区域,筹谋布局打造战略性的持续增长空间;要谋划好增长空间,不断支撑经济增长的空间;打造全球引领性的增长区域;打造区域引领性的增长区域,即以都市圈为形式的中心城市圈;培育一批后发接续性增长区域。第二,扶弱。要因势利导,引导和控制区域分化,分类扶持衰退地区和特殊困难地区振兴发展。对于欠发达地区,要针对不同类型的发展困难,各有侧重地进行政策扶持,增强其造血功能,推动可持续发展。对于衰退地区,要加强其转型的能力,加强政策规划,引导其走出一条转型之路。对于滞后地区,要推动地区摆脱传统的发展模式,补齐区域发展短板,破除区域发展的瓶颈。

对于青岛来说,扬强重点是胶州湾南部、东部和西部打造持续增长空间,扶弱重点扶持是胶州湾北部和平度、莱西等区域的发展,进而形成区域均衡发展的新格局。

(四)强化新型城镇化的牵引作用

强化新型城镇化牵引作用,《建议》提出要推进以人为核心的城镇化,从城市更新、城市治理、城市协调发展方面进行了部署。以人为核心的城镇化,摈弃了过去若干年摊大饼式的规模扩张型的城镇化或者

土地城镇化,更加强调城镇化的质量和功能性,更多地体现了共享的发展理念,让城镇回归其应有价值,成为满足人们对美好生活追求、更好地工作生活和休憩的理想场所。(1)实施城市更新行动,推进城市生态修复、功能完善工程;强化历史文化保护、塑造城市风貌,加强城镇老旧小区改造和社区建设,增强城市防洪排涝能力,建设海绵城市、韧性城市。(2)提高农业转移人口市民化的质量。2019 年全国农民工总量2.9 亿人。其中,本地农民工近 1.2 亿人;外出农民工 1.7 亿人。通过深化户籍制度和公共服务供给制度改革,维护和落实农民的权益,让其在城里住得下、过得好。(3)促进大中小城市和小城镇协调发展。《建议》重点提出,优化行政区划设置,发挥中心城市和城市群带动作用,建设现代化都市圈。推进以县城为重要载体的城镇化建设。

未来中国经济将出现两个增长极:一是以湾区经济为依托、以大城市为代表的城市群的发展和崛起。我国经济发展的空间结构正在发生深刻变化,重大战略区域、中心城市和城市群将成为承载诸多发展要素的主要空间形态。在"十四五"期间,伴随着更多推进区域协调发展和新型城镇化的政策落地,我国经济高质量发展将获得更多动能。数据显示,2018 年,我国城区人口超过 100 万的大城市数量从 2006 年的 68个增长到 91 个;城区人口超过 400 万的城市从 2006 年的 11 个增长到19 个。同时,2018 年,30 个都市圈的城镇人口净增量占全国净增量的73%。而都市圈里,人口增量 70% 集中在外圈层,都市圈已经成为我国新型城镇化的主体地域空间。二是以特色经济为依托的县域开发,包括特色小镇的形成与发展。这两个方面将是我国推动区域和城乡一体化发展的两个趋势与途径。

面向未来,青岛作为国家优化开发区域,不仅要高度重视加快实施城市更新,改善居民生活质量,更要节约发展空间,实现持续发展。要以提高农业转移人口市民化的质量为基础,在吸引人口流入的同时更加注重留住人才。要发挥青岛龙头城市和核心城市的作用,推动城市间的合作,做大做强胶东城市群。

(作者单位:中共青岛市委党校)

上海、杭州科技创新经验及对青岛发展的启示

刘俐娜

创新是引领发展的第一动力,抓住了创新,就抓住了牵动经济社会发展全局的"牛鼻子"。近年来,青岛深入贯彻习近平总书记关于推进科技创新的重要论述、重要指示要求,坚持把创新摆在发展全局的核心位置,科技创新对经济社会发展的支撑引领作用不断增强。进入"十四五"新发展阶段,青岛提出要着力强化科技创新策源功能,打造长江以北地区重要的国家科技创新基地。对青岛来说,实现这一目标的难度不小,必须付出足够的努力才能成功。近年来,上海和杭州围绕高质量发展主题,深入实施创新驱动发展战略,培育新动能,提升新势能,呈现出蓬勃发展的良好局面。其经验和做法,值得我们深入思考、认真借鉴。

一、上海、杭州的经验做法

(一)加大科技投入,强化原始创新能力

在新形势下,上海和杭州把科技投入作为战略性投资,作为提高科技创新能力、提升核心竞争力的重要保障。上海自 2015 年建设具有全球影响力科创中心以来,R&D 经费投入强度逐年提升,在 2018 年就已超过 4%(比原定计划提前 4 年),远高于国内 2.19% 的年均水平(2018 年),也超过国际创新型国家 3% 的投入水平。从 2015 年到 2018 年,上海企业研发经费占全社会研发经费的比例也一直处于 60% 至 65% 的较高水平,创新投入体系不断优化,"以企业为主体、市场为导向、产学研深度融合"特色渐显。过去 5 年,杭州也在全力打造创新活力之城,2020 年度全社会研发投入强度已达到 3.5%,"十四五"时期,力争达到 4%。对基础研究经费投入不断增加,正助力杭州从源头上提升原始创新能力。同时,杭州市将企业高新技术研发作为政策支

持的关键着力点,有力撬动全社会研发投入。早在 2004 年,杭州高新区(滨江)就在全国率先以地方性法规的形式确定每年从财政支出中安排不低于15％的比例设立产业扶持资金,形成了"企业研发投入越多,政府补贴越多"到"政府补贴越多,企业研发投入越多"的良性循环,以企业为主体的创新链持续升级。

表1　2019 年青岛与长三角五市创新指标对比表

指标	青岛	苏州	上海	南京	杭州	合肥
研发投入(亿元)	294.6	700.3	1524.6	469.1	530.4	291
R&D 占 GDP 比重(％)	2.51	3.25	4.00	3.32	3.45	3.09
发明专利申请量(万件)	2.16	4.34	7.14	4.26	4.34	2.55
发明专利授权量(万件)	0.77	0.83	2.27	1.24	1.18	0.6
高新技术企业数(家)	3829	7052	12848	4680	5528	2500

(二)聚力创新平台,厚植创新创业沃土

从创新链到产业链,创新的锐度,产业的强度,都离不开"从 0 到 1"的原始创新。张江国家自主创新示范区成立 10 年来,紧跟国家战略,"先行先试,改革创新",构建起由大科学"国之重器"、新型研发机构、顶尖创新人才组成的基础研究"金三角"。作为上海科创中心建设的主战场,张江国家自主创新示范区的 22 个分园已覆盖全市各区,目前正聚焦进一步提升科技创新策源功能,推动创新产业集聚发展。张江科学城是张江国家自主创新示范区的核心园,2020 年实现规模以上工业总产值 3033.5 亿元,首破 3000 亿元大关,同比增长 8.9％。张江科学城坚持以一批大科学设施、一批创新转化平台、一批城市功能项目、一批设施生态项目、一批产业提升项目("五个一批")建设为抓手,至 2020 年底,完成了首轮 73 个(除硬 X 射线外)项目全面完工、第二轮 82 个项目全面开工的既定目标,眼下正在积极谋划推进第三轮"五个一批"项目建设。

目前,上海建设世界级大科学设施集群已初步成型,已建和在建的国家重大科技基础设施达 14 个,设施数量、投资金额与建设进度均全国领先。上海光源、国家蛋白质科学研究(上海)设施已开放运行并取得一系列成果产出。2020 年,我国首台软 X 射线试验装置、世界首台10 拍瓦超强超短激光实验装置通过验收,转化医学设施建成试运行。全球高水平新型研发机构正加快在上海集聚发展,围绕科技创新策源,开展前沿技术研究。

(三)用活创新政策,企业蓄足发展后劲

通过持续推出创新政策,不断加大营商环境制度供给,是提升地区创新企业活跃度、集聚度以及存活度的重要因素。从数据统计分析来看,近年来,上海推出了自贸试验区制度创新、科创中心建设以及优化营商环境改革等一揽子政策举措,每一次重大改革创新举措的实施都带来市场活跃度的提升。

2013 年 9 月上海自贸试验区成立以及 2014 年 3 月上海全面推进商事制度改革一年,全市新设企业数量经历了 51.2% 的大幅增长;2015 年 5 月上海出台推进"科创 22 条"政策文件,新设企业以平均 9.3% 的增速持续增长;2017 年 12 月,推出上海优化营商环境改革 1.0 版,相继出台"扩大开放 100 条"和促进民营经济健康发展"27 条",聚焦企业在沪投资兴业遇到的难点、痛点、堵点问题,实施具有较强针对性的改革举措,新设企业数量一年内增加 12.9%。一系列制度供给如同"强心剂",激发了市场主体活力,注册企业数量大幅增长。

从新设企业的行业类别分布看,上海新设企业向新兴行业领域集中的态势明显,创新经济成为聚集新设企业最多的领域。2019 年上海科学研究与技术服务类新设企业进入所有新设企业排名前三,占比由 2015 年的 15% 稳步提升至 2019 年的 21%。目前上海每 5 家新注册的企业中就有 1 家从事科研与技术服务,这表明,随着科创中心建设效应逐步释放,创新经济已经成为该市一张特色"名片"。

(四)发力科创金融,赋能小微企业融资

自 2010 年上海被列为中国首批促进科技和金融结合试点地区之一以来,经过 10 年发展,上海基本构建了比较完整的科技金融政策与服务体系。10 年来,上海通过创新"3+X"科技信贷体系,累计为 8000 余家科技型中小微企业提供金融服务,授信金额达 2162 亿元。10 年来,上海从机制创新、体制保障方面支持科技信贷发展;上海的天使基金、创业投资基金、私募股权投资基金和产业基金门类齐全;上海的创业投资引导基金发挥引领作用,覆盖面不断拓宽;上海推出"浦江之光"行动,发挥资本市场作用,助力科创企业发展;上海的科技保险持续创新,保险产品不断试点,为科技型企业创新与发展提供保障,累计承保金额超过 435 亿元。

2020 年,上海科技信贷、科技保险发挥积极作用,通过无还本续贷等方式保障企业用款,助力企业复工复产。面对新冠疫情挑战,上海市还出台了支持科技企业渡难关、稳发展、促转型 16 条及"沪 28 条"等一系列举措,加大助企纾困力度。

(五)着力招才引智,打造吸引人才"强磁场"

人才资源是第一资源,也是创新活动中最为活跃、最为积极的因素,人才是城市发展的核心动力。引来了人才,留住了人才,科技创新就有了源头活水。《中国城市人才吸引力排名 2021》报告显示,2020 年北京、杭州、上海位列最具人才吸引力城市前三名。在疫情影响之下,杭州完善引才政策、创新引才方式、集聚青年人才,打好抗疫引才组合拳,实现逆势引才。面向全球推出"战疫引才、杭向未来"八大举措,从补贴政策、引才宣传、服务环境等方面涵养人才生态;举办"杭向未来"云聘会,让各类人才与不同行业、公司的发展需求适配,真正形成人才红利;发布新一轮大学生创业创新 3 年行动计划,颁布大学生双创黄金10 条等等。非常时期的种种政策利好,为杭州逆势引才注入一剂"强心针",为杭州实现高质量发展蓄力赋能。报告显示,2017—2020 年,杭州人才净流入占比分别为 1.0%、1.2%、1.4%、1.6%,始终为正且逐年攀升,连续 3 年居全国之首。主要得益于蓬勃发展的数字经济、宜居的人文环境,以及位居全国第四的薪酬水平。从新增常住人口数量看,2019 年,杭州人口净增最多,达 55.4 万,超过长三角苏州、上海、南京、合肥 4 个主要城市人口净增之和。

近年来,上海也发布了一系列细化程度高、针对性、指向性强的政策举措来吸引创新创业人才。先后出台了人才"20 条""30 条"、高峰人才工程计划等引才育才政策,集聚了一批具有世界影响力的科学家、创新团队、科技人才。尤其是 2020 年 9 月 23 日,《2020 年非上海生源应届普通高校毕业生进沪就业申请本市户籍评分办法》发布,将之前"以北京大学、清华大学为试点,探索建立对本科阶段为国内高水平大学的应届毕业生,符合基本申报条件可直接落户"的政策,范围扩大至在沪"世界一流大学建设高校";2020 年 11 月以后,上海连续三次推出人才落户新政,分别是《关于优化本市居住证转办常住户口政策的通知》《留学回国人员申办上海常住户口实施细则》《上海市引进人才申办本市常住户口办法》,相对于以往,上海此次人才新政突破性更强。比如,首次将引进人才分为高层次人才、重点机构紧缺急需人才、高技能人才、市场化创新创业人才、专门人才和其他特殊人才等五大类,并对相应条件作出了修改。其中,重点机构紧缺急需人才的评价标准更加梯度化,除了重点机构紧缺急需的具有本科及以上学历并取得相应学位的专业技术人员、管理人员和创新团队核心成员等核心业务骨干外,重点机构所需的具有硕士研究生学历并取得相应学位的人员也可以申办本市常住户口;首次将"获得中华技能大奖、全国技术能手称号、国务院特殊津贴、世界技能大赛奖项等荣誉"充实进高技能人才的申办渠道中,扩大落户覆盖面;市场化创新创业人才则更加淡化学历指标,突出"获得一定规模风险投资的创业人才及其团队核心成员""取得显著经营业绩的企业家人才"等市场导向。一系列人才落户新政,将有助于越来越多的创新创业人才来到上海、留在上海,投身上海具有全球影响力科创中心建设。

二、青岛科技创新过程中需关注的薄弱环节

近年来,青岛市在科技创新领域出台了一系列政策措施,取得了明显成效。但应看到,与构建新发展格局的要求相比,与先进城市的发展势头相比,青岛市仍面临较大压力,主要表现在以下四个方面。

(一)科技创新意识不够

2019 年,青岛调查单位中,31.10％的有研发活动,其中,规模以上工业企业开展研发活动的单位占比为 41.10％,建有研发机构的单位占比为 11.99％,企业开展研发比例相对偏低。创新企业仍以技术应用和商业模式创新为主,企业创新需求牵引不足,基础前沿领域的研究和创新能力仍有待增强。因此,我们要重点关注在新兴领域发力,抢抓人工智能、互联网服务等新兴产业,推动生物医药、汽车等传统优势产业与新兴技术相结合,培养更多体现青岛产业特色的"独角兽"及专精特新企业。

(二)研发经费投入不够

从 2019 年的数据来看,青岛市研发投入强度为 2.51％,对比全国 20 个相关城市排名相对靠后。与上海(4.0％)、杭州(3.45％)相比,青岛还有很大差距。同时,青岛的企业研发投入占比 81.9％,虽然高于上海(63.1％),但相较于持续保持高位的深圳(93.75％),还有明显差距;另一方面,青岛的基础研究经费投入占 R&D 比重为 6.45％,上海该指标为 7.78％。青岛的研发整体水平仍然较弱,在企业带动创新和夯实基础研究方面还有很长的路要走。需进一步激发全社会研发投入热情,重视推动企业创新中心建设,鼓励市场化新型研发机构加大研发投入力度。与此同时,进一步优化科技创新体系结构,打通基础研究各环节,加强创新源头供给能力的顶层设计,重视前瞻性和应用性基础研究领域的投入。

(三)政策扶持力度精准度不够

2019 年,青岛 659 家高新技术企业享受所得税减免 20.66 亿元,杭

州 1060 家减免税额为 46.66 亿元,上海 2918 家减免税额达 166.23 亿元。相比青岛,上海、杭州适合高新技术企业生长壮大的创新土壤更加肥沃,产业基础支撑更加强大。在优势产业中,一些小型初创的公司有机会和发展到一定规模的高新企业、大公司有效联动,初创创业公司的参与有助于补充行业上下游各环节的短板,并让整个体系进入良性循环。

目前,青岛高新技术企业达到 3829 家,明显少于上海的 1.3 万家和杭州的 5528 家。如果把创新企业数量比作支撑本市科技创新发展的"塔基",那么显然青岛的"塔基"还不够厚实。青岛科技创新企业的培育支持力度仍显不够,缺乏分类施策、精准施策。需重视特别是针对不同行业深度分析企业生存的"危险期",破解企业成长壮大过程中的"堵点""痛点",提高政府服务精准性,为企业生存发展创造"耐久"的营商环境。

(四)招才引智力度不够

青岛的人才支持政策还存在若干不足。比如,针对高端人才的资金直接支持力度较小,对于领军人才,北京补助额度为 100 万元,深圳为 200 万～300 万元,上海为 5 万～30 万元,青岛给予 3 年至少 30％的劳动报酬奖励。又如,针对高技能人才的政策"颗粒度"仍有不足,在现有的居住落户政策中,人才落户有一定的年龄限制(如要求博士硕士学位 50 岁以下、本科学历 45 岁以下,专科学历 40 岁以下等),缴纳社保限制(最低 1 年)、接收单位限制。而杭州结合区域最新产业发展需求,增设了科学传播、人工智能、创意设计、技术经济等新业态的专业职称,为人才落户提供支持。再如,针对创新人才开办企业的政府服务水平仍有差距,企业在上海获得营业执照之后,会有相关"许可证"的审批部门主动打电话给企业,为其提供许可证办理及政府扶持政策等相关信息,相关做法值得青岛借鉴。

三、青岛推动科技创新发展的着力点和突破口

(一)在提升创新能级上实现新突破,不断增强科技支撑引领作用

按照"面向世界科技前沿、面向经济主战场、面向国家重大需求、面向人民生命健康"总要求,青岛市应加快推动基础研究、应用研究衔接融合,使科技创新真正转化为经济社会发展的第一推动力。持续壮大战略科技力量。集聚更多国际领先、国内顶尖科研力量,前瞻性谋划一批技术创新中心、重点实验室、临床医学中心等创新平台,"十四五"期

间争取落地 2～3 个大科学装置,协同创建综合性国家科学中心。加快关键核心技术攻关。聚焦新一代信息技术、新能源新材料等 13 条重点产业链,加强重大关键共性技术的深度研发,通过实施重点研发专项、布局重大科技项目,推动创新链与产业链深度融合,催生一批新产品新业态,培育一批新兴产业增长点。打造海洋科技创新高地。加快推进海洋科学与技术试点国家实验室、国家深海基地、中科院海洋大科学研究中心等国字号平台建设,在透明海洋、超算中心、蓝色药库等领域组织实施国家重大科技工程,产出一批具有重要影响力的海洋科技成果,促进海洋科研优势向产业优势转化,助推全球海洋中心城市建设。

(二)在壮大创新主体上实现新突破,提升企业技术创新能力

强化企业创新主体地位,促进各类创新要素向企业集聚,推动大中小企业协同发展,打造具有核心竞争力的创新型企业集群。支持龙头企业发挥引领作用。鼓励大企业牵头组建创新联合体,在高端智能家电、工业互联网、航空轮胎等领域建设国家级、省级技术创新中心,提高产业核心关键技术创新能力。推动科技型企业加速成长。全面落实研发补助、首购订购、税收减免等扶持政策,激励企业加大研发投入,2021年内争取高新技术企业净增 300 家、总数达到 4700 家。对成长性好、技术优势显著、产业带动性强的企业,开展上市精准扶持,2021 年内争取新增上市或过会高技术企业 6 家以上。加快推动企业数字化转型。深入开展"工赋青岛"专项行动,鼓励各类企业"上云用平台",利用卡奥斯等工业互联网平台进行高水平技术改造,优化生产运营各环节,催生新业态、创造新产品、提供新服务,形成新的增长点。

(三)在汇集创新人才上实现新突破,建设人才荟萃的青春之岛

坚定不移地实施人才强市战略和"青岛菁英"人才工程,完善人才发展机制,落实人才发展措施,汇聚天下英才创新创业。加大招才引智力度。突出产业需求,突出"高精尖缺",组织开展好蓝色经济国际人才产学研合作洽谈会、"百所高校千名博士青岛行"等活动,精准招引具有国际水平的战略科技人才、科技领军人才,力争年内引才聚才 25 万人以上。创新引才用才机制。充分发挥企业了解产业、熟悉市场优势,赋予企业在选才用才育才中更多的"话语权",鼓励企业在一线引进、培育、使用人才。提升人才服务水平。建设"一站式"人才服务体系,统筹落实税收优惠、子女教育、医疗卫生、住房保障等各项政策,支持各类人才全身心投入创新创造活动中去。

(四)在优化创新生态上实现新突破,建设活力迸发的创业之城

完善"青创十条"实施细则和具体举措,搭建"政、产、学、研、才、金、服、用、奖、赛"政策支持体系,培育创意创新创造的"热带雨林"。深化科技体制改革。重点改进科技项目组织管理方式,深化攻关"揭榜制"、首席专家"组阁制"、项目经费"包干制",支持驻青高校开展职务科技成果所有权或长期使用权改革试点。加快建设全球创投风投中心。做好"创投风投十条"政策奖补兑现,制定创投风投扶持政策2.0版,2021年新增私募基金管理机构150家左右。健全科技投入体系,完善科技信贷"白名单"制度,引导商业银行加大信贷投放力度,2021年全年助力科技型企业信贷融资700亿元以上。营造良好创新创业氛围。加强国家知识产权强市建设,严厉打击知识产权违法行为。强化科普宣传,全面提升公众科学素质。高标准举办第二届"青岛创新节",塑造全国知名的创新创业活动品牌,让创新创造活力在青岛不断涌流、竞相迸发。

(作者单位:青岛市统计局)

青岛市"十三五"税收形势分析及 "十四五"税收发展的对策研究

董战山　　刘建明

"十三五"时期是青岛发展历程中极不平凡的五年。5 年来,国际形势错综复杂,国内改革任务艰巨繁重,收官之年又遭受新冠肺炎疫情冲击,大事难事交织、风险挑战不断。5 年来,在市委、市政府的坚强领导下,坚持新发展理念,坚持高质量发展,以供给侧结构性改革为主线,统筹稳增长、促改革、调结构、惠民生、防风险、保稳定,扎实推进三大攻坚战,全市经济社会取得了巨大的发展成绩。与此同时,在发展中还存在着一些需要进一步完善和追赶的领域,需要我们居安思危,在今后的发展中加倍努力。为此,我们从税收角度回顾和盘点青岛市"十三五"发展成绩,查找不足,展望和理清"十四五"青岛市税收发展思路,并提出对策建议。

一、"十三五"时期税收发展形势分析

(一)地方财力贡献突出

税收是现代财政的主要来源,而地方级税收又是地方政府可支配使用的收入,相对于全部税收收入,地方级税收更能反映一个城市的真实财政实力。"十三五"期间,青岛市地方级税收由 2015 年的 720.73亿元增长到 2020 年的 892.99 亿元,年均增幅 4.4%,高于全国同期年均增幅 0.8 个百分点,高于全省同期年均增幅 2 个百分点(图 1)。地方级税收增幅高于全国、全省,这反映了青岛市坚持新发展理念,坚持高质量发展,坚持用市场的逻辑、资本的力量激发城市内生动力,经济发展质量进一步提高。地方级税收的稳定持续增长,为全市地方可用财力提供了坚实保障。

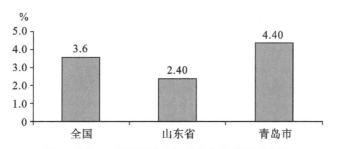

图1 "十三五"期间地方级税收年均增幅对比图

(二)主体税种较快发展

当前,国内增值税、消费税、企业所得税和个人所得税是政府税收收入中占比最大的四个税种,收入合计比重在75%以上,是名副其实的主体税种。主体税种的增长情况,很大程度上反映和决定了税收整体完成情况。"十三五"时期,全市与生产经营活动高度相关主体税种均呈现较好增长态势。其中,国内增值税(含原营业税)实现收入3102.4亿元,较"十二五"增长了107.05%;占税收总额比重为37.7%,是全市税收占比最大的税种。消费税收入851亿元,较"十二五"增长6.6%,占税收总额的10.3%。企业所得税收入1749.5亿元,较"十二五"增长了58.5%,占税收总额的21.26%。个人所得税实现521.1亿元,较"十二五"时期增长42.1%(表1)。主体税种占比大幅提升,反映青岛市企业赢利能力进一步增强,经济发展质量提升趋势明显。

表1 "十二五""十三五"时期主体税种情况表

项目	增值税 (亿元)	企业所得税 (亿元)	个人所得税 (亿元)	消费税 (亿元)
"十二五"时期	1498.4	1103.8	366.6	798.3
"十三五"时期	3102.4	1749.5	521.1	851.0
"十三五"占比	37.7%	21.26%	6.35%	10.3%

(三)收入结构持续优化

随着经济的发展,一国产业结构重心有由第一产业向第二产业和第三产业逐次转移的趋势,这种过程标志着一国经济发展水平的高低和发展阶段、方向。目前,发达国家第三产业GDP占比一般在70%左右。按照我国国民经济行业分类,第一产业主要是农林牧渔业,税法对于农业生产者自产自销农产品行为,规定了大量税收优惠,使得第一产业对于地方政府税收贡献极小,政府税收主要来源于第二、第三产业。"十三五"时期,青岛市产业结构转型升级成效显著,三次产业税源结构不断优化,全市三次产业税收结构由"十二五"时期的0.2∶60.7∶39.1调整为0.1∶55∶44.9,三次产业呈现协同发展状态。其中,第三产业税收占比较"十二五"时期提升了5.8个百分点。分年度看,2016—2020年第三产业税收占比分别为41.8%、43.7%、45.9%、45.7%和48.6%,第三产业税收占比稳步提升态势明显。

(四)区域经济加快融合

"十三五"期间,青岛市县域经济发展进入新时期,带动税源、税收快速增长,青岛市原五市税收总量由320.7亿元增长到533.64亿元,年均增幅10.7%,高出全市平均增幅4.1个百分点,税收占比由23.2%提高到31.2%,大幅提高了8个百分点。这说明了5年来,随着市区"腾笼换鸟"政策持续推进,一大批制造业税源企业搬迁到原五市辖区,增强了县域经济税源。同时,全市城乡区域加快融合,统筹推进新型城镇化和乡村振兴,随着机场、港口、高铁、地铁等一批重大基础设施建设实现历史性突破,县域经济税收加快崛起。

(五)民营经济税收占比快速提升

"十三五"期间,全市多种经济类型蓬勃发展,多种所有制经济呈现百花齐放良好态势,青岛市企业发展活力显著增强。总体来看,内资企业是税收绝对主体,税收占比由76.57%小幅提升到79.08%。在国家持续大力度减费降税背景下,民营经济税收年均增幅仍达到了7.36%,增速快于全市平均0.76个百分点,税收占比由59.6%提高到66.8%。这很好地说明了,"十三五"期间,随着青岛市大力优化营商环境,推进国有企业股权混改进程,民营经济发展进入了快车道,民营经济税源快速崛起。

(六)部分新兴产业快速增长

近年来,青岛市主动适应经济新常态,大力推进供给侧结构性改革,加快转变经济发展方式,培育经济增长新动能。"十三五"时期,部分新动能行业增长趋势迅猛。以研发创新代表性行业科学研究和技术服务业与数字经济代表性行业软件和信息技术服务业为例,两个行业"十三五"期间分别实现税收收入116亿元、103.8亿元,年均分别增长19.4%、14%,新兴经济业态为税收收入提供了新的增长点,成为全市经济实现平稳增长的一大亮点。

(七)高收入人群个税占比大幅提升,人民更加富裕

"十三五"期间,国家对个人所得税实施重大改革:一是将个人所得

税工资薪金费用扣除标准从 3500 元提高到 5000 元;二是实行综合费用扣除。在大幅度减税的背景下,全市人民收入快速增长。工资薪金所得税中最低档的按 3% 税率征收的收入占比由 54.32% 大幅下降到 16.76%,而按 35%、45% 税率征收的收入占比则大幅提升,分别由 0.9% 增长到 5.97%、1.97% 增长到 16.71%。这反映了青岛市在"十三五"期间坚持把人民对美好生活的向往作为奋斗目标,不断增加人民收入,人民生活更加富裕。

(八)减税降费成效显著

"十三五"时期,全市累计减税超 950 亿元,占"十三五"时期入库税收总额的 11.5%。从变动趋势看,"十三五"时期减税降费呈逐年递增态势。受国家接连出台大规模减税降费政策影响,仅 2020 年全市减税额达 375 亿元。减税降费政策的持续加力升级,减轻了各类市场主体的负担,积蓄了企业的发展动能,增添了企业创新创业的底气和信心,为青岛市企业促进经济高质量发展发挥了重要作用。

二、税收发展中值得关注的问题

(一)与先进城市相比,税收总量差距有所拉大

虽然"十三五"期间青岛市税收发展较好,保持了较高的增幅,在 15 个副省级城市中保持第 8 名,但与排名前列的城市相比,税收体量的差距没有缩小,反而有所拉大(表 2)。其中,与深圳的税收差距由 3.9 倍扩大到 4.2 倍;与杭州的比值更是由 1.7 倍扩大到了 2.1 倍。后续的追兵西安、济南则与青岛市差距逐渐缩小。这反映出,"十三五"期间虽然青岛在奋力发展,但是部分先进城市发展速度更快,青岛市向上赶超任务异常艰巨。

表 2 "十三五"时期 15 个副省级城市国内税收情况

排序	城市	2020 年		2016 年		2020 年较 2016 年比重增加(百分点)
		国内税收总额(亿元)	与青岛相比(%)	国内税收总额(亿元)	与青岛相比(%)	
1	深圳	7177.33	420.1	5642.15	390.2	29.9
2	广州	4460.53	261.1	3619.79	250.3	10.8
3	杭州	3600.80	210.7	2463.68	170.4	40.3
4	成都	2925.91	171.2	2240.65	154.9	16.3

（续表）

排序	城市	2020 年		2016 年		2020 年较 2016 年比重增加（百分点）
		国内税收总额（亿元）	与青岛相比（％）	国内税收总额（亿元）	与青岛相比（％）	
5	宁波	2634.79	154.2	2232.08	154.4	−0.2
6	南京	2576.36	150.8	2193.47	151.7	−0.9
7	武汉	2174.78	127.3	2006.40	138.7	−11.4
8	青岛	1708.68	100.0	1446.10	100.0	0.0
9	西安	1460.26	85.5	1069.97	74.0	11.5
10	济南	1342.28	78.6	1031.42	71.3	7.3
11	沈阳	1184.30	69.3	1014.19	70.1	−0.8
12	厦门	1138.56	66.6	997.35	69.0	−2.4
13	长春	1016.86	59.5	993.46	68.7	−9.2
14	大连	963.07	56.4	896.34	62.0	−5.6
15	哈尔滨	669.92	39.2	591.07	40.9	−1.7

（二）外资经济税收发展速度不快

青岛市作为较早的沿海开放城市，外向型经济在城市发展中占有重要位置。但"十三五"期间，青岛市外资经济税收发展与其他经济类型相比相对滞后，发展后劲略显不足，税收增幅落后全市平均水平。其中港、澳、台商投资企业税收 5 年仅增长了 7.65％，外商投资企业税收更仅增长了 0.32％，大幅落后于其他经济类型。导致整体上外资经济税收占比从 17.59％下降到了 16.05％。

（三）新兴产业发展良好，但整体规模较小

"十三五"期间，青岛市加大新兴产业培育，加快推进新旧动能转换，带动了大数据、新能源汽车等一批战略性新兴产业快速发展。但与先进城市相比，青岛市新兴产业的体量较小，市场发育不够，尚未形成拉动经济税收增长的重要支撑。以软件和信息技术服务业为例，2020年，软件和信息技术服务业实现税收收入 27.6 亿元，与全国发展较好的深圳市（456.3 亿元）相比差距巨大。

（四）消费产业发展动力不强，税收贡献度增长不明显

投资、消费、出口是拉动经济增长的"三驾马车"。"十三五"期间，

青岛市在推动发展方式转型、产业结构升级的过程中,更加注重扩大国内需求,引导消费市场发展。但从行业税收看,"十三五"期间住宿和餐饮业实现税收收入 30.3 亿元,2016—2020 年,除 2018 年呈正增长以外,其他年度均为负增长,显示消费产业发展的动力仍然不足,国内国外双循环发展战略任重道远。

三、"十四五"青岛市税收发展展望与对策

税收在国家治理体系中发挥着基础性、保障性和支柱性作用。"十四五"期间要基本建成开放、现代、活力、时尚的国际大都市,青岛市税源、税收需要取得更大发展,才能为实现经济社会发展宏伟目标提供坚实的财力支撑。"十三五"末,青岛市在全国城市 GDP 排名第 13 位,如果"十四五"位次可以至少上移一个,甚至瞄准前十,经济税源必须持续保持高速增长。

(一)大力度布局新兴产业

目前青岛市新兴产业规模较小,全国性知名企业不多,占税收主体产业的仍是家电、汽车等传统产业,其中家电产业是 20 世纪 80 年代起步的,经过几十年的发展,行业竞争已经极为充分,未来成长空间相对不足。当前,先进城市都在大力发展信息、网络、数字等新兴产业,传统制造业都在嫁接新技术、新业态。青岛市要赢得未来,新兴产业必须大力度发展。

1. 抓住新兴产业链核心环节,培育、引进龙头企业,带动产业链建设

例如,青岛培育发展中车青岛四方机车车辆股份有限公司作为轨道交通制造业产业链核心,带动本市动车相关产业迅速发展,形成全国闻名的动车产业集群。

2. 依托已有产业或资源优势,催生新兴产业

例如,杭州依托信息经济产业较好基础优势,快速发展云计算、大数据、互联网等新业态。青岛具有发展海洋资源产业技术资源优势,可大力创新发展海洋生物医药、海洋生物食品业等蓝色产业,不断丰富拓展海洋蓝色产业链。

3. 更好发挥产业基金扶持引导作用,引进新兴产业

例如,福州、合肥在引进京东方投资半导体显示面板生产线时,都是通过当地产业基金入股,约定条件企业进行股份回购或在证券二级市场减持,有效带动了当地新兴产业发展。再如,青岛市成立初芯产业基金,专门投资、扶持光电与半导体产业,引进培育恩芯等一批半导体企业,产生了相当好的辐射引导作用。

(二)加大力度吸引外资,提高外资税收贡献

外资企业规模和质量是城市吸引力和竞争力的重要体现,"十四五"期间青岛市要加快建设国际化创新型城市,引进高质量的外资可显著加快这一进程。

(1)借助于跨国公司领导人青岛峰会等高端峰会召开契机,推出青岛市对外产业鼓励和限制合作清单,鼓励外资投资高新精制造业领域,并根据本市产业发展需求,定向定点对外招商引资,提高招商引资的针对性和成功率。

(2)建立"亩均税收"评估机制,提高外资税源质量和贡献。从青岛市自贸片区、保税区两个区域2020年度税收效益来看,保税港区(14平方千米)税收22.8亿元,新划入的自贸区(38平方千米)税收36亿元,保税港区单位面积税收产出为新划区域的1.71倍。对此,在招商引资时,建议在项目正式签约前对投资项目税收贡献进行评估,优先选择税收贡献高的项目。

(三)促进老城区税源可持续发展

随着青岛市制造业"腾笼换鸟"战略的实施,原来老城区的制造业企业陆续搬迁到郊区,腾出来的土地大多进行了房地产开发,而房地产产业在目前的税收制度下,如果用于居住,只有销售环节一次性税源,没有持续税源可供政府财力使用。"十三五"期间,市南、市北、李沧三区国内税收年均增幅分别为-4.1%、0.4%、1.9%,落后于全市年均增幅4.1%(表3)。老城区税源面临发展停滞的严峻局面,直接影响地方财政状况,导致市内三区地方财政较为困难,影响了老城区发展后劲。青岛市要在"十四五"税源发展更上一层楼,老城区税源发展不能掉队,必须实现税源可持续发展。

表3　2013和2020年青岛部分区(市)财政增长情况(单位:亿元)

行政区	2013年	2020年	增长率(%)
市南区	110	87.1	-20.82
市北区	80	93	16.25
李沧区	43.28	100	131.05
西海岸新区	150	266.89	77.93
崂山区	89.5	161.17	80.08
即墨区	64.3	112	74.18
城阳区	66.4	154.55	132.76

1. 保持老城区合理的第二、三产业比例

作为实体经济的重要组成部分,制造业是一个国家和城市的核心竞争力所在。高端制造业、新兴工业的发展,离不开科技、人才和现代服务业的支撑,而这些要素主要集聚在中心城市、大城市。因此,在城区保持一定的制造业,不仅可以提供持续稳定的税源,还能够促进就业、消费等税源发展。近年来,不少城市重新重视城区制造业发展。例如,南京主城实施"退二进三"以来,2021年首次对玄武、秦淮、建邺、鼓楼和雨花台五个区各下达上百亿元的新型都市工业产业指标。将工业列进城区考核,这也是10年来的第一次。成都提出要创新老城有机更新,以高品质科创空间为载体,在有条件的地区率先探索发展都市工业。

2. 完善优惠政策,避免内部无序竞争

目前青岛市部分企业利用地方政府急于招商引资做大地方税源心理,频繁变更注册地址,反复享受地方政府优惠政策获利,而实际上对全市财力并无增量贡献。老城区一方面要二次创业,努力造血,同时还要防止内卷造成无谓失血。建议政府完善相关政策,对于本市内的企业变更注册地址反复享受优惠政策从严把握,避免无序竞争。

(四)争取起运港退税政策带动港口产业高质量发展

港口产业是青岛市传统的优势产业,可以说青岛是因港而兴。随着《区域全面经济伙伴关系协定》(RCEP)签署,RCEP青岛经贸合作先行创新试验基地开工,青岛港争取启运港退税政策迫在眉睫。当前,我国南方港口已经抢抓国家战略机遇,截至2020年底,已经有5个港口被纳入启运港出口退税政策的试点(表4)。青岛港没有启运港出口退税政策扶持,对于港口和相关产业税源是一重大不利影响。据测算,启运港退税政策实施将为青岛市带来可观的税收增长。从直接效应看,单纯从启运港政策的实施实现周边港口通过釜山港中转的分流来看,按照目前一条外贸集装箱实现的税收大约100元来计算,国内通过釜山港中转400万集装箱完全通过青岛港中转,会实现4亿多元的税收增长,按分流一半200万集装箱计算,直接税收增加2亿多元。而如果算上由于实施启运港退税政策带来的货物集聚、集装箱量增加以及由此带来的航运方面的税收,从长远看,将给青岛市带来持续稳定的税收增量。

表 4　实行启运港出口退税政策的离境港及政策准入时间

港口名称	港口类别	政策准入时间
上海市洋山保税区	离境港	2012 年 8 月
上海市外高桥港区	离境港	2018 年 1 月
广州南沙保税港区	离境港	2020 年 10 月
深圳前海保税港区	离境港	2020 年 10 月
海南杨浦港区	离境港	2021 年 1 月

因此,要抢抓 RCEP 历史发展机遇,促进青岛市港口产业更高质量发展。

1. 组建工作专班,积极向国家争取政策

组成由财政、海关、税务部门参与的工作专班,将青岛港纳入启运港退税政策作为推动青岛自贸片区、上合示范区、黄河流域生态保护和高质量发展等国家战略及 RCEP 青岛经贸合作先行创新试验基地建设的重要举措,积极向财政部、海关总署和国家税务总局争取启运港退税政策。

2. 立足海铁联运,争取启运港退税政策创新突破

青岛港的海铁联运箱量已经连续 5 年保持全国第一,建议争取将海铁联运的内陆港纳入启运港退税政策实施范围,对从其他省市纳入海关监管的通过铁路等运往青岛港离境的,提前在出发的内陆港即可申请出口退税,使更大范围的企业享受到政策支持,为青岛市的全面开放创新发展提供赋能支持。

(五)突出资源优势,发展健康养老产业

随着我国社会老龄化程度越来越深,"十四五"时期,我国将在2022 年进入中度老龄化阶段(即 65 岁以上老年人口占比超过 14%),老年人口将突破 3 亿,相应的养老需求将快速增加。健康养老产业将加速发展,市场空间也将不断扩大。养老产业涉及"医、食、住、行"等多个行业,蕴含丰富税源潜力。中国社科院《中国养老产业发展白皮书》预计到 2030 年,我国养老产业市场可达 1.3 万亿元。气候优势、地域优势是青岛市最大的一张名片,相关的医疗、房地产也有很好的资源基础,青岛市发展养老健康产业具有得天独厚的资源禀赋。建议充分发挥青岛市资源优势,积极布局养老医疗产业,促进相关产业税源发展。

(作者单位:青岛市税务局)

2022

社会篇

2021—2022年青岛市社会形势分析与预测

于淑娥

2021年,青岛市科学统筹疫情防控和经济社会发展,着力巩固并推动经济全面复苏回升。全市经济持续恢复,长期向好的基本面持续显现。全市主要经济指标保持较快增长,结构调整稳步推进,质量效益持续提升,就业基本稳定,民生持续改善。前三季度,青岛市实现GDP 10310.36亿元,同比增长10.7%,两年平均增长6.3%。10件32项市办实事总体进展顺利,其中10项至8月底已实现年度目标。

一、2021年青岛市社会建设和改革取得新成效

(一)经济运行持续恢复,社会发展和民生福祉基础更加牢固

2021年,青岛市坚持新发展理念,协调经济社会全面发展,为全市发展和民生改善奠定了良好基础。工业生产持续恢复,高技术制造业引领突出。前三季度,规模以上工业增加值同比增长11.3%,两年平均增长8.0%。高技术制造业增加值同比增长17.9%,快于规模以上工业6.6个百分点,两年平均增长8.1%。

投资增长势头良好,"四新"投资稳步增强。前三季度,全市固定资产投资同比增长10.9%,两年平均增长6.3%。前三季度,制造业投资占全市投资比重23.8%,拉动投资增长7.3个百分点,对全市投资增长贡献率达66.7%。"四新"经济投资稳步增强。前三季度,"四新"经济在建项目3610个,同比增加450个。"四新"经济投资同比增长14.2%,占全市投资比重为50.8%。

(二)城乡居民收入稳步提高,居民消费价格水平小幅上涨

城乡居民收入稳步提高,社会保障持续改善,居民获得感、幸福感进一步提升。前三季度,全市居民人均可支配收入38443元,同比增长

9.4%,两年平均增长 5.3%。其中,城镇居民人均可支配收入 44900元,同比增长 8.5%;农村居民人均可支配收入 22143 元,同比增长11.6%。从收入来源看,全市居民人均工资性收入、经营净收入、财产净收入、转移净收入同比分别增长 9.5%、11.2%、7.8%、7.4%。城乡居民人均收入比值 2.03,同比缩小 0.06 个百分点。

消费市场恢复态势延续,线上消费趋势强劲。前三季度,全市社会消费品零售总额 4000.3 亿元,同比增长 18.0%,两年平均增长 7.0%。其中,城镇消费品零售额同比增长 18.7%,两年平均增长 7.0%;乡村消费品零售额同比增长 14.6%,两年平均增长 7.0%。有零售的 23 个商品类别中,限额以上单位有 16 类商品零售额同比增速超过 10.0%。升级类商品较快增长。新业态、新消费、新产品、新场景蓬勃发展,线上消费趋势强劲。前三季度,全市限额以上批零业网上零售额同比增长26.2%,拉动全市社会消费品零售总额增长 2.3 个百分点,两年平均增长 19.1%,对批零业增长贡献率达 38.9%。民生类消费增势延续,部分升级类消费增速加快。其中,限额以上粮油食品类和饮料类商品零售同比分别增长 15.4%和 17.8%。限额以上日用品类增速由负转正,同比增长 13.9%。部分升级类商品销售快速增长。前三季度,限额以上金银珠宝类、体育娱乐用品类和通信器材类商品零售同比分别增长67.6%、130.4%和 147.3%。体育娱乐用品类和通信器材类两年平均增长分别为 50.6%和 53.6%,已经超过疫情前同期增长水平,居民商品消费升级态势明显。其中,体育娱乐用品类商品零售额同比增长130.4%,增速比上半年加快 6.1 个百分点;通信器材类商品零售额增长 147.3%,增速比上半年加快 33.6 个百分点。

物价水平略有上涨。2021 年前三季度,青岛市居民消费价格指数(CPI)同比上涨 1.3%,涨幅比上半年扩大 0.1 个百分点,与 2020 年前三季度(3.3%)和 2019 年前三季度(2.6%)相比均有明显回落。从主要分类变动情况看,食品价格下降 0.4%,非食品价格上涨 1.7%;消费品价格上涨 0.9%,服务价格上涨 2.0%;扣除食品和能源的核心 CPI上涨 1.3%。八大类商品价格"六升二降"。前三季度,食品烟酒类价格比上年同期上涨 0.6%,影响 CPI 上涨约 0.16 个百分点;衣着类、居住类、交通通信类、教育文化娱乐类、医疗保健类价格分别上涨 0.4%、1.0%、5.4%、2.6%、0.5%;生活用品及服务类、其他用品及服务类价格分别下降 1.6%、2.1%。

(三)多措并举,民生保障网进一步织密

在经济全面复苏回升带动下,财政收入质量提升。前三季度,全市一般公共预算收入 1065.3 亿元,同比增长 15.4%,两年平均增长

6.9%。税收收入占一般公共预算收入的72.4%,比上半年提升2.4个百分点。财政支出平稳,民生保障持续加强。前三季度,一般公共预算支出同比增长12.7%,比上半年提升0.6个百分点。其中,卫生健康、教育支出分别增长33.7%和14.9%。

社会领域改革从解民忧、纾民怨入手,持续深化"三我"民生倾听主题活动,推动"事要全解",提高群众满意度。从抓基层打基础入手,健全"网格+新三防"基础社会治理体系,加强城市云脑、网络化智慧工作平台、"智慧安防社区"等智防平台建设,从防风险、除隐患入手,重点完善社会稳定风险评估体系、安全生产风险分级管控体系、重点群体教育稳控体系、矛盾纠纷多元化解体系。

民生领域改革聚焦群众期盼孩子上学不再难,实施全市义务教育阶段招生入学"一网通办"。深化基础教育扩优体制改革攻坚,聚焦群众期盼看病不再难,持续推进城市医疗集团建设,出台重点病种管理指导政策,推进优质医疗资源下沉,聚焦群众期盼就业养老不再难,推进创业城市建设,打造成创意创新创造的"热带雨林"。加强居家社区养老服务体系建设,开展省级社会救助改革创新试点工作。

(四)以党史教育为引领,全方位开展"我为群众办实事"实践活动

1. 启动推进狂犬病免疫再提升

为保障人民身体健康和公共卫生安全,降低犬只狂犬病发生风险,2021年5月25日,青岛市推进狂犬病免疫再提升启动仪式及2021年推进狂犬病免疫再提升工作研讨会暨动物狂犬病防控风险评估会在莱西市日庄镇举行。相关部门开展"学党史 办实事 送服务 到基层"免疫活动,现场答疑、信息登记、安全防护、免疫注射、发放证牌。活动当天共发放狂犬病防控明白纸、挂图、手册等宣传材料600余份,消毒剂120袋,为78只犬接种了狂犬病疫苗。截至8月底,全市完成犬只免疫22.96万只。

2. 启动2021年食品安全宣传周暨"我为群众办实事——你点我检"实践活动

青岛市持续加大食品安全检测力度,突出问题导向,切实守护好百姓"舌尖上的安全"。6月25日,青岛市2021年食品安全宣传周暨"我为群众办实事——你点我检"实践活动启动仪式在崂山丽达购物中心举行。2021年食品安全宣传周通过"你拍我检""你选我检""你送我检"等活动,突出"尚俭崇信"食品安全理念。食品检测机构现场解答市民提出的食品安全检测有关问题、演示食品检测全过程并为市民购买的果蔬等食品提供农残快检服务。

3. 举办 2021 年度"走进市办实事　见证民生项目"活动

"走进市办实事　见证民生项目"活动自 2015 年开展以来,已成为社会各界群众参与献智城乡规划、共谋城乡发展、贡献城乡建设、参与城乡治理的重要途径和渠道,是践行以人民为中心发展思想和共建共治共享理念的重要举措。9 月 29 日,2021 年"走进市办实事　见证民生项目"活动在李沧区举行。代表们先后调研观摩了李沧区沧口街道社工站、虎山路街道社工站运作情况。社工站是统筹社会工作服务资源,推动社会工作人才配备使用,加强社会工作服务供给和专业支持的综合服务平台。社工站针对群众最迫切、最急难的需求开展工作,当前主要以社会救助、养老服务、儿童福利、社会事务、城乡社区治理等领域为服务基础,逐步向婚姻家庭、精神卫生、残障康复、司法矫治等领域延伸。截至 9 月底,已完成市办实事 20 处社工站建设,各区(市)也已建成社工站 51 处。这些社工站充分发挥服务效能,开展实施关爱独居老人、困境人群需求评估、社区治理赋能等项目 50 余个,完成入户走访6620 户,开展助老服务、关爱儿童、残疾居民护理等个案服务 1616 个,开展邻里共融共享、置换空间、安全教育等社区活动 1062 个,联动志愿者 11322 人,服务总人数达 20890 人。其中,城阳区率先在全省实现区域全覆盖,围绕社区治理,通过建立三级社会工作支持中心满足群众需求;莱西市打造"小雨滴"等社工品牌,以社工站建设为载体,探索出一条政府治理、居民自治良性互动的"莱西路径",被市政府确认为全市推广的经验;市北区以党建为引领,强化四社联动,整合民政、司法、卫生等多方资源,形成社工站建设的"1＋4＋N"体系;市南、崂山、西海岸、即墨、胶州、平度等区(市)也结合本区域实际,在完成市办实事的基础上,稳步拓展社工站建设,并取得阶段性成果。

(五)加大力度,民生领域改革实现新突破,基本公共服务呈现新局面

1. 加快推进创业城市建设,就业形势稳中向好

2021 年,青岛市出台了多项支持灵活就业、促进劳动力要素市场化配置、鼓励就业创业的政策细则,全面落实援企稳岗政策,建立企业急需紧缺用工对接平台,开展"稳岗留工"专项行动,推动跨区域劳务协作,开通定西—青岛劳务专列,积极保障企业用工。针对重点群体的就业问题,实施大学生留青聚青、农民工招聘、就业援助等专项行动,帮扶就业困难人员就业等,就业形势总体稳定。前三季度,全市城镇新增就业 30.72 万人,完成全年任务目标的 87.8%,两年平均增长 3.2%。民营经济吸纳就业 27.29 万人,占就业总量的 88.8%。创业带动就业潜力释放。前三季度,全市政策性扶持创业 4.45 万人,完成全年目标任务 148.4%,同比增长 8.1%,两年平均增长 26.9%。不断强化技术技能

人才培育,深入推进职业技能提升行动,举办第十六届职业技能大赛,选推 3 名高技能人才荣获全国五一劳动奖章、1 名荣获中华技能大奖。

实施万名大学生见习实习计划,开展岗位专场对接活动 5 场次,180 余家企业参加。全市认定就业见习(实习实训)基地 757 个,累计提供见习实习岗位 5 万个,1.38 万名大学生参加见习实习活动。面向青岛、烟台、潍坊、威海、日照五市举办胶东经济圈首届大学生职业生涯规划大赛,吸引 2.3 万名大学生参加,全方位提高大学生岗位实践能力。统一城乡失业保险政策。自 2021 年 8 月 1 日起,农合工与城镇失业人员同等享受失业保险金、代缴医疗保险费等失业保险待遇。落实好失业人员就业援助和就业扶持政策。落实就业服务专员制度,通过就业援助公共服务平台为 14 万人失业人员提供有效服务。

成立青岛市创业城市建设工作领导小组,建立创业城市"4＋1"工作运行机制,探索建立"政策聚集、业务联动、信息共享、服务一体"的线上＋线下创业服务平台。全面落实创业扶持政策。截至 8 月底,湛山创客工厂在孵企业 64 家,带动就业近 700 余人;高创中心引进创业项目 11 个,实现营收 7758 万元。海尔创业孵化基地、大学生创业孵化中心成功通过全国创业孵化示范基地复评。密集组织对各级创业孵化基地(园区)进行安全生产和疫情防控检查,切实保障入驻企业人员生命财产安全。

举办"农民工招聘大集"。2021 年青岛市农民工招聘大集依托互联网,采取线上线下相结合的方式,密集举办各类特色招聘专场 120 场。联合校企英才、蓝海、就业街等人力资源服务机构,采取多种方式广泛收集适合农民工等各类群体的岗位信息,共计 10.9 万个,参与企业 2265 家。组织"百日千万网络招聘专项行动"。2021 年"百日千万网络招聘专项行动"在青岛市人力资源和社会保障局官网、青岛人才网、青岛市高校毕业生网络招聘平台共同推出招聘专区,同时设有岗位信息发布、职业指导云课堂、职业技能云培训、就业创业政策等专栏,实现招聘平台优势互补、信息共享,最大限度地借助平台优势,为广大用工单位和求职者提供人力资源对接服务。活动期间,共组织各类网络招聘会 94 场,各类现场招聘会 276 场,3 万多家企业参与,累计发布岗位信息 19 多万个。此外,开通首趟定西—青岛劳务专列,组织定西市 534 名务工人员乘专列直达工厂,入职青岛市 28 家企业,留青率 50%。

精益求精强培训。截至 8 月份,全市共开展各类补贴性职业培训 26.6 万人次,发放培训补贴和培训期间生活费补贴 2.97 亿元。顺利完成稳岗扩岗以工代训任务目标。全市共有 1.3 万家企业申请以工代训补贴 4.31 亿元,实现稳岗扩岗 29.4 万人。落实春节期间企业留青员工培训政策。605 家企业开展培训 3.2 万人,缓解部分企业春节后招用工紧张的压力。将办理灵活就业登记的五类重点群体和健康照护师、养老护理员等职业(工种)纳入培训范围,增加技能培训的专业供给。

2. 发展公平优质教育取得新进展

2021年,青岛市继续坚持人民满意标准,建设高质量教育体系,加快发展与城市战略定位、发展水平相匹配的现代化教育。聚焦公平优质发展目标,健全公共服务体系;聚焦立德树人根本任务,深化人才培养改革;聚焦城市建设主战场,争取服务发展能力。

(1)构建高质量发展的教育标准体系。出台《青岛市中小学特色发展的指导意见》《关于推进中小学精致管理的指导意见》《关于推进中小学品质立校的指导意见》,提出用3~5年的时间,创建20所左右省市特色高中、100所左右义务教育特色学校,培育100所精致管理示范校,推出一批省内一流、在全国具有影响的品牌学校。三个《意见》聚焦学校办学品质和学生全面发展,遵循教育规律和学生成长规律,构建起推动教育高质量发展的学校办学标准体系,努力把家门口的每一所学校都办成好学校,助力每一位学生成长、成才、成功,助力青岛加快教育现代化进程,建设教育强市。

(2)推动教育扩优提质。出台《青岛市教育局关于进一步加强幼儿园规范管理的指导意见》《青岛市人工智能教育实施意见》《青岛市中小学(幼儿园)高质量发展评价指标体系》《关于组织责任督学进行"五项管理"督导的通知》(国教督办函〔2021〕32号),家长、校长、局长"三长"见面常态化,"五项管理"督导常态化等,推动教育扩优提质。截至8月底,开工建设中小学和幼儿园47所,占年计划的94％,其中中小学28所、幼儿园19所。对全市农村小规模中小学校食堂实施运行补助。农村小规模中小学校食堂运行补助3月份已正式实施,相关学校按照补助后的新标准供餐。

(3)启动中小学"名家进校园"教育行动。8月30日,青岛市中小学"名家进校园"教育行动启动暨"开学第一课"在青岛艺术学校举行。通过"名家"的引领,聚焦激发青少年学生的爱国之情、报国之志,引导广大学生将个人命运与党和国家的命运交织在一起,将个人理想融入时代主题、汇入复兴伟业,坚定不移听党话、跟党走,奋发图强、砥砺前行,勇做担当民族复兴大任的时代新人。启动仪式上,公布了首批20位青岛市中小学"名家进校园"专家,包含专家学者、劳模工匠、道德楷模、公安英模、奥运冠军等方面的代表。中国海洋腐蚀与防护研究专家侯保荣院士,以"扬起理想的风帆"作为第一讲拉开了"名家进校园"教育行动的序幕。79岁高龄的侯院士结合自己的成长经历,展开对人生、理想的思辨与探讨,引领青年学生珍惜光阴、苦练本领、立志报国。侯院士几十年如一日奋战在中国海洋腐蚀与防护研究工作的一线,他为海洋强国梦无私奉献的精神深深地感染了在场的每一位师生。

（4）基础教育结硕果。成功获评 2020 年度全国"智慧教育示范区"，青岛市六项基础教育教学改革成果在全省推广。2021 年青岛市共 32 项成果获山东省教育科学优秀成果奖，获奖数量居全省之首。8 月，"山东省基础教育教学优秀成果培育与推广研讨会"举办。

（5）特色教育结硕果。5 月，教育部中外人文交流中心调研组中外人文交流特色学校建设在青岛平安路第二小学召开了中外人文座谈会；6 月，山东省中小学美育评价改革现场交流推进活动在青岛市城阳区举行；5 月，青岛市人工智能教育推进现场会在城阳六中召开，8 月在全国率先发布《中小学人工智能课程指导纲要》；9 月，教育部中外人文交流中心国际理解教育项目研讨会在青岛实验初中举行；5 月，"2021 中小学生研学旅行标准化发展论坛"及"青岛市中小学生社会课堂"网络平台的启动仪式在青岛国际会展中心成功举办，论坛发布了《致研学旅行服务机构的倡议书》，号召全国研学基地和服务机构坚持标准引领、打造精品课程，保障研学旅行服务质量。5 月，"中医药文化进校园合作协议"签约暨中医药文化进校园共建学校授牌仪式在南京路小学举行，并为青岛二中、青岛经济职业学校、青岛南京路小学和青岛城阳区白云山学校颁发"中医药文化进校园共建学校"奖牌。扎实推动中医药文化进校园，为学生身心健康、幸福人生，为学校特色发展，为中医药文化传承和发展贡献智慧和力量。

（6）职业教育成绩斐然。校企深度互融，职教发展呈现新格局。3 月，青岛市现代职教园奠基暨 2021 年莱西市教育项目集中开工，为青岛更高质量发展按下产业升级、科技创新的"快进键"。现代职教园位于莱西市姜山新城，主要建设新能源汽车、工业机器人、工业产品质量检测等先进制造业和跨境电子商务、国际货运代理、服务外包等现代服务业，项目建成后预计可为当地每年新增 GDP 超 50 亿元；5 月，2021 年主题为"技能：让生活更美好"职业教育活动周启动仪式暨 RCEP 产教协同联盟成立大会在青岛港湾职业技术学院举行，此次青岛市发起成立的全国首个 RCEP 产教协同联盟，以 RCEP 青岛经贸合作先行创新试验基地为依托，抢抓 RCEP 签署的重大历史性机遇，定期开展海洋经济高峰论坛，发布港航人才发展报告（蓝皮书）、邮轮人才发展报告（绿皮书），建立 RCEP 国际产教融合会客厅，推动中国企业、高校与RCEP 成员国多领域深层次合作；5 月，山东体育学院青岛产教融合实训基地一期奠基仪式在青岛莱西市举行，基地一期投资 10 亿元，占地380 亩，建筑面积 11.9 万平方米，项目的落地，将实现大学与地方的深度融合、体育与城市的良性互动，为青岛莱西经济社会发展提供重要的智力、技术和文化支撑；平度市职校入选 2021 全国乡村振兴人才培养优质校。

3. 推动安居提升工程，居民生活质量进一步提高

2021年，青岛市继续推动安居提升工程，启动老旧小区改造，加强供热燃气设施配套建设，改善群众居住条件，提高居民生活质量。截至8月末，老旧小区改造216个小区已全部开工，为年计划的100%；开工面积约601万平方米。住房保障方面，新增公共租赁住房补贴3866户，占年计划的96.7%。已落实公租房建筹计划1071套，为年计划的107.1%，其中496套已开工。节能保暖改造方面，226.8万平方米已开工，其中194.3万平方米已完工，占年计划的88.3%；城市空间微更新方面，25处已全部开工，为年计划的100%。其中，1处已完工，2处主体构筑物已完工并投入使用。

4. 交通出行条件进一步优化，居民出行更加便捷

2021年，青岛市从群众需求出发，以交通运输系列重大项目、重大工程为载体，优网络、强衔接、消瓶颈、增效能，加快交通运输转型升级，持续优化调整公交服务，发布实施《青岛市城市轨道交通运营突发事件应急预案》，乘客满意率持续提高。截至8月底，智慧交通设施建设方面，已完成210处设施建设，为年计划的100%。其中，升级信号机98处，安装行人过街按钮系统28处、交通流采集设施52处、大货车违法抓拍设施22处、高速公路视频监控和可变限速标志10处。市区道路积水点改造方面，84处已完工，占年计划的168%。路灯设施整治提升方面，已完成3212处，为年计划的107.1%。公交优化提升方面，2处场站均已具备土地划拨条件，正在有序推进规划、用地、建设等手续办理工作；累计优化调整公交线路59条，占年计划的73.8%。

5. 养老救困扶弱，社会保障惠民生促发展成效显著

2021年，青岛市坚决落实"六稳""六保"任务，"全民参保计划""精准扶贫""社保费减免"等重点民生工程提前完成阶段性目标，参保覆盖面持续扩大，各项社会保险待遇按时足额发放，社会保障体系进一步完善。继续做好养老救困扶弱，出台《青岛市困难居民基本生活救助管理办法》（自2021年3月1日起施行）、《困难居民医疗救助对象认定和救助标准》（2021年1月1日起实施）、《青岛市困难居民基本生活救助管理办法》（自2021年3月1日起施行）、《困难居民医疗救助对象认定和救助标准》、《青岛市困难居民基本生活救助管理办法》、《特困人员救助供养办理服务指南》、《城乡最低生活保障办理服务指南》等。建设街道居家社区养老服务中心，建设和增加养老床位和老年护理康复床位，提高城乡低保标准，进一步提升困难群众的获得感、幸福感。截至8月底，居家社区养老服务中心建设40个已全部开工，其中18个已建成，占年计划的45%。镇（街道）社会工作站建立方面，已完成44个社会工作

站,为年计划的 220％。孤儿和重点困境儿童基本生活费提标,2021 年1 月 1 日起正式实施,孤儿和重点困境儿童按照新标准享受相关待遇。截至 8 月底,累计发放资金 1969.1 万元。1—9 月份,青岛市共有71465 位困难居民获得住院、门诊、护理等医疗救助,救助资金支出1.75 亿元。其中,低保家庭成员 59579 人,支出 12551.3 万元;救助特困人员 9596 人,支出 2106.7 万元。医疗救助制度有效减轻青岛市困难居民因病致贫、因病返贫、因贫弃医问题。

6. 推动健康青岛建设,医疗保障水平进一步提升

提高医疗卫生水平,实施个人商业健康补充保险及农村护理保险提升计划,完善在岗乡村医生社会保障,建设健康青岛科普资源库,打造半小时爱心献血圈,加强紧急医学救援能力,推进狂犬病免疫再提升。发布个人商业健康补充保险产品"琴岛 e 保",7 月 1 日保险正式生效,新修订的《青岛市长期护理保险办法》于 4 月 1 日起正式实施。印发做好在岗乡村医生社会保障工作的通知,7 月 1 日起正式执行。截至 8 月底,健康青岛科普资源库互联网平台建设基本完成;已审核上传健康科普专家信息 800 余份、健康科普作品 1000 余份。半小时爱心献血圈建设已完成 4 处献血屋设置并投入使用,为年计划的 100％;完成信息化联网系统搭建,全市献血屋(车)全面使用血液物联网技术实现联网。紧急医学救援能力建设已完成项目招标,部分设备已采购到位。

7. 严格落实"四个最严",切实发挥食安监测"哨兵"作用

青岛市连续十年将食品安全定性定量检测 6.5 万批次作为市办实事。多年来各领域、各环节食品抽检合格率较高,食品安全形势稳定可控。2021 年,青岛市继续严格落实食品安全"四个最严"要求,坚持问题导向,切实发挥食品安全抽检监测"哨兵"作用,以抽检为基础,以考核为牵引,以办案为手段,全力保障公众饮食安全和身体健康。截至 9 月底,全市共完成食品检测 6.6 万批次任务,已出评价性抽检合格率为99.2％。在全省率先建立核查处置"六率"考核标准,探索出一条全链条的食品安全监管新路子、新模式。对抽检不合格食品核查处置采取全链条闭环管理。截至 9 月底,市、区两级市场监管部门共办结不合格食品核查处置 783 件,不合格食品核查处置率达到 100％。食品抽检信息和核查处置结果均主动向社会公开。食品检测坚持每月调度和抽检。实施"先检查后抽检"模式和抽检全程"背靠背",确保抽检各环节信息真实性。截至 9 月底,已由监管人员抽样 6430 批次,检出问题食品 203 批次。连续七年开展"市民关注的十大食品""你点我检"活动,2021 年活动将抽检焦点聚集在市民关注度高的、消费投诉较多的问题上,确保"你点我检""一切由群众说了算"。截至 9 月底,共收到有效问卷 5.8 万份,11 月中旬前完成检测并向社会发布。

8. 生态环境质量继续保持良好态势

2021年,青岛市继续加强生态环境治理,开展城乡生活垃圾分类改善提升行动,实施全域绿化行动,打造良好生态环境。截至8月底,城乡生活垃圾分类方面,市区撤并生活垃圾分类投放点4116处、新增密闭分类投放点353处,分别为年计划的137.2%和353%。完成农村生活垃圾分类示范村创建200个,为年计划的100%;10个镇级生活垃圾终端处置站已全部开工,为年计划的100%,其中1个已完工。全域绿化行动方面,完成荒山和疏林地造林8500亩、口袋公园18个、绿道建设74.6公里、立体绿化79处,分别为年计划的85%、90%、149.2%和158%。启动5000亩森林质量精准提升,老虎山(二期)、午山、丹山、北岭山、田家村东山等5个郊野(山头)公园绿化提升和2处绿色驿站评选,分别为年计划的50%、100%和100%。渔港环境综合整治方面,29个渔港已全部完成综合整治,为年计划的100%,实现整治全覆盖。绿色供热方面,开工新增城市供热配套面积720万平方米,其中228万平方米已完工,占年计划的45.6%。开工新增工业余热和清洁能源供热能力420万平方米,其中260万平方米已完工,占年计划的65%。

(1)发布实施《青岛市容景观行业"增品提质"两年行动方案》,提出从2021年3月起,两年内在全市户外广告招牌、海水浴场、夜景照明等市容景观行业开展加强精细化管理,全面提升市容景观品质两年行动,构建起全国领先的精细化管理体系,打造出国内一流的安全、美观、舒适的市容景观环境,建立健全精细化、智慧化、社会化长效管控机制,让人民群众生活更加方便温馨。随后,《青岛市户外广告招牌"增品提质"两年行动实施方案》《青岛市海水浴场"增品提质"两年行动实施方案》《市容景观行业"增品提质"两年行动有关方案》等云集出台,以实际行动助力全面提升城市品质。

(2)多部门联合出击,严厉打击危险废物环境违法行为。2021年5月至9月,青岛市生态环境局、市人民检察院、市公安局在全市范围内联合开展专项行动。通过联合办案、精准打击,全方位遏制废矿物油等危险废物跨行政区域非法排放、倾倒、处置行为和重点排污单位自动监测数据弄虚作假等行为,坚决守牢生态环境保护,对四类违法行为实施重点排查分类整治。具体包括:非法收集、利用、处置废矿物油;跨行政区域非法排放、倾倒、处置危险废物;重点排污单位篡改、伪造自动监测数据或者干扰自动监测设施;监测设施运维单位、人员实施或者参与实施篡改、伪造自动监测数据、干扰自动监测设施等违法行为。

(3)创新思路,多措并举,打好生活垃圾分类攻坚战。2021年,制定实施《青岛市市容和环境卫生管理条例》《青岛市生活垃圾分类管理办法》和20余项配套制度,基本建立制度框架。通过各类媒体广泛传播垃圾分类知识和理念,创新开设抖音号、创作垃圾分类快板小视频,截至9月底,在各小区设置垃圾分类宣传栏8400余处,利用交通场站、户外广告设施、夜景亮化设施、工地围挡设置宣传栏500余处,在各区(市)建设垃圾分类宣教中心16处,让市民在家门口体验和学习垃圾分类知识;深化"小手拉大手",印制发放40万册中小学及幼儿园知识读本,开设垃圾分类校本课程,家校社互动累计超过244万人次。

开展全流程再造,健全各环节设施,不断健全分类体系。一是规范分类投放设施。全市推行"四桶三栏二员一账"工作标准,截至9月底,共设置垃圾分类投放桶点2.7万余个,其中四分类投放桶点5200余处,配置全密闭厢房727座。二是配置分类收运线路。截至9月底,全市共有生活垃圾分类运输线路713条,其中厨余垃圾运输线路222条。三是完善分类处理设施布局。可回收物纳入再生资源体系回收利用,截至9月底,建成大件垃圾预处理设施8处。有害垃圾依托全市危废集中处理设施(处理能力164吨/日)协同处置。建设集中与分散相结合的厨余垃圾处理设施,处理能力达576吨/日。截至9月底,在全市布局焚烧处理设施6座,处理能力8700吨/日。

(4)崂山区获评全国村庄清洁行动先进县。2021年中央农村工作领导小组办公室、农业农村部通报表扬了106个"全国村庄清洁行动先进县",青岛市崂山区获评山东省内五个先进县之一。开展活动以来,崂山区累计发动群众48万余人次,清运生活垃圾19万余吨,清理水塘415口,沟渠2440千米,敷设污水管网800余千米,污水集中处理率达73.39%,生活垃圾无害化处置率100%,提高了居民的幸福感获得感。

(5)出台基层河湖长履职尽责考评办法。为不断加快推进全市河长制、湖长制从"有名""有实"向"有能"转变,2021年2月,青岛市制定考评办法,加强对区(市)"抓镇(街)促村(社区)"工作的监督考评,进一步强化基层河长、湖长履职尽责。考评办法突出目标导向和问题导向,紧盯短板弱项,重点突破、强力推动,细化实化改进完善监督考核制度,努力推进河湖"清四乱"常态化规范化,维护河湖健康生命,保障河湖功能永续利用,促进水生态文明建设持续推进。

6. 公共安全、生活便利,居民生活品质更高

(1)推动学校就餐安全。实施"互联网＋明厨亮灶"工程,建立"学校食堂大宗食品采购第三方食品安全追溯服务平台",运用信息化手段,加强食品来源、加工、制作全过程监督,进一步防范化解学校食品安全风险。青岛市做法在5月12日山东省中小学校食堂管理工作会议上作典型发言。6月,青岛市教育局召开学校食品安全治理专项工作推进会,邀请市市场监管局食品安全专家围绕《学校食品安全管理与提升》《学生营养餐的供餐管理》《学生餐营养健康》作专题讲座、知识培

训,筑牢食品安全防线。

（2）进一步完善网络安全管理体系和工作机制,全面加强网络安全工作。5月,召开2021年全市教育系统网络安全工作会议暨网络安全培训。省教育厅、市公安局专家就教育系统网络安全责任制落实及当前网络安全形势,为与会人员作了专题报告。提出要进一步完善网络安全管理体系和工作机制,补短板、强弱项,全面加强网络安全工作,为教育信息化发展提供良好的网络安全支撑。

（3）居民生活生活更加便利。近年来,青岛市稳步推进农贸市场改造,农贸市场标准化与智慧化水平不断提升。自2017年起连续创建星级市场,促进农贸市场新建、改造。截至8月底,13处农贸市场升级改造已开工,其中崂山区欢乐大家庭农贸市场和沙子口家得乐农贸市场已于6月份完成改造并投入使用。

（六）人才服务坚持需求驱动取得新突破

2021年是青岛"人才政策落实年",青岛市围绕加快建设创业城市,深入实施"人才强市"战略,加大各类人才引进集聚力度,编制发布82项"一站式"人才服务清单。起草《青岛市人才服务工作协调小组运行机制》,召开了全市"一站式"人才服务推进会议,建立起"一口受理、并联办理、闭环管理"的工作机制。对标上海创新举措全面实施人才服务提质增效行动,让企业人事与人才感受到"网上办""马上办""一口办"的服务效能;制订《关于"人才服务一件事"的实施方案》,加快推进建设"人才服务一件事"联办平台,打通跨部门间信息"数据孤岛"壁垒,推行人才基本公共服务"网上办""移动办""一次办"和关联事项"人才服务一件事全办",努力实现高层次人才政策"一键查询"、人才需求"一帮到底"、人才指南"一站入口"。开展主动服务、无感服务创新试点。升级"智慧人才"信息系统,拓展人才信息化服务内涵,实现人才服务需求精准匹配、无感办理、智慧分析、征信迭代等常态化"无感"服务功能,推动"招聘e站""蓝创微云"等数字化服务平台扩容升级,推行"网上人才、掌上人才"服务模式,打造"365天永不落幕"的人才服务新常态。推行人才定制化和个性化服务。突破"四唯"限制,出台《青岛市高端人才定制化发放"服务绿卡"实施细则》,推行"按薪定才""以赛选才""以绩推才"等市场化评价认定人才层次。给予海尔、海信等头部企业自主荐才权,截至8月底,定制发放26张高层次人才服务绿卡。受理高层次人才服务政策咨询业务200余件次,办理各类服务事项160余项。围绕青岛市产业发展需求,促进产才融合对接,通过搭建校企合作平台、建立见习实习基地、开展实习集训活动,吸引国(境)内外高校大学生聚青发展,打造以见习实习促就业、聚人才的政校企对接服务品牌。

截至 8 月底,已引才聚才 17.42 万人、政策性扶持创业 4.11 万人、技能提升 4.09 万人、农民技能培训 1.69 万人,分别为年计划的 69.7%、137%、81.8% 和 84.5%。

1.《青岛市"人才贷"风险补偿资金管理暂行办法》出台

9 月,发布《青岛市"人才贷"风险补偿资金管理暂行办法》,引导银行机构加大服务实体经济力度,支持和服务高层次人才及其所在企业开展科技成果转化和创新创业,新办法升级打造贷款政策、信贷模式和金融平台;全面优化贷款额度、利率、时限、放款速度及覆盖面;探索实现政府引导下的人才价值与资本力量的耦合发展,切实解决人才创业过程中遇到的融资难、融资贵、融资慢等问题。将贷款风险补偿比例由旧办法的 50% 优化至 80%。对符合青岛市"人才贷"风险补偿条件的,原则上 60 个工作日内完成补偿资金发放。多名高层次人才任职的同一企业"人才贷"余额,限额由 1000 万元提升至 5000 万元;鼓励商业银行按照较低利率助力人才和人才企业降低融资成本、创新创业发展。人民银行青岛市中心支行对地方法人金融机构发放的符合条件的"人才贷",及时给予再贷款支持;青岛银保监局支持银行业金融机构在符合监管要求的前提下合理设定"人才贷"不良容忍度,实现对金融机构加大人才金融服务的正向激励。将人才称号等能体现"智力"的考量维度融入信贷决策体系。企业凭借政府认定的高科技人才就能获得无抵押的低息贷款,畅通金融服务企业的"最后一公里"。

2. 多措并举,成功举办人才招聘会

9 月,举办 2021 年秋季国际英才线上招聘会,面向有来青留青意向的归国留学人员、在青外籍留学生等国际人才。活动征集了包括管理类、技术类、金融类、服务类等近 5000 个针对国际人才的岗位需求,覆盖全市重点发展的 13 条重点产业链。

2021 年青岛市"百日千万网络招聘专项行动"取得扎实成效。5—8 月份开展了以"职等你来 就业同行"为主题的"百日千万网络招聘专项行动",精准高效链接人力资源的供给侧和需求侧,为全市实现更加充分更高质量就业提供了强有力的支撑。活动采取"线上+线下"双轮驱动模式,全市共组织 94 场网络招聘会和 276 场现场招聘会,涉及医药卫生、快递物流、餐饮、建筑等行业,同时更加突出对高校毕业生、农民工、城镇失业人员、脱贫劳动力等重点群体的就业保障,专门设置专场招聘会 40 余场,促进其多渠道就业创业。截至 8 月底,此次活动共吸引 3 万余家企业参与,累计提供就业岗位 19 万个,吸引求职者近 10 万人。积极探索服务新模式,创新开展线上职业指导云课堂,通过录制上传职业指导微短片,持续发布线上职业指导培训课程,让劳动者不只"好就业",更要"就好业"。活动期间,全市累计发布职业指导云课堂

20节次,为疫情防控期间广大劳动者线上求职问路保驾护航。青岛市人力资源和社会保障局按周调度活动开展情况,并采取"回头看""倒分析"方式,不断调整优化活动方案,加速服务升级和流程再造。充分发挥先进典型的示范引领作用,促进各级人力资源市场招聘工作出新意、改打发、提质效。如市南区围绕区域内"2+4"产业体系和"1+N"人才发展体系,主动深入经济园区、企业总部,通过网络直播带岗方式放大活动效应,吸引更多人才到市南就业。8月5日上午,首场"直播带岗"活动在华夏基石(中国)企业总部基地开播,直播期间共计吸引近2000人围观互动。崂山区采取电话问访、微信推送、实地走访等多种形式,对区域内近300家重点企业和引才前50名企业进行了走访调研,筛选2800多个优质招聘岗位,及时组织企业通过招聘平台完成招聘岗位信息发布。

3.青岛市人才流动便利度考核获全省第一

近年来,青岛围绕国际化营商环境建设,自上而下建制度、引人才、强服务,聚焦人才服务保障工作,在加强优质人才服务资源供给、破除人才引进制度障碍、提高人才办事顺畅度等方面进一步提升人才流动便利度。山东省持续深入优化营商环境和推进政府职能转变领导小组办公室发布《关于2020年全省营商环境评价有关情况的通报》,2020年青岛营商环境评价人才流动便利度指标考核获全省第一。

4.持续加大人才住房供给

积极推广行业首创的增值收益支持租赁型人才住房建设新模式,在上年整体购入312套租赁型人才公寓的基础上,新购入世纪观邸人才公寓114套、1.56万平方米,并引入第三方专业机构进行标准化运营管理,将按规定程序面向招才引智的高素质人才实行统一配租,进一步增强对全市人才住房的保障和服务力度。

5.启动"青才实训营"

4月,青岛市"青才实训营"正式启动,首站落地市南区。活动以"线上+线下"的形式同步举行,近40万人在线实时观看。青岛市"青才实训营"活动体现几大亮点:一是实现校企精准对接。包括山东大学(青岛)、中国海洋大学等在内的12所高校,同中国科学院海洋研究所、青岛鼎信通讯股份有限公司等市南区13家知名企事业分别签订了校企合作协议,扩大了"青才实训营"的辐射范围。二是提升大学生职场认知。活动当天,组织山东大学相关专业师生代表走进中科院海洋研究所、蔚蓝生物股份有限公司开展"职场体验日"活动,零距离体验感知企业文化、岗位特点、产业环境,并进行参观座谈,全方位提升高校大学生对企业的认识和了解,促进校企合作的深度融合,提升了"青才实训营"的引才成效。三是建立青岛校园引才大使队伍。以市南区为试点率先在驻青高校中选拔了第一批德才兼备的优秀大学生聘为"青岛校园引才大使"，成为青岛市引才留才工作代言人，推介青岛，提升大学生引才留青的获得感，打造了"青才实训营"的品牌效应。

（七）文化强市建设呈现新亮点

2021年，青岛市大力培育文艺精品，讲好青岛故事，塑造好青岛形象。扶持文化产业。增扩建图书馆、博物馆等文化设施，拓展文体休闲空间，建设全民阅读设施，继续开展全民阅读活动。提升文体休闲品质，开展文化和旅游消费促进活动，建设运动场地和健身设施，改造提升商业步行街，提升城市文化生态和精神品格。1月，组织召开2021年胶东经济圈文化和旅游一体化合作联盟第一次工作视频会议，提出联盟将着眼于推动文化旅游全面复苏，围绕"提振消费信心""释放消费潜力"，聚焦胶东有礼品牌的打造、胶东文旅大项目的推动、胶东旅游精品线路的设计、胶东特色活动的举办以及五市联动营销工作等重点工作，精心打造冬有海南、夏有胶东的"东方海岸线"产品体系，带动胶东五市全域发展，聚力打造"文旅康养融合发展"省级示范区，实现"四季皆旺季、昼夜有精彩、动静两相宜"的海洋旅游发展新局面。2月，青岛市2021年非物质文化遗产月拉开帷幕。活动采取线上直播形式，邀请剪纸、年画、胶东花饽饽等项目做线上展示，并特邀非遗传承人联合网络主播，以普通市民的视角，打造了一场长达6小时的线上非遗图文音视频直播盛宴。当天观看直播人数超过200万人次。3月，《青岛影像志》专题数据库拍摄制作完成。节目共25集，每集时长5分钟，以微视频影像的形式，对青岛的海洋文化、历史名人、博物馆藏、自然生态、风俗美食等进行全方位记录和展示，是人们了解和研究青岛的重要资源，具有很高的传播价值和学术价值。4月，文旅消费促进活动正式启动。5月，全市文化旅游系统"项目落地年"调度会召开，提出抓住申报国家级文旅融合创新示范区、夜间消费聚集区、文创园区和文化经济合作示范区的契机，研究梳理青岛资源，挖掘青岛海洋文化、琅琊文化、道教文化、胶东王城等文化旅游资源，探讨建设青岛海洋科技展示交易中心，寻求海上旅游新突破，梳理制约文旅项目的土地、规划等难点问题，市、区两级共同努力，协调突破，加快推进重点文旅项目落地。截至8月底，通过青岛市文化和旅游消费公共服务平台及第三方平台发放惠民消费补贴资金2834万元，实现优惠1753.1万元。全民阅读设施建设方面，已完成66处书亭、7处书屋设置，分别占年计划的82.5%和70%；已完成20处朗读亭设置，为年计划的100%，首批12处已投入使用。全民健身场地和设施建设已完成勘察设计、场地基础硬化等准备工作，正在开展健身器材招投标。

(八)提高政务服务水平,社会治理体系和治理能力现代化建设迈入新阶段

2021年,青岛市出台新政,持续推进信用体系建设,编制完成《青岛市"十四五"社会信用体系建设规划》并通过专家评审,社会信用体系迈入高质量发展新阶段。发布《2021年数字青岛建设行动方案》,从"建机制、强谋划、突重点、重实效"等方面入手推进数字化改革。优化便民利企服务,全面推行政务服务领域"一事全办"主题式服务和"一码通"服务,推动"青e办"掌上办事平台再升级。截至8月底,"一事全办"2.0版系统正式上线运行;全市"一事全办"可办主题总数拓展至152个,新梳理待拓展主题增至66个。完成"一码通"系统开发和平台部署,全面对接公安"互联网+政务服务"平台,继续推进政务服务类场景对接开发工作"青e办"平台升级方面,持续打造"千人千面"服务新模式,提升智能化水平。新增便民利企服务专区28个,移动端区(市)分厅接入亮点应用82项,分别为年计划的280%和82%。

1. 青岛市社会信用体系迈入高质量发展新阶段

印发《关于进一步完善失信约束制度促进信用体系高质量发展的实施意见》,从强化法治思维、服务意识和加强信息安全防护等三个方面,提出了11项具体举措。严格失信行为认定依据和严重失信主体名单设列范围、认定标准和依据,充分运用清单化手段推动信息归集和联合惩戒。同时,为运用信用手段做好市场主体权益保护和服务工作,不断完善信用修复机制,建立包容审慎的信用监管机制,拓展信用激励场景,加大信用信息安全管理和个人隐私保护力度。该《意见》出台,标志着青岛市社会信用体系建设工作已经从基础建设、应用推广阶段转向了全面规范、高质量发展新阶段。

2. "智慧城市"建设跃上新台阶

近年来,青岛市全面落实数字山东、数字青岛发展规划,不断推进新型智慧城市建设,加快推动新旧动能转换,赋能城市全面发展,涌现出一批优秀的新型智慧城市案例。2021年1月,"2020青岛新型智慧城市典型案例"评选结果揭晓,"青易办"青岛市企业开办智能一体化平台等70个案例荣获"2020青岛新型智慧城市典型案例"。其中,数字政府类案例入选25个,涉及政务服务、审批监管、疫情防控、社会治理等领域;数字惠民类案例入选20个,涵盖了智慧停车、智慧养老、智慧教育等领域的典型应用;数字经济类案例入选15个,智能制造、生物医疗、智能交通、互联网金融等高成长性项目位列其中;智慧社区类案例入选10个,展现了未来社区发展的安全、便捷、美好。本次评选活动充分体现了岛城智慧城市建设状况与实力,展示出智慧产业推动城市发展的美好蓝图,有助于提高市民的满意度和获得感,从而全面提升青岛

的城市发展水平与核心竞争力。

3. "帆船之都"品牌建设取得新进展

《青岛市帆船事业和"帆船之都"品牌发展十年规划（2019—2028年）》围绕建设世界著名的"帆船之都"目标，结合青岛市经济社会发展水平、人口发展等实际，提出了2028年的具体目标，并对2035和2049年的发展目标进行了展望。从机制体制改革、国内外交流合作、帆船产业扩大开放三个方面分析了帆船国际化发展的重要举措。7月，召开2021年青岛市帆船工作会，重点对第十三届青岛国际帆船周·青岛国际海洋节筹备工作提出要求，提出在重大赛事活动举办、"帆船之都"城市品牌建设等方面疫情下赛事节庆活动主动战、推进帆船普及升级战、涉海旅游攻坚战、突破市场开发开拓战、城市品牌宣传推广战等五大战役取得显著成效基础上，2021年要立足实际，聚焦赛事提升、帆船码头规划、"帆船之都"城市品牌、体教融合、体旅融合等五大领域，深挖潜力、持续发力、增强动力，助推城市品牌开新局。会上还颁发了2021年度青岛市帆船特色学校牌匾。

4. 智慧城市、智慧社区建设再提速

9月，《关于开展2021年青岛新型智慧城市典型案例评选活动的通知》发布，启动《2021年青岛新型智慧城市典型案例》评选，以此推进智慧青岛建设，展示青岛市智慧城市发展成果。本次评选围绕"优政、惠民、兴业、强基"四大主题，重点突出"智慧"的特点和特色。评选获奖案例将直接推荐参加山东省新型智慧城市特色案例评选，让新型智慧城市建设更好地助力提高城市管理服务水平，提高市民满意度。其中数字社会类围绕教育文旅、交通出行、医养健康等领域，面向社会提供智慧便民服务的典型案例，包括但不限于数字校园、远程教育、智慧出行、智慧养老、智慧停车、智慧文旅、智慧医疗、互联网医院等。智慧社区类围绕智能楼宇、智能家居、路网监控、家庭护理、个人健康与数字生活等领域的典型案例，包括但不限于智慧社区治理、智慧社区服务、智慧物业管理、电子商务服务、智慧养老服务、城市生命线管理等。

5. 科学决策、民主决策、依法决策取得新进展

2021年，继续推进"我爱青岛·我有不满·我要说话"民声倾听主题活动，深入落实《关于加快青岛市城市云脑建设的实施意见》，建设"上下贯通、左右衔接、全市一体、高度集成、数据共享、业务协同"的城市云脑，利用互联网、大数据、人工智能等新兴技术手段，全面整合城市资源要素，数字化、网络化、平台化、智能化地"搞活一座城"。力争到2021年年底，城市云脑建设全面提速，区（市）中枢基本建成，民生服务、经济发展等领域示范应用广泛拓展，城市数据共享应用和开放赋能取得实效，城市云脑在经济社会发展中得到深度应用。

(九)推进美丽乡村建设,助力乡村振兴取得新突破

2021 年,青岛市持续推进美丽乡村建设,打造乡村振兴齐鲁样板先行区,惠及百万农民群众。一是坚持三级联创、组团发展。实施省、市、县三级联创,将美丽乡村创建与乡村振兴示范区、乡村旅游项目有机结合,截至 8 月底,新打造美丽乡村示范片 10 个,累计打造省级示范村 100 个、市级 500 个、区(市)级近 600 个。二是坚持民生优先、系统提升。出台美丽乡村创建指标体系,优先安排农村环境卫生、厕污处理、规模化供水、供气等基础设施建设项目。截至 8 月底,完成美丽乡村建设投资 5.44 亿元,硬化道路 99.3 万平方米,配套建设污水处理设施 68 个,弱电入地项目 48 个,开工建设 51 座公厕。三是坚持文化育魂、彰显特色。注重保护农耕文化,截至 8 月底,塑造历史文化传承型、自然风光特色型等主题品牌村 60 多个,推出美丽乡村红色教育线路 32 条。1300 多村民开展"百人百村庆建党百年"美丽乡村主题展播,打造了即墨区移风店大欧"中国京笼第一村";西海岸新区铁山街道后石沟村拍摄建党百年主旋律影视剧《温暖的味道》,村庄变舞台,村民变演员。

1. 加强顶层设计,提升农村人居环境

3 月,全市农村人居环境提升和美丽乡村建设会议提出,2021 年各区(市)要紧抓"十四五"开局有利时机,在农村人居环境提升和美丽乡村片区打造上实现新突破。着力抓好农村人居环境提升,优化日常督查方式和相关标准,推动管护机制和重点难点问题解决;实施村庄清洁样板示范创建,明确年度任务,对标达标,逐年提升。要坚持片区化理念推进美丽乡村创建,坚持规划先行,突出建设重点,彰显乡村特色;要加大产业培育,促进业兴民富,不断满足人民群众幸福感获得感;要加强经验交流,注重典型培育,讲好乡村故事。会议还强调了美丽宜居乡村建设有关工作。4 月,启动"乡约青岛 最美春光"2021 年美丽乡村打卡地评选活动,包括"青岛美丽乡村打卡地""青岛最具人气乡旅观光园""青岛最受欢迎乡村伴手礼""青岛乡村振兴带头人"等四类评选项目,有 130 余个候选单位参与评选,展现美丽乡村新风采,助力乡村休闲旅游发展,促进农民增收致富。

2. 举办"乡村振兴 法治先行"普法宣传活动

9 月 23 日,青岛市"乡村振兴 法治先行"普法宣传活动仪式在即墨区即墨古城举办。活动正值国家第四个"中国农民丰收节",也是《乡村振兴促进法》正式施行后、以法律形式确定每年农历秋分日为"中国农民丰收节"的首个丰收节。活动现场,即墨区表演了丰收锣鼓舞蹈、八角鼓《生态宜居新时代》、快板《乡村振兴 法治先行》、柳腔《乡村振兴》等具有地方特色的节目,展现了青岛市打造农业振兴齐鲁样板先行

区、开创"三农"工作新局面的良好风貌。活动设立了法治文化宣传长廊,张贴乡村振兴促进法等涉农法律法规海报,设立"乡村振兴 法治先行"美丽乡村视频播放场,邀请法律顾问设立法律咨询服务台,分版块普及法律知识,现场气氛热烈,群众踊跃咨询,共向农民朋友发放宣传资料5000余份,解答法律咨询80余人次。

3. 实施村庄建设项目简易审批,推动美丽乡村建设

9月,出台村庄建设项目简易审批实施意见,对农村生活垃圾污水治理、供排水、村内道路、文化体育等村庄建设项目实施简易审批,把办理项目建议书、可行性研究报告、初步设计环节合三为一,实行一窗受理、并联审批,优化审批程序、缩减环节、精简内容,整个审批全过程节省30个工作日;将单体规模小、技术相对简单的项目委托镇街政府实施,有效推动生态宜居美丽乡村建设。

4. 乡村振兴示范区发挥示范引领作用,亮点打造景区化村庄

2021年,全市上下深入推进美丽乡村向景区化乡村转型升级。各乡村振兴示范区坚持优中选优、重点打造,培育打造了一批地域文化鲜明、建筑风格多样、田园风光优美、村民生活富足的景区化村庄,形成美丽乡村、美丽产业和美丽经济"三美"互动发展新格局,促进农民创业增收致富。截至6月底,灵山街道岚前岭村、张家楼镇大泥沟头村、马连庄镇河崖村等3个村庄成功获评首批山东省景区化村庄。

各乡村振兴示范区立足资源禀赋,因地制宜,以农村村容村貌提升为主攻方向,注重保护乡村文化旅游资源,如对古镇、古村、古树、古民居、古建筑、古遗址和农业文化遗产、非物质文化遗产等的旅游资源进行保护性开发。提升村庄基础设施建设,重点推进乡村旅游服务配套设施,以点串线,打造生态富民线风景道。加强专家指导,引导专家学者、文创人才、非遗传承人、乡村工匠等各类人才,深入资源禀赋好、发展潜力大的乡村开展专业辅导,引导景区村庄精品化发展。

5. 全力推进美丽乡村示范村建设

2021年以来,青岛市通过片区化规划、产业化融合、景区化提升等措施,全力推进美丽乡村示范村建设,截至6月底,已开工建设52个,新增道路硬化面积19.9万平方米,安装路灯4800多盏,48个村庄实现弱电入地,吸引2亿多元社会资本投资乡村发展,新建农村电商74家,209户民房建成民宿项目,建设乡村旅游项目52个。

二、2022年青岛市社会发展形势预测

2021年第四季度和2022年,青岛市将以习近平新时代中国特色社会主义思想为指导,坚持以人民为中心的发展理念,统筹推进疫情防

控和经济社会发展,坚持稳中求进工作总基调,扎实推进高质量发展,增举措、补短板、强优势,不断夯实经济回升向好基础,努力完成2021全年经济社会发展目标任务,确保"十四五"开好局、起好步。2022年,将以满足人民日益增长的美好生活需要为出发点和落脚点,在不放松疫情防控的前提下继续全面深化改革,加大民生领域投入,提高保障和改善民生的水平,创新社会治理,着力改善城乡环境,进一步提升人民群众的幸福感、获得感,使人民对美好生活的向往和期待得到更大满足。

(一)不断增加民生投入,公共服务能力将得到进一步提升

1. 不断优化就业创业环境,就业创业能力将有新提升

2021年第四季度和2022年,青岛市将克服疫情带来的不利影响,出台新的鼓励就业创业政策,搭建和完善就业创业平台,扶持各类孵化器发展,提升公共就业服务能力,满足供需双方多层次多元化的就业创业服务需求,实现更高质量的充分就业。预计2021年将超额完成全年实现城镇新增就业超过35万人、政策性扶持创业3万人、提升重点群体职业技能5万人、完成农民技能培训2万人,打造服务职工设施105处的工作目标。2022年新增就业人数同比增长10%以上,就业结构、质量进一步优化。

2. 继续推进城乡义务教育均衡发展,优质基础教育将进一步提质扩面

继续扩大基础教育资源供给,推进中小学、幼儿园建设,2021年底完成开工建设中小学和幼儿园50所。在多样化特色办学方面,办好与山东体育学院等合作,办好美育体育特色学校,到2025年,将构建起完善的普通高中、职业高中、综合高中、特色高中"四位一体"的高中阶段办学模式。全面落实《关于促进3岁以下婴幼儿照护服务发展的实施意见》,建设主体多元、管理规范、安全健康的婴幼儿照护服务体系,促进婴幼儿健康成长,到2025年,基本形成多元化、多样化、覆盖城乡的婴幼儿照护服务体系,婴幼儿照护服务水平明显提升,婴幼儿照护服务需求得到进一步满足。全面落实《关于开展职业启蒙和体验教育的指导意见》。将职业启蒙与体验教育纳入青岛中小学综合实践课程,逐步实现课程化、常态化和全覆盖。到2022年,有条件的职业院校建成职业体验基地。

3. 将加大医疗卫生公共服务体系建设

将坚持问题导向,加大公共卫生建设力度,不断提高卫生服务能力。多个医疗项目将于2022年陆续投入使用。北京儿童医院坐落河套街道,预计2022年投入使用;青岛市公共卫生临床中心坐落在红岛

街道,2021年已开工建设,预计2023年投入使用,增加床位1000张,平时作为综合三级医院来使用,有其他重大传染病时可以作为专用医院来使用;康复大学在河套街道开工建设,学校附属医院也正在进行设计建设,预计2023年前后投入使用。

4.制度建设引领社会保障将上新台阶

《青岛市居家社区养老服务建设行动计划(2020—2021年)》将全面提升青岛市居家社区养老服务建设水平,到2021年底,全市每个镇(街道)至少建成1处镇街级居家社区养老服务中心,每个社区建成1处居家社区养老服务站,城乡居家失能失智老年人家庭养老床位签约达到1.6万张,困难失能失智老年人家庭养老服务实现全覆盖,多样化居家社区养老服务需求基本得到满足,形成居家社区养老服务发展的"青岛模式"。即墨区、胶州市、平度市、莱西市的农村镇政府驻地居家社区养老服务中心建设目标全面实现,并开展农村失能失智老年人的居家社区养老服务。

5.将坚持民生优先,完善住房保障制度,提高住房供给效率

继续坚持"房子是用来住的"定位,牢固树立以人民为中心的发展思想,按照高质量发展要求,坚持供需双向调节和政府保障与市场机制相结合原则,推动房地产市场健康发展,更好地满足人民群众对美好生活的需要。坚持质量为先、民生优先、绿色智慧、配套完善、服务提升,以品质为核心提高住房的供给效率。充分发挥市场在住房资源配置中的决定性作用,租购并举,通过市场满足多层次住房需求。完善住房保障制度,更好地发挥政府作用。发展住房租赁市场,要充分利用市场存量房源,提高住房资源的使用效率。完善以租赁住房、普通商品住房为主组成的住房市场体系,建立健全公租房、政策性租赁住房、共有产权住房和人才住房组成的政策住房保障体系,形成多层次、全覆盖、可持续的住房供应体系并保持稳定。确保城镇住宅用地供应量,到2022年,城镇人均住房面积达到35平方米。

6.城乡居民出行条件将进一步得到改善

将继续围绕市民关注的堵点、痛点、难点,新开工蓝谷至胶东国际机场快速通道、李村收费站拥堵治理二期、辽阳路快速路、海尔路—银川路立交、安顺路打通等项目,建成环湾路—长沙路立交等项目,预计2021全年累计打通30条未贯通道路。将结合青岛都市圈及胶东经济圈建设,研究市域铁路和胶东半岛城际铁路列车公交化开行方案,探索利用国铁开展"公交化"服务、便捷群众出行的新模式。全面实现2021年新建升级智慧交通设施210处,改造市区道路积水点50处,整治提升路灯设施3000处,开工建设公交场站2处,调整优化公交线路80条的既定目标,市民出行更加方便快捷。

（二）人居环境将更加优美

针对城乡接合部、区市交界地带、背街小巷、开放式楼院、农贸市场周边等薄弱部位，开展市容环境综合整治，完成"双城联创"和重大活动环境保障任务。

1. 推进生活垃圾分类工作实现新突破

青岛市作为国家46个生活垃圾分类重点城市之一，经过三年的精心施策、全方位推进，已按期完成国家确定的试点工作目标，探索形成的生活垃圾分类"青岛打法"被中国建设报向全国推广。"十四五"时期，生活垃圾分类和处理设施建设进入关键时期，按照对标先进、立足实际的思路，学习借鉴上海市、广州市、深圳市的先进经验，2021年，全市着力从主体责任落实、宣传发动拓展、群众习惯养成、分类设施建设、分类运输规范和配套政策完善等方面入手，重点做好创建示范街道（片区）、健全分类体系、补齐工作短板、加大社会宣传、推进智慧分类等工作，提高社会各界和广大群众的知晓率、参与率和垃圾分类准确率，不断提升城市文明水平，建设美丽青岛。

《2021年青岛市生活垃圾分类工作行动方案》确定的年度工作目标将全面实现：创建40个城市生活垃圾分类示范街道（片区）和200个农村生活垃圾分类示范村；率先实现各级党政机关、事业单位和国有企业生活垃圾分类制度的有效覆盖；新增密闭生活垃圾分类投放点100处，撤并非标准生活垃圾分类投放点3000处，小区厨余垃圾（纯净度90％以上）分出量不低于总量的10％；基本建成市级厨余垃圾处理项目和餐厨垃圾处理改扩建项目，新增10处镇街级生活垃圾终端处置站。

2. 百佳公厕、深度保洁道路三年攻坚将有新成效

深入推广"净善境美""如厕如家"等品牌化服务，提升城市深度保洁水平。2021年全市主次干道机械化清扫率将保持100％，支路、人行道达到70％以上，深度保洁道路再达标330条。打造一批能够"席地而坐"的景区景点、道路、广场，开展"落叶缓扫"道路精细化管理。2021年全年新创建"百佳公厕"100座，新增开放社会公厕100座，新增24小时开放公厕200座。

3. 开展重点问题专项执法行动

对市民普遍关注的占路经营、露天烧烤、乱贴乱画"小广告"、不文明养犬、建筑施工噪声扰民、餐饮油烟扰民、毁绿占绿等问题，加大查处力度，加强常态化监管。预计全年完成200万平方米存量违建治理任务，社区城管执法工作站在物业小区实现全覆盖。

4. 将加快推动山头公园整治

将具备施工条件立即启动建设，山体绿化、环山通道、配套服务设施等一体推进。同时,将利用秋冬季节全面组织实施森林质量精准提升,预计 2022 年底前按时、高标准、高质量完成山头公园整治建设任务。

(三)加大文化旅游政策创新力度,为青岛文旅事业高质量发展提质增效

坚持弘扬主旋律,反映时代精神,打造文艺精品力作。加大文化旅游政策创新力度;建立签约项目落地推进机制;加快文旅产业转型升级,提振文旅消费。依托胶东五市文化旅游合作联盟,推动文旅惠民一体化进程。加快培育指导研学旅游、工业旅游、康养旅游、房车旅游、婚庆旅游等旅游新业态发展,深入挖掘海洋研学旅游资源,打造海洋研学旅游特色样板。持续推进基础设施建设,预计全年建设全民阅读设施110 处、全民健身场地和设施 260 处。

持续推进旅游大项目建设,东方伊甸园项目力争 2023 年对外营业;北航青岛国际科教新城项目一期 2 标段项目将于 2022 年完工,2023 年投入使用并启动招生。届时,将形成"北北航、南山大"的高等教育发展布局,北航青岛国际科教新城也将结合青岛市产业特点,重点孵化、转化航空航天、材料科学、智能制造、微电子、智能交通等方面科研成果,推进相关高新技术与青岛地区产业深度融合,助力区域发展。

(四)将完善人才创新创业环境,打造人才新平台,人才结构进一步优化

2022 年,青岛市将继续通过拓展人才创新创业平台,推出招才引智活动升级版,推进全民招才引智工程,不断优化人才创新创业环境,实现人才总量明显增长,人才结构明显改善。将持续加大岗位需求征集力度,不断完善求职人员数据库。同时,优化完善配套系统,进一步提升国际人才求职体验和服务品质。将继续坚持需求驱动,聚力打好人才服务攻坚战,进一步完善人才服务清单制度,加快打造"人才服务一件事",总结推广"无感服务"试点经验,努力为来青创新创业人才提供更加优质、更加高效的人才服务。将实施人才服务提升行动,加快打造"人才服务一件事",总结推广"无感"服务试点经验,努力为来青创新创业人才提供更加优质、更加高效的人才服务。预计全年人才总量同比增长 10% 以上。

(五)智慧城市建设将上新台阶

1. 将稳步推进智慧社区、智慧街区建设

持续推进提升智慧社区服务水平建设,提高智慧社区治理能力,推动特色化智慧街区建设。预计到 2021 年底,市南区、市北区、李沧区

30％的社区,崂山区、青岛西海岸新区、城阳区 40％的社区将建成智慧社区。2022 年,智慧社区、智慧街区建设全面推进,全市将有超过 40％的城市社区建成智慧社区,具备条件的主要城市街区基本建成智慧街区,青岛市智慧社区、智慧街区建设将处于山东省样板、全国领先水平。继续拓展全市"一事全办"可办主题;继续推进政务服务类场景对接开发工作。持续打造"千人千面"服务新模式,提升智能化水平。

2. 将有效推进城市云脑建设

将坚持问题导向,全面整合城市资源要素,数字化、网络化、平台化、智能化地"搞活一座城",构建政府、企业、科研机构等多方参与、共建共治共享的城市治理新格局。到 2021 年底,城市云脑建设全面提速,区(市)中枢基本建成,民生服务、经济发展等领域示范应用广泛拓展,城市数据共享应用和开放赋能取得实效,城市云脑在经济社会发展中得到深度应用。

(六)将体现人民至上理念,全力推进健康青岛建设

《青岛市"十四五"卫生健康发展规划》坚持健康优先、共建共享、创新驱动、系统整合的原则。坚持预防为主,强化个人健康主体责任和全社会健康管理。突出人才、科技、信息数据等创新要素驱动,强化医防融合、平急结合、中西医并重。坚持基本医疗卫生事业公益属性,统筹预防、治疗、康复、健康促进资源配置和服务衔接。到 2025 年,青岛市将全面建成区域一体、医防协同、中西医并重、功能完善、富有韧性的整合型、智慧化卫生健康服务体系,人人享有更加公平可及、优质高效、系统连续的全方位全周期健康服务,健康事业健康产业协同发展,群众身心健康素质明显提高。《规划》围绕健康水平、健康生活、健康服务、健康资源、健康保障、健康产业设置了 26 项量化指标,使目标任务具体化,工作过程可操作、可衡量。2035 年,高质量全面建成健康青岛,率先实现卫生健康现代化。

在城市公共卫生安全保障方面,构建强大的公共卫生体系,加强公共卫生应急管理体系建设,提升重大疫情和突发事件的早期监测预警、快速检测和应对处置能力,加强应急医疗救治,建设重大疫情救治基地,确保不发生重大传染病暴发流行,守住城市公共卫生安全底线。

在全方位全周期保障人民健康方面,深入开展爱国卫生运动,强化重点传染病和慢性病综合防控,不断提升居民健康素养水平,2025 年人均期望寿命达到 81.80 岁,重大慢性病过早死亡率降至 12.42％。紧密结合国家老龄健康服务新要求和生育政策调整新导向,为妇女、儿童、老年人、残疾人等重点人群提供公平可及、系统连续的健康服务。

在提升服务能级方面,实施"攀峰强基"工程,不断推进优质医疗资源扩容和区域均衡布局,争创国家区域医疗中心,2025年,全市三级医院达到35个,千人口医疗卫生机构床位数达到7.5张,千人口执业(助理)医师数达到4.5人。有序推进三甲医院从中心城区向县域延伸,加强社区医院、社区卫生服务中心、中心卫生院和村卫生室等基层医疗卫生机构建设,加快建设中医药强市,推动健康服务业集聚发展。"十四五"时期将完成北京大学人民医院青岛医院、山东大学齐鲁医院(青岛)二期、市公共卫生临床中心等60余个医疗卫生重点项目建设,同时对老市区部分医院基础设施升级改造。

在科技创新、"数智化"转型赋能高质量发展方面,加强人才队伍建设,打造一批国家和省级临床重点专(学)科,增强卫生健康核心竞争力。推进健康医疗大数据在临床科研、疾病诊治、疫情防控等领域的应用,迭代升级"互联网+医疗健康"新服务,重构线上线下一体化健康服务流程,推进"出生一件事""医疗付费一件事""全市一家医院"等政务服务和智慧城市场景建设,为人民群众提供便捷化、智能化、有温度的卫生健康服务。

在行业治理现代化方面,深化医药卫生体制改革,打造深化医改"青岛样板",健全公共卫生机构、医院和基层医疗卫生机构分工协作机制,完善公立医院管理制度,推进城市医联体、县域医共体建设,健全分级诊疗体系,提升服务效能,切实减轻人民群众就医负担。加强卫生健康法制化建设,促进监管与服务双提升。

(七)青岛市实施乡村振兴战略"五大突破、十大行动"将于2022年全面收官

《青岛市实施乡村振兴战略"五大突破、十大行动"方案(2020—2022年)》系统梳理了青岛市乡村振兴面临的主要任务,提出了五大突破方向和十项重点行动。"五大突破",即突破打造乡村振兴齐鲁样板、突破乡村产业高质量发展、突破深化拓展"莱西经验"、突破农业农村"双招双引"和突破深化农村改革。十大重点行动分别是机关党组织帮带行动、城乡基础设施一体化建设攻坚行动、工会助农行动、乡村振兴青春建功行动、美丽庭院"巾帼引领"行动、"百企帮百村"行动、乡村教育支持行动、人才返乡入乡促进行动、规模经营行动和文明乡风培育行动等。预计到2022年,全市将打造农产品加工业千亿元级产业链和7条百亿元级特色优势产业链。

(作者单位:青岛市社会科学院)

2021—2022年青岛市就业形势分析与预测

惠军华　孙晓利

　　就业是民生之本、发展之基，也是财富创造的源头活水。实现更加充分更高质量就业，是推动高质量发展、全面建设社会主义现代化国家的内在要求，也是践行以人民为中心发展思想、扎实推进共同富裕的重要基础。近年来，青岛市坚持实施就业优先战略，把就业摆在各项工作的突出位置，深入贯彻国家、省关于稳就业、保就业工作部署，用心用情用力解决人民群众"急难愁盼"问题，推动实现更加充分更高质量就业。

一、2021年青岛市就业形势分析

　　青岛作为沿海开放城市，在就业方面也具有鲜明的"开放"特质，是一座劳动力净输入城市，每年城镇新增就业、外来人员就业数量均居全省首位。目前，全市常住人口1007.17万人，社会从业人员约600万人。按照2020年国家新统计口径，青岛市每年城镇新增就业约45万人，其中外来人员约25万人，占新增就业总量55％以上。

(一)2021年青岛市就业情况分析

　　2021年，青岛市坚持"稳总量、扩容量、提质量、防风险"就业工作主线，创新性落实就业优先政策，深入开展减负稳岗扩就业行动，不断推进更加充分更高质量就业。1—9月，全市城镇新增就业30.72万人，完成年度目标35万人的87.78％，期末城镇登记失业率控制在3％，就业大局保持稳定，为全市经济社会高质量发展提供了有力支撑。

　　1.保障市场主体运行和重点群体就业，稳定就业总量

　　市场主体是就业的"蓄水池""压舱石"，重点群体是稳就业保就业的重中之重。围绕保障市场主体行稳致远，通过减税降费、援企稳岗、保障用工等措施，努力将劳动者稳在岗位、稳在企业。继续实施阶段性降低失业、工伤保险费率，加大企业吸纳就业社保补贴落实力度，2021

年以来共为25.6万户市场主体减免社保费6.2亿元,共为2.28万家企业发放社保补贴和岗位补贴3.02亿元。搭建"急需紧缺用工对接平台",采取专场招聘、人力资源机构对接等方式,精准快速解决企业缺工问题,累计为803家企业解决急需紧缺用工2.1万人。强化政策支持、供需匹配、就业帮扶,实施大学生聚青行动,将"先落户后就业"门槛放宽至毕业学年在校大学生,在全国率先搭建"学历汇"信息平台,累计帮助5.38万名大学生"秒批"落户;2021年以来建成实习实训基地835个、组织1.54万名大学生参加实习实训,吸引14.27万名大学生来青就业。发挥就业援助平台作用,畅通失业人员、农民工、就业困难人员等求职渠道,分级分类精准帮扶,2021年以来帮扶困难群体就业4.47万人,同比增长10.1%,"零就业"家庭保持动态清零。把开展东西部劳务协作作为重要政治任务,与甘肃定西、陇南等建立劳务合作联盟,在全国率先开通2021年首列东西部劳务协作专列,帮助定西市输转534名劳动者来青务工。劳务协作经验做法在全国脱贫人口稳岗就业工作会议上进行推广,共享用工、稳岗留工、见习实习等经验做法多次被中央电视台、《中国劳动保障报》宣传报道。

2. 促进创业带动就业和灵活就业发展,扩大就业容量

创业是就业之源,灵活就业是新增就业的重要增长点。围绕创业带动就业,加快推进创业城市建设,强化创业扶持政策,对符合条件的创业实体发放最高3万元创业补贴和最高300万元创业担保贷款,构建国家、省、市、区四级创业孵化体系,2021年以来累计政策性扶持创业4.45万人,创业担保贷款规模达到13.11亿元,建成国家级创业孵化示范基地2家(青岛海尔创业孵化基地、青岛市大学生创业孵化中心)、省级示范基地12家。围绕支持多渠道灵活就业,搭建灵活就业服务平台,实施灵活就业社保补贴、商业综合保险补贴等政策,促进灵活就业发展。2021年以来,共为8.48万名灵活就业人员发放社保补贴2.96亿元,灵活就业商业综合保险可提供总保额176万元意外伤害保障,保障额度全国最高。

3. 加大职业技能培训和公共服务供给,提升就业质量

加强职业技能培训是提升劳动者素质、缓解就业结构性矛盾的关键举措。近年来,青岛市全面对接新兴产业、先进制造业等领域培训需求,大力开展企业新型学徒制、"金蓝领"技能培训,提升重点领域高技能人才供给能力。在全国率先开展工业互联网工程技术职称评审试点,951人获评首批工业互联网工程师。在全省率先开办乡村振兴技能人才提升夜校、网校,举办各类工种培训班次48个,培训农村技能人才5517人。2021年以来,全市共开展各类技能培训26.6万人次,发放培训补贴2.97亿元。坚持将推进公共就业服务均等化作为提高就业

质量的重要保障,深入开展智慧就业行动,推动服务事项"一网通办""全程网办",关联事项"一件事""打包办",服务事项平均提速50%以上,智慧就业经验做法在全国、全省推广。

4. 健全就业风险防控和形势监测制度,防范就业风险

防范化解就业风险是实现更加充分更高质量就业的内在要求。青岛市着眼从制度上构建风险防控长效机制,在全国率先实施"就业创业政策落实和业务经办风险防控办法",将业务经办和补贴发放纳入风险防控范围,建立风险防控清单、政策落实公开、信用负面清单、日常风险检查等制度,推动就业创业领域风险防控管理制度化、规范化。搭建公共就业大数据监控平台,对就业失业、业务经办、资金运行等数据进行全链条、全方位分析,对全市重点企业、失业人员等48项指标进行监测,制订"防范应对规模裁员""失业人员帮扶""群体性突发事件处置"等预案,提升失业风险防范化解能力。近年来,未发生大规模裁员、失业以及就业领域群体访事件,全市就业局势保持平稳。

(二)2021年青岛市就业形势特点

总体上看,全市就业形势呈现"一增、一优、一升、一强"的特点。

1. 新增就业总量持续增长

2020年下半年,克服新冠肺炎疫情带来的不利影响,全市城镇新增就业由初期的负增长逐步转为正增长,当年实现新增就业44.75万人,同比增长7.49%;2021年以来继续保持增长态势,1—9月城镇新增就业30.72万人,特别是制造业作为经济发展的重要支柱,也扭转吸纳就业下降趋势。

2. 就业结构持续优化

从吸纳就业的产业看,青岛市第三产业吸纳就业比重逐年提升,从"十三五"初期的60%提升到目前的66%,成为吸纳就业的主要产业。2021年以来,全市服务业吸纳就业同比增长6.65%,高于全市平均增速。从吸纳就业的主体看,全市民营经济吸纳就业比重达到81.27%,成为吸纳就业的主渠道。

3. 创业带动就业倍增效应持续提升

聚焦壮大市场主体,加大创业扶持,持续为小微企业"输血造血",1—9月全市政策性扶持创业4.45万人,同比增长8.05%;发放各类创业扶持资金11.83亿元,同比增长28.25%。

4. 公共就业服务供给能力持续加强

深入推进公共就业服务供给侧改革,在全国率先搭建大学生实习实训平台、失业人员就业援助平台、大数据监控平台等,打造智慧就业服务模式,高校毕业生就业服务率始终保持在98%以上、失业人员服

务率始终保持在90％以上。在2020年全国营商环境测评中,青岛市劳动力市场监管指标列全国第12位(83个城市参评),获优异等次。

二、2022年青岛市就业形势预测

"十四五"期间,青岛市就业工作目标为每年城镇新增就业35万人、城镇登记失业率控制在4.5％以内;其中,城镇新增就业总量在全省居于首位。

(一)面临的机遇与挑战

1. 面临机遇

党中央、国务院高度重视就业问题,将稳就业保就业作为宏观调控的重要指标,位列"六稳""六保"之首,为推动更加充分更高质量就业提供了根本保证。全市13条产业链日益壮大、产业结构持续优化,2021年前三季度生产总值首超1万亿元,为2022年扩大就业创造了良好条件和发展动力。全市就业优先政策体系比较完善,四级公共就业人才服务体系更加健全,数字化、智慧化能力持续提升,能够为市场主体和劳动者提供更有温度更有厚度的公共服务。同时,青岛市新技术、新产业、新业态、新模式"四新"经济快速发展,新兴就业创业机会日益增多,新的就业增长点不断涌现。

2. 面临挑战

全市就业领域固有矛盾依然存在,新的问题还在增加,做好就业工作仍面临较多不确定性因素。一是就业总量压力不减。一方面,作为劳动力净输入城市,每年外来人员就业数量达25万人。另一方面,在青高校毕业生总量屡创新高,2022届毕业生将达12.1万人,较2021届增加7000人。这对持续扩大就业容量、创造更多高质量就业岗位带来较大压力。二是就业结构性矛盾更加复杂。随着经济结构调整、产业转型升级、技术进步加快,劳动者技能与岗位需求不匹配的结构性就业矛盾更加凸显,"就业难"和"招工难"并存,将成为就业领域今后一个时期的主要矛盾。"招工难"主要集中在科技研发、生产加工等领域,主要原因是劳动者自身技能与岗位需求不匹配,技术型、技能型人力资源供给存在不足。"就业难"体现在90后、00后等新生代劳动力到纺织、橡胶、机械等传统行业就业意愿不强,对岗位需求期望值过高,"慢就业""啃老族"人员增多,就业稳定性下降。另外,新兴行业面临高端人才短缺问题,工业互联网、跨境电商等领域人才需求居高不下。三是公共就业服务需求呈现多元化、个性化。"四新"经济快速发展,企业用工方式发生较大变化,新就业形态从业人员就业方式更加灵活,企业和劳动者对就业服务需求呈现多元化、个性化。同时,国际环境日趋复杂、国内经济下行压力延续、新冠肺炎疫情散点式暴发等,都将给就业工作带来不稳定性和不确定性。

(二)就业形势展望

在分析研判全市就业形势和发展环境的基础上,结合国家、省"十四五"促进就业规划,青岛市将以国家和省、市"十四五"就业促进规划为引领,按照主动应对、源头治理、整体施策、协同作战的思路,有破有立、有保有压,重点健全"一个机制"、实施"五大工程",稳就业、促创业、保重点、防风险、强服务,努力推动实现更高质量更加充分就业,不断增强人民群众对就业的获得感、幸福感。

1. 就业总体形势预测

(1)就业形势总体稳定。继续统筹推进高校毕业生、失业人员、农民工、退役军人、残疾人等重点群体就业,预计全市实现城镇新增就业35万人,城镇登记失业率控制在4%以内,不发生系统性、规模性失业风险。

(2)推动实现更高质量更加充分就业。有效满足企业用工需求,"招工难""求职难"问题明显缓解。人力资源市场、人才市场岗位供给充足,人岗匹配更加精准,人力资源供给更加契合产业发展需要。

(3)创业活力持续释放。加快推进创业城市建设,集聚全市创业创新资源,优化创业环境,实现政策性扶持创业3万人,创业担保贷款规模力争达到15亿元。

2. 就业推进情况展望

(1)促进就业联动机制更加健全。科学编制《青岛市"十四五"促进就业规划》,将就业置于经济社会发展优先位置,推动就业增长与经济发展良性互动。强化政策协调和工作落实,发挥就业工作领导小组作用,构建齐抓共管、资源集聚、协同作战的"大就业"工作格局。健全就业信息共享和就业需求调查机制,加大市直部门、市与区(市)之间就业数据共享,精准掌握重大建设工程、科技创新项目等对就业影响,科学研判就业形势、精准制定政策措施。开展就业创业工作先进集体和先进个人评选活动,营造促进就业、支持创业的良好氛围。

(2)就业扩容提质工程深入实施。落实市政府《关于强化就业优先政策促进更加充分更高质量就业的通知》要求,实施新一轮就业创业政策,发挥政策促进就业的积极效应。实施"宜业青岛""乐业青岛"计划,推动产业、企业、创业、就业"四业"联动。开展新就业形态就业促进项目试点,构建跨行业、跨部门灵活就业服务体系,支持和规范新就业形态发展。实施企业稳岗留工专项行动,采取人社服务专员包干包片包企的方式,畅通人社部门与市场主体的服务通道。推动家庭服务业扩容提质,与市民政、残联、财政等部门建立协同培训机制,利用就业补助资金、福彩资金对家庭服务业从业人员全面开展岗前培训、技能提升培训,年内培训1万人以上。

(3)创业带动就业作用持续增强。加快推进创业城市建设,打造创业总部,争创国家级创业示范城市。完善创业扶持政策,优化创业补贴模式,扩大创业担保贷款规模,大规模组织开展创业培训。强化创业服务,开通创业服务热线,启动创业云平台,探讨实施电子创业券,组建创业导师队伍,为创业提供全生命周期服务,统筹开展全市各类创业活动,积极承办"中国创翼"创业创新大赛。实施夜间经济创业计划,推进夜间商文旅协同发展,结合旅游经济、夜间经济发展,扶持一批夜间经济创业。实施成长性初创中小微企业领跑计划,培育一批有持续发展和领军潜力的初创企业。建立创业孵化基地人社服务专员制度,建成"众创、孵化、加速、园区"一体化孵化体系。

(4)重点群体保障体系更加完善。一是实施高校毕业生聚青行动。高校毕业生是新增就业的主体,也是招才引智的主体。吸引更多高校毕业生来青就业创业,有利于扩大中等收入群体规模,更是城市未来发展的需要。实施高校毕业生聚青行动,综合运用就业补贴、住房补贴、实习见习补贴等各类就业人才政策,一体化推进就业和人才工作。实施高校毕业生就业岗位储备计划,围绕现代金融服务、高端制造等13个重点产业,开发储备一批高质量就业岗位。实施高校毕业生实习实训计划,年内组织就业见习、实习实训1.5万人。实施高校毕业生精准帮扶计划,未就业高校毕业生就业服务率达98%以上。实施就业竞争力提升计划,建立"人才有价"评价制度,为在校大学生和离校2年内未就业高校毕业生提供职业能力测评服务。实施大学生创业引领计划,探索建立大学生创业风险救助机制,每年扶持大学生创业3000名。二是实施失业人员就业启航计划。失业人员、就业困难人员是保就业的重点群体,是促进共同富裕的重点帮扶对象。实施失业人员就业启航计划,优化就业援助公共服务平台功能,对失业人员进行分类分级管理,对困难人员实进行"一对一"帮扶,提供更多个性化就业指导、供需对接、技能培训等就业援助服务。开展公益性岗位扩容提质行动,依托市场主体扩大公益性岗位开发规模,优先安置就业困难人员,实现失业人员再就业6万人、帮扶困难人员就业1.5万人。三是搭建返乡入乡创业服务平台。农民工就业、返乡入乡创业是全面推进乡村振兴、促进农村共同富裕的重要支撑。组织开展"春风行动"、农民工招聘大集、送岗位下乡进村入户等专项活动,畅通农民工求职渠道。鼓励农民工返乡入乡创业,出台扶持农民工返乡入乡创业政策,推动建立一批县域返乡入乡创业园等服务平台。实施返乡入乡创业带头人培育计划,培养一批具有发展潜力和示范作用的创业带头人,扶持返乡入乡创业3000人。

(5)风险防范化解能力不断提高。加强就业创业政策落实和业务经办风险防控,实施风险排查清单制度,建立市场监管、税务、民政、社保数据与就业创业失业数据实时联动机制,坚决防止资金拨付出现新的风险。完善公共就业大数据监控平台,加强就业失业风险监测预警,对全市重点群体、重点行业、重点企业的就业失业和劳动用工进行重点监控,坚决防止出现群体性、规模性突发事件。

(6)公共就业服务质量持续提升。加强全市公共就业服务队伍建设,鼓励区(市)通过购买服务等方式设立就业人才服务专员,对就业岗位从业人员进行专业培训、考核上岗,提升就业服务水平。大力推进创业服务"一件事"、失业服务"一件事",实施流程再造,推动更多服务事项"打包办""就近办",构建"整体智治、高效协同、服务集成"的公共就业服务体系。完善企业用工保障制度,深化区(市)与重点企业联络机制,及时掌握用工需求,通过举办特色专场招聘活动、推进跨区域劳务协作、加强劳务合作基地建设等,为企业提供更好用工服务保障。创新宣传方式,积极利用微信公众号、微信群、抖音等媒体,强化政府部门、高校、企业协同联动,讲好青岛就业创业故事,传播青岛就业创业声音。

(作者单位:青岛市人力资源和社会保障局)

2021—2022年青岛市乡村治理形势分析与预测

沙剑林　宋　晓　殷继涛

　　乡村治理是国家治理的基石，没有乡村的有效治理，就没有乡村的全面振兴。党的十九大报告明确提出，要健全自治、法治、德治相结合的乡村治理体系。习近平总书记多次强调，要创新乡村治理体系，走乡村善治之路，建立健全党委领导、政府负责、社会协同、公众参与、法治保障的现代乡村社会治理基础，推动移风易俗，树立文明乡风，充分发挥农村基层党组织的战斗堡垒作用。青岛市深入贯彻落实中央关于健全乡村治理体系的指示精神，在实践探索中深化拓展"莱西经验"，构建起以农村基层党组织统领发展融合、治理融合、服务融合的"一统领三融合"乡村治理工作体系，乡村治理内容逐步充实，乡村治理手段不断创新，乡村治理体系进一步完善，农村基本公共服务显著改善，农村社会保持和谐稳定，广大农民的获得感、幸福感、安全感不断增强。

一、2021年青岛市乡村治理形势分析

（一）乡村治理取得的成绩

1. 搭建了乡村治理的政策框架

　　青岛市委、市政府为进一步完善和改进治理方式、治理手段，提高乡村治理体系和治理能力现代化水平，先后出台了《关于深化拓展"莱西经验"加强和改进乡村治理的实施意见》《关于深化拓展"莱西经验"推进"一统领三融合"的指导意见》《关于加强和完善城乡社区治理的实施意见》等，搭建了乡村治理的政策框架，推动乡村治理向更高水平迈进。围绕提升乡村治理体系和治理能力现代化水平，青岛市提出了15条治理措施，其中很多措施在全国、全省具有独创性。例如：提倡村级集体经济组织、合作经济组织与村"两委"任期一致、同步换届；每年对村党组织书记和集体经济组织负责人轮训一遍；健全"四社联动"治理

模式,积极向农村基层延伸;推广"道德银行"、信用积分等乡村治理模式。2021年,全市有1个镇、4个村分别被评为全国乡村治理示范镇、村。截至10月底,全市共有2个镇、8个村分别被评为全国乡村治理示范镇、村,5个村被评为省级示范村,示范镇、村数量居全省前列。

2.农村党组织建设持续加强

作为"莱西经验"的重要实践创新地,青岛立足新时代农村的新形势新要求,对"莱西经验"的内涵进行了深入挖掘和丰富。一是优化组织链。发挥镇级"龙头"作用,选优配强镇(街道)党(工)委书记,建强镇(街道)党建办和"两新"组织综合党委;持续整顿软弱涣散基层党组织223个;推进网格化治理,建强网格党组织,优选党员中心户,形成"镇党委—村党组织—网格党组织—党员中心户"的组织链条。二是拓宽覆盖面。在镇设立区域化党建联席会议,推动区域事务共商共议。打破地域界限,采取建立联合党组织、"龙头企业＋支部"、"专业合作社＋支部"等形式,在行业协会、产业链等灵活设置党组织,形成对农村新业态党建工作的广覆盖。三是选好领头雁。市委组织部出台《关于激励广大干部到村担任村党组织书记的若干政策》和《关于加强村党组织书记队伍建设的意见》,面向全市公开遴选200名村党组织书记,其中包括2名副局级以上领导干部、18名博士和硕士,切实建强村党组织书记队伍。成立青岛农村干部学院,培训村党组织书记1500名,打造农村基层党员干部培训主阵地。建立村党组织书记"小微权力"清单和从严管理村干部20条负面清单,划清依规履职红线。

3.村民自治组织能力明显提高

制定加强城乡社区治理的意见,推进村民委员会规范化建设。全面推行"四议两公开",实施"村务公开"阳光工程,制定村务公开目录,发挥村民议事会、道德评议会、禁毒禁赌会、红白理事会"四会"作用,形成民事民议、民事民办、民事民管的协商自治格局。修订完善村(居)民自治章程、村规民约和居民公约,制定五年发展规划,同时加强合法性审查,防止出现与法律法规相抵触、侵犯群众合法权益的现象。截止到2021年10月底,68.38%的村(社区)完成村(居)民自治章程修订工作;68.86%的村(社区)完成村规民约和居民公约修订工作;67.31%的村(社区)制定了五年发展规划。对40处农村镇街级居家社区养老服务中心建设制定了实施计划,为全市近1800名困境儿童发放基本生活保障金1428.27万元,全市持证社工总数达7452人。

4.乡村法治建设不断深化

加快推进公共法律服务体系建设,提升公共法律服务效能,深化公共法律服务实体、热线、网络三大平台融合发展。创新法律援助"全域受理、全域指派"工作机制,实现在青岛市域内不区分案件管辖,一体化、无差别受理审批,一站式办结,构筑起"市域内一体化服务、胶东五市跨城通办"的公共法律服务大格局。在全市部署实施"法律明白人""法治带头人"培养工程,全市每个行政村(社区)至少培养1名"法律明白人",至少培育1名"法治带头人"。首次明确建立了"村(社区)法律顾问＋专职人民调解员"工作模式,将全市1269名村(社区)法律顾问全部纳入专职人民调解员队伍。健全完善矛盾纠纷多元化解体系,全面推进"一站式"矛盾纠纷调解中心建设,打造了一批示范化"一站式"矛盾纠纷调解中心,截止到2021年10月底,共排查矛盾纠纷15265次,调处化解矛盾纠纷15014件。

5. 德治乡村培育提质增效

为进一步巩固扩大乡村文明行动成果,提升农村精神文明建设水平,市精神文明建设委员会印发了《关于深化乡村文明行动的工作方案》,大力培育和践行社会主义核心价值观,树立新风尚,培育新农民,建设新家园。以思想道德建设、文明实践、文明创建、移风易俗、文明培育、文化惠民为重点,推动形成文明乡风、良好家风、淳朴民风,为打造乡村振兴齐鲁样板、全面建设社会主义现代化新农村提供有力的思想保证、精神力量、道德滋养和文化支撑。积极推广"文化串门""庄户学院""身边人讲身边事""家门口说唱"等宣讲品牌,深入开展"扣好人生第一粒扣子"主题教育实践、"童心向党"主题教育,推进乡村"复兴少年宫"试点建设,深入开展"永远跟党走"宣讲志愿服务行动和"文明实践暖民心"实践活动,不断提高文明实践活动实效。截止到2021年10月底,新时代文明实践中心和5000多个村级站共开展"一榜两评"3100余次、家风评议2200余次。深入推进移风易俗,有效遏制了天价彩礼、大操大办、厚葬薄养等不良风气。

6. 镇、村两级为农服务能力全面提升

针对乡村治理点多面广的实际,坚持把面向农村的资源、服务、举措等统筹好、落实好。一是提升镇(街道)能力。中共青岛市委出台了《关于在推进乡村振兴助力打造齐鲁样板中更好发挥镇(街道)作用的指导意见》,制定11条硬措施,为乡镇减负、放权、赋能。推进行政权力和公共服务事项下放,根据权责清单建立放权事项清单,依法依规将镇(街道)迫切需要且能够有效承接的区(市)级经济社会管理权限全部下放或授权,将镇(街道)建成乡村治理中心。二是推动服务下沉。市财政奖补15.6亿元,建设1049个社区服务中心,设立基层党建、产业发展、基层治理服务、便民服务等工作站,推动镇街干部和服务事项下沉,实现了"一门式办理""一站式服务""一次办好"。三是落实资金保障。做到经费预算、村级运转和干部待遇有保障,城乡社区服务设施、工作经费、培训经费等都已纳入财政预算,区(市)平均每村每年财政补助经费超过 11 万元,市财政每年发放村党组织书记岗位报酬 1.2 亿元,村党组织书记年平均待遇 4 万元以上。四是做强集体经济。针对农村集体经济薄弱、服务能力不强的问题,坚持活权赋能,激活农村发展内生动力。深化农村产权制度改革,全市 99.7% 的村完成改革任务,430 多万农户成为股民,年分红 14 亿元以上。

7. 乡村治理方式积极创新

2021 年以来,各区(市)充分发挥全国和省级乡村治理示范镇、示范村的辐射带动作用,选择镇、村先行建立乡村治理积分制示范基地,为推进积分制探索路径、总结经验。按照党建引领、因地制宜、试点先行的原则,大力推广运用"积分制"治理模式,激励村民崇尚文明行为,提高文明程度,走出了一条提升乡风文明的新路子,为乡村治理提供了有力抓手。创建了以"微积分"实现整治全参与的"莱西模式",以"道德银行"提升乡村新风尚的"平度模式",以"德育银行"增强治理效能的"西海岸模式"等三种积分治理模式。全市积分制的推行,让党员干部争相"得分","积"发了内生源动力,"积"出了基层组织力,村民纷纷把村里的事当成"自家事"来办,"抢着干"的村民越来越多,"站着看"的村民越来越少,形成了党员干部争先创优、你追我赶的良好氛围,村级党组织凝聚力战斗力不断增强,为弘扬社会美德、树立文明乡风、实现乡村治理奠定了坚实的思想基础和道德支撑。莱西市积极创新实施以"小积分"激发大活力,创新引入积分兑奖制的做法,被中央农办等推介为典型案例,经验在全国推广。

(二)乡村治理存在的问题

虽然青岛市乡村治理成效显著,但对标新时代新形势提出的新任务新要求,青岛市乡村治理工作仍存在一些短板和弱项。

1. 乡村治理的参与度和效能有待进一步提高

部分镇村党组织和政府部门参与乡村治理的积极性和效能仍有不足。基层党组织领导乡村治理的能力有待进一步提高,对如何内化党员思想教育工作效果、坚定农村党员的信仰、发挥农村党员的先进性,如何解决农村党员后继力量不足问题,仍需要更多的创新和探索。政策执行中仍存在形式主义等问题,影响了乡村治理绩效。政出多门、重复立项、基层政府乡村治理碎片化问题仍然存在,政府参与乡村治理和村民自治的界限未完全厘清,乡村行政事务多、检查评比多、台账资料多的现象仍未根除。

2. 乡村人才作用发挥不够充分

随着市场经济的发展,农村阶层的分化打破了原有的刚性格局,部分生活条件改善的农民从农村迁到城市,大部分农村优秀青年择业趋向非农岗位。乡村优秀人才的外流，导致"空心村"现象越来越普遍，农村发展缺乏有头脑、懂经营的人带领。近年来，青岛市通过持续实施人才培养计划，创新人才引进机制，选派"第一书记""大学生村官"等，培养了大批人才，在乡村治理中发挥了很好的作用，但总体上看，懂党建、懂"三农"、懂经济、懂管理的"实用型"人才总量仍显不足，导致乡村治理作用发挥不充分。

3. 集体经济薄弱限制乡村治理长效

虽然近些年来通过财政转移支付、政府补贴、社会投入等方式，农村集体经济发展取得了一定成效，但外力投入仍然是集体经济发展的主要来源，内生动力不足，部分村依靠山林、土地等集体资产租赁实现短期内一次性增收，或者通过国家转移支付获得集体收入，发展村级集体经济方式较为单一，缺少持久的增收渠道，没有形成长效的增收机制，这在很大程度限制了乡村治理水平的提升。

二、2022 年青岛市乡村治理趋势预测

（一）"清单制"管理模式将日趋完善

1. 推行"服务清单"制，做到精细服务

坚持党建引领、人民至上，聚焦基层群众所盼、所急，梳理完善公共服务清单，提供精准有效服务。发挥党员群众服务中心作用，坚持"大事不出村，小事不出网格"，统筹整合农技、医卫、法律等服务资源，通过建强基层党组织、网格化管理、机关企事业单位在职党员干部下沉等形式提升服务能力。突出党员模范作用，组建党员带头、覆盖全面、行动高效的志愿服务组织，开展多种形式志愿服务活动。

2. 推行"责任清单"制，厘清职责权限

全覆盖实施村级事务"小微权力"清单制度，依法明确村级重大决策、组织人事、"三资"管理等权责事项，将集体资产资源处理、村务公开、法律援助等具体工作纳入事项清单，绘制流程图，确定责任主体、操作流程、运行过程，切实将村级"小微权力"清单化、流程化，确保村级基层组织"照单履责""按图运行"，确保村干部"照单办事""按图操作"。

3. 推行"监督清单"制，做到阳光监管

对照村级事务清单内容和流程步骤，预先组织风险摸排和环节评估，健全事项监管制度，全过程打造阳光党务、村务、财务，及时、全面公开，提升透明度和知晓率。同时，畅通监督渠道，构建村务监督委员会监督、村（社区）群众监督、区直部门专项监督有机统一的三级监督体系，实现"照单照图监管"。

(二)"三治"融合发展将再上新台阶

1. 村民自治能力将进一步提升

村民自治和公众参与的关键在于构建紧密利益联结机制；推动群众参与，关键要完善村民自治机制，为群众搭建制度化参与渠道。建立推动群众公共参与的多层次、多类型的自治组织体系，积极探索将村民自治建立在灵活可变的、社区自发形成的紧密利益共同体之上，指导紧密利益共同体这种社区自组织根据需要走向联合自治，形成多层次、多类型、多领域的基层社会治理体系。持续推进公众参与的公共空间建设，强化公众之间的社会和利益联结，培养农民公共参与的习惯、意识和能力。同时，重视地方性网络公共空间在引导群众参与方面的独特优势，凝聚起强大的正能量。

2. 农村法治建设将持续推进

加强法治乡村建设是实施乡村振兴战略、推进全面依法治国的重要内容和基础性工作。积极探索具有乡村特色、体现乡村时代特征、满足人民需要、彰显制度优势的新时代法治工作发展新路子，更好发挥司法部门职能作用，积极参与基层社会治理，夯实平安建设基础。人民法庭、人民调解员、"一村一辅警"等处于推进社会治理、服务乡村振兴的最前沿，是深扎在基层乡村、推进基层法治建设第一线的"主力军"，承担着化解基层矛盾纷争、维护基层社会稳定、保障和促进社会公平正义的重要职责，切实提高他们融入基层社会治理新格局的主动性，树立"一盘棋"的观念，勇当基层安全稳定的"吹哨人"、基层矛盾纠纷的"灭火员"，教育引导农村广大干部群众办事依法、遇事找法、解决问题用法、化解矛盾靠法，积极推进法治乡村建设。

3. 文明乡风将深入培育

把乡风文明与产业兴旺、生态宜居、治理有效、生活富裕作为一个整体，统一谋划，统一部署，统一推进。充分发挥农村党支部的战斗堡垒作用和农村党员干部的模范带头作用，坚持以上率下、各负其责，以党风政风引领农村新风。充分发挥农村群众的主体作用和主人翁精神，依法依规，加强教育引导，坚持因地制宜，与当地经济社会发展水平和文化传统相适应，充分尊重当地习俗，充分考虑群众习惯和接受程度，不搞强迫命令，不搞"一刀切"。加强村规民约建设，依靠群众因地制宜制定村规民约，提倡把喜事新办、丧事简办、弘扬孝道、尊老爱幼、扶残助残、和谐敦睦等内容纳入村规民约。建立健全村规民约监督和奖惩机制，注重运用舆论和道德力量促进村规民约有效实施，对违背村规民约的，在符合法律法规前提下运用自治组织的方式进行合情合理的规劝、约束。着力解决村民反映强烈的突出问题，完善乡风文明设施建设，健全医疗保障体系和教育文化体系，做到业有所就、住有所居、学有所教、老有所养、病有所医、安有所保，用最直接最现实的行动，助力乡风文明。

（三）乡村治理资源将进一步有效统筹

1. 发展壮大村级集体经济

实施集体经济相对薄弱村增收攻坚行动。从村庄实际出发，配强村"两委"班子，因地制宜为村庄规划发展路径，引导村庄发展服务经济、物业经济、文旅经济等，走出集体经济发展的新路。制定支持村集体经济发展的措施，从规划、用地、项目、融资等方面予以倾斜。统筹资金，重点支持经济相对薄弱村发展。金融机构对纳入财政扶持并符合贷款条件的村集体经营性、服务类项目，按规定给予信贷支持。鼓励村集体经济组织出资组建村集体经济发展公司，取得相应资质的，可依法依规承接 200 万元以下的小型乡村工程建设、管理项目。区（市）发挥主导作用，组织条件适宜的镇村通过联合建设或购置物业等方式，发展跨镇村的可持续发展项目。

2. 大力开展乡村人才培育

乡村治理人才是基层的"细胞"，是基层建设的"一线力量"，人才队伍建设关系到乡村振兴战略的实施效果。加快对乡村治理人才的培育，建立健全引导各类人才服务乡村振兴的长效机制，重点突出人才培养、引进、管理、使用、流动、激励等环节制度的完善。整合建立以乡镇专业人才为主体、本土人才为补充的乡村治理人才队伍。破除制约乡村治理人才培育的体制机制性障碍，多形式多渠道拓展乡村治理人才的培训范围，把外出务工人员、高校毕业生、退伍军人等有意愿参与乡村治理的各类人才，纳入培训范围之内，充实基层治理力量。努力营造识才、爱才、敬才、用才的社会环境，让尊重科学、尊重知识、尊重人才成为一种社会风尚，鼓励各类治理人才投入乡村振兴的事业中，切实增强他们的自豪感、荣誉感，使他们"来者有其尊，优者有其荣"，为全面推进乡村振兴、加快农业农村现代化提供有力人才支撑。

3. 积极推进农村"三治融合"

将自治、德治、法治"三治融合"纳入乡村文化进行培育相建设，彰显农村地域特色。充分发挥乡贤、道德典范、法律工作者、文化工作者、社区工作者、纠纷调解员、优秀党员等的作用，依托农村文化培育机构将自治、德治、法治的理念和意识进行整合，制订"三治融合"理念宣传和培育方案并开展行动。充分利用当地文化资源，开展群众喜闻乐见的活动，让"三治融合"理念真正落实落细，深入人心；让群众认识到自治、德治、法治的边界，并自觉运用到生活和实践中，切实增强"三治融合"效果。

4. 推动社会力量广泛参与

社会力量参与是构建多元共治的乡村治理体系题中应有之义,在很大程度上决定着乡村治理的效能和现代化水平。营造鼓励社会力量参与乡村治理的健康环境,充分发挥群团组织的作用,加强群团组织能力建设,充分发挥其联系群众、团结群众、组织群众的优势,发挥其对民办社会组织的辐射带动作用,积极参与农村公共服务的供给和乡村社会治理。鼓励社会力量参与农村公共服务供给和乡村治理各项工作,为社会工作者参与农村工作提供支持,为民办社会组织营造公平的政策环境。建立健全各种社会力量的协同参与机制,搞好各类社会协同参与组织之间的分工协作,统筹资源配置,加强社会力量对乡村治理的协同参与,引导供需平衡的建立,建立责权明晰的协作关系和契约关系,推动社会协同参与制度化、规范化。

5. 充分运用现代信息技术提升乡村治理水平

运用好互联网、大数据、物联网、云计算、人工智能等现代信息技术,整合各类涉农数据库和信息化平台,稳步推进各级政府、政府各部门以及相关社会化治理主体之间信息和数据的互联互通和实时更新,逐步实现乡村治理"一网统管"。在加强硬件建设的同时,大力培养本土科技人才,提高农村居民的科技运用能力,推进数据惠民。

(作者单位:青岛市农业农村局)

2021—2022年青岛市市政公用事业发展状况分析与预测

柳　宾

2021年是"十四五"规划开局之年,青岛市坚持"以人民为中心"的发展思想,围绕打造"方便、温馨之城"核心目标,持续提升市政公用事业发展水平,不断提高市民群众的获得感、幸福感、安全感。

一、2021年前三季度青岛市市政公用事业发展状况分析

(一)供电

1. 推进电网建设

围绕电力有序供应,加快推进输变电建设项目、加强电力设施和电能保护等重点工作,山东观龙500千伏输变电工程等15个省级重大项目完成规划、用地手续,全部开工建设;推动华电、大唐天然气热电联产项目启动建设,加快黄埠500千伏输变电、大唐燃机220千伏送出等电网项目落地,加快建设世界一流城市配电网,确保全市电力供应平稳。

2. 推动发电绿色发展

在全球碳中和的背景下,青岛发电行业积极推进绿色低碳转型,推进能源结构发生深刻改变。截至9月底,全市可再生能源装机容量253.24万千瓦,占全市装机容量40%以上,涵盖风力发电、太阳能发电、生物质发电等多个种类。

3. 电网运行平稳有序

2021年1月7日,青岛电网最高负荷952万千瓦,较上年同期增长24.28%,创冬季电网负荷历史新高。2021年春节期间,全市用电最高负荷582.5万千瓦,共实现全社会用电量6.03亿千瓦时,较2020年春节增长13.1%,电网最高负荷519.9万千瓦,较2020年春节增长24.8%。夏季用电高峰时,青岛市发改委与青岛供电公司正确、高效、

快速应对电力供需缺口,努力提升大面积停电事件应急处置能力,保障了全社会的有序用电,全市用电量持续上升(表1)。

表1 2021年1—8月份青岛市全社会用电情况统计表

月份	全社会用电量（亿千瓦时）	居全省位次	同比增长（%）	增长率居全省位次	比全省平均增长率高（百分点）
1月	53.63	五	37.82	一	15.96
2月	35.78	五	19.48	六	5.13
3月	46.15	六	24.49	三	10.59
4月	41.70	六	17.69	三	10.36
5月	40.58	六	14.80	二	8.98
6月	43.06	六	16.64	一	12.86
7月	51.72	六	25.43	一	14.45
8月	52.41	五	9.74	一	9.29

(二)供水

1. 推进水网体系建设

一是加强水源地保护。坚持"保护优先、确保水质、兼顾水量、实用可行、便于管理"的原则,青岛市人民政府于2021年6月25日颁布《青岛市集中式饮用水水源保护区划》,对16处城镇级及以上饮用水水源保护区划进行调整,依法划定集中式饮用水水源一级、二级保护区。8月26日,青岛市第十六届人民代表大会常务委员会第三十五次会议通过《青岛市饮用水水源保护条例》,对饮用水水源保护区和保护范围、饮用水水源保护、监督管理、法律责任等作出明确规定。二是加强水源涵养保护。定期调度重点水源地水质、供水量、蓄水量,指导做好8个全国重要饮用水水源地安全保障达标建设评估,省评结果均为优秀。三是推进水网建设。加快引水工程及各水厂与水库的环状管网建设,形成了棘洪滩水库、小珠山水库、铁山水库、陡崖子水库、吉利河水库"五库联调"格局;启动南水北调东线青岛调蓄工程;黄水东调承接工程累计投资25.3亿元。四是加大客水调引量,恢复棘洪滩水库蓄水至库满状态,上半年调引客水2.37亿立方米,使用客水约1.70亿立方米。

2. 努力提升供水能力

一是适应城市发展用水需求,不断加快水厂新建、扩建工作,截至9月底,共建有白沙河水厂、仙家寨水厂等44座城市水厂,年供水总量6.04亿立方米,平均日供水165.5万立方米;其中市区年平均供水总量5.24亿立方米,平均日供水量143.6万立方米。二是面对用户对水质越来越高的需求,在各净水厂推广实施"臭氧＋活性炭"深度处理工艺,升级改造实施率达100%,以规范的流程、规范的工艺,将供"合格水"向供"优质水"转变,仙家寨水厂、白沙河水厂等采取深度处理工艺的水厂设计能力145.6万立方米/日,深度处理规模居全省第一位。

3. 保障城区供水水质安全

1—6月,全市改造二次供水设施19处,新建改造供水管网88.26千米、一户一表7000余户;组织水质周检26次、月检6次,检测水样834个,水质抽检合格率100%。截至9月底,青岛市的城市供水水质全部符合国家《生活饮用水卫生标准》(GB5749—2006)要求,出厂水和管网水受检水样合格率均为100%。

4. 大力推进节约用水

编制完成《青岛市节约用水和非常规水利用"十四五"规划》,把海淡水、再生水纳入水资源统一调度配置。严格计划用水管理,对1万立方米以上的用水单位实行计划用水全覆盖。

(三)供气

1. 适时调整用气价格

自2020年年末开始,国内天然气供需形势持续紧张,天然气供应出现较大缺口,对青岛市带来严峻挑战。2021年以来,在成本增加、需求增量、全球疫情等多种因素影响下,国内天然气价格大幅上涨,形成了淡季不淡的市场状况。对此,根据上游天然气企业非采暖季供青岛非居民用天然气价格变动情况,青岛市发改委按照非居民用气价格上下游联动机制,自2021年4月11日起至11月15日,调整市南区、市北区、李沧区非居民用管道天然气销售价格,天然气经营企业可在3.31元/立方米(含)以下自主确定具体销售价格;执行居民用气价格的非居民用户,用气价格为3.31元/立方米。1—6月,全市共完成居民用户安检116.9万户,整改居民用户端安全问题及隐患2.1万处;完成工商户安检1.9万户;为636户瓶装液化气用户改造天然气;580户老旧住宅发展了管道天然气。8月5日起,根据上下游联动机制,青岛市发改委再次调整市内三区非居民用气价格,管道天然气到户销售价格由3.31元/立方米调整为3.41元/立方米。

2. 保障天然气供应

2021年1月6日,青岛管道天然气供应量达到803.66万立方米,为历史最高值。1—9月份,青岛市各燃气企业保持与中石化、中石油等上游气源企业的密切沟通,及时协调解决气源保障遇到的困难,积极争取计划外气源指标,推进青岛燃气供应保障工作落实,受此影响,前三季度青岛天然气消费量变动较大(表2)。9月份,全市天然气消费量为10582.71万立方米,同比下降1.79%、环比下降3.75%;直供用户消费量953.49万立方米,环比下降3.84%。从消费结构看,居民消费量3339.83万立方米,占全市消费量的32.03%,环比上升0.29个百分点;公服商业消费量2310.57万立方米,占比21.83%,环比下降0.47个百分点;采暖制冷用气140万立方米,占比1.32%,环比上升0.08个百分点;交通用气495.7万立方米,占比4.68%,环比上升0.07个百分点;工业用气4134.51万立方米,占比39.07%,环比上升1.01个百分点。

表2 2021年2—9月份青岛市天然气消费情况统计表

月份	消费量(万立方米)	同比上年增加(%)	环比提高(百分点)
2	15811	10.97	−25.22
3	16317.51	8.57	3.20
4	13584.10	16.00	−16.75
5	10233.81	−1.73	−24.66
6	8864.65	−12.94	−13.38
7	9905.20	−5.92	11.74
8	10775.08	0.81	8.78
9	10582.71	−1.79	−3.75

(四)供热

1. 做好供热设备维护

2020—2021年供热季结束后,青岛市供热工作坚持"停暖不停工",持续深入开展"供热质量提升攻坚""访民问暖进社区"等活动,推动民生问题"接诉即办""未诉先办",严守供热安全防线不放松。一是全面、细致做好供热设备设施维修、检修,扎实推进老旧供热管网改造工作,至9月份,共改造老旧管网32千米。二是通过摸排建立《不达标用户整改台账》,按照"一户一策"原则,进行不达标原因分析,制定对应整改措施;组织各供热单位组建技术队伍,按户施策、实施整改,共整改极端天气室温不能稳定达标用户近1600户。三是持续扩大集中供热范围,2021—2022年供热季,全市集中供热面积预计达到3.23亿平方米,涉及居民用户296万户。

2. 加快推进清洁取暖

4月20日,青岛市住房和城乡建设局印发《青岛市清洁取暖气代煤工程技术导则(试行)》《青岛市清洁取暖电代煤工程技术导则(试行)》,对以清洁取暖气代煤、电代煤工程和空气源热泵供暖系统、地源热泵供暖系统、太阳能供暖系统和蓄热式电采暖散热器供暖等清洁取暖系统的设计、施工和验收提供了规范和指导。前三季度,能源热电金泽热力、泰能热电滨海能源岛、开源热电徐家东山、开源后海热电等区域内燃煤锅炉改造燃气项目配套工作相继展开。

3. 积极做好新一季供热准备

一是做好能源储备。面对能源价格持续高位运行、供应紧张给供热工作带来的极大压力,供热系统提前一个月启动能源储备“日调度”,各供热企业努力做好煤炭、天然气储备工作。二是做好调试。全市共开通供热服务热线 267 条,接线人员 500 余名,24 小时受理群众诉求,4000 余名调试维修人员第一时间提供服务。至 10 月份,全市供热企业设施设备技改检修、调试及管网充水试压等各项准备工作均已完成,11 月 1 日前具备热态运行条件。三是做好应急保障。组建专业应急队伍 88 支,应急人员 1200 人,应急抢修物资备品备件齐全,24 小时随时待命;启动“媒体供热舆情直通车”平台,主动接受媒体监督;坚持“单要全收”,立足“事要解决、群众满意”,主动认领、快速处置、及时回复群众诉求,全力做好今冬明春供热保障工作,确保供热安全和供热质量。

(五)垃圾和污水处理

1. 党政机关率先实施垃圾分类

5 月 7 日,青岛市城市管理局、青岛市机关事务服务中心、青岛市发展和改革委员会、青岛市财政局联合印发《关于加快推进党政机关等公共机构生活垃圾分类工作的通知》,明确要求:“各级机关单位的办公区域、办事大厅及附属服务场所(含会议中心、食堂餐厅、宾馆酒店),各类公共区域和公共场所,包括车站、机场、码头、公园、广场、体育文化场馆等,都应按照《生活垃圾分类标志》(GB/T19095—2019)、市生活垃圾分类工作领导小组办公室城市生活垃圾分类工作专班 2020 年 3 月 6 日印发的《青岛市城市生活垃圾分类收集设施配置标准(试行)》的有关要求,因地制宜,合理划定各类垃圾存放区域,规范设置垃圾分类的设施设备和标识导引。全市国有企业要按照上述标准要求,在所管理场所推行垃圾分类工作。”根据要求,首批单位于 6 月 30 日前完成各项相关工作并通过验收,其他单位于 9 月 30 日前已全部完成。

2. 健全垃圾分类体系

一是规范分类投放设施。在全市推行“四桶三栏二员一账”工作标准,共计设置垃圾分类投放桶点 2.7 万余个,其中四分类投放桶点 5200 余处,配置全密闭厢房 727 座。二是配置分类收运线路。全市共有生活垃圾分类运输线路 713 条,其中厨余垃圾运输线路 222 条。三是完善分类处理设施布局。可回收物纳入再生资源体系回收利用,建成大件垃圾预处理设施 8 处;有害垃圾依托全市危废集中处理设施(处理能力 164 吨/日)协同处置;建设集中与分散相结合的厨余垃圾处理设施,处理能力达 576 吨/日;在全市布局焚烧处理设施 6 座,处理能力 8700 吨/日,与近期生活垃圾产生量匹配并确保生活垃圾全量无害化处置。

3. 启动实施城市污水处理提质增效三年行动

为加快补齐全市城市污水管网等设施短板,尽快实现污水管网全覆盖、全收集、全处理,进一步提升青岛市污水收集和处理设施运行效能,青岛市水务管理局、青岛市生态环境局、青岛市发展和改革委员会联合编制了《青岛市城市污水处理提质增效三年行动实施方案(2019—2021 年)》,并于 2021 年 1 月 28 日印发实施。此《方案》在城市排水现状的基础上,明确了城市污水处理提质增效的具体任务、保障措施及年度实施计划,为优化污水设施运行效能、强化污水处理行业监管、减少污水直排水体、提升水环境质量目标指明了工作方向。

4. 全面提升排水管网畅通能力

2021 年以来,青岛水务集团排水公司着力落实多项措施,多点发力,扎实做好排水管线养护工作,全面提升排水管网畅通能力。一是加强排水管网养护。上半年共计养护管道 304 千米,投通管道堵塞 3242 处,排水设施完好率达 99.72%,10 小时疏通率达 100%,有效保障了排水设施平稳运行,有力维护了城市地下"生命线"。二是不断加大巡视工作抽查考核力度。上半年,共计抽查巡视工作 240 次,抽查复核率达到 84.2%。三是集中开展"排水设施隐患排查整治"专项行动。提高落实检查力度,加强城市排水检查井盖安全管理,上半年,共计巡查 200 余条道路排水设施,发现并整改隐患 759 处,其中更换检查井盖 286 套、加固检查井 158 个、更换雨水箅子 165 套、加固雨水箅子 150 个,设施完好率达 99% 以上,保证了城市排水设施的正常运行。

(六)环境卫生

1. 环卫保洁高标作业

1—6 月,青岛市新申报深度保洁道路 345 条;新增 24 小时开放公厕 204 座、累计达到 405 座,279 座社会单位对外开放卫生间。全面加大海上溢油事故油污清除力度,全市出动巡查作业人员 19 万人次,清理处置海岸油污垃圾约 2497.34 吨。启动大型藻类灾害应急响应,做到近海及上岸浒苔"随来随清、日清日洁"。开展建筑垃圾专项整治,排查登记建筑垃圾堆放点 198 处,设置装修垃圾暂存点 1229 处。

2. 山头公园整治成效显著

6 月份正式启动山头公园整治工作,至 9 月底,七区累计拆除违法建筑和私搭乱建 160 处、1.7 万余平方米,清理毁绿占绿 104 处、3.1 万余平方米;其中,浮山拆除清理违法建设、私搭乱建 2000 余平方米,毁绿占绿 2 万余平方米,团岛山、午山等近 30 处山头公园完成问题清单内整治任务。42 个山头公园整治方案通过市级专家论证评审,开工建设 23 个,完成绿道建设 19.4 千米,立体绿化 69 处,整治绿化面积 60 万平方米,绿化裸露土地面积 29 万平方米。

3. 拆违治乱高压推进

全面打响违建治理攻坚战,1—6 月,全市共拆除各类违建 246.5 万平方米,其中存量违建 217.5 万平方米、新生违建 29 万平方米,办结各种渠道市民反映违建问题 3541 件。

4. 市容秩序整治持续推进

上半年,全市共查处跨门经营 4 万余处次,妥善处置流浪犬 1384 只,立案查处乱贴乱画"小广告"行为 512 起,罚款 21.32 万元,暂停"小广告"通信号码 1980 个,较上年同期增长 382%;处置噪声扰民问题 260 余起,办理环境执法案件 153 起。

5. 市容景观高效提升

深入推进市容景观行业"增品提质"两年行动,上半年整治违规户外广告招牌 5946 处、33838.1 平方米;推进全市 20 处、7720 米背街小巷户外广告招牌"微改造"。完成 4544 栋(处)亮化设施的登记造册;全市 7 处进出城市门户道路和重要交通节点亮化提升项目稳步推进,胶东国际机场、铁路红岛站亮化已具备运行条件。上半年,浮山湾亮化设施实现商业收入 265 万元,同比提升 112%。

(七)公共交通

1. 加快陆上交通基础设施建设

上半年,完成 28 条市政道路整治提升,打通 7 条"断头路",拆除各类违建 182.9 万平方米;新建升级智慧交通设施 210 处,新增公共停车泊位 7000 余个,群众出行条件不断改善。

2. 地铁建设有新进展

地铁 1 号线南段工程建设不断提速,超前完成了轨通、电通、通信通等关键节点,9 月 6 日开始进入试运行阶段。地铁 2 号线西延段工程按计划有序推进;二期工程(东段)已开始环境评测。地铁 4 号线建设捷报频传,7 月 10 日拉开全线铺轨帷幕,工程建设由土建阶段进入轨道阶段。地铁 6 号线建设逐步提速,8 月底进入机械化施工阶段,暗挖区间施工机械化率由 61.7% 提高到 91.6%。地铁 8 号线工程加紧建设,5 月 31 日,南段山东路南站至五四广场站隧道双线贯通;7 月 20 日,胶东机场站投入运营。到 11 月初,青岛地铁线网日均客运量超 80

万人次,最高日客运量 122 万人次,列车正点率、运行图兑现率等关键指标稳居行业前列;公共交通出行分担率达到 20%,为有效缓解城市交通拥堵作出了积极贡献。

3. 进一步优化公交网络

上半年,开通、调整公交线路 33 条,加快推进唐山路等 2 处公交场站建设前期工作;贯彻落实 60 岁以上老年人和军人免费乘坐城市公共交通工具优待政策;《青岛市客运出租汽车管理条例》正式实施,巡游出租汽车实行全市域运营。

(八)生态环境

1. 空气质量进一步提升

制定实施《青岛市 2021 年深化大气污染治理攻坚 30 条措施》,从强化工业、城市扬尘、机动车船、燃煤、面源污染防治等方面加强协同控制。强化督导检查、调度通报等制度落实,压紧压实各级各部门大气污染防治责任。开展臭氧污染强化治理攻坚行动,遏制臭氧污染。推进 35 蒸吨/小时及以下燃煤锅炉淘汰和国三及以下中重型营运柴油货车淘汰。1—9 月份,细颗粒物(PM2.5)浓度为 25 微克/立方米,同比改善 13.8%;可吸入颗粒物(PM10)浓度为 50 微克/立方米,同比改善 9.1%;空气质量综合指数为 3.44,同比改善 5.2%;空气质量优良率 84.6%,同比基本持平。其中,9 月份青岛市环境空气国省控点位统计结果为:PM2.5 浓度为 13 微克/立方米,PM10 浓度为 28 微克/立方米,二氧化硫浓度为 5 微克/立方米,二氧化氮浓度为 17 微克/立方米,一氧化碳浓度为 0.6 毫克/立方米,臭氧浓度为 146 微克/立方米;六项污染物均达到国家环境空气质量二级标准,其中 PM2.5、PM10、二氧化硫、二氧化氮、一氧化碳浓度达到一级标准,空气质量在全国 168 个重点城市中首次进入前 20 位。

2. 水环境质量持续改善

制订实施《青岛市国控地表水考核断面水环境质量保障提升攻坚方案》,推进实施扩容提标重点流域污水处理厂、雨污分流管网排查整治等 16 项综合性措施,分流域实施"一河一策"。加强入河排污(水)口监管,对前期组织排查发现的全市 777 处疑是排污(水)口分类分步开展溯源整治。加强饮用水水源地保护,完成新一轮水源地保护区划调整。加密水质监测通报,实施国省控断面每周两测每周通报、市控断面每月两测每月通报。稳步开展农村黑臭水体治理;扎实推进农村生活污水治理,按照新标准累计完成治理的行政村 912 个,走在全省前列。全部 20 个国省控地表水考核断面水质均达到国家、省年度目标要求。

3. 土壤污染防治稳步推进

制订实施《2021年土壤污染防治工作方案》,加强土壤环境风险管控,保障用地安全。抓好源头预防,更新土壤污染重点监管单位至138家,督促重点监管单位落实隐患排查、自行监测等主体责任,开展周边土壤监测。组织应用重点行业企业用地土壤污染状况调查成果,动态排查疑似污染地块。严格建设用地环境管理,评审建设用地土壤污染状况调查报告175个。做好地下水污染防治相关工作,启动化工集聚区地下水调查工作,开展地下水监测。

4. 海洋环境保护效果明显

严格落实湾长制,1—6月,共组织市、区两级湾长巡湾49次;建成胶州湾湾长制管理信息系统,强化智慧化监管。启动入海排污口整治,确保入海水质达标并落实监管措施,开发建设入海排污口管理信息系统。组织实施近岸海域海洋生态环境监测评价,优化调整布设各类监测站位近300个。开展崂山湾、丁字湾的生物多样性普查和信息库构建项目建设。推进"美丽海湾"建设,灵山湾在全省"美丽海湾"优秀案例评审中排名位居前列。

二、青岛市市政公用事业发展趋势预测

《青岛市国民经济和社会发展第十四个五年规划和2035年远景目标纲要》(以下简称《"十四五"规划》)确定了"十四五"时期青岛市市政公用事业发展的总体方向和相关目标。2022年及以后一个时期,青岛市市政公用事业必将进入一个快速发展期。

(一)供电

1. 供电网络将更加完善

根据《"十四五"规划》,"外电入青"能力将稳步提升,城市配电网设施建设将不断强化。其中,黄埠、寨里500千伏输变电工程将加快推进;胶东、神山、观龙500千伏变电站扩建工程,大唐青岛燃气电厂220千伏送出工程和浦里110千伏输变电工程等将相继开工建设;发电侧储能、电网侧储能、需求侧储能等技术将逐步得到推广。

2. 新能源发电将快速发展

《"十四五"规划》提出,要"以新能源利用技术及装备制造为重点,发展氢能、风能、太阳能、生物质能等新能源,打造氢能示范运营城市和'东方氢岛',发展海上风电,形成基础研究、应用开发、装备制造、工程示范'四位一体'的新能源产业体系"。由此可见,"十四五"时期,太阳能、生物质能、地热能等新能源发电以及海上风电等的发电比例,以及在终端电能消费中的比重将逐步提高。到"十四五"末，全市新增用电需求将主要由非化石能源发电和外输电满足。

3. 电力调控将逐步强化

随着"双碳"战略的实施和用电需求量的持续增长，电力供应面临较大挑战。《"十四五"规划》明确要求"落实高耗能产业差别电价、惩罚性电价政策"。今后一个时期，包括电力调度、电价调整等在内的电力调控措施将逐步强化。

（二）供水

《青岛市"十四五"水资源配置发展规划》依据"刚性约束、生态优先""问题导向、突出重点""统筹协调、优化配置""适度超前、稳中求进""技术先进、科学配置"等基本原则，对青岛全域水资源配置进行规划，提出了"到2025年，基本建成与经济社会发展要求相适应的水资源优化配置和安全保障体系"，"正常年份全市可供水量达到18.1亿立方米以上，特枯年份全市可供水量达到14.6亿立方米以上，初步建成以地下水和海水淡化水为主的应急备用水源"的发展目标。

1. 水源地保护力度将进一步加大

《青岛市饮用水水源保护条例》将自2022年1月1日起施行，《条例》细化了生态环境、水务、自然资源和规划、住房城乡建设、农业农村、海洋发展、园林和林业等部门在饮用水水源保护和监督管理方面的职责，明确了饮用水水源地的具体要求以及有关部门提出饮用水水源地名录方案、划定保护区保护范围、设置保护标志和设施等职责；规定了相关部门对饮用水水源地进行安全评估和环境状况评估，开展巡查、管护，完善监测信息系统和信息共享机制，编制饮用水水源突发环境事件应急预案、定期演练以及突发事件应对等规定；还规定了镇人民政府、街道办事处的保护职责和村（居）民委员会的协助义务。《条例》对于规范饮用水水源保护和从"源头"上保障人民群众的饮水安全将发挥积极作用。在此基础上，到2025年年底，将进一步完成镇级和"千吨万人"农村饮用水水源保护区勘界立标。

2. 水资源保障体系将进一步完善

根据规划，"十四五"期间，青岛市将借力山东省水网建设，实施重点水源工程、水资源配置网工程、本地水源联通工程、非常规水建设工程、能力建设工程等重点工程建设，形成双渠输送、双库调蓄、多路辐射的外调水主干供水水网，与市、区（市）当地水网并网，打造青岛市南北贯通、东西互配、主客联调、海淡互补的水资源保障体系，确保全市供水安全。

3. 城乡供水将得到充分保障

"十四五"时期,青岛市将逐步实施水厂工艺升级改造,新建、改造城乡供水管网及配套供水设施,持续推进城乡供水一体化建设。到2025 年,全市用水总量(淡水)控制在 16.45 亿立方米之内,万元 GDP用水量、万元工业增加值用水量控制在省下达目标内,城市供水管网漏损率控制在 8%以内,城市供水保证率不低于 95%,农村自来水普及率稳定在 97.5%以上,并确保自来水符合国家饮用水标准要求。

4. 再生水利用规模将进一步扩大

一是推进海泊河污水厂再生水利用、李村河下游再生水管网、娄山河污水厂再生水利用、灵山卫污水厂再生水利用、龙泉河污水厂再生水利用、辛安前河水质净化厂再生水利用、泊里水质净化厂再生水利用、城阳区"五水绕城"生态环境提升中水回用、张应污水厂再生水利用等工程建设,出水用于回补周边河道。到"十四五"末,全市再生水工程供水能力将达到 120 万立方米/日,城市再生水利用率将达到 50%。二是持续推动海水淡化在工业用水领域的规模化应用,提升重点区域海水淡化供给能力,积极推进百发二期等海水淡化项目。到"十四五"末,海水淡化装机规模将达到 50 万立方米/日。

(三)供气

1. 天然气保障能力将进一步强化

根据《"十四五"规划》,"十四五"时期,青岛市将通过推进大唐黄岛四期天然气扩建、中石化山东液化天然气(三期)、胶州湾海底天然气管线工程、董家口天然气(LNG)接收站、董家口—沂水—淄博原油管道工程、董家口—东营原油管道工程、董家口港区原油商业储备库等外部输送通道工程建设,不断完善油气管网输配系统,进一步提高天然气保障和供应能力。

2. 天然气供应能力将进一步提高

"十四五"时期,青岛市将进一步健全天然气储备体系,根据需要调整分输站、门站、调压站设置,持续完善天然气高压管网、企业间输配管网、各城区配气管网等本地输配管网,形成环状供气;加快推进天然气管网和设施向乡镇农村延伸,着力提高管道天然气覆盖率;构建天然气储气调峰和应急储备体系,提高应急供气保障能力,政府天然气储备能力将达到 3 天,确保天然气供应平稳安全。"十四五"末,青岛市区管道天然气普及率将达到 85%以上,年用气量将达到 49.5 亿立方米。

3. 燃气行业管理水平将持续提升

"十四五"时期,青岛市将不断提升燃气行业管理水平。一是推广使用安全、节能、高效、环保燃气新技术、新工艺、新产品,筑牢用户端安全。二是加强和创新燃气行业管理,完善燃气行业监管制度,推进燃气管理工作规范化、专业化和法治化。三是持续开展燃气行业安全专项整治活动,严厉打击液化气存储、充装、运输、销售和使用环节的违法行为。四是加快推进餐饮业、商业网点管道天然气替代瓶装液化气工程,安装不锈钢波纹管等,消除用户端安全隐患。五是利用新闻媒体、电视、报纸、公众号等向用户宣传正确使用燃气知识及燃气法规,不定期举办燃气安全知识进社区、进校园等活动,通过宣传教育提高用户的安全意识,确保安全用气。

(四)供热

1. 清洁取暖基础设施支撑体系逐步构建

"十四五"时期,青岛市将立足加强城市供热能力建设,持续构建"多元供热、相互支撑、安全稳定"的城市供热运行保障体系。一是有序推进供热"煤改气",优化能源结构。二是加快推进大型热源管网配套,推动多热源管网联通,完善供热管网体系。三是坚持工业余热、天然气供热和可再生能源供热相结合,探索核能商用供热。到2022年年底,清洁取暖率将达80%以上;到2025年年底,基本完成农村取暖设施清洁能源替代。

2. 老旧管网将加快更新改造

各供热企业将以"优化供热管网布局、完善调峰热源和区域热网"为目标,梳理老旧管网信息并建立数据库,统筹规划和实施年度改造计划,实现供热管网的更新换代。"十四五"期间,青岛市集中供热面积将逐步达到3.5亿平方米,供热能力达到15447兆瓦。

3. 供热行业管理水平将不断提升

按照计划,供热行业将不断完善供热在线监测系统,全程监控换热站、管网运行参数;供热行政主管部门与城乡建设主管部门将建立联合工作机制,实现供热行业与建管部门同抓共管;高质量保障采暖季供热,采暖季后对室温不能稳定达标的用户进行全面摸排,按照"一户一策"的原则实施整改,对整改完成的供热不达标用户逐户回访,确保整改到位。在此过程中,根据形势发展,适时推进供热价格改革。

(五)垃圾与污水处理

1. 生活垃圾分类将深入推进

"十四五"时期,青岛市将以"实现垃圾分类处置全覆盖"为目标,不断推进生活垃圾分类工作。一是不断优化垃圾投放桶点设置,实施投放桶点密闭化改造,建设环境友好的垃圾分类投放桶点。二是全面推进定时定点投放和指导员站桶指导,不断提高居民参与率与厨余垃圾分出率。三是建立绿色高效的分类收运体系,推动收运进楼院、沿街收等区域化收运管理,探索车载桶装＋收集站式等密闭收运模式。四是按照"焚烧为主、生化为辅、飞灰填埋保障、卫生填埋应急"原则,建设处置能力与源头分出量相适应的分类处理设施,推进开放亲和的垃圾处理体系建设。

2. 垃圾集中处理率将持续提高

"十四五"时期,青岛市将以建设"无废城市"为目标,一方面,新建城阳区大型垃圾转运站、城阳区分布式厨余垃圾处置中心、即墨区餐厨垃圾处理厂、胶州市垃圾综合处置产业园、平度市餐厨垃圾处理厂等;改扩建市餐厨废弃物处理厂、小涧西生化处理厂等垃圾处理重点项目,不断提高垃圾集中处理率。"十四五"期间,市区生活垃圾无害化处理率将保持 100％,生活垃圾回收利用率逐步达 40％以上。另一方面,积极建设镇级农村生活垃圾处置终端设施,到 2025 年,实现农村生活垃圾分类达标率 100％、无害化处理率 100％。

3. 污水集中处理能力将进一步增强

"十四五"时期,青岛市将推进、新建张应污水处理厂、胶西污水处理厂;扩建娄山河污水处理厂、麦岛污水处理厂、城阳污水处理厂、镰湾河水质净化厂、即墨污水处理厂、即墨北部污水处理厂、莱西污水处理厂等污水处理厂;实施李村河北岸水质净化厂、张村河水质净化厂二期、麦岛污水处理厂扩建、平度东部污水处理厂、姜山污水处理厂二期等工程建设,实现扩容及提标改造,进一步加大污水集中处理能力。同时,将逐步完善污水垃圾处理价格形成机制,推行环境污染第三方治理、环保管家等环境治理新模式。

(六)环境卫生

1. 道路清扫保洁水平将不断提高

"十四五"时期,青岛市将通过深化改革,不断提高道路清扫保洁水平。一是探索建立和完善清扫保洁市场化竞争准入与退出机制,营造诚信履约、良性竞争的市场环境。二是强化专业技能培训,提高清扫保洁作业公司业务水平,打造具备专业技术素养的清扫保洁工人队伍。三是提升环卫机械化水平,探索打造"无扫把作业区域",主次干道机械化保洁率保持 100％,创建深度保洁道路 1000 条。四是加强环卫保洁精细化水平,在重点景区、重要区域探索打造随处可坐的高质量保洁区域。探索"环卫＋"综合作业服务模式,实施清扫保洁分级管理,延伸保洁区域。到 2025 年,全市具备条件的道路全部实行"机扫—洒水—冲洗"机械化保洁联合作业,道路机械化清扫、洒水、冲洗率均达到100％,道路保洁精细化水平进一步提高。

2. 公共厕所服务品质将持续提升

一是深化"厕所革命",提升公共厕所建设和改建品质,打造具有青岛特色的公厕。二是坚持温馨导向、运用设计思维、融入时尚元素、优化服务功能,逐步形成多元化风格的人性化公厕。三是逐步将各行业公共厕所纳入统计和管理水平测试,通过公厕指示牌、智能导引系统等,为市民提供方便的寻厕服务,公厕密度逐步达到 4 座/平方千米。四是探索在口袋公园等人流量较少的区域设置小型公厕,进一步完善补充公厕布局。五是深化公厕品牌建设,丰富"净善境美""如厕如家"公厕服务品牌内涵。

(七)公共交通

《青岛市"十四五"综合交通运输发展规划》(以下简称《"十四五"交通规划》)提出了"打造宜居幸福的现代公交都市""打造可持续发展的智慧生态交通城市"的发展目标。依据规划,"十四五"时期青岛市将持续构建以轨道交通为主体、常规公交为基础的多层次公共交通出行系统。

1. 地铁在建线路将加快推进

根据工期安排和建设进展,地铁 1 号线南段有望在 2022 年春节前开通运营,开通后将接入已开通运营的 1 号线北段,并可在台东站与 2 号线换乘、在青岛站与 3 号线换乘、在青岛北站与 3 号线和 8 号线换乘、在井冈山路站与 13 号线换乘;届时,青岛地铁运营车站将达到 132座,线网运营里程达 284 千米,从而实现青岛主城区与西海岸新区接轨,形成贯通青岛五城区、跨海连接东西两岸的轨道交通主"动脉",廊道功能进一步凸显。地铁 4 号线土建工程将于 2021 年年底收尾,计划 2022 年年底开通;地铁 2 号线西延段和地铁 6 号线一期预计通车时间为 2024 年;地铁 8 号线南段处于土建施工阶段。上述线路建成开通后,青岛地铁的运营网络、客流水平和公共交通出行分担率将大大提升。

2. 地铁新增线路将陆续开建

2021 年 8 月,国家发改委原则同意青岛市城市轨道交通第三期建设规划,其中包括建设 2 号线二期、5 号线、6 号线二期、7 号线二期、8号线支线、9 号线一期和 15 号线一期等 7 个项目,线路规模 139 千米,估算总投资 980.7 亿元。三期建设规划项目充分考虑市民出行需求,对老四方、浮山后、李沧东部、黑龙江路沿线、正阳路沿线等人口密集区域都进行了覆盖,并对快速融入青岛的即墨、胶州、西海岸中心城区进行了联通。其中,2 号线二期长 8.9 千米,设站 8 座,主要服务李沧东片区、院士港等区域;5 号线长 32.7 千米,设站 29 座,是"C"字形线路,与多条线路实现换乘,主要服务邮轮母港及老四方、浮山后等人口密集区;7号线二期由北段和南段组成,主要服务即墨中心区、李沧西部区域,实现即墨与城阳、东岸主城区的快速联系。三期建设规划的获批,使得青岛市轨道交通获批里程达503千米,列全国第9位。按照工程计划,2021年年内将开工建设2号线二期、5号线和7号线二期,2022年开工建设其余4条线路。至"十四五"末,东岸主城区轨道交通基本成网,西岸、北岸轨道交通骨架初步搭建,三岸之间实现轨道交通联系,初步建成"轨道上的青岛"。至此,青岛市轨道交通覆盖率将大大提升,不仅对方便市民出行、缓解交通拥堵等起到更为显著的作用,而且对拓展城市发展空间和实现城市发展战略也具有重大意义。

3. 常规公共交通网络通达深度将进一步提升

按照《"十四五"交通规划》要求,"十四五"期间青岛市将不断加强公交场站建设,优化公交场站布局规划,推动公交场站用地落实,合理设置并完善公共交通场站和配套设施,加大老旧场站改造。此外,还将进一步提高主城区轨道交通站点周边3千米范围内的常规公交线网密度,在出行量较大的轨道交通站点,以区域循环型为主,逐步增加与轨道交通站点间衔接的公交线路,改善轨道站点的公交可达性。

4. 公共交通出行比例将大幅提升

"十四五"期间,青岛将适当延长机场等枢纽接驳的城市公交和城市轨道线路运营时间,探索发展定制公交、夜间公交、社区公交等多层次公交服务模式,鼓励运用大数据技术优化配置公交运力资源,实现智能动态排班,灵活设置线路,提升公交运营效率,鼓励开通周边区(市)间公交线路。至"十四五"末,公共交通占机动化出行比例将达到62%。

(八)生态环境

《青岛市"十四五"生态环境保护规划》明确了"十四五"时期青岛市生态环境保护工作的总体要求,科学谋划了重点任务、主要举措和保障措施,对深入推进生态环境保护、开启美丽青岛建设新征程具有十分重要的意义。依据《规划》,"十四五"时期将重点做好以下工作。

1. 提升空气质量

一是突出PM2.5和臭氧协同控制,推动PM2.5浓度持续下降,有效遏制臭氧浓度增长趋势。二是深化重点区域、重点行业污染控制,加强产业集群环境治理,推进挥发性有机物、颗粒物、氮氧化物等污染物综合控制。三是突出抓好港区污染防治攻坚,重点做好燃煤锅炉、柴油货车、非道路移动机械淘汰更新工作。到2025年,港口电能、氢能、LNG等清洁能源机械设备将达到30%。

2. 改善水环境质量

一是进一步强化基础设施建设和重点流域巡查治理,推进国省控断面达标争优;持续削减主要谁污染物排放总量,探索开展总氮总磷排放总量控制,加强总氮排放治理。二是完善入河湖排污口日常排查、监测溯源、分类整治等监管体系,深入实施地表水环境质量生态补偿制度,通过污染减排和生态扩容同步发力,推动地表水环境质量持续改善。探索建立"流域汇水区—监控断面—排污口(排水口)—排水设施—污染源"全链条管理的水污染物排放治理体系。到 2022 年年底,完成所有入河湖排污口整治。

3. 防治土壤污染

一是持续推动土壤污染监管体系建设。严格建设用地准入管理,强化联动监管,保障建设用地再开发利用安全,推进青岛红星化工厂二期地块、青岛东方化工厂集团股份有限公司地块、青岛市北区四流南路 66 号海晶化工厂 E 和 F 地块、青岛东风化工有限公司开封路 23 号地块、青岛焦化制气有限责任公司地块(混合地块 1)等土壤污染修复治理工程。二是动态更新土壤污染重点监管单位名录,抓好源头预防。三是加强工业固体废物、危险废物、医疗废物信息化管理和精细化管控,提升环境监管、利用处置和环境风险防范三个能力。到 2025 年年底前,受污染耕地安全利用率将达到 95%。

4. 保护海洋环境

一是加快推进"美丽海湾"建设。实施省级海湾丁字湾"一湾一策"污染整治计划,推进编制丁字湾污染整治实施方案,持续改善生态环境质量。到 2025 年年底,将崂山湾区、西海岸前湾区率先建成美丽海湾。二是建设胶州湾湾长制管理信息系统,强化海湾保护监管;开展胶州湾污染物排海总量控制试点工作评估,科学评价污染物减排工作成效;开展近岸海域入海排污口溯源治理。到 2023 年年底前,完成全海域入海排污口整治工作,有效管控入海排污量,确保入海排污口水质达标排放。

(作者单位:青岛市社会科学院)

2021—2022年青岛市旅游业形势分析与预测

丁金胜

旅游业是产业关联度高、就业安置空间大、资源消耗少的劳动密集型产业，能增加资金积累和外汇收入，为社会提供大量就业机会，促进产业结构调整和优化，提高人们的物质文化生活水平。近年来，青岛旅游业以供给侧结构性改革为主线，抓牢"双峰会"筹办契机，在发展全域旅游，加快转型升级中取得了明显进步。疫情暴发前旅游总收入占GDP比值由2015年的12.79％上升至2019年的17.08％，旅游业发展总体呈稳步上升趋势。成功举办世界旅游小姐大赛全球总决赛、第四届世界厨师艺术节、第八届国际戏剧学院奖评选及颁奖典礼等，城市形象进一步提升。在看到成绩的同时，应该清醒地认识到，与上海、深圳等城市相比，还存在着诸如产业规模相对较小、市场主体不强、创新能力不足等问题。特别是2020年以来，受到新冠疫情的影响，青岛旅游业总体发展体量急剧下滑，旅游总人数为6312万人次，比2019年下降44.2％，旅游总收入为1019亿元，比2019年下降49.2％。克服发展的短板和摆脱疫情带来的困境，保持旅游业健康稳定的发展，是摆在青岛面前的一项重要的任务。

一、2021年青岛市旅游业发展情况分析

青岛市以习近平新时代中国特色社会主义思想为指导，深入贯彻落实党的十九大和十九届二中、三中、四中、五中全会，全国文化和旅游厅局长会议以及全省文化和旅游工作会议精神，紧紧围绕庆祝中国共产党成立100周年重大活动，统筹疫情防控和旅游业发展，强化提升产业发展能级，健全完善公共服务体系，不断提升工作的整体性、系统性和协同性，推动旅游业开创新局面，助力现代化国际大都市建设。"五一"假日期间，监测A级景区72家，共接待游客224.57万人次，同比增长276.85％；营业收入7923.20万元，同比增长781.32％。国庆假日期间，监测A级景区72家，共接待游客276.84万人次，同比增长25％；

营业收入 6480.24 万元,同比增长 27.63%。

(一)文化旅游政策创新力度加大

根据发展需要,统筹梳理产业扶持政策,借鉴上海、深圳、杭州等先进城市经验,紧盯旅游产业发展前沿,修订出台新一轮推动旅游高质量发展意见,统筹奖励扶持政策,重点加大对精品旅游和新业态的奖励扶持力度,推进文旅融合,加强业态创新,为培育龙头企业奠定基础。2021 年 9 月发布《青岛市"十四五"旅游业发展规划》。大力推动改革创新,争取国家、省改革试点任务,组织优秀项目申报省文化创新奖。制定出台《青岛市文化旅游产业市场配置资源指导意见》,构建政府、市场、社会协调共治的产业发展体系。

(二)统筹疫情防控与旅游业发展

坚决执行"外防输入、内防反弹"的防疫总要求,更新常态化疫情防控工作方案,紧盯春节假期等关键节点和重点领域,加强节前及节日期间疫情防控和安全检查,确保防控措施落到实处。充分发挥精品旅游专班作用,加强对疫情发展形势的分析研判,统筹研究制定推动旅游产业发展的具体措施,推动旅游业复苏振兴。继续做好旅游系统脱贫攻坚和东西部扶贫协作工作。

(三)持续推进海洋旅游高质量发展

按照全市海洋旅游专班总体部署,协调交通、海洋、海事和青岛旅游集团等部门单位,共同推进海洋旅游码头和经营企业整合,丰富海洋旅游业态产品。推进码头和企业整合工作;上半年开通"奥帆中心—海底世界—轮渡""奥帆中心—太清宫"2 条航线;支持市场主体开发培育海洋旅游项目。

(四)培育旅游新业态

指导研学旅游、工业旅游、康养旅游、房车旅游、婚庆旅游等旅游新业态发展,建立全市旅游新业态项目库,培育一批旅游新业态储备项目,推荐优质项目入选省级示范基地,评选一批市级旅游新业态示范项目,推动温泉小镇等新业态项目提质增效,支持旅游新业态企业参与文旅惠民消费活动。深入挖掘海洋研学旅游资源,打造海洋研学旅游特色样板,鼓励社会力量开办海洋科普研学场所,补贴海洋科普研学项目不少于 2 家;开展海洋研学旅游系列营销,5 月 25 日"拥抱海洋"海洋研学旅游产业促进活动暨中国(青岛)研学旅游创新发展大会成功举办,10 月开拍发布大型研学纪录片《新西游研学记——了不起的青岛》,打造系列产品线路,树立青岛海洋研学旅游目的地形象。

(五)完善旅游景区服务

推进奥帆中心争创5A级景区,指导平度蓝树谷青少年世博园创建4A级景区。指导西海岸新区、市南区、即墨区争创省级全域旅游示范区。加快推进智慧景区建设,提升数字化水平,打造1~2家样板景区,推进全市A级景区预约系统建设和4A级以上景区与省厅智慧景区管理系统接入工作(不含开放式景区),推进旅游景区与社会保障卡系统联网实现"一卡通"。深入挖掘景区文化内涵,提升景区讲解服务。

(六)全方位立体化建设综合营销渠道

2021年6月,青岛市以"争创全球海洋中心城市"为主题推出海洋日公益宣传片。宣传片采用艺术手法将海洋元素和城市元素巧妙结合在一起,描绘了青岛建设全球海洋中心城市的特色优势;开展"时尚青岛、海洋之城——来自大海的邀约""海边的新娘"等系列营销活动,与郑州、武汉、银川等国内重点客源城市建立合作关系;重点针对日、韩市场开展线上营销活动,策划举办入境旅游发展全球峰会。与重点OTA、旅行社深化合作,开展主题旅游线路产品推广行动,探讨开展事件营销。发挥"双微一抖"、脸书、推特等网络平台营销作用,加强与区(市)、重点文旅企业新媒体账号的联动,建立网络直播矩阵,形成"1+10+N"的网络营销体系。探讨建立旅游营销科学评价机制。

(七)提升乡村旅游品质

为助力乡村振兴,深挖青岛特色乡村旅游资源,9月6日,由青岛市文化和旅游局主办的岛城金秋媒体征集流动正式拉开帷幕。以村庄景区化培育建设为抓手,支持资源禀赋较好的乡村地区发展旅游业。对照国家A级景区建设标准,加强景区化村庄的软硬件配套建设,创新"旅游+"特色发展模式,深度开发农、文、旅融合产品,上半年,灵山街道岚前岭村、张家楼镇大泥沟头村、马连庄镇河崖村等3个村庄成功获评首批山东省景区化村庄。挖掘乡村红色旅游发展潜力,推动重点景区列入红色旅游经典景区名录,打造红色旅游品牌。

(八)加强旅游基础设施建设

按照功能齐备、满足现代旅游需求、彰显青岛城市形象的标准,鼓励和引导社会力量在胶东国际机场投资建设旅游集散中心,在火车站、汽车站各投资建设1处旅游信息咨询中心,引入骨干企业实施统一管理,完善政策奖励扶持机制。摸排全市旅游引导标识牌设置和需求情况,推动相关部门在高速公路、城市主干道完善旅游引导标识体系。探索通过市场化方式,在主城区和西海岸新区滨海沿线建设与周边环境相协调的咖啡屋、茶舍、零售店等小型旅游消费设施。支持实施崂山旅游设施环境提升工程。7月1日上午,青岛市文化和旅游公共服务平台"品游青岛"正式上线运行,该平台以提升文化和旅游管理能力、便捷文化和旅游企业交互、满足游客服务需求为目标,整合青岛市优质文化和旅游资源,提供多功能技术服务。

二、青岛市旅游业发展存在的问题

(一)旅游管理体制不顺

一是沟通协调机制不健全。按照青岛市政府目前的机构设置,众多部门的职能与旅游业发展直接或者间接相关,有的部门较为注重眼前利益、局部利益,缺乏发展旅游的长远性、全局性规划战略。二是引导机制不完善。因缺乏科学的产业发展引导机制,旅游管理反应滞后,跟不上市场的需求变化,导致旅游供需失衡,有的产品过剩,有的供给不足,旅游业面临的"三冷三热"问题无法得到根本的解决。三是市场机制未能充分发挥。市场机制在青岛市旅游资源配置中无法充分发挥其应有的作用,社会资本进入当前旅游领域仍然受到很大的制约,导致旅游市场主体活力不够、竞争性不强。

(二)旅游科技创新不足

一是旅游科技创新的主体发展不足。青岛旅游资源丰富、市场庞大,但从事旅游科技创新的主体少。中国海洋大学、青岛大学等高校的旅游学者侧重于开发与规划、市场营销、企业管理的研究,对旅游科技的研究涉及不多。青岛市大部分旅游企业由于缺乏创新的意识和创新的实力,科技创新动作少。二是旅游科技创新扶持力度不大。2018年颁发的《青岛市企业研发投入奖励实施细则》规定:对每家企业的年度最高奖励额不超过100万元。旅游科技研发投入大,获得奖励的金额与之相比,往往是杯水车薪。三是旅游科技创新设施不完善。青岛的旅游科技目前停留在门禁阶段,在检测景区、疏导游客等方面,技术设施还不完善。从旅游服务的分类来看,餐饮住宿的科技应用程度较低,科技设施不足,科技服务质量较差。

(三)人才短缺

一是缺乏高端人才。青岛市导游接近7000人,但外语导游仅有

500人。青岛计调旅游人短缺,严重影响了新线路的开拓、食宿谈判、行程安排、成本核算等经营管理工作。青岛市对会展人才的需求与日俱增,然而人才的供应匮乏。二是农村旅游人才匮乏。青岛市乡村旅游渐成规模,这需要大量的旅游人才供应。然而,由于农村地区地理位置偏僻、条件艰苦、收入低、保障不完善,难以吸引大量优秀人才开展农村导游工作。三是人才流失严重。大部分旅游企业给员工薪资待遇偏低,导致员工对企业缺乏归属感;社会对酒店、旅行社行业存在偏见;员工对自身的价值缺乏足够的认识,容易被高薪资吸引。

(四)产品形态低级

一是旅游产品文化气息不浓。青岛的滨海旅游产品缺乏海洋文化的滋养和融入,导致其仍停留在滨海自然资源的初步利用阶段。崂山道教音乐、书画以及养生思想深受广大游客的喜爱,但在崂山旅游开发中并未得到充分利用。乡村旅游注重物的开发,对祭海节、即墨柳腔、胶州大秧歌、平度四季农歌、樱桃山会等民俗文化资源挖掘不够。二是旅游产品的多元化体验供给不足。青岛市的旅游产品设计上没有形成与游客的互动,游客的参与程度较低。三是旅游产品的个性化服务不够。青岛市旅游产品供给类型不足,体育旅游、康体娱乐、会展旅游、研学旅行及各项专项旅游产品发展不成熟。而先进地区旅游产品具备多样化、全面化、细分化特点,与之相比,青岛多数旅游产品难以满足游客的个性需求。

(五)发展模式单一

一是旅游产业链延伸不够。青岛旅游产业的发展长期依赖门票的收入,较少在如何延伸旅游产业链方面下功夫,"食、住、行、游、购、娱"产业要素发展不全面。过度依赖门票收入,导致景区门票定价偏高,抑制游客的消费积极性。二是景区经营业务单一。青岛各景区经营业务普遍单一,以观光旅游为主,缺乏发展旅游综合产业的魄力。经营业务单一,缺乏休闲娱乐等产品,经济效益难以提高。

三、2022年青岛旅游业发展前景

(一)旅游管理体制更加完善

1.沟通协调机制更加健全

部门合作、产业联动、业态融合是旅游业发展的永恒主题。各级旅游行政部门可通过增设产业协调处,或在现有的处级单位中增加产业协调职能,充分发挥旅游部门在市场推广、经营服务上的长处,与相关管理部门的专长相结合,共同开展工作。发展海洋旅游与海洋发展局、国家海事局协调,发展乡村旅游与农业农村局协调,开展赛事旅游与体育局协调,建设特色小镇与住房城乡建设局协调。旅游产业无边界,产业融合无止境,产业协调无尽头,旅游主管部门应放弃主导心态,做到尽力引导,主动与相关部门协调、为相关行业服务,实现部门合作,推进产业融合。

2. 引导机制更加完善

旅游发展的引导机制更加完善,旅游市场的供需更加平衡。一是旅游规划更加科学。根据青岛市经济社会发展计划、市场需求和接待能力,预测旅游的发展速度和规模。在限度内,市场调节供求矛盾,超过限度,政府用行政和经济手段调控。二是税收政策更加适宜。当旅游供给短缺时,为了增加供给,可采取对旅游企业减免城镇土地使用税、房产税的措施,刺激社会对旅游业投资,鼓励旅游企业扩大再生产,提高旅游业的对外竞争力。当旅游供给大于需求时,措施反之。三是推动设立政府投资引导基金。着力创造一个旅游综合体稳定发挥效益的市场环境,并更多地承担基础设施的投入,比如,建设旅游项目有关的道路交通基础设施、完善相关公共服务体系、维护社会秩序等。

3. 市场机制即将确立

一是政府与市场的关系进一步理顺。将调整优化政府旅游管理机构职能,努力适应现代市场经济发展的现实需要,明晰旅游企业产权,明确旅游资产职责,使青岛旅游集团、崂山旅游集团、世园集团等旅游企业真正成为自主经营、自负盈亏、自我发展、自我约束的市场主体,构建"政府引导、市场主体"的旅游运行机制。二是市场主体培育力度加大。促使国有旅游企业内部产权优化调整,健全管理模式、组织结构和激励约束机制等,从而推动公司更好地适应市场化运行。优化投资和运营环境,吸引国内外大型旅游企业进入青岛,带动本土旅游企业经营理念、商业模式和企业治理能力的全面提升。推动大型企业集团转型发展旅游休闲产业,吸引民间资本参与旅游项目建设,拓宽投资渠道,形成旅游发展的竞争机制。

(二)旅游科技创新获得新发展

1. 旅游科技创新的主体发展壮大

驻青科研机构、高等院校、旅游企业,协同其他产业的高科技企业研发机构,共同建立青岛市多产业联合研发平台,从而推动青岛市内各高新技术产业逐渐向旅游产业聚集,形成多产业互动研发的旅游科技创新总格局。不同产业的高科技企业研发机构与旅游科研理念互通,为后期科研成果向旅游产业的顺利转化打好基础。建设旅游产业创新中介服务平台,包括创业服务中心、科技咨询机构、常设技术市场、技术产权交易机构等。中介服务机构提供旅游所需的科技创新要素,感知科技创新的需求信号,满足旅游科技创新的利益诉求,协调创新主体之间的利益分配关系,最大限度地推动旅游产业科技创新系统实现协同发展。

2. 旅游科技创新投入增加

更好发挥青岛市科技创新母基金的作用,坚持以平台思维做乘法,科技信贷支持力度将进一步加大。科技金融服务环境不断优化,旅游科技成果转化及旅游科技产业化项目培育支持力度加大。发挥青岛市旅游产业发展专项资金、青岛市企业研发投入奖励资金作用,对发展前景好的旅游科技创新项目给予资金倾斜。综合考虑财政补贴、税收优惠、政府采购等手段,激励和引导旅游企业加大研发投入,加快项目建设,为旅游企业科技创新创造良好的环境。由政府出资建立风险铺底资金,贷款企业建立风险补偿金,鼓励金融机构加大对旅游科技创新的贷款力度。充分利用政府和社会资本合作"PPP"模式,在科技创新项目中,吸引民间资本投资,构建多层次、多样化的融资体系。

3. 旅游科技设施得到完善

以移动互联网、大数据、云计算等新技术新手段为主导,构建起旅游大数据,智慧旅游系统将逐步完善。工作人员可对景区内信息实时监控,并根据实时数据,随时调整保障措施。在全域游客集聚区,游客可享受到全域覆盖的免费无线 WiFi,查攻略、订门票、找厕所、一键求援等可通过微信小程序轻松搞定。住宿餐饮业运用科技创新成果,启用智能机器人实现无接触式服务,在办理入住、退房、客房服务等场景均采用数字化智能设备。科技馆因地制宜,推陈出新,创造出更多符合当地特点和时代特点的展品,对游客的吸引力进一步提升,可持续发展能力增强。使用高科技含量的垃圾打捞船和沙滩清洁机,及时清除掉海面和沙滩的垃圾,保持海边景区的清洁,给游客留下美好的印象。

(三)旅游人才队伍建设进一步提升

1. 旅游人才的挖掘和培养力度进一步加大

一是建立人才培养和实训基地。旅游部门与中国海洋大学、青岛大学、青岛旅游学校联合建立旅游人才培训培养基地,让院校为旅游培训提供专业支持、参与行业等级评定。在旅游企业建立实训基地,组织学生开展实践教学。二是管理人才培训形式多样化。举办智慧旅游、全域旅游、城市旅游、乡村旅游、工业旅游研讨班,通过邀请行业知名专家进行授课和现场观摩学习相结合的方式,培训旅游行政管理人员、旅游企业负责人。三是导游服务人才素养提高。市级导游协会建设加快,导游员、讲解员培养和培训工作力度加大。中高级导游员和外语导游员,将得到适当补贴;组织导游员、讲解员参加国内举办的韩、日、德、法、俄、意大利等小语种培训班。四是旅游新业态人才培养工作取得新进展。每年选派旅游新业态人才到国内外旅游院校、科研院所、规划机构等学习深造,组织高级管理人员到先进地区现场观摩学习,为文化旅游新业态开发建设提供人力支持。

2. 高端旅游人才的引进力度进一步加大

文旅局将与市委组织部、人社局联合制定加快引进紧缺人才、柔性引进高层次人才、加大旅游人才激励等措施,增强青岛对高端人才的吸引力。赴北京、上海、南京、深圳等高等教育比较发达和旅游人才比较集中地区开展文化旅游推介,积极吸引高端旅游人才来青岛发展。充分发挥柔性引智效应,提升全市旅游品质。建立引进项目和引进人才两手抓的工作机制,组织策划在各种媒体上宣传青岛市重大旅游项目,吸引国内外高端旅游人才来青岛市创业发展和开展各种形式的合作。争取国家和省级有关部门的支持,依托青岛市丰富的旅游资源,组织高端旅游人才。每年举行几次联谊活动,开展科研讲学、成果交流、休闲度假等活动,加大服务力度,吸引他们参与到青岛市的旅游事业发展中来。

3. 留住旅游人才的环境进一步优化

根据青岛市引进人才的相关政策,引进旅游人才相关政策的实施细则得到落实,涉及的补贴和资助的资金,将按照规定的程序和办法发放。领导干部"双层"联系服务人才制度进一步确立,对从外地引进的优秀旅游人才,实行"定期"联系和包办手续"一条龙"服务,积极帮助申报项目、晋升职务职称、申评先进工作者等。会同住建、教体、社保等单位部门,想方设法解决旅游人才"安居"问题,落实优秀旅游人才家属就业、子女入学、医疗保障等方面的优惠政策,切实为其解决其后顾之忧,大力营造重才爱才、感情留人、事业留人的浓厚氛围。

(四)文化体验型旅游产品更加丰富

1. 文化与旅游进一步融合发展

一是将文化资源直接转化为旅游产品,形成了东夷文化、海洋文化、风俗文化、崂山道教文化等旅游产品。二是在旅游产品的开发中充分挖掘文化资源,将文艺表演(胶州大秧歌、即墨柳腔、莱西变脸等)、传统民俗活动(天后宫民俗庙会、萝卜会、海云庵糖球会、田横祭海节、樱桃节等)、民间文化艺术(手绘年画、馒头榼子、泥塑等)纳入旅游线路中,丰富旅游活动内容,提升旅游文化品位。三是充分利用地方文化资源开发特色旅游商品。如以齐文化、工业文化、海洋文化、崂山道教文化的代表性器物和文化符号为依托开发旅游纪念品。四是着力打造精品文化旅游节目,推出《崂山道士》《徐福东渡》《宋金海战》等大型实景演出,既增强了旅游产品的吸引力,又能推动旅游文化的传承与发展。

2. 旅游产品由观光型向体验型转变

海洋休闲旅游产品继续得到开发。在滩涂段挖花蛤、抓螃蟹,在海滩开展沙雕创作、沙滩足球、沙滩排球、亲子拔河等亲子趣味运动,在近海发展脚踏船、水上自行车、帆船、摩托艇、快艇等项目,到远海开发潜水、体验捕鱼等产品。打造具有青岛特色的度假区。将充分发挥本地海洋资源、海岛资源、山脉、温泉资源优势,在市南区、市北区、崂山区、西海岸新区、即墨区,打造一批突显本地特色的海滨、海岛、山地、温泉旅游度假区。体验型乡村旅游产品更加丰富。让游客参加耧车播种、辘轳提水灌溉、出海捕鱼、田园采摘等简单的农业或者渔业生产劳动,邀请游客参与泥雕、面塑、草编、剪纸等传统的手工制作,通过短暂的乡村生活使游客感受真实的农作渔业文化和传统习俗。工业旅游的体验性增强。运用创新高科技和多媒体互动装置,生动还原工业生产历史和工业文化,传递给消费者最独特的工业文化体验。游客还可以穿上工作服,参与产品的生产过程,到企业餐厅吃饭,体验工人的生产和生活方式。

3. 个性化旅游产品逐渐增多

一是旅游产品供给丰富。将抓住"互联网＋"的发展机遇,不断开发康养旅游、商务旅游、研学旅游、拓展旅游、自驾车房车旅游、体育旅游等新业态产品,满足游客日益增长的个性化需求。其中,康养旅游可以细化为康体、疗养、医疗、养生、养老等;体育旅游可以细化为足球、篮球、马拉松、帆船旅游等;商务旅游划分为会议旅游、商务旅游、会展旅游、奖励旅游等;研学旅行分为自然观赏型、知识科普型、自然观赏型、体验考察型、文化康乐型、励志拓展型等。二是定制旅游产品得到开发。旅游顾问面对面或者在线上与游客交流,了解他们的需求,从路线、方式和服务方面着手为他们量身打造设计出个性化旅游产品。开发定制旅游 APP,把青岛旅游资源的每项都拆分出来让客户自行组合搭配,客户可以在客户端选择自己喜欢的项目,继而选择是否购买该行程,用系统算法代替人工,实现在线定制功能。

(五)旅游发展模式不断创新

1. 旅游产业链更加完整

一是景区将转变发展思路和摆脱门票经济依赖症。景区的"食、住、行、游、购、娱"产业构成要素更加丰富,游客的停留时间延长,更好满足游客的多元化消费需求。将创新构思旅游项目和景观设计,推动景区四季全时运营。例如,在白天以观光游览为重点,在夜间以旅游演艺、夜间造景为重点,在冬季打造科技旅游、主题庙会、滑冰滑雪、登山比赛、温泉等项目。二是区域内旅游资源及其相关产业实现有机整合。青岛市景区内外"两重天"的状态得以改善,旅游产业链内各游乐项目之间产生产业联系和互动,使游客知晓或选择其他环节的消费。游客在景区游览结束后,又能在市区其他地方吃美食、观球赛、购物、体验民风等。

2. 旅游综合体得到发展

政府将为旅游综合体创造稳定发挥效益的环境,承担基础设施的投入,包括建设旅游综合体有关的道路交通基础设施、完善相关公共服务体系、维护社会秩序等。政府将和社会资本合作构建风险同担、收益共享的良性发展机制,更好发挥财政资金的引领和带动作用。将引进华侨城、长隆、宋城等知名的旅游企业集团作为投资者,发挥其的品牌影响力及对文化旅游综合体项目领域的规划、建设、运营等方面的丰富经验和客户资源优势,打造具有吸引力和影响力的综合旅游目的地。城阳、西海岸、胶州、即墨四地的城市化水平较高,有一定的人气,距离市中心较近且建设用地较多,可在这些地方规划建设具有青岛特色的旅游综合体。

(作者单位:青岛市社会科学院)

2021—2022年青岛市社会救助发展形势分析及展望

孙启泮

《中华人民共和国国民经济和社会发展第十四个五年规划和二〇三五年远景目标纲要》提出："以城乡低保对象、特殊困难人员、低收入家庭为重点，健全分层分类的社会救助体系，构建综合救助格局。健全基本生活救助制度和医疗、教育、住房、就业、受灾人员等专项救助制度，完善救助标准和救助对象动态调整机制。健全临时救助政策措施，强化急难社会救助功能。加强城乡救助体系统筹，逐步实现常住地救助申领。积极发展服务类社会救助，推进政府购买社会救助服务。促进慈善事业发展，完善财税等激励政策。规范发展网络慈善平台，加强彩票和公益金管理。"因此，社会救助体系的建设是乡村振兴战略的基础工程。社会救助作为社会保障体系的组成部分，具有不同于社会保险的保障目标。社会救助是社会保障体系中的基础保障和核心保障，以反贫困为目标，使社会的每一个体能够有尊严地生活，体现了人类命运共同体的理念。社会救助制度的完善是决定乡村振兴战略达到预期的关键因素，是群众安居乐业的重要保障。

一、2021年青岛市社会救助事业发展的基本形势

青岛市委、市政府以习近平新时代中国特色社会主义思想为指导，全面贯彻落实党的十九大精神，按照中央、省关于实现巩固拓展脱贫攻坚成果同乡村振兴有效衔接、关于改革完善社会救助制度的决策部署，在保持农村社会救助兜底保障政策总体稳定的基础上，统筹发展城乡社会救助制度，加强低收入人口动态监测，完善分层分类的社会救助体系，适度拓展社会救助范围，创新服务方式，提升服务水平，切实做到应保尽保、应救尽救、应兜尽兜，不断增强困难群众获得感、幸福感、安全感。

为深入贯彻落实中央、省、市关于改革完善社会救助制度的决策部

署,拓展社会救助服务领域,创新发展服务类社会救助,提升社会救助整体水平,青岛市民政局制定出台了《关于引导社会力量参与社会救助服务的指导意见》,为社会力量参与社会救助服务工作提供基本遵循。2021年1月26日,青岛市政府办公厅印发了《青岛市困难居民基本生活救助管理办法》,以进一步统筹救助资源,强化政策落实,提升服务能力,保障青岛市困难居民基本生活。《青岛市困难居民基本生活救助管理办法》的出台标志着青岛市社会救助制度化、法治化建设再上新水平,也是山东省首个关于困难居民基本生活救助的政府规章,自2021年3月1日起施行。

(一)城乡最低生活保障制度逐步完善

2021年,《青岛市"十四五"民政事业发展规划》(以下简称《规划》)正式对外公布。根据《规划》,"十四五"期间,青岛将健全现代化社会救助体系,进一步改革完善社会救助制度,统筹城乡社会救助体系建设,让改革发展成果更公平惠及困难群众。完善最低生活保障制度。适度扩大低保覆盖范围,对低收入家庭中的重残人员、重病患者等特殊困难人员,依申请,参照"单人户"纳入低保。进一步完善低保对象认定办法,综合考虑收入型贫困和支出型贫困,继续落实符合条件的支出型贫困家庭、贫困重度残疾人纳入低保范围,给予兜底保障。推动低保制度城乡统筹。实现政策目标、对象范围、救助内容、经办服务等城乡统筹。落实低保标准与城乡居民人均消费支出挂钩的动态调整机制,城乡低保标准占上年度城乡居民人均消费支出的比例原则上分别在25%～35%和35%～45%之间,城乡低保标准比例逐步缩小,到"十四五"末力争实现全市低保标准城乡统筹。

2021年7月12日,市南区、市北区、李沧区、崂山区、西海岸新区、城阳区、即墨区城乡最低生活保障标准城乡统筹,由每人每月821元提高到每人每月904元;胶州市、平度市、莱西市城市最低生活保障标准由每人每月821元提高到每人每月904元,农村最低生活保障标准由每人每月614元提高到每人每月680元。

2021年1—9月青岛市最低保障情况见表1和表2。

表1 城区低保情况

	低保标准 (元)	保障人数 (人)	差额补助水平 (元)	发放低保资金 (万元)
1月	821	18897	683	1714
2月	821	18925	681	1645

	低保标准 （元）	保障人数 （人）	差额补助水平 （元）	发放低保资金 （万元）
3 月	821	18913	680	1367
4 月	821	18782	680	1277
5 月	904	18754	725	1360
6 月	904	18570	762	1498
7 月	904	18344	761	1475
8 月	904	18262	760	1469
9 月	904	18055	758	1448

数据来源于青岛市民政局网站

表 2　农村低保情况

	崂山区、西海岸新 区、城阳区、即墨区 农村低保标准（元）	胶州市、平度市、 莱西市农村 低保标准（元）	保障人数 （人）	差额补助 水平（元）	发放低保 资金（万元）
1 月	821	614	69193	513	3994
2 月	821	614	68847	511	4167
3 月	821	614	68589	511	3565
4 月	821	614	68403	511	3494
5 月	904	680	67948	528	3587
6 月	904	680	67747	584	4060
7 月	904	680	67500	583	3993
8 月	904	680	67162	581	3961
9 月	904	680	66527	577	3909

数据来源于青岛市民政局网站

（二）医疗救助获得较快发展

在完善医疗救助制度方面，青岛市对特困供养人员、最低生活保障、低保边缘和中低收入家庭成员，以及因医疗费用负担过重、造成支出型贫困家庭成员和非青岛户籍外来务工人员、在青就读的大学生等特殊困难人员，通过采取资助参保和费用补助相结合的方式实施医疗救助。建立青岛市困难居民医疗救助即时结算信息管理系统，对符合救助条件的困难居民，通过社会医疗保险定点医药机构即时结算，实现困难居民医疗救助与基本医疗保险、大病医疗保险、大病医疗救助相衔接的医疗费用同步结算。同时，对遭遇突发事件、意外伤害、重大疾病或其他特殊原因导致基本生活陷入困境、其他制度无法覆盖或救助之后基本生活仍有严重困难的家庭和个人，给予应急性、过渡性救助。

2021年1月1日施行的《关于做好青岛市困难居民医疗救助工作有关问题的通知》明确了参保缴费补助流程、困难居民身份认定、医疗救助结算、医疗救助资金监管、工作权限和保密管理以及过渡期有关工作。享受主体有参加青岛市社会医疗保险，符合特困人员、社会散居孤儿、重点困境儿童、低保家庭成员、低收入家庭成员、支出型贫困家庭成员认定条件之一的城乡困难居民；特困人员、社会散居孤儿、重点困境儿童、低保家庭成员个人不需跑腿垫资缴费，其个人缴费部分由医保部门代为办理参保缴费并向财政申请医疗救助资金；低收入家庭成员其个人缴费部分由财政补助50%，因此需个人在街道保障中心自行办理参保缴费，参保缴费时只需缴纳个人负担的50%。2021年4月1日起，困难居民应选择公立医院住院，特困等人员、低保家庭成员、低收入家庭成员在本市公立医院发生的住院费用实施"一站式"结算；无法在公立医院收治住院的，可到其他经医保部门备案的定点医疗机构住院治疗，相关费用纳入救助范围，实施"一站式"结算。

2021年1—6月，青岛市将原七类困难居民认定标准调整为四类，督导镇(街道)将医疗救助与其他社会救助"一门受理，协同办理"，印发政策明白纸，建立工作联系机制，确保了新旧制度平衡衔接。通过对特困等人员、低保家庭成员、低收入家庭成员实行公立医院定点就医等措施，设置目录外住院费用管控等方式，降低困难居民的个人负担，提高医疗救助资金的使用效能。1—6月为6.65万困难居民支付1.24亿元，增强了医疗救助的托底保障功能。做好医保脱贫攻坚同乡村振兴有效衔接。按照"四不摘"要求，继续做好农村低收入等人员应保尽保和医保待遇倾斜工作。会同扶贫部门建立防止返贫动态监测和扶贫机制，对农村低收入人口待遇保障情况进行监测，确保应保尽保。截止到6月底，脱贫享受政策人口13020户、24289人全部按规定纳入医保参保范围，继续享受参保补贴。

(三)残疾人的社会救助同样受到重视

青岛市民政部门对具有青岛市户籍的残疾人设有两项补贴政策：一是重度残疾人护理补贴(针对持有一、二级残疾证人员)；二是困难残疾人生活补贴(针对低保家庭中持有残疾证人员)。市政府按照本地居民生活必需的费用确定、公布最低生活保障标准，并根据本地经济社会发展水平和物价变动情况适时调整,逐步缩小城乡差距。对获得最低生活保障后生活仍有困难的老年人、未成年人和重度残疾人,实施分类重点救助。无劳动能力、本人收入低于当地最低生活保障标准、依靠家庭供养且符合低保边缘家庭认定条件的成年重度残疾人,可以以个人名义单独申请最低生活保障。

青岛市多措并举加大残疾儿童康复教育救助力度,将残疾儿童康复救助年龄上限提高到 18 周岁。困难家庭进入定点机构接受全日制康复训练的听力、言语、智力和视力残疾儿童给予每人每月 2100 元救助,肢体残疾儿童和孤独症儿童给予每人每月 3500 元救助,接受非全日制康复训练的听力、言语、智力和视力残疾儿童给予每人每月 1260 元,肢体残疾儿童和孤独症儿童给予每人每月 2100 元救助,其他家庭残疾儿童按照相应残疾类别和训练方式救助标准的 60% 给予康复训练救助。对经评估符合人工耳蜗植入条件的 1～9 岁重度听力残疾儿童,困难家庭的给予最高 20 万元救助,普通家庭的给予最高 12 万元救助。青岛市积极探索通过实施优惠政策和准入标准,引进社会力量参与残疾儿童康复服务,截至 8 月,全市残疾儿童康复机构已达到 55 家,其中具有教育、医疗资质的机构达到 27 家。依托专业机构成立了青岛市残疾人心理健康关爱基地和精神康复中心,在社区延伸成立了残疾人心理康复室,为残疾儿童提供专业化的心理体验、测试和疏导服务。积极探索“医、教、康、劳、娱”五位一体的心理健康服务方式和“残疾儿童(家属)与专业心理关爱师签约”实施机制。青岛市不断完善残疾儿童少年全纳受教制度,建立全纳教育评估标准。全面落实 15 年免费教育,残疾学生在公办幼儿园、义务教育阶段、高中教育阶段全部实施免费教育。同时,还对困难家庭的残疾学生和困难残疾人家庭学生实施救助。2021 年度残疾学生或残疾人家庭学生教育救助工作正在组织申报,预计全市将实现残疾学生或残疾人家庭子女教育救助约 3000 人次。

(四)住房救助和教育救助等专项救助发展较快

随着 2021 年住房保障实物配租和货币补贴的稳步推进,越来越多住房困难家庭的“住房梦”将得以实现,更多中低收入家庭住房困难问题得以缓解,住有所居、安居乐业的良好局面日益巩固和发展,住房困难群体的获得感、幸福感和安全感进一步增强。对公租房运营管理服务规范进一步修改完善,加大对公租房运营承接主体的绩效考评力度,提升公租房承租家庭满意度。2021 年计划实施住房保障 5000 套(户)。其中,开工建设公共租赁住房 1000 套,新增公共租赁住房补贴 4000 户。项目的实施有助于提升住房保障水平,更好地保障和满足住房困难群体及新市民住房需求。

新增保障性住房申请家庭,统一纳入公共租赁住房保障范围。对于青岛市住房保障机构公布的未销售的经济适用住房和限价商品住房项目,在公开销售后仍有剩余房源的,新增保障性住房申请家庭可按规定购买。公租房实物配租主要面向低保、特困等低收入住房困难家庭,对其他中低收入家庭主要以发放住房租赁补贴的方式进行保障。不断加大住房租赁补贴的保障力度,通过补贴的方式切实缓解住房困难群体的负担。租赁补贴档位标准:低保和分散供养特困家庭每月每平方米20元;家庭人均月收入低于1693元(含)的非低保和分散供养特困家庭每月每平方米18元;家庭人均月收入高于1693元、低于2540元(含)的家庭每月每平方米16元;家庭人均月收入高于2540元的符合条件的家庭每月每平方米14元。实物配租租金档位:人均月收入高于810元、低于1693元(含)的家庭,租金标准按照同区域市场租金标准的30%确定;人均月收入高于1693元、低于2540元(含)的家庭,租金标准按照同区域市场租金标准的50%确定;人均月收入高于2540元的符合条件的家庭,租金标准按照同区域市场租金标准的70%确定。

青岛市逐步完善教育救助制度。青岛市对义务教育阶段在籍在校的家庭经济困难非寄宿生予以补助,补助标准为年生均小学500元、初中625元,补助面不超过在校非寄宿生的8%;对农村建档立卡家庭学生、城乡低保家庭学生、农村特困救助供养学生和家庭经济困难的残疾学生全部资助;青岛市将青岛市户籍市定标准建档立卡本专科生纳入免学费政策范围,每年学费不超过8000元的,据实免除;超过8000元的,按8000元标准予以免除;对于山东籍全日制本、专科(高职)在校生中的省定标准和国家标准建档立卡家庭经济困难学生,继续按原免学费政策执行。

(五)特困供养人员的救助和临时性救助逐步完善

在完善住房救助制度中提出,区(市)政府对符合条件的住房困难的最低生活保障家庭、分散供养的特困供养人员给予住房救助。城镇住房困难标准和救助标准,由区(市)政府根据本区域经济社会发展水平、住房价格水平等因素确定并公布。农村特困人员、农村最低生活保障家庭等困难群众危房改造纳入农村困难群众危房改造范围。住房救助通过实物配租、发放住房租赁补贴、危房改造等方式实施。另外,对最低生活保障家庭中在法定劳动年龄内、有劳动能力并处于失业状态的成员,人力资源社会保障部门通过落实就业创业扶持政策、开发公益性岗位等办法,给予就业救助。

表3 2021年1—9月城区特困人员救助情况

	城市特困人员 生活标准（元）	城市特困保障 人数（人）	城市发放特困人员 保障资金（万元）
1月	1232	463	101
2月	1232	680	146
3月	1232	462	94
4月	1232	463	95
5月	1356	466	97
6月	1356	465	106
7月	1356	466	106
8月	1356	472	107
9月	1356	477	108

数据来源于青岛市民政局网站

表4 2021年1—9月农村特困人员救助情况

	崂山区、西海岸新区、 城阳区、即墨区农村 特困基本生活标准（元）	胶州市、平度市、 莱西市农村特困 基本生活标准（元）	保障人数 （人）	发放特困 资金（万元）
1月	1232	921	11076	1623
2月	1232	921	11155	1679
3月	1232	921	11096	1569
4月	1232	921	11180	1573
5月	1356	1020	11323	1585
6月	1356	1020	11344	1784
7月	1356	1020	11427	1841
8月	1356	1020	11480	1800
9月	1356	1020	11534	1805

数据来源于青岛市民政局网站

表5 2021年1—9月困难居民临时救助情况

	困难居民户数（户）	发放临时救助资金（万元）	户均补助水平（元）
1月	1083	915	8449
2月	3298	1436	4354
3月	4142	1690	4080

(续表)

	困难居民户数(户)	发放临时救助资金(万元)	户均补助水平(元)
4 月	4767	1998	4191
5 月	5031	2165	4303
6 月	5444	2430	4464
7 月	5800	2696	4648
8 月	6419	3117	4856
9 月	6989	3457	4946

数据来源于青岛市民政局网站

(六)慈善救助工作有力推进

青岛市民政局为进一步推动慈善事业高质量发展,积极发挥慈善第三次分配作用,紧紧围绕"宣传贯彻《中华人民共和国慈善法》(以下简称《慈善法》)和《山东省慈善条例》,弘扬慈善文化"的宗旨,在营造慈善氛围、规范慈善行为、开展慈善活动等方面扎实开展工作,为服务困难群众,促进社会文明进步发挥了积极作用。认真贯彻落实《慈善法》《山东省慈善条例》,结合青岛工作实际,以市政府名义出台《关于促进慈善事业健康发展的实施意见》。新冠疫情发生以来,在短时间内快速建立了慈善工作的基本制度体系和运行机制。先后制定了《青岛市慈善捐赠指引》《青岛市慈善活动指引》等文件,填补了国内慈善事业发展规范化管理和标准化服务的空白,逐步建立了和《慈善法》《山东省慈善条例》配套的慈善事业基本制度体系和工作规范。完善监督检查机制。在全市开展自查自纠和专项检查。对收支入账、接收管理、信息公开等重点环节,进一步严格捐赠程序,完善工作制度,建立健全监督检查机制。《青岛市创新"谁捐赠、谁保管"的战时捐赠模式》和《青岛市民政局多措并举确保疫情防控慈善捐赠工作依法有序运行》等经验措施被山东省民政厅宣传推广。截至9月,青岛市共有慈善组织65家,在抗击新冠肺炎疫情、助力拓展巩固脱贫攻坚成果以及乡村振兴发挥了重要作用。1—6月,开展"慈善及时雨""慈善阳光助学""点亮小橘灯"等慈善项目81个。

二、2022 年青岛市社会救助事业发展形势展望

社会救助作为社会保障体系的重要组成部分,具有保障基本民生、促进社会公平、维护社会稳定、促进经济发展的重要作用,是国家治理

体系的基础性制度安排。2020年8月,中共中央办公厅、国务院办公厅印发的《关于改革完善社会救助制度的意见》中,强调推动社会救助事业高质量发展,并将其贯彻到2035年的发展主题。因此,2022年是青岛社会救助完善和发展的重要节点。

(一)扶贫和社会救助将得到进一步整合

有计划、有步骤、分门别类地推进整合扶贫开发和社会救助。青岛市经济不仅是全省的排头兵,在全国也具有一定的影响力。要实现国际化大都市目标,必须在社会救助和精准扶贫方面率先发展。对贫困人口实施教育救助、医疗救助、住房救助、就业救助和临时性救助以及最低保障都属于社会保障范围,纳入社会救助中,对因各种原因造成的贫困都通过社会救助来统一解决。

高度重视城市的贫困问题,在城乡一体化下考虑城乡贫困政策。农村的贫困问题比城市的贫困问题更为严重和突出,自救能力相对更为薄弱,在此情况下大力开展农村的扶贫工作,先解决农村的贫困问题有其合理性。随着青岛城镇化和现代化的深入推进,城镇的贫困问题也同样亟待解决,对这部分群体需要通盘考虑,纳入扶贫和社会救助中去。

建立统一的贫困家庭社会救助信息库。一是做好建档立卡的基本工作,搜集贫困家庭的相关情况,保证适当、准确、及时。二是建立起数据共享机制,这种机制要体现输入和输出两个方面,确保反贫困工作的相关部门和机构及时获得相关信息,也能及时将本部门获取的信息导入。三是做好信息的动态管理,实现一定程度的预测和预估。

(二)"互联网十"将成为推动社会救助现代化、信息化的重要载体

依托互联网信息技术的优势,以低成本、网络化、智能化创新社会救助服务的方式,实现社会救助的多元化、社会化、网络化,使线上救助与线下救助紧密结合,提升社会救助的效率,增强网络虚拟社会与现实社会的相互融合。通过网络化、信息化的社会救助使跨部门信息的互通共享成为可能。打破部门管理的条块分割和信息壁垒,通过云终端数据管理系统避免数据低效采集和重复采集,提高信息核查及文档保存归类效率和信息变动获得的及时性。抖音、微信等社交终端都可以成为社会救助服务可利用的工具,推进社会救助服务的社会化。

综合应用互联网、大数据和人工智能,改进社会救助识别工具,开发低成本甚至零成本、效果好的识别指标,大幅度提高识别的精准度和效率,改善社会救助发展不平衡、道德风险频发的问题。互联网的应用更新了大众社会救助理念,改进了救助识别机制,拓宽了需求的表达渠

道。互联网的发展缩小了公众之间的距离,增强了社交的透明性,既提高了需要社会救助群体获取社会救助信息和使用社会救助平台的能力,建立通畅的需求表达和反馈机制;也增强了政府、社会组织和个人对被救助人的了解和关注。互联网的应用能够有效解决社会救助碎片化现象。社会救助同其他社会保障一个很大的不同就是救助事项广泛,分散在社会生活的各个方面,分属不同的政府部门管理。通过互联网、大数据、人工智能等信息技术的应用,使跨部门合作成为可能和顺畅,实现政府制度性救助的充分整合。搭建信息资源共享平台,构建网格化的社会救助体系,实现多元协调治理。社会救助信息平台共享和开放,建立高效社会救助供给协作关系的数据共享和开放,构建完善的项目合作体系和救助主体间的沟通机制,实现社会治理的现代化和信息化。

(三)区块链技术将推进社会救助的发展进入一个新的高度

区块链＋社会救助服务在实现服务信息安全共享、服务管理协同推进、服务效率智能提升、服务诚信度建设以及防范道德风险等方面具有广阔的创新前景。布局区块链技术需要综合考量信息的共建共享、部门协作治理、救助服务可及性等要素。首先,区块链技术应用不仅能够实现数据共享,更重要的是实现数据安全(不可篡改)。社会救助服务中数据的传递是社会救助能否公平、公正、公开的基础,是判断是否需要执行社会救助的核心要素。其次,保证统计数据的真实有效,需要统一数据收集手段,针对不同数据的特征,确定不同的收集方法,限制部门的过度自由裁量权。在这一过程中,区块链技术是一种较优的选择。

区块链技术有利于提高部门协同效率。社会救助服务包含教育、就业、医疗、住房、灾害等多方面的综合系统性工作,涉及的管理部门众多。区块链技术能够迅速、准确地将各个部门在同一时间连接起来,实现快速协同处理社会救助事项,及时满足社会救助权益人的需求。区块链上,一旦有人或机构提供虚假数据,将永久记录,无法删除,可根据记录追究责任主体的责任,这将比传统的人为的失信辨别和责任追究更为科学合理和可靠。通过区块链可有效解决社会救助服务一直被诟病的诚信风险和道德陷阱问题。

(四)社会救助的目标将不仅是"兜底线",更是"促发展"

市场化的经济发展、小政府大社会的法治政府的治理结构,贫富分化成为必然,不断有社会成员由于自身的能力或生理、心理条件等原因而致贫,需要社会救助。社会救助的重要性越来越凸显,改革社会救助制度、完善社会救助体系已经成为社会共识。当前,社会救助正处在转型时期,在长期实际工作中逐步发展出来的各项救助制度需要不断优化和发展。社会救助不再以保障被救助者的生存为最终目标,而是把保障其生存看作一个基础,在此基础上,通过各种配套救助和社会工作,促进被救助者通过自助摆脱贫困状态,融入主流社会。因此,社会救助发展和改革将不再局限于"兜底线",更应该关注"促发展",这样的社会救助才能可持续发展,才是符合公平、公正的社会理念,也是对社会被救助者个人尊严的尊重。

(五)社会救助将实现高质量发展

"十四五"时期,社会救助发展将处在历史发展的新起点上,进入高质量发展阶段。随着低保标准逐年提高,社会救助城乡统筹也将取得新进展。社会救助已不再仅仅满足"兜底线",而应迈向"促发展"。因此,高质量发展已成为社会救助的应有之义。随着社会救助体系的健全和社会救助制度的完善,社会救助的经办能力将进一步提高,并搭建起现代化的社会救助信息管理平台,进而推动社会救助实现高质量发展。

(作者单位:青岛市社会科学院)

2021—2022年青岛市学前教育发展状况分析与前景展望

姜 红

办好学前教育、实现幼有所育,是党的十九大作出的重大决策部署。学前教育是事关儿童早期成长教育的重要环节,是关系到千家万户福祉的民生大事,已越来越多地受到全社会的关注。近年来,青岛市推进学前教育公益普惠力度进一步加大,"十三五"时期,青岛市学前教育优质资源持续扩增。新建、改扩建幼儿园338所,增加学位6.8万个,普惠性幼儿园覆盖率超过90%,高于国家、省目标10个百分点以上,在全国副省级城市中处于领先水平,较好地实现了普惠性学前教育服务目标。

一、2021年青岛市学前教育发展状况分析

青岛市提出,2021年全市优质园创建坚持数量和质量并重,创新创建的体制机制,通过联盟办园、片区统筹等途径形成创建支持机制。学前教育普及普惠实现全面优质发展,十佳、市示范(省级一类)幼儿园办园条件得到改善,幼儿园管理更加规范,区域学前教育发展水平快速提升。

(一)青岛市学前教育发展状况

1. 学前教育政策优化,推进力度加大

2021年4月,教育部印发《关于开展2021年全国学前教育宣传月活动的通知》,确定2021年5月20日至6月20日为第十个全国学前教育宣传月,活动主题为"砥砺十年奠基未来"。旨在系统回顾宣传学前教育普及普惠发展的重大成果、辉煌成就,以及推进幼儿园科学保教的新实践、新经验,全面展现新时代学前教育深化改革规范发展的新面貌。青岛是教育部确定的国家学前教育改革发展实验区,随着全面二孩、三孩政策效应的逐步显现,幼儿园入园高峰正在到来。为此,青岛

市不断加大政策扶持力度,增加学前教育投入,科学规划幼儿园布局,最大限度满足百姓"在家门口上好园、上平价园"的愿望。

(1)扶持政策相继推出。继 2020 年发布《青岛市教育局办公室关于开展市级学前教育游戏活动实验区实验园建设工作的通知》(青教办字〔2020〕101 号),2021 年 2 月又发布《青岛市教育局办公室关于公布市级学前教育游戏活动实验区(园)的通知》,确定崂山区、城阳区、平度市为市级游戏活动实验区,市北区宝城幼儿园等 65 所幼儿园为市级游戏活动实验园。提出围绕五项实验任务,进一步优化实验方案,确保实验方案合理可行。各区(市)组建专家队伍,加强专业指导,不断总结工作中探索成功的新思路、新机制、新模式,充分发挥实验园的示范、引领作用,以点带面,整体推动提升区域内学前教育质量。

2021 年 5 月,青岛市教育局办公室发布《关于进一步加强中小学幼儿园教师管理工作的通知》,从完善教师准入制度、强化师德和法治教育等方面提出了加强管理的要求。7 月,青岛市提出强化幼儿园人员管理、加强视频监控管理、完善幼儿入(离)园接送交接制度、建立幼儿园装修维修改造报告制度等 12 条精致管理基本规范。8 月,出台《青岛市幼儿园与小学科学衔接实验方案》。在幼儿园实施以入学准备期为核心的一日活动改革,将大班下学期设置为入学准备期,开发入学准备期主题课程,培育儿童入学愿望。同时,提出推进市域幼小衔接教研支撑、教师培训和督导保障等制度。遴选市南区、胶州市作为幼小衔接示范区,遴选 55 个幼小衔接示范校及 58 个幼小衔接示范园。随着学前教育政策的逐步完善,青岛市学前教育保教与管理工作日趋规范,为学前教育高质量发展奠定了良好的基础。

(2)学前教育投入力度加大。近年来,青岛市学前教育财政投入保持持续增长态势,幼儿园办园条件得到改善,优质普惠园认定工作加快推进。自 2020 年生均经费上涨以来,公办幼儿园生均公用经费标准提高到 1000 元/年以上,普惠园生均定额补助标准提高到 3600 元/年以上。对区(市)城区新增公办园按照 3 万元/班标准给予奖励,对市内三区回购的居住区配套幼儿园按照 50 万元/班给予奖励;将学前教育联盟办园工作开展情况纳入市级学前教育综合奖补政策范畴。2021 年青岛市拨付联盟办园专项资金 695 万元,同时,允许实施联盟办园的优质公办幼儿园,将合作方按联盟办园协议拨付给优质公办园经费的 50％纳入幼儿园奖励性绩效工资管理(不超过绩效工资总量的 10％)。从区(市)来看,西海岸新区"十三五"期间累计投资 6.06 亿元新建改扩建幼儿园 102 所,提供学位 3 万个。2021 年分批启用 20 所新建幼儿园,新增公办幼儿园学位 5000 个。市南区坚持高标准落实市级各项生均经费标准,公办园在园幼儿比例提升至近 80％;胶州市将幼儿园建设项目列入政府实事工程,以财政奖补的形式支持各镇(街道)新建、改扩建幼儿园,提高幼儿园办园条件。始于2017年的普惠性民办幼儿园工作顺利推进,截至2021年4月,胶州市财政共计拨付9334万多元专项普惠资金支持普惠性民办幼儿园发展;即墨区财政也累计投入近1亿元资金,支持普惠性民办幼儿园认定工作。

2. 学前教育规模与质量不断提升

截至2021年10月,青岛市幼儿园达2526所。其中,公办园1277所,民办园1249所。普惠性民办园占比70.62%(882所)。在园幼儿达36万人,其中公办园在园幼儿18.05万人、普惠性民办园在园幼儿15.20万人,公办园和普惠性民办园在园幼儿占比超过92%。民办园普惠化及幼儿园管理规范化水平均有大幅提升。

(1)普惠幼儿园数量持续增长,新建园以公办园为主。近年来,青岛市努力增加公办普惠学位数量,更好满足群众对接受良好学前教育的需要,学前教育资源得到进一步优化。青岛市提出2020年—2022年,每年新建改扩建50所幼儿园,实际上仅2020年就有61所幼儿园新启用招生。2021年,幼儿园建设继续快速推进。其中,列入青岛市市办实事建设幼儿园20所,到8月底已开工建设19所。西海岸新区计划建设的20所新园推进顺利,全部建成后将新增公办学位5000个。1—7月,即墨区已启用公办幼儿园7处(其中城区5处),新增公办学位2250个。

(2)规范化办学得到提升。优质园比例快速提升。2020年,青岛市优质幼儿园占39%,较2019年提高8个百分点。2021年,市十佳、市示范(省级一类)幼儿园创建工作取得新进展。6月,认定第一批303所青岛市示范(省级一类)幼儿园,包含市南区2所、市北区20所、李沧区7所、崂山区4所、西海岸新区27所、城阳区10所、即墨区149所、胶州26所、平度47所和莱西11所幼儿园。随着优质园的增多,预计2021年底优质园比例将达到60%左右。

(3)联盟办园渐入佳境。2020年7月,青岛市发布《关于推进学前教育联盟办园工作的指导意见》。在2020年重点推进"优质公办园+分园""优质公办园+教学点(小微园)"和"镇街中心园+村办园+民办园"等办园模式改革的基础上,到2021年底,全市优质园(优质园指省一类及以上等次幼儿园,下同)和薄弱普惠性幼儿园(薄弱园指省三类及以下等次幼儿园,下同)联盟办园参与率达到100%。到2021年4月,"优质公办园+教学点(小微园)"模式已落地22处,11处教学点(小微园)已投入使用,另有11处正在装修内配。西海岸新区鼓励优质园发挥"孵化器"作用,带动联盟内的新建园高起点快速发展。在人口密集、学位紧缺的老城区,幼儿园建设发展以"优质园+小微园"模式为主,小微园小班化设置更易实行个性化教学。崂山区通过"优质公办园＋民办园"联盟,定期组织民办园教师到优质公办园学习、教研;定期组织开设农村园、普惠性民办园教师素质提升培训班,提升薄弱幼儿园师资力量。

（4）精致化管理迈上新台阶。2021年7月,为进一步贯彻落实《青岛市教育局关于进一步加强幼儿园规范管理的指导意见》,提高依法治教、依法治园、依法执教意识,青岛市教育局制定幼儿园精致管理12条基本规范,提升幼儿园管理水平。一是聚焦安全和健康,守护幼儿成长。精致管理基本规范重点围绕安全、健康、规范等核心管理目标,提出强化幼儿园人员管理、加强视频监控管理、完善幼儿入（离）园接送交接制度、深化安全教育演练、持续开展安全隐患排查、建立幼儿园装修维修改造报告制度、加强食品安全和膳食营养管理、强化卫生保健工作、建立幼儿园午休巡视检查制度、规范应急处置、加强教师队伍管理、加强家园信息沟通等12条规范要求,强调管理过程和细节要求,为幼儿健康成长提供全面保障。二是完善制度和流程,规范幼儿园管理。健全十项制度和流程,提高管理的制度化、规范化、精细化。三是明确目标责任,加强监督问责。坚持集中整治和日常监管相结合,建立常态化监管机制。发挥好幼儿园责任督学挂牌督导、联盟办园合作指导、家长投诉等平台的作用。这些措施的出台,对于推动幼儿园全方位实现精致化管理具有重要意义。

3. 教师管理与培训工作进一步加强

2021年为青岛的师德帅风建设年,为进一步加强中小学幼儿园教师管理工作的规范性,5月,青岛市教育局办公室发布《关于进一步加强中小学幼儿园教师管理工作的通知》。一是完善教师准入制度。提出完善教师"持证上岗"相关制度措施,新入职教师必须取得相应的教师资格,依法做好教师资格丧失和撤销工作。二是强化师德和法治教育。用习近平新时代中国特色社会主义思想武装教师头脑,持续开展师德典型选树活动,强化教师法治和纪律教育。三是严格教师日常管理。严格落实"三定一聘"管理要求,压实教育教学责任,规范教师日常管理,严格落实请销假制度等一系列教师日常管理制度,坚决杜绝"吃空饷"现象发生。

各区（市）加大幼儿教师统一招聘和培训力度,着力提高幼儿教师整体素质,幼儿教师编制解决与待遇提升取得良好实效。即墨区为镇街中心幼儿园配备业务副园长,为每所农村幼儿园配备1名公办幼儿教师。区财政每年拿出80万元专项经费,进行常态化幼师轮训,每年完成幼儿园园长和幼师轮训800人次左右。西海岸新区面向全国招聘学前教育高层次人才,将研究生和男幼儿教师招聘纳入优先考录范畴。

2021 年,面向全国引进名园长、名师,招聘备案控制总量人员 150 人、非编幼儿教师 438 人。新区培育齐鲁名园长 2 名,省特级教师 6 名,青岛市名师、名园长等 30 名。

4. 学前教育办学模式日趋丰富,幼儿园发展取得新进展

办园模式更加丰富。按照幼儿园之间的合作关系,联盟办园主要包含四类共 8 种模式,即优质公办园办分园(优质公办园＋分园,优质公办园＋教学点)、合作办园(优质园＋薄弱园、优质园＋新园)、镇域一体化办园(镇街中心园＋村办园＋民办园)和发展共同体办园(优质园＋优质园,城区优质园＋农村园,城区优质园＋城区薄弱园)。在 2021 年各区(市)已实现 8 种联盟办园模式全覆盖的基础上,2022 年随着青岛市学前教育联盟办园工作的稳妥推进,最大限度实现资源共享和优化配置,课程共研、发展共赢的有效机制将进一步发挥作用,推动"镇街中心优质园＋农村园"等办园模式改革继续走向深入,推动优质园和薄弱普惠园联盟办园质效全面提升。

托育机构发展模式呈现多元化特点。市北区加快托育机构备案,提高区内托育机构配置。截至 2021 年 9 月,已备案包括新月会育儿家托育中心、智慧熊瑞海托育中心等 7 家机构,全区 50 余家托育机构备案工作也在快速推进中。同时,推行"早教＋托育"教育模式,灵活采取半日托、全日托、周末托、寒暑托等模式,最大限度方便百姓选择适合的托育服务。

游戏活动发展新模式不断涌现。2021 年 2 月确定的市级游戏活动实验区(崂山区、城阳区、平度市)和 65 所市级游戏活动实验园正围绕五项实验任务,发挥实验园的示范、引领作用,不断形成新机制、新模式。随着《平度市学前教育游戏活动实验区建设实施方案》正式印发,打造城区园、镇(街道)中心园、民办园、村办园四级各具特色的游戏活动优质园,实现网格化游戏研究新格局成为近期该区幼儿园发展重点。与此同时,其他区(市)也在形成自己的游戏研究模式和特色品牌。如市南区注重挖掘游戏内涵,正在打造"慧玩空间"游戏研究特色品牌。通过精准制订实施方案,并明确路线图和时间点,以确保研究任务落地。确定 16 所幼儿园为游戏研究智囊团,组织"自主游戏成就快乐而有意义的童年"经验交流活动。

(二)学前教育存在的主要问题

1. 优质普惠学位供给不足问题仍不同程度存在

各区(市)优质普惠学位供给存在较明显的差距。其中,崂山区和市南区普惠性幼儿园覆盖率最高,分别为 96％和 95％,但相比较而言,胶州市、平度市覆盖率较低。2021 年上半年,各区(市)普惠性幼儿园

在园幼儿比例基本达到90％以上,即墨和胶州普惠性幼儿园在园幼儿比例分别为91.2％和90％,西海岸新区达93.2％。虽然普惠性幼儿园发展较快,但与此同时,优质幼儿园学位不足问题仍然较为突出。崂山区优质幼儿园占比较高,为70％,基本建立起了公益普惠、均衡优质的学前教育新格局。即墨区优质幼儿园增量最多,相比之下,平度、胶州等地优质幼儿园占比较低,距离百姓就近上好园的期待尚有较大差距。

2. 城乡设施投入差距大,普通民办园设施相对不足

新建幼儿园以公办园为主,改、扩建幼儿园也多为财政投入为主,因而财政状况对于幼儿园设施投入具有直接影响,城乡财政差异带来幼儿园设施的差距。在同一区(市),民办园的内部教育设施也不及公办园,且更新周期长、力度不足,特别是普通民办园和家庭个体托的园舍一般较差,教育设施相对落后且更新不及时。

3. 师资力量不均衡

公办园师资力量相对较高,教师培训也更加正规;而民办园由于教师稳定性差,影响了教师业务提升,造成师资力量相对薄弱。当前,各区(市)师资力量差别较大。如市南区专科以上学历教师已达100％,西海岸新区将研究生和男幼儿教师招聘纳入优先考录范畴。相比之下,有的区(市)仅普及幼儿园教师"持证上岗"。

二、青岛市学前教育发展前景展望

早在2019年,青岛市实施学前教育优质普惠发展攻坚计划,提出到2022年,建立全面普及、公益普惠、城乡均衡、开放多元、具有青岛特色的学前教育公共服务体系。到2022年底,省二类及以上幼儿园占比达到80％,其中优质园占比达到45％,镇(街道)中心幼儿园100％达到省示范幼儿园标准。但实际上,青岛市围绕"幼有优育""全力做最好的教育"的总体目标,学前教育发展进程不断加快,优质园占比2021年底预计达到60％,远超计划中的2022年优质园占比目标。因此,到2022年底,优质园比例仍将有较大幅度的提升,更多百姓将在家门口享受到更规范优质的普惠学前服务。

(一)联盟办园成为区域性学前教育特色品牌,全市学前教育发展质量进一步提升

联盟办园以问题、需求和效益为导向,以学前教育优质普惠为发展目标,重点解决优质园不足,部分幼儿园办园条件、保教质量和教师专业化水平不高,区域和园际发展不平衡等突出问题。青岛市在2021年加大联盟办园扶持力度的基础上,提出今后每年都有持续的联盟办园

政策和资金支持。这体现了青岛对于学前教育资源优化配置,大力提升薄弱园保教水平,推动区域学前教育高质量发展的决心与行动力。随着联盟办园的更进一步开展,优质园与薄弱园的协调互进、优质园之间的强强联合作用将得到更好发挥,园际教研互动、课程衔接将更为紧密,教师素质差距将缩小,有利于整体推进区域内幼儿园的发展质量提升。应通过创新管理与考核模式,建立联盟办园各方协同联动考核激励制度,更好激发优质幼儿园以强带弱,实现共同提升,从而推动区域内学前教育高质量发展。

(二)幼儿园布局科学化水平进一步提升,城乡差距缩小

为保障大多数适龄儿童就近接受学前教育,需要进一步优化幼儿园布局,推动幼儿园特别是优质幼儿园布局均衡发展。结合智慧城市建设和幼儿数量及增长趋势,城乡园区布局将更为科学合理。公办园学位供给数量保持较快增长,联盟办园以强带弱力度进一步加大,更多优质幼儿园创建工作取得新进展,学前教育全面优质发展取得新突破。对农村幼儿园,进一步提高教师工资待遇,逐步实现与在编幼儿教师同工同酬。通过农村合点并园、城乡联盟办园等方式,农村幼儿园发展规范化水平提升进入快车道。平度市农村园占比高达 86.1%,农村园师资短缺问题突出,而联盟办园恰恰可以有针对性地解决这一问题。通过对镇街中心园统一招聘调配教师,采取教师轮岗、送课支教等方式,使所有农村园与镇街中心园实现镇域一体化发展,保教质量将快速提升。胶州市《关于创建"童蒙养正"学前教育品牌的实施意见》提出实施农村幼儿园建设与提升工程,科学规划、建设农村幼儿园。2022 年,该市将继续推进合点并园工作,农村园布局得到优化,幼儿园办园规范化水平将进一步提升。

(三)幼小衔接更加科学规范

青岛市积极推动幼小科学衔接实验,建立顶格推进工作机制。通过幼儿园与小学建立稳定联系,在课程调整、全面适应教育、幼小精准对接等方面协调力度加大。随着专家评价示范区、示范园、示范校的实验方案制度的实施,联合教研力度将进一步加大,课程的衔接将更为精准紧密。根据《方案》,2022 年是幼小衔接的实验阶段后半段和总结阶段。始于 2021 年 9 月,为期 10 个月的幼小衔接实验阶段将在 2022 年加快推进。全市幼儿园及小学继续开展入学准备教育和入学适应教育,并开发相应课程和开展教研合作。2022 年 7 月起为总结提升阶段。通过全面总结全市实验成果,推动幼小科学衔接机制更加健全完善。

(四)体制机制建设快速推进,幼儿园管理更加规范

幼儿园质量评估体系逐步完善,学前教育教研指导网络将更加健全。适应教师职业特点的多元化教师招聘补充机制逐步完善,教师结构性、阶段性、区域性短缺问题逐步得到解决。对幼儿园教师师德规范、法治教育、心理健康教育培训力度加大,师德师风建设长效机制更加健全。针对学前教育高频事项和重点环节出台的 12 条精致管理基本规范的实施,将全方位推动幼儿园管理的精致化、规范化水平的提升。常态化监管得到强化。在现有的城乡幼儿园督学责任区和学区教育服务中心基础上,将细化监管责任单位和明确责任人,对幼儿园的常态化监管力度加大,推动幼儿园办园行为进一步规范,保教质量稳步提升。

青岛市"博物馆之城"建设发展状况分析

郑 国

博物馆是征集、典藏、陈列和研究代表自然和人类文化遗产的实物的场所,对馆藏物品分类管理,为公众提供知识、教育和欣赏的文化教育的机构、建筑物、地点或者社会公共机构,是不断满足人民群众精神文化需求的重要载体。近年来,青岛市委、市政府高度重视博物馆事业发展,提出了打造"博物馆之城"的城市建设目标。

一、青岛市"博物馆之城"建设发展现状

(一)政策支持力度进一步提升

多年来,青岛市委、市政府一直高度重视博物馆事业发展,2016年,提出了打造"博物馆之城"的城市建设目标,综合施策,持续推动"博物馆之城"建设。2014 年,青岛市在全省率先出台了《关于促进民办博物馆发展若干政策的意见》《民办博物馆补助奖励资金实施细则》,市南、崂山等多个区(市)配套制定了鼓励政策,鼓励支持非国有博物馆健康发展,有力推动了非国有博物馆的建设发展。在创建国家公共文化示范区过程中,推出了博物馆"进校园、进军警营、进农村、进社区、进企事业"五进活动,将更多博物馆纳入 15 分钟公共文化服务圈。2019 年3 月,经市政府授权同意,市文化和旅游局出台了《关于进一步鼓励社会力量兴建博物馆的实施意见》。2020 年,青岛市委宣传部、青岛市文化和旅游局等 9 部门联合印发了《关于加大扶持非国有博物馆发展力度的实施意见》,综合利用财政、税收、土地等政策促进博物馆规范健康发展。如今,青岛市博物馆已突破 100 家,博物馆作为青岛市公共文化服务的中坚力量,正日益成为未成年人的社会课堂、市民文化休闲的大千世界和文化旅游的新兴景点。可以说,青岛市博物馆事业的发展,走在了全国同类城市的前列,为全国各省、市博物馆建设发展提供了有益的经验借鉴。

(二)博物馆门类齐全,特色鲜明

青岛市博物馆数量居副省级城市第 4 位,实现每 9.5 万人拥有一家博物馆的目标,全国平均每 26 万人拥有一家博物馆。这其中,各博物馆积极利用建筑、海洋、工业遗产、传统技艺、民俗(非遗)、艺术等方面资源建设博物馆,初步形成了历史建筑博物馆群、乡村记忆博物馆群、名人故居博物馆群、工业遗产博物馆群等十大博物馆群,一批体现行业特征和地域特色的博物馆相继建成开放,形成了政府主导,社会参与,国有和非国有博物馆协调发展、相互促进的良好局面。博物馆中,国有特色博物馆有 12 家,如青岛市博物馆、青岛市民俗博物馆、青岛德国总督楼旧址博物馆;国有行业博物馆 18 家,如中国海军博物馆、青岛海产博物馆、青岛消防博物馆、青岛邮电博物馆、青岛啤酒博物馆等;特色非国有博物馆有 70 家,如众所周知的青岛贝壳博物馆、青岛西洋艺术博物馆、青岛嘉木艺术博物馆、青岛琴岛钢琴博物馆、青岛崂山茶博物馆、胶东非物质文化遗产博物馆,以及民办高校的滨海、黄海学院博物馆等,其中不乏网红打卡博物馆,从不同侧面体现了青岛文脉传承和城市文化特色。

(三)积极策展,回报社会

青岛市博物馆积极响应国家博物馆免费开放政策,免费开放的博物馆逐年递增,已有 74 家免费向公众开放,每年"5·18 国际博物馆日""文化遗产日"都组织全市博物馆开展特色惠民活动,让博物馆更加亲近大众、服务大众。在青岛 100 家博物馆中,已有 45 家博物馆成为青岛中小学生"社会课堂"、20 家被列为科普教育基地,19 家博物馆被列为爱国主义教育基地,每年组织超过 100 场的博物馆"进校园、进军警营、进农村、进社区、进企事业"五进展览教育活动,近 300 万中小学生走进博物馆,博物馆日益成为青岛市中小学生课外教育的重要阵地。2020 年,山东省文化和旅游厅(省文物局)公布了第五届全省博物馆十大精品陈列展览评选结果。其中,青岛市文化和旅游局获"优秀组织奖";青岛贝壳博物馆"小贝壳大世界"陈列展获"精品奖";青岛市博物馆、青岛一战遗址博物馆的相关展览获"优秀奖"。众多博物馆积极面向社会,服务大众,有的甚至成为旅游网红打卡地,在满足市民文化需要的同时,也成为旅游城市的热点景点,发挥了良好的社会效益和经济效益。

(四)加强引领,规范发展

青岛市积极鼓励各类博物馆发展,同时也严格规范管理。2020

年,青岛市组织国有、非国有博物馆参加第四批全国博物馆定级评估工作,推荐上报的14家博物馆全部通过评估定级晋级。其中,青岛啤酒博物馆、青岛山炮台遗址展览馆获评国家一级博物馆,青岛德国总督楼旧址博物馆、青岛市民俗博物馆等5家博物馆获评国家二级博物馆,青岛革命烈士纪念馆、青岛道路交通博物馆等7家博物馆获评国家三级博物馆。青岛市共有国家级博物馆19家,其中一级博物馆3家、二级博物馆7家、三级博物馆9家。尤其值得庆祝的是,首次参加国家评估定级的青岛贝壳博物馆等5家非国有博物馆分别进入国家二、三级博物馆行列,实现了青岛市非国有博物馆定级零的突破。

(五)推动市场化发展,鼓励发展各类文创产品

为繁荣发展文化市场,青岛市鼓励全市文博场馆依据自身文化元素符号开展创意研发,形成了"形式多样、特色鲜明、富有创意、竞争力强"的文创产品体系。中国海军博物馆围绕军事特色研发的系列文化创意产品,受到军事迷追捧。德国总督楼旧址博物馆开发"家邸"系列家居文创产品40余个,成为游客热门伴手礼。青岛啤酒博物馆依托啤酒文化开发纪念品,自2013年以来文创产品已成为青岛啤酒博物馆的一张个性化名片,每年推陈出新的速度越来越快,文创产品每年带动创收增长15%以上,2020年一年文创产品收入达6000万元,超过了博物馆门票。2019年,青岛啤酒博物馆与京东超市签订战略合作协议,双方在技术合作、品牌共建、产品定制线上线下全渠道打通等方面合作达成共识,成为全国首家与京东签署战略合作的博物馆,也为"电商＋文创"的发展模式提供了借鉴。

二、青岛市"博物馆之城"建设发展过程中 存在的问题与分析

自"博物馆之城"开启以来,青岛市博物馆建设规模突飞猛进,总量在同类城市中居于前列。但也存在存量不够优化、发展缓慢、增量管理不规范、专业化水平不高的问题。这些问题在一定程度上制约着青岛市博物馆发展水平,影响观众游览感受,需贯彻高质量发展精神,下大力气进行扭转升级。

(一)国有博物馆建设力度有待加大

国有博物馆如青岛市博物馆现有规模不足,二期扩建工程进展缓慢。中国海军博物馆,是唯一一座反映中国海军发展史的军事博物馆,在向海发展的今天,自身有很大的发展优势,2008年被评为国家一级

博物馆。但是，自改建以来，发展动力受挫，仅被评为国家二级馆。作为东部沿海城市，特别是北部海洋经济圈的核心城市，青岛市在涉海博物馆方面发展相对滞后，虽然有历史悠久的青岛海产博物馆，但展陈范围有限。国内其他城市如天津、深圳等纷纷抓住国家重视海洋的机遇，大力发展涉海博物馆事业，值得借鉴。

(二)民办博物馆发展后劲乏力

在政策支持鼓励下，青岛市部分民办博物馆存在专业化水平不高、专业人才缺乏、发展定位不准、展品更新匮乏等问题，造成相当数量的民办博物馆创办者重视建设、轻视运营，开馆后不同程度遇到资金短缺、管理混乱、人流量小、参观人员不满意等问题，一些博物馆甚至会因场地不固定等原因关门停业。部分博物馆存在场馆规模偏小、布展水平偏低、藏品良莠不齐、管理运营不规范、自我造血功能不足等问题，文创产品开发单一，难以形成文化热点，吸引市民参观的能力不强，导致民办博物馆生态呈现参差不齐的现象。同时，大部分民营博物馆租用场地开办，随着用地成本增加，发展空间受限，或者场馆比较偏僻，或者新增藏品、展览提升等方面对馆舍空间的需求难以满足，政府购买服务又不足以弥补其经营成本，进一步发展空间受限。

三、青岛市"博物馆之城"建设展望

传统意义上博物馆的功能包含搜集、保存、修护、研究、展览、教育、娱乐七项。但在当下社会，特别是信息技术的发展，无边界发展正成为各种社会事物开拓创新的显著特征。广泛采用现代信息技术的成果，多元化发展也是博物馆主动出击、顺应社会潮流的重要方向。为此，要切实做到以观众为主，布展环节、布展形式、布展内容都贯穿观众为主的思想，真正做到为观众服务、让观众受益。充分发挥博物馆的多重作用，融合破圈发展，利用"博物馆＋"，开发线上线下多种体验方式。

(一)完善体制机制建设，引导博物馆长期良性发展

在"博物馆之城"建设过程中，政府积极倡导和鼓励，极大地加速了建设进程。同时，面对迅速发展的新形势，应尽快完善体制机制建设，完善各项规章制度，确保博物馆建设长期处于良性发展轨道。完善国有博物馆发展机制，在人才引进、基础设施建设和策展办展方面，不断注入活力。规范民办博物馆管理制度，鼓励社会力量开办和运营博物馆，把政府有限的资金扶持与日常规范管理结合起来，为满足人民群众精神文化生活提供合格载体，进一步提升国家公共文化示范区建设水

平。数字博物馆作为博物馆发展的重要部分,为文化传播带来了新的动力。随着大数据、云计算、人工智能等新技术在博物馆推广应用日益加快,博物馆展览主题更加鲜明,内容不断拓展,博物馆现代化、智慧化水平不断提高。积极引领推进智慧博物馆建设、数字化体系建设,推动文物信息资源开放共享,用科技让文物"活"起来。科技助力文化传播是目前文化传播的主流趋势,人们已习惯通过互联网满足自己的文化需求。

(二)以博物馆方式加强红色文化传承

要善于利用博物馆自身优势,不断提升服务能力和水平,更好满足公众文化需求,使红色文化资源更广泛地融入市民生活,发挥全面、全天候式的影响力,成为更具吸引力的文化空间,红色文化也将获得更好的传承和弘扬,不断焕发历史和现实的光彩。坚持保护优先、保用结合,多措并举,创新举措让红色文化资源活起来。一是建立协作机制,形成整体合力,持续提升革命文物保护利用水平,促进文旅融合,提质特色产业,更好发挥革命文物资源在弘扬革命精神、传承红色基因、推动经济社会发展、实现中华民族伟大复兴中国梦中的重要作用。二是全面提升区域内重大事件遗迹、重要会议遗址、重要机构旧址、重要人物旧居保护展示水平。三是策划、打造、推介一批主题突出、导向鲜明、内涵丰富的革命文物陈列展览、流动展览和线上展览精品,生动阐释中国共产党的伟大历史贡献,讲清讲透区域内人民群众一心向党、努力革命的光荣历史,激发干事创业的激情。四是创新保护利用方式与机制,善于利用新技术新平台,面向新老群体,制播微视频、短片、纪录片,讲好革命故事,传承红色基因。五是依托革命文物场所,组织好党史文物、文献、档案、史料的社会征集活动和展示展览,开展百年党史教育主题活动。博物馆是历史文化的重要载体,是连接过去、当下与未来的重要公共文化场所。

(三)体验参与,互动式办展,开放式传承

活态传承,是指在非物质文化遗产生成发展的环境当中进行保护和传承,在人民群众生产生活过程当中进行传承与发展的传承方式,以达到非物质文化遗产保护的终极目的,是区别于以现代科技手段对非物质文化遗产进行"博物馆"式的保护,用文字、音像、视频的方式记录非物质文化遗产项目的方方面面的方式。大力挖掘具有鲜明地方特色和民族风情的地域文化,必须善于发现和运用不同城市存在的差异,扬长避短,发挥优势,并结合城市特点,将民族优秀传统文化融入城市建设和管理中去。只有以优质的资源和独具特色的产业模式为基础,搞

好城市文化定位,传承艺术经典,才能培养和塑造出独具艺术魅力的文化品牌,让传统文化更加鲜活。从传统的非遗文化保护方式来看,收藏或陈列方式固然能对非遗起到保护作用,但无法充分释放优秀传统文化所蕴含的魅力。"活态传承"方式则不同,其重在唤醒非遗、激活非遗,通过推动非遗文化进校园、进社区、进企业等多种方式,不仅让沉睡民间、收藏在博物馆的非遗活起来、会说话,而且让更多人尤其是青少年自觉走近非遗、了解非遗、喜欢非遗。杭州的中国伞博物馆,使观众在参观伞文化、伞历史、制伞工艺技术以及伞艺术的过程中,深度体验手工制作快乐。杭州手工艺活态馆是与众不同的博物馆,除了展示陈列之外,它让看客们亲自感悟那些在中国传承了数千年的手工技艺背后的文化。与其他博物馆不同的是,这里的大多数展厅都有专门的师傅,游客可以真真切切体验到这些传统的手工艺。可以说,"活态传承"创新了传承方式,能够让非遗更多融入时代元素,更好地融入现代百姓生活,重现生机与活力。

(四)以观众为中心,场景化布展,主动出击

博物馆实行免费开放后,让更多观众走进去参观仅仅是第一步。要让观众看得懂、有所得,博物馆不妨换个思路办展览,注重吸纳观众建议,就能以更开放的心态融入百姓生活。一般情况下,博物馆的策展人都由专业人士担当,观众是被动的接受者。这种局面正在悄然改变,越来越多的展览在策划之初便充分吸纳观众意见,甚至有一些展览专门请观众参与策展。专业的内容用观众的视角来呈现,用普通人听得懂的语言来讲述,从而拉近了与观众的距离。

近年来,博物馆纷纷走出去,进社区、进校园,甚至进养老院、孤儿院和偏远农村,将部分藏品搬出去展览,让那些鲜有机会走进博物馆的公众得以亲近博物馆。这既保障了人们的公共文化权益,也在潜移默化中培育着人们逛博物馆的习惯。十多年来,广东省博物馆就坚持实施流动博物馆项目,每年观众达300万人次。从博物馆提供什么观众就接受什么,到如今观众需要什么博物馆就提供什么,博物馆和观众越来越近。博物馆要通过持续创新,深入体验观众心态和社会潮流,做到以受众为中心设展布展,使之成为人们日常生活的一部分,更好地发挥记录历史、传承文明、弘扬文化的功能。

(五)深耕主题,融合破圈,坚持多元化发展

当下,融合破圈发展是文化产业发展的大趋势,"博物馆＋"是主动顺应这一潮流的主要方向,有的博物馆则呈现"去博物馆化"的现象。在国外,一些博物馆会与大型商区合作,定期开设"快闪"展览,包含自

然科普、童话故事等多种主题,尤其受到孩子们的欢迎。还有的博物馆则在馆内附设音乐厅、文创商店、咖啡厅等,展现出综合服务中心的新面貌。在国内,博物馆的职能也在拓展,如广东省博物馆打造的"无边界博物馆"、北京海淀建在中关村图书大厦中的科学博物馆,都将内部场馆对公众开放,突破原有的束缚,让博物馆成为没有门槛、没有界限的知识空间。未来青岛市博物馆应发展复合型的博物馆,在手工技艺传承、地域文化特色、提升生活时尚、开发文创产品等方面,主动出击,与相关方面开展联合,形成发展合力,既扩大影响,又传承文化。

(作者单位:青岛市社会科学院)

青岛市招才引智与创业城市建设形势分析

李京禄

人才资源是创新活动中最为活跃、最为积极的因素。落实创新驱动战略,助推创业城市建设,需要持续打造人才聚集地,构筑创新"高地"。习近平总书记强调,要树立强烈的人才意识,寻觅人才求贤若渴,发现人才如获至宝,举荐人才不拘一格,使用人才各尽其能。当前,以国内大循环为主体、国内国际双循环相互促进的新发展格局正在加快形成。积极融入新发展格局,推进高质量发展,青岛比以往任何时候都更加渴求人才。疫情防控常态化背景下,搭建人才对接平台,统筹做好人才引进与高校毕业生等重点群体就业工作,广聚天下英才,厚植创新土壤,稳住基本就业盘,蓄积发展后劲,在新形势下意义重大。近年来,青岛市坚持把人才强市建设作为一项战略性、基础性工程,持续完善人才发展体制机制,营造出惜才、聚才、用才、兴才良好氛围,人才队伍规模不断壮大,人才结构不断优化。

一、青岛市招才引智与创业城市建设概况

近年来,青岛市坚持以习近平总书记关于人才工作的重要论述为指导,全面贯彻落实国家、省、市有关决策部署,深入实施"人才强市"战略,加快建设创业城市,不断加大人才政策供给力度,创新人才分类培育机制,着力提升人才服务质效,人才创新创业发展环境持续优化。截止到 2020 年底,全市人才总量达到 230 万人,其中,高层次人才达到 14429 人,约占全省总量的 1/3。2019 年以来,全市共为外籍人才办理来华工作许可 12937 人次,居全省首位,连续两年获得全省"双招双引"考核第一名,连续两年被评为中国"最佳引才城市",九次入选"外籍人才眼中最具吸引力中国城市"。

(一)加大人才政策供给力度

1. 升级普惠性人才政策

聚焦助力新旧动能转换,出台新一轮高校毕业生住房补贴、青年人才一次性安家费政策,创新实施硕博研究生来青实习补贴、引进"双一流"建设高校优秀毕业生培养补助政策,建立起覆盖技能人才到顶尖人才的人才引进补贴奖励政策体系。

2. 整合人才工程评选政策

立足破解人才"帽子"满天飞、人才工程多头申报、重复支持等问题,将全市分散在 9 个行业主管部门的 10 项人才工程整合为支撑产业发展的"产业领军"和服务行业建设的"行业拔尖"2 项,申报管理部门由 9 个归并为 2 个。

3. 创新产才融合发展政策

聚焦 13 条重点产业链,创新提出补链、强链、延链奖励及高端人才纳税奖补、用人主体猎才补贴、产业人才培训补贴等政策措施,为促进产业和人才有机融合注入新动力。

4. 实施定制化支持政策

对现行政策不能满足其需求,但具有战略性、引领性、稀缺性特点的高端人才及项目按程序给予定制化政策支持。目前,已经为上合示范区、山东自贸区青岛片区(以下简称"两区")、工业互联网行业及海尔、海信等企业制定专项支持政策,受到政策对象的广泛欢迎。

5. 出台支持柔性引才政策

支持各类市场主体采取项目合作、成果转化、联合研发、技术引进等灵活多样的方式,面向全球招募各类英才到青"揭榜挂帅";支持企业建设"人才飞地",就地集聚人才开展科技创新和成果转化。同时,将市科技计划、科技奖励向以柔性方式来青岛创新创业的高层次人才及其团队开放,对柔性引进的高层次人才,直接纳入青岛高层次人才服务范围,享受绿色通道服务。

6. 优化外籍人才集聚政策

在全国率先开展薪酬外汇便利化和外国人管理两个国家级创新试点,目前已办理外籍专家便利化薪酬业务约 1076 万元。积极推行外国人工作许可"不见面审批",审批时限由 20 个工作日缩短至 5 个工作日。首次在"两区"和青岛高新区设立区级外国人工作许可服务专窗,为来青工作的外籍人士提供更加便捷高效的服务。

(二)建立人才分类培养机制

1. 实施优秀企业家培养计划

建立青岛市企业家学院、青岛民营中小企业大学及线上商学院,通过组织企业家挂职培养,联合知名高校举办高质量发展讲堂、中高管培训班等培训活动,大力推进企业家队伍建设。2019 年以来,累计培训

2000 余人,入选山东省泰山产业领军人才 19 人,有 9 位企业家获评"山东省优秀企业家"。

2. 实施高端人才培养计划

瞄准对重点产业发展具有战略引领作用的世界级水平科学家,实施"顶尖人才"集聚工程,对自主培养、全职引进的给予 500 万元安家费,对柔性引进的连续三年按照上年度在青纳税薪酬的 30% 给予奖励。2019 年以来,累计认定奖励顶尖人才 12 名,发放奖励资金 3230 万元,集聚院士 64 人(其中驻青院士 33 人、聘任院士 31 人)。

3. 实施新锐人才托举计划

针对有望带领企业成长为"独角兽""瞪羚"企业的经营管理人才和核心技术人才,采取以绩推才、以赛选才、自主荐才等方式,纳入新锐人才托举培养计划,给予企业 10 万元至 50 万元培养经费。

4. 实施博士后培养计划

升级"博士后培养留青"政策,累计进站博士后 5100 余人、出站 2400 余人,博士后出站留青率达 76%,近 100 名博士后发展为院士、"万人计划"专家、省泰山系列专家等高端人才。

5. 实施新领域专技人才培养计划

承接"互联网物联网技术开发"等 5 个国家级和 15 个省级高级研修项目,建设市级以上继续教育基地 34 个,涵盖工业互联网、新基建等 21 个新兴专业领域,年培训专技人才达到 10 万人。

6. 实施工匠人才培养计划

实施职业技能提升三年行动计划,先后推出金蓝领培训、企业新型学徒制、以工代训等政策,培训政策受益群体覆盖面不断扩大,2019 年以来,全市完成政府补贴性职业技能培训 55.1 万余人。

7. 实施社工人才培养计划

建立区(市)、街镇、社区三级"社会工作支持中心",培养市级以上社工领军人才 158 人,持证社工人才达到 7452 人,居全省第一。

8. 实施乡村人才定向培养计划

出台新型职业农民培育管理办法,组织开展新型职业农民技能培训、现代青年农场主培养,推进实施新型经营主体带头人"百千万"示范引领工程,全市乡村人才达到 40 万人。

(三)创新引才聚才打法

1. 实施平台引才

围绕重点产业链,布局青岛国际院士港、青岛博士创新创业园、青岛高层次人才创新创业中心及 10 个留学人员创业园等一批高端创新创业孵化平台,建立 1200 多个专家工作站、169 个博士后站(基地),创建 349 家国家级科技创新平台载体,为广大人才创新创业提供强有力的平台支持。持续推进高校引进工作,康复大学(筹)选址青岛并正式揭牌,中国科学院青岛科教园、对外经贸大学青岛国际校区等工程顺利实施,山东工艺美院青岛校区揭牌,引进 40 名国家级和省级领军人才带团队来青工作。

2. 实行以赛引才

举办中国山东(青岛)博士后创新创业成果大赛、中国(青岛)留学回国人员创新创业大赛、中国创新创业大赛(青岛赛区)暨青岛全球创新创业大赛、"创客中国"(青岛赛区)暨"市长杯"创新创业大赛等赛事,吸引 4000 多个项目参赛,500 多个项目在青岛落地实施。

3. 开展活动引才

高水平举办"蓝洽会""百所高校千名博士青岛行""央企青岛行"等活动,实施"万名海归精英聚青行动""留学回国人员创业启动支持计划",吸引更多海内外人才加盟创业城市建设。首次举办国际青年人才线上云招聘活动和"一带一路"国家在华留学生走进青岛活动,吸引来自世界各地的 2 万余名青年线上参与活动,来自巴基斯坦、塔吉克斯坦、也门等"一带一路"国家 130 多名留学生走进"两区"实地考察对接。

4. 实施中介引才

鼓励中介机构和个人参与招才引智,对引进符合条件的高层次人才(团队)的机构和个人给予奖励,目前已发放中介奖励 1016 万元,通过中介引进高层次人才 90 多人。

5. 实施实习引才

实施万名大学生见习实习计划,面向国内(境)外高校毕业生开放实习实训场景,推动引进海内外青年人才关口前移。截至目前,全市开放青年见习基地 721 家,累计提供见习实习岗位 4.6 万余个,组织见习实习 1.28 万人。

6. 实施以财引才

持续加大财政投入,2020 年市级人才总投入达到 12 亿元,占本级财政支出的 2.62%,保持全省先进水平。创新资金拨付方式,对部分普惠性人才政策实行"预拨+清算"方式提前下达资金,提高政策兑现效率。建立人才项目绩效评估机制,根据人才项目产出效益调整预算投入,持续提高财政资金使用效益。首次设立"人才金",以"拨改投"方式助推高端人才项目落地实施。积极推行"人才贷",引导各银行机构为在青人才创新创业加大授信贷款支持力度,目前已发放"人才贷"1.5 亿元。

7. 实施产业引才

建立"双招双引"联动机制,成立 15 个市直部门共同参与的联动工作协调专班，促进"双招双引"一体部署、一体推进。调查发布重点产业（工业互联网、智慧城市）人才需求目录、技能人才紧缺急需 50 个专业目录和 100 个职业（工种）目录，引导社会资源对接产业需求加强人才培养供给。聚焦重点产业发展，深入实施"科技创新高层次人才团队引进计划""创业创新领军人才计划"，累计支持创业创新领军人才 256人、引进高层次人才团队 8 个。

8. 实施海外引才

鼓励青岛市用人单位在国（境）外打造高端平台集聚人才，目前已创建国家引才引智示范基地、科技部高等学校学科创新引智基地、科技部"一带一路"联合实验室等高端科创平台 24 个。积极开辟国际化人才招引新渠道，在法兰克福、伦敦、东京及香港、澳门等城市建立招才引智工作站、国际人才智力联络站等 38 家，积极加强科技人才引进和交流合作。目前，全市引进的外籍专家已有 11 人入选国家重点外专项目，65 人入选"万人计划"科技创新创业领军人才，130 余人次入选国家高端外国专家项目，147 人次入选省级重点外国专家项目。

（四）优化升级人才服务环境

1. 不断完善人才住房保障制度

着力加大人才住房供给，2019 年以来，全市启动建设人才住房 15.9万套，其中租赁型住房占 56%、产权型住房占 44%。同时要求青岛西海岸新区、城阳区、即墨区、胶州市、平度市、莱西市选取高铁站点周边等交通便利、配套相对完善的片区打造人才小镇，努力为来青人才安居青岛创造良好条件。为吸引人才，各区（市）也不断创新人才住房政策，其中城阳区推出共有产权人才住房，崂山区推出"配额制"人才住房。

2. 着力加大优质基础教育资源供给

围绕解除来青人才子女入托入学后顾之忧，先后引进北京师范大学、华东师范大学、山东师范大学、华东师范大学二附中等优质教育资源。加快提升教育国际化水平，积极办好 9 所外籍人员子女学校，加快建设北京二十一世纪国际学校青岛分校，积极推进清华大学附中青岛学校项目落地。聚焦学前儿童"入园难、入园贵"难题，积极推进幼儿园建设，全市公办园在园幼儿占比达到 51%，普惠性幼儿园（公办园和普惠性民办园）覆盖率超过 90%。加大优秀师资引进力度，累计招聘优秀骨干教师、公费师范生等 629 人。积极推进"名师、名校、名校长"培育工程，59 人入选新一批齐鲁名师、名校长工程建设人选，分别占全省总数的 20% 和 13%，位居全省之首。

3. 积极扩大优质医疗资源供给

立足提升包括人才在内的全体市民的医疗保障水平，加快推进一流医疗中心城市建设,着力打造 2 个综合类别、4 个专科类别省级区域医疗中心。在建的青岛市公共卫生临床中心、青岛市公共卫生中心、齐鲁医院(青岛)二期等 6 个省市重点项目,总建筑面积达到 88.76 万平方米,总投资 84.27 亿元。同时,积极引育优秀医疗人才,自主培养国务院特殊津贴专家、泰山学者等 92 名高层次人才,成功与 15 名院士开展合作,累计引进 31 个高层次人才团队、457 名高层次人才,招聘各类人才 9387 名,有 51 个学科进入《中国医院科技量值(STEM)排行榜》全国学科百强榜单,同比增长 37.84%,居计划单列市首位。

4. 创新做好机关事业单位进人用编支持

制定《机关事业单位用编进人计划管理暂行办法》,将人才引进作为用编进人计划的首要保障因素。出台《青岛市引进高层次人才机动编制使用管理办法》,在全市编制存量内单列 300 名机动编制,作为已满编、超编机关事业单位全职引进高层次人才和安置高层次人才随调家属的编制"蓄水池",同时对引进高层次人才申请用编进人计划和入编备案等事项实行"绿色通道、专员接待、随时受理、一次办好"模式,2 个工作日即可完成入编办理业务。

5. 全面升级人才落户政策体系

出台新一轮深化户籍制度改革的意见,进一步放宽学历人才、技能人才落户条件,对有学历、有职称、有技能的人才,实现落户有保障;对城区有稳定就业或稳定居住的人员,实现"想来可来";对"双招双引"项目及有贡献企业落户,实现全程便捷服务。同时,在全国率先建立学历信息共享平台,实施人社、公安联审联批,实现了人才落户资格审核"秒批"。截至目前,已有 42576 人通过平台秒批落户。

6. 不断健全人才政策落实机制

全面贯彻落实市委、市政府关于"项目落地年"的部署要求,认真总结"企业点单""政策找人"等经验方法,制定全链条提升人才政策效能实施办法,从源头上解决人才政策与项目落地"脱节"问题,形成人才政策拟定出台、督促落实、反馈优化的闭环运行模式。上线运行青岛人才政策电子词典,包含全市 260 项政策、1400 多个政策条目、10000 多个查询项目,政策查询超过 200 万条次。在青岛政策通平台、青岛市民营和中小企业政策一本通设置人才政策专区,汇聚全市引才聚才奖励政策,加大宣传推介力度。

7. 着力打造"一站式"人才服务模式

针对人才服务碎片化问题,围绕"一站式"人才服务体系建设,构建起"一平台""一网络""一窗口""一张卡""一专线"等"五个一"人才服务平台,建立"一口受理、并联办理、闭环管理"运行机制,推行人才服务"网上办""移动办",其中人才职称确认、落户资格审核等 62 个事项实现一网通办,学历认证、人才引进等 30 个服务事项实现移动办理。目前正加快推进"人才服务一件事",同时在李沧区开展"无感知、免打扰"服务试点,努力打通部门间数据壁垒,进一步简化办事程序,精简申报材料,提高办事效率。

8. 深化拓展人才评价

坚持"谁用人谁评价",在全市规模以上企业全面推行技能人才自主评价,已有 5000 余人通过自主评价考核。推进职称评审权限下放,将中小学教师、工程中级职称评审权下放至区(市)。实施"定向评价、定向使用"的基层职称制度,在基层卫生、中小学教师、农业等系列累计近 1000 人获评高级职称。在全国率先开展工业互联网职称评审,创新开展新型职业农民职称评审,为更多专技人才畅通职业发展通道。积极推行人才分类评价,明确科技、教育、卫生等十类人才评价重点,弱化论文、奖项等评价内容,进一步建立健全以创新质量和实际贡献为核心的人才评价体系。

9. 持续优化高层次人才服务

建立高层次人才服务工作协调机制,组织公安、教育、卫健等 16 个职能部门,编制《青岛市高层次人才服务指南》,配备高层次人才服务专员 126 名,自主开发高层次人才服务 APP,落实落地落细出入境与居留、子女入学、医疗保健等 37 个绿色通道服务事项。

10. 健全鼓励创新、宽容失败的制度

建立完善创新容错机制,对承担探索性强、风险度高项目的科研人员及团队,因客观原因未达到预定目标,不追究相关人员责任,已拨付经费不予追回。开展科研经费"包干制"试点,将创新战略研究项目直接费用调剂权全部下放给项目承担单位。探索制定事业单位科研人员职务科技成果转化现金奖励政策,落实以增加知识价值为导向的收入分配制度,激励广大人才科技创新的积极性和主动性。同时,实施更加严格的知识产权保护,严厉打击知识产权违法违规行为。2019 年以来,全市共查处专利、商标领域知识产权违法案件 645 起,罚款 1000 余万元。

二、青岛市人才工作存在的主要问题与不足

近年来,国内重点省份、城市都在积极参与全国乃至全球的人才竞争,竞相出台各类优惠政策和创新举措。与上海、深圳等先进城市相比,青岛的人才工作还有一些短板和不足。

(一)人才吸引力不足,政策缺乏比较优势

当前人才选择就业城市时会有诸多考虑,会看一个城市的发展水平、开放程度和薪资水平等。城市发展水平越高,开放度越好,薪资水平越高,越吸引人。目前看,青岛市对人才的吸引力不足,城市发展水平和薪资待遇难以满足人才的需求。人才政策虽然在不断优化,但人才引进是不同城市之间的竞争,人才会对相关城市的政策进行对比,然后选择就业城市,青岛的人才政策与国内同类型城市相比,政策门槛高、受众面窄,政策中福利种类有待增加,由于缺乏比较优势导致对人才吸引力不足。

(二)民营企业承载力不强,发展吸引力有待提升

相比深圳,青岛市民营企业数量不多、实力不强;行业龙头企业、领军人物偏少;各类国家级平台虽然数量不少,但发挥的作用和效益不佳;引才力度、育才水平和用才环境相比深圳仍有很大差距,系统性的制度安排还不健全。在全国工商联发布的"2018中国民营企业500强"榜单中,青岛仅有5家民营企业上榜,而深圳有22家。2018年,青岛市人才资源总量193万人,不到深圳的40%,在高层次人才、千人计划等领域也相对落后。

(三)引进人才渠道有待升级,人才供需结构性矛盾突出

招聘方式多沿用传统的被动方式,主要有人才市场定期举办的现场招聘会、组团到外地高校进行实地招聘,以及通过网站和微信公众号发布一些引才信息,而高级人才"猎头"线上招聘等新兴的招聘方式还有待加强。传统的引才机制已不能适应现今人才发展的需求,引才渠道需要拓宽。人才供需结构性矛盾仍然比较突出,特别是创新型、复合型、应用型人才短缺明显,如工业互联网、健康养老、跨境电商等方面人才缺口都比较大,迫切要求加大培养供给力度。

(四)人才政策供给和落实"两张皮",政策宣传普及是短板

与企业、人才的实际需求相比,人才政策供给和落实不同程度地存在一些问题。比如,有些政策好看不好用,有些政策经办程序比较烦琐,有些奖励资助兑现周期比较长,市场主体和人才对人才政策的感受度不强。人才政策宣传不够深入,方式单一,专题宣传少,没有充分利用新媒体的传播,宣传信息覆盖面小,求职者对政策知晓度不高。在调研中,许多应届大学生表示不了解青岛人才政策,在求职过程中看到的信息较少。

(五)引才政策协同性不足,"碎片化"现象明显

人才和产业协同需要加强。从政策制定角度看,根据不同产业人才特点,量身定制产业人才政策还处于探索阶段,产业和人才政策的匹配度亟待提高。从产业引才角度看,"双招双引"联动作用发挥还不充分,人才部门与产业部门协同性需要进一步提升。"一站式"人才服务运行机制还不完善,人才服务"碎片化"以及"数据孤岛"等问题还没有得到有效解决,人才服务精细化、精准度还需要进一步提高。

(六)引才与育才存在脱节,引进人才奖励机制不健全

引进人才不能一蹴而就,既要引得进,更要留得住、用得好,要对引进的人才建立面向发展的后续措施,探索有效的奖励机制,给人才一个稳定可靠而又有吸引力的职业生涯预期。部分单位对引进人才缺乏有效的奖励机制。一方面,有的企事业单位对引进的人才关心爱护和重视不够,没有给予人才个人成长的培训进修机会,对他们的工作缺乏后续支持,使他们无法获得实现自身价值的满足感。另一方面,缺乏完善的考核评价机制,对在工作中作出突出贡献的引进人才未能及时进行奖励,也没有相应提高他们的福利待遇,影响到其工作积极性的发挥。

三、对策与建议

党的十九大报告中指出:"以识才的慧眼、爱才的诚意、用才的胆识、容才的雅量、聚才的良方,把党内和党外、国内和国外各方面优秀人才集聚到党和人民的伟大奋斗中来。"引进人才,要坚持引才引智相结合,不求所有,但求所用。以宽广的胸襟汇聚人才,以良好的环境成就人才,为加快建设创业城市提供人才保障,推进招才引智工作创新发展,为建设开放、现代、活力、时尚的国际大都市贡献力量。

(一)要切实提升政治站位,牢固树立人才优先发展理念

充分认识做好人才工作的极端重要性,牢固树立人才是第一资源的理念,切实增强政治责任感和历史使命感,全面实施人才优先发展战略,立足实践实际,把住关键重点,创新思路举措,高质量高水平做好各项人才工作。

(二)坚持需求导向,聚力打好人才培养攻坚战

健全紧缺人才需求调查发布机制,引导院校及社会培训机构对接

人才需求开展人才培养。指导各类院校对接产业需求,调整专业设置,加强工业互联网、跨境电商等急需紧缺应用型人才的培养供给。鼓励头部企业与院校合作共建人才培训实训基地,不断提高创新型、复合型人才培养供给能力。深化"企业点单""政策找人"等新机制,探索政策"预匹配"、资金"预支付"等新办法,努力打通人才政策落地"最后一公里",切实提高人才和市场主体的获得感。进一步完善人才服务清单制度,加快打造"人才服务一件事",总结推广"无感服务"试点经验,努力为来青创新创业人才提供更加优质、更加高效的人才服务。

(三)坚持市场逻辑,聚力打好招才引智攻坚战

纵观经济发达地区,无不是注重市场化的先行者。招商与引智尤其应转变思想观念、尊重市场规律,用市场的逻辑来谋事,破除"官本位"思维、行政化逻辑,让"看不见的手"在资源要素配置中发挥决定性作用。同时,要用改革的"冲击钻"破除传统体制机制的制约,营造良好的营商环境,打造优质高效政务服务发展生态。构建以企业为主体的人才引育留用机制,打好政策招才、平台聚才、生态留才组合拳,统筹办好"千山峰会""蓝洽会""百所高校千名博士青岛行"等系列活动,促进更多优秀人才聚青创新创业。

(四)瞄准短板弱项,大力实施招才引智专项计划

突出急需紧缺导向,搭建招才引智平台,推进政策联动、人才联招、活动联办、载体联建,步调一致协同推进,打造人才引进工作新高地。聚焦产业精准引才,聚焦主导产业,精准引才、靶向引才,推动人才引进与产业发展深度融合。创新引才引智方式,积极对接高校、院所、企业等智力资源和学科优势,通过兼职挂职、技术咨询、项目合作、客座教授等柔性方式,吸引集聚战略性科技创新领军人才和团队来青创新创业。用活专业化的打法。国内一些先进地区采取专业化招商模式,如由企业、中介咨询机构或市场专业机构充当招商引资的主角,取得了良好实效。应学习借鉴先进地区经验,注重前瞻性,推进招商引资的专业化设计。领导干部要运用专业概念、专业判断、专业逻辑得出专业结论,提出专业化对策,用专业化的打法推动高质量发展。

(五)坚持协同理念,聚力打好产才融合攻坚战

认真贯彻实施产才融合政策,推动人才部门和产业部门共同建设线上人才招聘专区、产业人才地图,对"双招双引"重点项目建立台账,跟进提供定制招聘、政策落实等服务,不断提升联动水平。着力解决招才引智机制不够灵活等问题,运用市场思维完善招才引智机制。研究

制订国内重点城市招聘项目采购方案,选择市场机构实施"青岛招才引智高校(名校)行"等活动,通过"以赛引才"遴选优质项目 63 个,其中 25 个创新创业项目已落户。充分放权,发挥企业主动性。邀请蔚蓝生物、歌尔声学等 5 家头部企业起草产才融合政策初稿,并征求 120 家企业意见建议,以此为基础制定《关于促进产才融合发展的若干措施》。建设"青岛人才创新创业平台地图",已填报重点双创服务机构 240 家,重点项目 641 个,创业载体空间面积 255 万平方米。完善评估体系。成立青岛人才战略咨询委员会,建立全市人才工作智库。面向全社会发布"2021 年招才引智活动"内容,对招才引智活动进行定期调度,及时调整招才引智方向和内容。

(六)完善培养支持体系,造就高素质专业化人才队伍

加强高端人才培育,优化整合各类人才培养培训资源,最大限度调动科技人才创新积极性,尽快补齐青岛市高端人才紧缺短板。加强政治引领和政治吸纳,实现"增人数"与"得人心"的有机统一。着力提高人才服务水平,积极为人才做好事、办实事、解难事,不断打造拴心留人的服务环境。大力营造良好社会氛围,大力宣传人才工作政策和经验做法,推动人才优先发展理念深入人心、落地生根。

(作者单位:青岛市人大常委会)

青岛市公立医院高质量发展研究

李传荣

  党的十九届五中全会把高质量发展确定为"十四五"时期经济社会发展的主题。公立医院是医疗服务体系的主体,是卫生健康高质量发展的优先领域。在深入研究解读国家和山东省有关政策文件、总结分析全市公立医院改革发展现状的基础上,参考国内部分先进省市做法,提出青岛市推动公立医院高质量发展的总体思路及具体措施建议。

一、公立医院高质量发展的主要政策要求

  2021 年 5 月 14 日,国务院办公厅印发《关于推动公立医院高质量发展的意见》(以下简称《意见》),明确了今后 5～10 年公立医院高质量发展的目标、方向、举措。6 月 17 日,国家发展改革委等四部门联合发布《"十四五"优质高效医疗卫生服务体系建设实施方案》,提出实施公立医院高质量发展工程,确定了一批中央预算内投资重点支持的公立医院建设项目。9 月 14 日,国家卫生健康委、国家中医药管理局联合印发《公立医院高质量发展促进行动(2021—2025 年)》,提出在"十四五"期间实施建设高水平公立医院网络、临床重点专科群、高质量人才队伍、"三位一体"智慧医院等四项重点建设行动和实施医疗质量提升、患者体验提升、医院管理提升、临床科研提升等四项能力提升行动。目前,山东省深化医改领导小组正在研究制定《推动公立医院高质量发展的若干措施》,预计 2021 年年底前发布实施。

  依据国家层面已发布的相关政策文件规定,立足新发展阶段的"公立医院高质量发展",其总体思路可以简要概括为"一个目标"、"一条主线"、"五新聚焦"和"三个转变":以建立健全现代医院管理制度为目标,坚持和加强党对公立医院的全面领导,聚焦构建新体系、引领新趋势、提升新效能、激活新动力、建设新文化,力争通过 5 年的努力,实现发展方式从规模扩张转向提质增效、运行模式从粗放管理转向精细化管理、资源配置从注重物质要素转向更加注重人才技术要素。"五新"代表了公立医院高质量发展的路径、方向和目标。

（一）构建新体系

"构建新体系"明确了不同层级公立医院高质量发展的定位。一是打造国家级和省级高水平医院。包括建设国家医学中心、区域医疗中心、省级区域医疗中心和中医药传承创新中心等,补齐专科短板,以减少患者跨区域就医。二是发挥市级公立医院在城市医疗集团中的牵头作用。组建由三级公立医院牵头,其他医院、基层机构、公共卫生机构为成员的紧密型城市医疗集团,实施网格化布局管理,推动家医签约服务,提升公共卫生能力。三是发挥县级医院在县域医共体中的龙头作用。加强县级医院能力建设,提高肿瘤、心脑血管、呼吸、消化和感染性疾病等防治能力,加强与上级医院、基层机构、公卫机构的协同,提高县域就诊率。四是建立健全分级分层分流的重大疫情救治体系。通过推进国家医学中心、区域医疗中心和省级医疗中心、省级区域医疗中心建设,适度建设发展多院区,加强疫情迅速转换功能,提升地市级、县级 1 所医院传染病救治能力,以有效应对重大传染病风险。

（二）引领新趋势

"引领新趋势"明确了公立医院高质量发展的重点。一是加强临床专科建设。以满足重大疾病临床需求为导向,重点发展重症、肿瘤、心脑血管、呼吸、消化、感染、儿科、麻醉、影像、病理、检验等临床专科,改进医疗质量管理体系和标准体系,提高同质化水平,加强中医优势专科建设,以专科发展带动诊疗能力和水平提升。二是推进医疗技术创新。加强基础和临床研究,推动诊治原创性疾病新技术、新产品、新方案和新策略,强化科技攻关对疫情支撑作用,推动科技成果转化,建设中医药临床研究和科技成果孵化转化基地,以技术创新推动临床医学发展、改善疾病诊疗效果、提升疾病防控能力。三是推进医疗服务模式创新。以患者为中心推广多学科诊疗模式,推选日间手术,强化基础护理、延续护理服务,加强精准用药服务,提升院前医疗急救网络建设,创新医防协同机制,推广中医诊疗模式,优化医疗服务,增强群众获得感。四是强化信息化支撑作用。推动云计算、大数据、物联网、区块链、5G 等与医疗服务深度融合,加强电子病历、智慧服务、智慧管理"三位一体"的智慧医院和信息标准化建设,大力发展远程医疗和互联网诊疗,推动手术机器人等智能医疗设备和智能辅助诊疗系统的研发与应用,建立药品追溯制度,探索公立医院处方信息与药品零售消费信息互联互通,提升服务和管理效率。

(三)提升新效能

"提升新效能"明确了公立医院高质量发展的路径。一是健全运营管理体系。整合医、教、研等业务系统和人、财、物等资源系统,建立管理决策支持系统,建立病种标准体系,提高管理效率。二是加强全面预算管理。实行全口径、全过程、全员性、全方位预算管理,强化预算约束,促进资源有效分配和使用,提高资源利用效率。三是完善内部控制制度。开展风险评估和内部控制评价,强化内部授权审批、预算、资产、会计、政府采购、信息公开等控制,强化流程管理,有效防范各类风险。四是健全绩效评价机制。持续国家公立医院绩效考核和医院内部绩效考核体系,重点考核质量、效率、持续发展、满意度等,完善医联体绩效考核制度,考核结果与薪酬分配等挂钩,强化公益性导向。

(四)激活新动力

"激活新动力"明确了公立医院高质量发展的动力源。一是改革人事管理制度。合理制定编制标准,动态调整,落实用人自主权,统筹编制外待遇,分类设岗,增加护士配备,公立医院的医护比总体要达到1∶2。二是改革薪酬分配制度。落实"两个允许",合理确定和调整薪酬水平;完善薪酬体系,总量内自主分配,自主设立薪酬项目,鼓励对医院负责人实行年薪制,5年内全国公立医院人员薪酬中固定部分提高到40%。三是健全人员培养评价制度。强化医学生教育,落实规范化培训制度,加快培养高层次复合型医学人才,加强紧缺护士培养培训,改革人才培养机制,稳步下放职称评审权限。四是深化医疗服务价格改革。稳妥有序试点,优化医疗服务价格体系,建立健全价格形成机制,调控医疗服务价格总体水平;建立价格动态调整机制,力争2021—2022年原则上每年至少调整一次,提高医疗服务收入占医疗收入比例。五是深化医保支付方式改革。探索多元复合式医保支付方式,开展DRG国家试点和DIP试点,探索对紧密型医联体总额付费,结余留用,合理超支分担,科学制度医保总额预算,规范医保协议管理,落实医保资金结余留用。同时,进一步落实政府办医责任,加大财政投入,持续提高公立医院财政补助收入占总收入的比重。

(五)建设新文化

"建设新文化"明确了公立医院高质量发展的精神力量。一是强化患者需求导向的服务提供。坚持以患者为中心,持续改善医疗服务(分时段预约、诊间结算、结果互认),加强患者隐私保护,开展公益慈善和社工、志愿者服务,和谐医患关系。二是建设特色鲜明的医院文化。通过挖掘整理医院历史、文化特色和名医大家学术思想、高尚医德,提炼医院院训、愿景、使命,凝聚支撑医院高质量发展的"灵魂"。三是关心关爱医务人员。建立关心爱护医务人员长效机制,改善医务人员工作环境和条件(减负荷、落实休息、休假),关心年轻医务人员成长,健全职工帮扶机制,建立职业荣誉制度,加强医院安全防范,提高医务人员满意度。

为指导各地推动公立医院高质量发展,国家卫生健康委研究提出了高质量发展的6项标志性指标。一是政府投入占医院收入的比例,争取2025年达到15%(2019年平均为10.1%),2030年达20%～30%。二是技术服务收入占医疗收入的比例,2025年力争提高到40%左右(2019年平均为28.5%),2030年基本达到60%。三是人员支出(用于薪酬的部分)占业务支出比例,2025年力争提高到45%左右(2019年平均为37.4%),2030年达到60%。四是人员薪酬中固定部分占比,2025年国家级试点医院提高到50%、全国平均达到40%(2019年平均为28.5%),2030年基本达到60%。五是高水平医院四级手术占比,2025年基本达到60%(2019年平均为34.18%)。六是高水平医院病例组合指数(CMI),2025年基本达到2(2019年平均为1.4)(注:高水平医院指全国三级公立医院绩效考核结果为A++的三级综合医院,为2019年绩效考核综合成绩排前12名的医院)。

按照国家部署,山东省将重点在推动优质医疗资源扩容和均衡布局、推进城市医疗集团和县域医共体建设、建立健全重大疫情救治体系、加强临床专科建设、推进医学科技创新、提升中医药服务能力、提升数字健康发展水平、加强医院运营管理、全面推开薪酬分配制度改革、加强医学人才队伍建设、健全医疗服务价格形成机制、深化医保支付方式改革等12方面推进公立医院高质量发展工作。

二、青岛市公立医院高质量发展现状

2009年启动实施新一轮医改、特别是"十三五"以来,青岛市以改革为动力,以建立现代医院管理制度为目标,加强服务体系建设,深化体制机制改革,在推动公立医院高质量发展方面取得了阶段性初步成效,但也存在不少短板和问题。

(一)全市公立医院高质量发展主要进展

1.加强统筹布局,加快"构建新体系"格局

"十三五"期间,青岛市统筹规划、加快完善医疗卫生服务体系,以公立医疗卫生机构为主导,推动优质医疗资源扩容和均衡布局,基本形

成了总量持续增长、质量大幅提升、布局逐步均衡的发展格局。"十三五"期间,市传染病医院、省公共卫生临床中心青岛分中心等一批重点项目加快建设,青大附院平度院区、北大人民医院城阳院区(与市妇儿医院合作)等一批高水平医院相继建成开诊,全市三级医院由16家增加到28家;以城市医联体和县域医共体建设为载体,推动优质医疗资源下沉基层,6个涉农区(市)全部纳入县域医共体建设国家级试点,共组建18个县域医共体,在市内四区规划建设13个城市医联体,同时精准设立妇儿、精神、感染性疾病等专科联盟,不断延伸远程医疗服务网络。布局重点疾病防治康复体系建设,31家胸痛中心、23家卒中中心、17家创伤中心、41个癌症规范化病房、16家危重孕产妇救治中心和9家危重新生儿救治中心通过评价。新增75个急救单元,急救半径缩短37%。

2. 加强学科建设,提升"引领新趋势"能力

以"大病不出青,一般病在区市解决"为目标,按照国内外一流标准,加强医学重点学科建设规划,市财政连续8年每年投入3000万元用于重点学科建设及人才培养,全市中国工程院院士、享受国务院特殊津贴专家、国家卫生突出贡献中青年专家、泰山学者等各类高层次人才达到448名;建成国家级重点专(学)科14个、国家级重点实验室2个、博士后流动工作站2个、省级重点专(学)科108个、省级重点建设专科1个;培育眼部疾病、失能失智体系建设、呼吸系统、骨科与运动4个国家临床医学研究中心分中心项目,获批建设2个综合类别、4个专科类别省级区域医疗中心;建成肺病、康复、心血管3个齐鲁中医药优势专科集群;60个学科入围中国医院科技量值百强榜,数量居全国计划单列市首位。加快医疗服务数字化转型,建成青岛市区域诊疗"一卡通"平台,加快建设"全市一家医院",推进预约诊疗、检查检验结果互认和医疗信息共享。

3. 加强管理考核,打牢"提升新效能"基础

2016年,青岛市出台《关于加强公立医院财务和预算管理的实施意见》,13所市级三级医院全部设置了总会计师。2018年以来,积极推进现代医院管理制度建设,建立以公益性为导向的公立医院综合绩效考核体系和考核机制,将公立医院社会效益、医疗服务、经济效率、可持续发展、办院方向、经济管理六个方面纳入综合绩效考核,全面启动实施三级、二级以上公立医院绩效考核工作,并将绩效考核情况作为市属公立医院年度考核主要内容指标。2019年以来,青岛市卫生健康委先后印发《委属单位政府采购管理办法》《关于规范支出审批等事项的通知》等经济管理制度,完善国有资产管理。各公立医院积极推行全面预算管理制度,加强成本核算和成本控制,建立健全科室成本核算工作制度,探索以医疗服务项目、病种等为核算对象进行成本核算。同时,各公立医院积极推进落实18项核心制度,加强对医务人员资格及执业行为的监管,防范执业风险。

4. 深化联动改革,探索"激活新动力"的路径

加大公立医院政府投入,在推进落实对公立医院基本建设、人才培养、学科建设、大型设备购置以及符合规定的离退休人员费用的投入政策的同时,对于公立医院在职人员五项社会保险予以全额补助。推进建立医疗服务价格动态调整机制,自2016年取消药品加成以来,分13批次调整医疗服务价格项目1.6万余项次,其中2020年以来调整2594项,理顺比价关系、优化医院收支结构。深化医保支付方式改革,启动实施紧密型县域医共体按人头总额付费改革试点、社区门诊统筹和门诊大病制度整合改造试点,对17个中医优势病种实行按病种打包支付,2021年7月率先推开按疾病诊断相关分组(DRG)付费国家试点,在18家医院正式运行DRG付费。深化薪酬分配制度改革。探索构建体现卫生行业特点的薪酬体系,科学核定公立医院薪酬总量,全市公立医院人员支出占比提高到42%。加强医药费用控制管理,全市公立医院医药费用增幅从改革前(2000—2015年)的年均16.8%降至平均10%以下,次均门诊费用基本保持零增长,次均住院费用平均控制在5%以下,群众"看病贵"问题得到有效缓解。

5. 秉持"双中心"理念,丰富"建设新文化"内涵

全市公立医院坚持以患者为中心,在"十三五"持续改善医疗服务,优化就医流程,合理布局诊区设施,科学实施预约诊疗,推行日间手术、远程医疗、多学科联合诊疗模式,并利用互联网信息技术开展就医引导、诊间结算、检查检验结果推送、异地就医结算等信息化便民服务。全市有38家医院开通"互联网＋发热咨询门诊",36家互联网医院提供网上配送药品服务,19家医院利用市级"互联网＋区域影像诊断"平台实现信息共享。坚持以职工为中心,关心爱护医务人员身心健康,结合抗疫典型宣传,开展关注医护人员身心健康、落实待遇政策、减轻工作压力、保障执业安全,大力弘扬"敬佑生命、救死扶伤、甘于奉献、大爱无疆"的崇高职业精神,增强职业荣誉感。

(二)全市公立医院高质量发展主要问题与挑战

公立医院高质量发展的本质是以高质量的医疗技术、高水平的医疗服务为人民提供全方位全周期的健康服务。进入新发展阶段,实现公立医院高质量发展,不仅要从单个机构、更要从体系构架的层面系统考虑,促进优质资源扩容、区域布局均衡、服务体系创新和服务协同,加强专科能力建设、内部运营管理,调动医务人员积极性主动性,提高质

量效率。对照上述要求,青岛市在公立医院高质量发展还存在以下主要问题和挑战。

1. 优质公立医院资源总量少、服务供给能力不强

近年来,青岛市三级医院数量虽然快速增加,但在副省级城市中仍然仅列第 12 位,进入国内综合竞争力和综合绩效排名前 100 名的仅有青岛大学附属医院。全市仅有 14 个国家级卫生重点专(学)科,在副省级城市中名次偏后,在市属和区(市)所属三级医院中普遍缺少较高水平的临床专科。

2. 高水平医院建设滞后、学科建设投入少

"十三五"以来,广东、上海、深圳、厦门等省市先后开展了高水平医院建设,如广东省 2018 年以来,3～5 年内每所医院投入不少于 3 亿元(省、市按 1:2 投入),加快培育高水平重点学科和临床专科,而青岛市市级学科建设经费每年只有 3000 万元。从 2019 年开始,国家在各地整体布局国家医学中心、区域医疗中心、重大传染病防治基地、紧急医学救援基地、中医药传承创新中心等重大项目,现已布局的国家医学中心和区域医疗中心等尚未将青岛纳入建设范围。

3. 三级公立医院发展和布局不均衡

青岛市三级医院之间技术水平和服务能力差距大,青岛大学附属医院、市市立医院、市中心医院和市妇儿医院 4 家提供门诊和住院服务占到全市 28 所三级医院总服务量的 50%以上。全市 12 所三级甲等医院有 10 所聚集在市南、市北两区,老城区部分三级医疗机构基础设施陈旧,就医环境与现代化城市建设不匹配。莱西市目前还没有三级医院。

4. 县级医院县域"龙头"作用不强

近年来,青岛市县级医院能力提升总体滞后于群众就医需求变化,县域内住院量占比呈下降趋势,进入全国前 100 名榜单的县级医院仅有平度市人民医院。大多数县域医共体建设效果有待提升,尚未形成"利益、责任、服务、管理"四位一体的紧密型共同体,对提升基层医疗机构服务能力的带动作用不强,基层普遍缺乏承接上级医院下转患者的住院服务能力,影响分级诊疗、双向转诊目标实现。

5. 公立医院运营管理和持续发展能力不强

从 2019 年公立医院综合改革效果评价情况看,青岛市有 1/3 的医院未实现收支平衡,远高于全国平均 18%的比例,全市公立医院资产负债率平均达到 50.6%,比全国平均值高出 10 个百分点。三级公立医院"门诊人次数与出院人次数比""出院患者手术占比""出院手术患者四级手术比例"等 3 项评价技术水平的指标均低于国家平均水平,特别是四级手术比例全市仅为 3.18%,比全国平均水平低 14 个百分点。全

市三级医院的 CMI 值总体偏低,青大附院为 1.25、市市立医院为 1.1,与全国高水平医院还有较大差距(平均值为 1.4,北京协和医院为 1.6)。

6. 全市公立医院信息化水平不高

医院信息化人才缺乏、资金投入少,系统规划、统一标准、持续建设不足,网络信息建设多集中在小系统的实现,缺乏整体性数据融合、集成以及数据共享,医院内部相关管理软件对接困难,网络系统以及云计算模式需要进一步完善。"三位一体"的智慧医院建设滞后,在建设以电子病历为核心的医院信息化系统、以智慧医疗为核心的服务体系及以人工智能为主体的管理体系方面,缺乏详细规划和相应的技术、资金支持。

7. 医务人员积极性和待遇保障需进一步提升

根据全国公立医院满意度调查管理平台结果显示,2019 年青岛市公立医院职工满意度 83.12%,总体水平不高。受新冠肺炎疫情影响,各医院经济运行压力增大,医务人员收入增速放缓、甚至实际收入下降,2021 年以来虽有所好转,但上半年全市只有 53.3% 的公立医院人员支出占业务支出比重较上年提高,仅有 26.7% 的公立医院实现在岗医务人员工资性收入较上年提高,在因疫情防控工作负荷增加的情况下,将影响服务积极性。

三、青岛市加快公立医院高质量发展的措施建议

公立医院高质量发展是一项复杂的系统工程,要坚持以人民健康为中心,加强公立医院主体地位,坚持政府主导、公益性主导、公立医院主导,坚持医防融合、平急结合、中西医并重,以建立健全现代医院管理制度为目标,强化体系创新、技术创新、模式创新、管理创新,加快优质医疗资源扩容和区域均衡布局,推动质量变革、效率变革、动力变革,实现更高质量、更有效率、更加公平、更可持续、更为安全的发展。推动青岛市公立医院高质量发展,需要在准确把握国家、省政策要求、科学研判发展形势的基础上,立足区域发展和自身实际,明确目标定位与发展战略,突出重点、久久为功。

(一)加快优质医疗资源扩容和均衡布局,提升健康服务供给能力

2021 年 3 月 23 日,习近平总书记在考察三明市医改工作时提出:"大病重病在本省就能解决,一般的病在市县解决,头疼脑热在乡镇、村里解决。"青岛市公立医院高质量发展,要从体系构架的层面系统考虑,加快构建区域医疗"高地",促进优质医疗资源的均衡布局,建设整合型、协同型健康服务体系,切实解决健康需要快速增长与健康服务供给

不足之间的矛盾,提升群众健康获得感。

建议加快建设区域医疗"高地",推动市、区(市)两级优质医院资源均衡布局。针对市属公立医院布局不合理、县级公立医院服务能力弱等问题,借鉴深圳市做法,强化规划管理,按照每个区(市)规划建设1~2所区域性医疗中心的原则,制定实施新一轮全市医疗资源布局规划,综合运用机构准入管理、基础设施和学科建设规划、财政投入和医保支付绩效评价等法治化、市场化机制,促进市、区(市)两级医院资源优化配置,争取用3年左右的时间,使七区每区有1~2所医院进入全国省会和副省级城市前100名或省内前30名的综合医院和中医医院,三市每市有1所医院进入全国前50名、达到三级甲等医院水平的县级医院。同时,加强紧密型城市医疗集团和县域医共体建设,推动网格化布局管理,完善双向转诊机制,有效解决群众就近就医问题。

(二)加快推动卫生健康数智化转型,创新医疗服务模式

数字化、智慧化是未来发展方向,也是公立医院实现高质量发展的关键路径。目前青岛市正在全面推进新型智慧城市建设,建议进一步提升"智慧医疗"建设格局,推动"智慧医疗"向"智慧健康"升级。在青岛市智慧城市建设统筹规划引领下,完善全市统一的互联网医院平台和"互联网+医疗健康"服务平台,迭代升级"互联网+医疗健康"服务。建设"健康青岛"居民健康服务统一入口,打造居民基本医疗服务和公共卫生服务线上线下一体化服务模式,提升群众就医获得感。加快智慧医院建设和医院信息标准化建设,完善移动诊疗系统和远程医疗体系,健全以患者为中心,全流程闭环的智慧化医疗服务模式。深化"一网通办"工作,推动以电子健康码为基础的"多码融合、一码通城",推进"出生一件事""医疗付费一件事""全市一家医院"等政府服务和智慧城市运行场景建设。加强健康医疗大数据在临床科研、疾病诊治、疫情防控等领域的应用。

(三)强化医学技术创新,加强高水平学科、专科建设

推动公立医院高质量发展,必须坚持以创新为动力,推进医学技术创新,聚焦聚力人才学科核心竞争力,对标国际国内省内先进水平,培育、创建一批在国内、省内领先或区域业务影响力、辐射力强的医院和专科,全面塑造公立医院发展新优势,提升核心竞争力。

建议实施新一轮区域医疗能力"攀登计划"和医疗技术"登峰"计划,建设高水平临床科研平台,重点对标北京、上海、广州等城市全国前30名的医院和前10名的临床学科,聚焦居民疾病负担重的心脑血管病、肿瘤、重大传染病以及就医矛盾突出的儿科、产科、精神、病理等薄

弱专科,借鉴广州、深圳等城市的做法,加大高水平医院和重点学科资金投入(纳入重点建设的每所高水平医院省、市两级投入不少于3亿元),加大"双招双引"力度,争取用5～10年的时间,总体医疗水平进入直辖市和副省级城市前10名位次。

(四)加强高素质人才队伍建设,促进卫生人力资源管理科学化

加强高层次创新人才及创新团队的建设,造就一批具有国际领先水平的创新团队和领军人才,是实现公立医院高质量发展的关键。建议健全医务人员培养评价制度,完善人才引进管理办法,坚持引进和培养并行,组织实施"顶尖人才筑峰计划""领军人才集聚计划""青年英才储备计划"等人才培养引进行动计划,三级医院重点关注高层次人才,特别是领军人才和拔尖青年人才培养,二级医院建立人才培养长效机制,更好地激励和稳定优秀人才。深化薪酬分配制度改革,合理确定、动态调整公立医院薪酬水平,建立主要体现岗位职责和知识价值的薪酬体系,实现以岗定责、以岗定薪,责薪相实、考核兑现,更加注重发挥薪酬制度的保障功能,使付出和待遇相匹配,激发广大医务人员干事创业的动力和活力。

(五)强化运营管理,提升公立医院治理精细化水平

经过改革开放40年来医疗服务体系建设、20年来医院能力建设,各级公立医院收支规模不断扩大,医教研防等业务活动、预算资金资产成本管理等经济活动、人财物技术等资源配置活动愈加复杂,已经到了从"量的积累"转向"质的提升"的新发展阶段,亟须强化以经济管理为重点的运营管理,提升医院运营效率和投入产出比,提高医院管理能力现代化水平。

建议进一步健全医院运营管理体系,建立医院运营管理决策支持系统,推动医院运营管理的科学化、规范化、精细化。落实医院主体责任和主要负责人第一责任,健全完善医疗质量安全管理体系,严格落实质量安全核心制度,加强医疗技术临床应用管理。实行全面预算管理,以业务管理和经济管理的重大风险、重大事件、重要流程为重点,开展风险评估和内部控制评价。强化成本消耗关键环节的流程管理,降低万元收入能耗支出,到2025年,公立医院资产负债率逐年降低,百元医疗收入的医疗支出(不含药品收入)维持均衡,逐步提高医务性收入占比,降低药占比和耗占比。

(六)深化体制机制改革,为高质量发展提供动力

公立医院改革发展是深化医改的重点和难点,直接关系解决"看病

难、看病贵"问题的成效,深刻影响人民群众的获得感、幸福感、安全感。进入新时代,需要以改革创新为根本动力,通过持续深化政府投入、医疗价格、医保支付、薪酬分配等综合改革,进一步破除逐利机制,建立健全维护公益性、调动积极性、保障可持续的运行新机制,激活各方面的内生动力。

建议进一步深化服务价格改革,健全医疗服务价格形成机制,加强医疗服务价格分类管理,对普遍开展的通用项目,管住管好价格基准;对技术难度大的复杂项目,尊重医院和医生的专业性意见建议,更好体现技术劳务价值;建立灵敏有序的价格动态调整机制,定期开展调价评估,复核标准时集中启动和受理公立医疗机构提出的价格建议,理顺比价关系,提高医疗服务收入占比。持续深化医保支付方式改革,全面推行以按病种付费为主的多元复合式医保支付方式,探索推进区域点数法总额预算,探索对实现了人事管理、财务管理、资产管理、业务管理、药品耗材目录、药品耗材配送"六统一"的紧密型县域医共体实行总额付费,加强监督考核,结余留用、合理超支分担。建立普通住院按疾病诊断相关分组付费或按病种分值付费,医疗康复、慢性精神疾病等长期住院按床日付费,门诊慢性病按人头付费的多元复合式医保支付方式。完善公立医院考核激励机制,健全绩效考核与奖惩挂钩机制,推进财政补偿和医保支付综合改革,完善基本医疗服务购买激励机制,不分公立和非公立医疗机构性质,实行医保统一支付价,并给予相同的财政补助;加强医联体/医共体考核激励,学习借鉴深圳市经验,以补偿机制改革作为核心,探索建立按基本医疗卫生服务数量和质量给予财政补助的制度,按服务覆盖人口实行基本医保＋基本公卫资金"打包付费",促进医防融合,提供覆盖生命全周期的健康服务。

(作者单位:青岛市卫生健康委员会)

青岛市推进数字政府建设的对策研究

范明明　韩　伟

为加快推进数字青岛建设,青岛市政府研究室会同市大数据局,就全市数字政府建设情况开展专题调研,深入分析当前政府数字化转型过程中面临的困难问题,借鉴上海、深圳等先进城市经验,提出了针对性措施建议。

一、青岛市数字政府建设面临的困难与问题

青岛市高度重视数字政府建设,早在 2019 年就出台了《数字青岛发展规划(2019—2022 年)》,明确提出要构建协调联动的数字政府,在2.0 版和 3.0 版的高效青岛建设攻势作战方案中,均将数字政府建设作为攻坚战之一进行部署。经各区(市)和部门共同努力,青岛市数字政府建设取得了良好成效。在赛迪研究院发布的《2020 中国数字城市百强榜》中,青岛居全国第七位;在国务院办公厅电子政务办公室发布的网上政务服务能力评估中,青岛居全国第五位,公共数据开放指数列全国第三位;在 2020 年数字政府服务能力评估暨第 19 届政府网站绩效评估中,"青岛政务网"以总分 95.3 分列所有城市第一名。尽管青岛市数字政府建设取得了一定成效,但仍面临许多亟待解决的矛盾问题,无论与市民和企业的迫切需求相比,还是与上海、深圳等国内先进城市相比,仍存在较大差距和不足。

(一)数据开放共享度不高,智能化分析应用有待加强

一是数字化转型效率不高。全市各部门业务运行数字化、智能化比率分别为 87%、51%,部分业务在运行中尚未形成有价值的数据,大量业务数据还没有进行深层次的计算分析,进而形成智能化辅助决策,制约城市治理效能的提升。二是政务数据共享应用不够。2018 年开始,按照全省政务信息系统整合共享工作要求,青岛市推动共享交换平

台与国家、省共享平台的互联互通,逐步实现了跨层级、跨部门、跨区域的数据资源共享。但数据共享应用不深入,一些部门局限于原来的工作流程和方式,未充分利用共享数据进行流程再造,未真正实现"让数据多跑路、让群众少跑腿"。调研中了解到,目前青岛市公布的数据应用主要是公交查询、新闻资讯等,且都是政府部门或下属单位开发应用,社会主体应用寥寥无几,与上海相比差距较大。三是数据深度开发不足。从青岛市开放数据的应用情况看,真正有价值的数据尚未被充分挖掘并得以开放,数据应用的成效不明显。同时,政府数据与社会数据的场景化应用方面还未取得突破性进展,特别是在盘活政府数据,归集社会数据,实现多方数据资源融合应用方面,尚未建立可持续、可复制的应用模式。上海 2019 年颁布了国内首部针对公共数据开放的地方政府规章《上海市公共数据开放暂行办法》,配套出台了《上海市公共数据开放分级分类指南(试行)》,将公共数据从三个维度分为 24 个开放级别,组建了包括 40 名高级专家的公共数据开放专家委员会,成立了国有控股混合所有制企业性质的上海数据交易中心,其数据交易量占全国一半。

上海、青岛公共数据开放平台数据统计对比表

政务数据开放平台有关项目	上海	青岛	比值
平台访问量	5881038	1856134	3.16
数据下载量	1493624	575123	2.59
数据目录	4587	10191	0.45

数据来自上海市公共数据开放平台、青岛市公共数据开放网

(二)发展模式探索不足,市场化运作水平有待提升

当前数字政府建设以政府投资建设运营为主,龙头企业、专业公司、社会团体等发挥平台作用尚不明显。其主要原因:一是企业规模实力不强。青岛市虽然培育出酷特智能、东软载波、鼎信通讯、聚好看、伟东云等大数据企业,但原创性、前沿性、超前引领性创新能力不突出,与深圳、杭州等地区相比,在大数据、人工智能等数字化关键技术研发、数字经济创新创业氛围和发展规模等方面存在较大差距。比如,深圳有华为、腾讯等知名 IT 企业,华为 2020 年营收达 8827 亿元,腾讯云2020 年营收达 290 亿元;杭州有阿里、网易等知名 IT 企业,阿里云2020 年营收达 400 多亿元,网易 2020 年营收达 736 亿元。青岛市尚未有企业进入互联网百强,且领军企业营收规模都不超过 50 亿元。二是人才供给缺口较大。数字化发展对人才依赖程度较高,目前青岛市

无论政府还是企业，均存在大数据与人工智能人才缺口较大问题，兼具技术与业务、理论与实践的复合型人才更为匮乏。据不完全统计，未来三年，青岛市企业对数字人才需求将呈爆发式增长，2021年数字人才的需求增长率高达23.65％，2022、2023年也都稳定在20％以上。与之相比，青岛市相关人才培养存在短板，2021年高校数字类毕业生约为7600人，预计未来三年高校数字类毕业生数量将出现回落，硕士及以上学历占比仅为9％。三是市场化模式尚不成熟。据统计，目前青岛市智慧城市涉及项目142个，总投资超1000亿元，2021年计划投资137亿元，政府投资比例不足3％，许多项目需要发动企业和社会力量共同参与。但目前看，部分和社会治理密切相关的项目由于市场收益不显著或者投资收益战线过长，再加上缺少统一的建设标准规范和激励容错机制，社会资本参与意愿明显不强，一定程度影响了项目建设推进。

（三）应用场景挖掘不多，便民精准服务有待突破

近年来，青岛市虽然大力推进数字政府、智慧城市建设，但群众的获得感并没有同比例提升。其主要原因：一方面，问题导向不突出。以城市云脑建设为例，各部门在工作推进中问题导向不清晰，往往以部门内部需求牵引应用，将传统信息化项目作为城市云脑重新包装上阵，没有真正站在城市治理的角度打破部门之间的业务壁垒，实现场景化连接。另一方面，便民导向不突出。以智慧城市建设为例，上海始终以民生需求为导向，聚焦交通出行、医疗健康、城市治理等群众关注重点领域，打造了一批便民应用示范场景案例，取得了良好成效。而青岛市智慧城市"不智慧"现象还一定程度存在，省、市电视问政、行风在线等栏目也多次曝光数据孤岛、业务割据，群众就医问诊、交通出行等不方便问题，导致群众对智慧城市认同度不高，参与智慧城市建设的积极性受到挫伤。

（四）统筹推进力度不够，工作保障体系有待健全

一是项目建设缺乏统筹。数字政府建设是一项系统工程，需要各级各部门树立"一盘棋"意识，加强协调联动，形成合力向前推进。但在项目建设中，即使是财政投资项目也存在各自为战现象，部门间工作统筹和整合对接难度较大。市级层面缺少统一、开放的标准体系，导致各部门项目建设标准不一、相互之间衔接难。二是考核体系不健全。以智慧城市建设为例，由于国家、省缺少相关硬性要求，该项工作至今未纳入市、区(市)两级经济社会发展综合考核范畴，导致工作推进约束力不强，无法对责任单位年度目标任务完成情况进行刚性督导、考核，一定程度影响了智慧城市整体工作推进。三是资金投入保障不足。数字

政府、智慧城市建设需要投入大量资金用于基础设施建设、应用开发推广、数据整合共享等。据了解，上海、深圳等地均设立了专项财政资金，仅"城市云脑"方面，杭州投入约 10 亿元，深圳龙岗区投入约 10 亿元。但青岛市尚未设立智慧城市、数字青岛等专项支持资金，资源配置和建设投入与深圳、杭州等地相比存在明显差距，省内数字经济园区、数据中心补贴等奖补政策均明确不包含青岛市，一定程度上影响了青岛市数字青岛建设进度和成效。

二、对策建议

当前，国内城市纷纷聚焦数字城市建设，上海把数字城市建设作为"十四五"经济社会发展主攻方向之一，统筹推进城市经济、生活、治理全面数字化转型；深圳力争打造具有深度学习能力的鹏城智能体，成为全球新型智慧城市标杆和"数字中国"城市典范；杭州以建设城市大脑为依托，积极探索具有时代特征、中国特色、杭州特点的城市治理现代化数字系统解决方案，奋力打造"全国数字治理第一城"。我们要认真学习先进城市经验，按照打造"数字山东"引领核心区、"数字中国"建设示范区的发展定位，统筹运用数字化技术、数字化思维，一体化、全方位推动政府数字化转型，让城市运行更智慧，让企业和群众办事更便捷，加快提升城市综合治理现代化水平。

（一）筑牢数字政府智能底板

一是打基础。加快建设物联感知的数字设施，大力拓展 5G 网络覆盖面，提升宽带用户普及率，加速多功能杆、柱、桩等新型智能感知设施建设，建设国际通信业务出入口局，为数字政府建设提供全方位基础支撑。二是抓整合。强化信息资源整合，打通公安、教育、市场监管、税务、人社、民政、国土等部门业务数据，构建集人口、法人、房屋、空间地理信息于一体的动态社会治理大数据库，推动跨部门、跨层级、跨地区政务信息资源综合应用。三是促集成。针对各部门系统建设标准不统一、相互衔接难问题，建议市级层面建设统一的服务平台，制定统一、开放、可操作的标准体系，为促进数据系统集成共用打好基础。比如地图方面，要建立全市标准地址库，实行每栋建筑物统一编码管理，加快绘制全市地理数据"底版图"。四是强联动。将分散在各部门的人、事、物、组织等业务数据与标准地址精准融合关联，封装到市、区、街道、社区、网格、建筑物、房屋等管理"块"中，打破条状数据分割，形成不同层级、不同类型的网格数据，从而构筑起城市治理数据智能底板，实现跨层级、跨地域、跨系统、跨部门、跨业务协同联动。

（二）强化公共数据开放共享

按照"共享是常态、不共享是例外"的原则,强化政务数据的互联互通、开放共享和开发利用,实现"数据赋能"。一是提升数据质量。开展数据质量提升行动,建立数据质量控制制度规范和工作机制,按照"谁采集、谁负责""谁校核、谁负责"的原则,加强源头数据质量治理,保障数据的完整性、准确性、时效性和可用性,从而为流程再造、应用分析提供坚实的数据基础。二是突出需求导向。坚持以群众和企业需求为基础,以提升公共服务水平和企业满意度为标准,有序开展公共数据开放利用,使公共数据开放与社会需要相契合,同时加大宣传力度,引导社会各界认识和利用公共数据,实现"自上而下"政府决策与"自下而上"群众参与的真正结合。三是加快示范推广。建议借鉴上海做法,建立公共数据示范应用中心,搭建"公共数据开放实验室",设立专项研究计划,为入驻企业、机构和人才提供支持,通过示范带动,全面深度释放数字红利。同时,依托刚成立的青岛大数据交易中心,积极探索市场化运作模式,在促进商业数据流通、数据互联、政府数据和商业数据融合应用等方面发挥积极作用,推动青岛市大数据产业加快发展。四是加强制度建设。建议借鉴上海、深圳等城市经验,以政府规章形式出台青岛市政务数据开放共享的实施意见,同步配套制定公共数据开放指南,细化开放标准,明确数据开放级别、管理流程和利用方式,为公共数据开放共享提供制度保障。

（三）深度拓展数据应用场景

数据的价值在于应用。在加强数据整合开放共享的基础上,牵好场景应用"牛鼻子",以建设"城市云脑"为载体,强化数据资源在社会治理、公共安全、民生服务、创新创业等领域的赋能应用,不断提升城市治理现代化水平。一是梳理"三张清单"。对标上海、杭州等城市,认真研究其场景应用及相关清单,建立"青岛市数字化转型场景应用对标清单"。同时,开展数字化转型场景应用大调研,全面摸清青岛市需求底数,形成"青岛市数字化转型场景应用全景清单"。在此基础上,通过"问需于民"活动等方式,厘清当前市民生活、企业经营和城市运行中面临的最迫切、相对易于突破的数字化转型需求,形成"青岛市数字化转型场景应用攻坚清单",建立由急至缓、由点到面、由浅入深的数字化转型场景应用"三张清单"。二是搭建对接平台。以平台思维、生态思维为指引,充分发挥行业协会的行业影响力、平台辐射力,充分利用各类会议论坛、创新创业大赛等平台,推动企业深度参与,强化动态调整和供需匹配,建立"揭榜挂帅"的建设机制,推动形成政府引导、市场主导、全社会共同参与的城市数字化转型工作格局。三是建立工作专班。针对各项场景应用,建议由行业主管部门牵头,相关部门参与,成立场景应用工作专班,开展"数字化转型场景应用专项攻坚行动",切实打通场景综合性应用梗阻,尤其是在政务、生活数字化转型方面,更要坚持哪壶不开提哪壶、勇于啃最硬的骨头,将堵点、难点转化为发展亮点,打造智能便捷的数字化公共服务体系,让社会和市民深切体会到智慧城市建设带来的变化,进一步增强幸福感、获得感。比如,在行政审批方面,聚焦分析企业关注、市民关心的高频事项,以"减时间、减环节、减材料、减跑动"为着力点,按照"一次办好"模式推进办事流程数字化改革,方便企业和群众网上办、指尖办、就近办;在公共服务方面,主攻企业和群众关心的痛点、难点,依托"爱山东·青e办""青岛政策通"等政务服务平台,利用数字技术实现业务关联办理和政策精准推送,推动公共服务从"端菜点菜"向"智能推送"转变;在交通出行方面,借鉴深圳模式实施区域预约通行,对景区、商区、主干道等多场景进行全时段或某一特定时段的分析,实现拥堵即时预警、量化评价、趋势预测,形成全流程精准需求管理方案,全面提升道路通行能力和旅客出行体验;在停车管理方面,打造全市停车云平台,把停车场数据接入作为强制性规定,以此构建全市停车信息一张图,实时提供停车泊位使用情况,同时利用大数据及 AI 技术为市民提供无感支付体验;在医疗服务方面,搭建全市统一的智慧医疗服务平台,完善基层医疗综合业务系统、区域远程医疗系统、区域电子病历系统等信息系统,实现区域内数据的互联互通,使医疗服务走向真正意义的智能化;在基层治理方面,综合考虑地理区位状态、人口分布情况、人员结构素质等因素,划分基层治理单元网格,网格内以统一地址库为基础,以人口、法人、房屋、通信、事件等基础数据为关联,联通公安、市场监管、教育、税务、社保、民政等有关业务数据,实现"一张网治理一座城"的目标,等等。

(四)完善统筹协调推进机制

数字政府建设涉及部门多、专业要求高、统筹难度大,必须完善协调推进机制,压紧压实各方责任,切实形成工作合力。一要健全统筹协调机制。强化顶格推进,建议整合、归并智慧城市建设领导小组等相关领导机制和议事协调组织,成立"青岛市城市数字化转型领导小组",建立市委、市政府主要领导牵头的"双组长"统筹协调机制。同时充实领导小组办公室工作力量,加快推动统筹规划、政策制定、协调推进各项工作。建立专家咨询机制,成立数字化转型专家咨询委员会,支持建立数字化转型社会化研究机构和应用促进中心。二要完善多元化投入机制。数字青岛建设需要的综合投入巨大,针对当前存在的投入不足问题,建议借鉴上海、深圳等地做法,设立数字青岛建设专项资金,对城市云脑等难以市场化运作的项目给予支持,对智慧社区、智慧街区等能够市场化运作、有一定经济效益的项目给予奖励和补贴,吸引更多社会资本参与数字青岛建设。三要建立督导考核机制。充分借助第三方专业力量,对青岛市数字城市建设情况进行评估,倒逼数字青岛建设。同时,尽快将数字青岛建设纳入市、区(市)两级年度工作目标考核体系,适当加大考核权重,切实发挥考核指挥棒作用,调动各方积极性,推动数字青岛建设各项措施落到实处、见到实效。

（作者单位：青岛市政府研究室）

2022

区（市）篇

2021—2022 年李沧区构筑共建共治共享社区治理共同体情况分析与预测

崔艺显

《中共中央关于坚持和完善中国特色社会主义制度 推进国家治理体系和治理能力现代化若干重大问题的决定》要求："必须加强和创新社会治理，完善党委领导、政府负责、民主协商、社会协同、公众参与、法治保障、科技支撑的社会治理体系，建设人人有责、人人尽责、人人享有的社会治理共同体，确保人民安居乐业、社会安定有序，建设更高水平的平安中国。"这是党在精准研判我国社会发展与治理形势的基础上作出的重大决策。社区是城市社会的基本单元，是党和政府联系群众、服务群众的神经末梢，社区治理成效直接影响着城市社会的发展。推进社会治理创新、完善社会治理体系、建设社会治理共同体，一个非常关键的环节，就是强化基层社区工作。社区作为基层居民自治组织，是社会治理的重心，社区治理是社会治理体系的基础环节，构建社区治理共同体是实现社会治理共同体的前提。

2018 年 6 月 12 日，习近平总书记视察青岛市李沧区上流佳苑社区时，作出了"要推动社会治理重心向基层下移，把更多资源、服务、管理放到社区，更好为社区居民提供精准化、细化服务"的重要指示。李沧区积极探索"三放两化"社会治理新模式，构筑共建共治共享的社区治理共同体。

一、李沧区构筑共建共治共享社区治理共同体的总体情况

（一）坚持党建统领，凝聚治理合力

基层是一切工作的落脚点，也是党的工作最坚实的力量支撑。以党建引领社区治理，既是巩固党的执政基础的根本需求，又是提升社区治理效能、保障群众根本利益的现实需要。

李沧区突出党组织核心地位,成立区委城市基层党建经常性工作领导小组,探索建立以党组织为核心,以标准化建制、区域化统筹、网格化治理、信息化支撑为主要内容的"一核统筹、四化推进"工作机制。

在全区推进"区级干部包街道、街道干部包社区、社区干部联组、党员干部联户"责任体系建设,压实工作责任,架起党群干群连心桥。在社区发展"红色网格"。通过把党支部建在网格上、把党小组设在楼栋里,将离退休党员、下岗失业党员、待分配的大中专毕业生党员等纳入楼院党支部和楼栋党小组,让党建"触角"延伸到群众家门口。同时,为社区党员提供记有党员职业、党员特长、联系电话等基本情况的党员"联络图",形成居民区的党员"局域网",构建"全覆盖"的组织网络。

(二)精准对接需求,精细服务民生

建立"群众点菜、政府买单、社会评价"模式。制度化开展区办民生实事社会征集,区级党政班子成员与群众代表面对面沟通论证。2021年前三季度,实现97个老旧楼院整治、600万平方米老建筑节能保暖改造等一系列惠及千家万户的成果。在区有线电视台常态化举办舆论监督栏目——《问政李沧》,上线街道8个、部门16个,办理问政问题174个。率先提出群众办事"零跑腿"目标,截至9月末,办事率已达到90%。

(三)注重机制创新,着重服务质效

1. 建立顶格推进机制

成立李沧区社区治理工作领导小组,把社区治理工作纳入全区综合考核指标体系和街道党工委书记抓基层党建工作述职评议考核,建立"街呼区应、上下联动"服务群众快速响应机制。

2. 建立民主协商机制

探索民主协商与社区治理融合的新方法,广泛开展民情恳谈、百姓议事等协商活动,有效促进协商成果转化。如虎山路街道"有事来商量"平台,2021年前三季度,共解决居民纠纷、社区交通等问题200余件。

3. 建立"四社联动"机制

以社区为平台、社会组织为载体、社会工作专业人才为支撑、社区志愿者为依托,推进多元主体深层次参与社区治理。实施"新面孔"计划,建立社区志愿者挖掘机制,开展公益微创投活动。依托院士港智力资源,开发"区块链+爱心积分"网络平台,培育志愿服务需求与供给的共生生态。

（四）推进四项建设，提供有力保障

1. 推进系统性规划建设

坚持把城市作为有机生命体，系统规划建设医疗、文化、养老等公共服务设施，不断提高社区居民共享共融水平。2021 年前三季度，实现全区所有学校运动场所与社区居民共享。注重发挥教育在促进社会融合中的作用，持续加大投入，缓解人口机械增长带来的社会问题。

2. 推进社区基础设施建设

落实规划配套标准，补齐老旧社区服务用房和基础设施短板。2021 年前三季度，累计投入资金 2180 万元，改善社区综合服务用房 31 处，新增 3.98 万平方米。

3. 推进社区人才队伍建设

充实社区工作队伍，持续开展教育培训，建立"奖罚情制"四位一体激励体系，打造专业化社工队伍。

4. 推进"互联网＋"建设

全区所有社区均建成"一站式"便民服务中心（点）。在全市率先全面实施社会救助"一证办理"，办理时限由 33 个工作日缩短至最快可 7 个工作日完成。

李沧区的"三放两化"社区治理模式，充分尊重人民主体地位，不断彰显其在扎根基层、密切联系群众等方面的优势，为城市基层社会治理、构建社区治理共同体提供了宝贵经验。尤其是新冠肺炎疫情发生以来，"三放两化"社区治理模式在更全面及时地了解掌握居民诉求，更好地为群众提供优质、便捷、高效的服务方面，发挥了无可替代的作用。

二、李沧区构筑共建共治共享社区治理共同体存在的主要问题

随着城市化进程不断加快，新时代的民众需求日趋多元化，社会矛盾易发多发的现象日益凸显，原有的社区治理模式与密切联系服务群众的宗旨和群众的实际期盼存在较大差距。尤其是受全球疫情的影响，社区治理面临一系列新挑战，社区治理工作因体制机制以及历史沿革情况，还存在一些共性问题。

（一）党建引领作用有待加强

1. 党建引领社区治理理念存在偏差

部分社区开展党建工作仍然遵循传统思路，把党建工作简单等同于党务工作，过多关注"三会一课"等具体事务性工作开展情况，造成党

建与社区治理"两张皮",影响社区党组织发挥其政治功能及服务功能。

2. 基层党组织人员结构不合理

随着党员发展指标的大幅缩减、发展党员标准的提高,社区空心化、党员老龄化趋势明显,导致基层党员平均年龄偏大,社区层面因事务繁多人手不够,基层党组织干部队伍后继乏人。

3. 基层党组织的工作机制还需优化

个别基层党组织不重视建章立制,仍旧按经验、按惯例办事。有的基层党组织工作制度缺乏系统性、可操作性,制度零散孤立,缺乏具体步骤,难以操作,或已经不适应新形势新任务的要求,难以落实。有的基层党组织执行制度不严,使制度流于形式。

(二)社区"自我造血"能力不足

1. 行政性任务较多

社区是所有上级部门的政策执行者,也是上级部门工作任务的最终被考核者,社区工作人员 3～7 人不等,而人均服务对象体量过大,承担的行政性任务却日渐增多,事多人少矛盾突出,消耗了过多本应该面向居民提供公共服务的时间和精力,工作长期处于被动应付状态,根本无暇为居民提供优质高效的服务。

2. 资源和权责不对等

社区没有行政执法权力,但在实际工作如防违治违、统计、民政、卫生等工作中,往往需要社区贯彻执行,导致政府职能部门与网格之间权责边界不清、互相推诿的现象时有发生。同时,下沉社区的政府工作往往各自为政、条块分割,信息无法共享,工作重复干的现象严重,既浪费人力财力物力,又增加了社区工作量。

3. 社区专业人才配备不优

随着社会治理信息化水平的提高,对社区工作人员的综合能力相应提出更高要求。但实际工作中,在配备社区工作人员队伍的过程中,没有把专业要求作为前提必要条件,社区工作人员专业化、职业化能力与工作需要不匹配。主要表现在:一是社区日常事务操作流程不够规范、职能不够明确;二是人员流动性大、不固定,导致工作的连续性受到影响;三是社区工作人员中相当部分由离退休人员担任,虽然态度积极、工作热情高,但对信息化设备、网络运用不畅,导致社区网格基础信息数字化程度不高,专业能力不强。

(三)多元化治理成效不明显

1. 党建引领社区治理的工作机制还不够健全

权责划分不明晰,党建引领下各治理主体边界不清晰,社区、社会组织、物业、业委会等主体服务界限不明确,物业、业委会在社区治理中"缺位",社区既要代替政府从事行政管理,又要替代各种非营利组织从事公共服务,陷入"什么都要做,什么都要管"的困境。

2. 社区共建方式单一,没有充分挖掘共建单位资源

各社区与共建单位合作共建的方式还比较单一,多是文明创建、帮扶慰问等形式;在共建制度上,虽然实行了社区单位代表联席会议制度,但议事内容也较为单一,没有真正做到"议小议细",共建单位的作用没有充分发挥。

3. 广泛动员群众参与社区治理的力度不够

一是社区居民缺乏参与热情。当前参与社区事务的主要还是社区"两委"、小组长、楼栋长、居民代表等,而且以老年人居多,居民大多处于"被管理"的角色,缺乏"社区归属感",习惯于被动接受教育、管理、服务并服从各项政策和制度。同时,随着城镇化发展进程的推进,社区人口构成成分也变得较为复杂,特别是外来人口占有较大比重,人员流动性强,很难在同一小区中短时间形成大范围的"熟人社会",造成社区居民多以自我利益为中心,缺乏对公共事务的参与热情。

二是发动群众力度不够。社区的性质是自治组织,但在社区治理实践中基本被作为基层政府的行政单位,行政色彩浓厚,社区作为群众性自治组织的职责难以体现,社区党组织在引导群众参与社区治理上办法不多。"社区是我家、治理靠大家"的氛围营造不够,对居民参与社区事务缺少有效的引导和正向的反馈。目前大多数社区群众参与社区活动还是以上级安排的、被动式参与为主,基本上停留在常规互动,居民主动参与作用发挥不够充分。

三是社区信息共享程度低。社区拥有业主 QQ 或微信群、社区公众号、社区短信平台,社区信息化建设力度不断加大,大大提升了就业、社保、生育等服务的便捷性,但社区信息共享程度低的问题依然未得到有效解决。

三、2022 年李沧区构筑共建共治共享社区治理共同体的预测与展望

创新社会治理体制,改进社会治理方式,维护社会和谐稳定,重心必须落到基层。新时代加强和完善城乡社区治理,就要树立大抓基层的鲜明导向,积极在社会治理重心向基层城乡社区下移方面不断进行探索与实践。2021 年第四季度和 2022 年,李沧区将深入巩固党史学习教育成果,践行"城市是人民的城市"理念,坚持群众的需求在哪里工作就往哪里用力。坚持"大走访""大调研"有序完成,扎实推动"我为群

众办实事"清单1000余项工作落实落细。2022年,实施重点群体"稳就业"攻坚等12项提升行动;强化困难群体精准帮扶,低保审批时限压减至最短7天办结,及时发放低保资金;鼓励社会力量兴办养老机构,力争2022年增加8家,养老床位达到5500张,户籍千名老人养老床位数达到56张;完善提升街道级社区养老服务中心11个;创新实施"中心厨房+为老助餐点"新模式,规范为老助餐点20处等。李沧区力争通过持之以恒办实事、做好事、解难事,努力让群众有更多实实在在的获得感、幸福感、安全感、便利感。

(一)转变角色定位,引领社区发展

新时代城乡社区治理工作必须始终坚持党的领导。以党建引领基层治理创新,是大变革时代基层治理方式与时俱进。党建引领社区治理是一项动态性、系统性工程,在社会治理主体多元化时代背景下,要坚持以人为本价值观念,找准社区党组织自身功能定位,通过优化自身组织建设,发挥党建工作引领作用,构建多方联动、"一核多元"的社区治理新格局。

1. 强化引领作用

"书记负责"织密网格,抓准关键的人。实践证明,社区治理服务的薄弱环节出现在哪里,党组织的优势就集聚到哪里,社区治理工作就会打开新局面。2022年,李沧区将按照重心下移、职能下沉、资源下放的发展方向,以"书记负责"为社区治理的党建引领思路,以"街道党工委—社区党委—网格党支部—楼栋党小组长—党员中心户"五级为组织支撑和管理链条,织密社区治理网络。通过党组织链接关键环节、关键人,对网格中的责任人兜底式设置职能清单,夯实基层社会治理的组织基础。当然,党建引领社区治理并不是党组织"包管一切",将要进一步转变工作思路,基层党组织要实现由"行政化"向"枢纽化"的转变,在社区治理过程中发挥好多元治理主体与社区居民间的桥梁作用,做好协调沟通工作。

2. 强化制度落实

2022年,李沧区将把贯彻落实《中共中央 国务院关于加强和完善城乡社区治理的意见》作为社区治理工作的中心任务,出台加强和完善社区治理的具体实施意见,制定实施基层党组织标准化建设的指导意见,建立以社区居民满意度为主要衡量标准的社区治理评价体系和评价结果公开机制,在现有条件基础上,从群众需求出发,通过制度完善实现空间优化、功能统筹、改善服务条件,破解现实难题。

3. 强化队伍建设

习近平总书记强调:"各级都要重视基层、关心基层、支持基层,加强带头人队伍建设"，"做好抓基层打基础工作，夯实党执政的组织基础，关键是要建设一支高素质基层党组织带头人队伍"。2022 年，李沧区将加强社区工作者队伍建设，健全城乡社区工作者薪酬待遇保障机制，制定社区专职工作者队伍发展专项规划，尤其是选优配强基层党组织书记，改进完善从优秀社区党组织书记中招录基层公务员和事业编制人员工作，探索建立容错纠错机制和奖惩机制。建立完善的社区工作者晋升和职业发展体制，打通社区工作者的职业发展道路，增强对年轻化、专业性人才的吸引力，调动社区工作者实干创业、改革创新热情。将适时修改完善社区工作职能清单，规范工作流程，对工作完成情况进行全过程跟踪考核、动态评估管理。将通过定期的有计划的专业化培训或轮训，提升社区工作者的政治素养和业务技能，让人才留得住、干得好。

（二）以民生需求为导向，促进多轮驱动

2022 年，李沧区将继续坚持以人民为中心，把居民群众的诉求作为第一信号，把居民群众的服务需求作为第一目标，把实现好维护好发展好居民群众的根本利益作为首要目的，着力构建精准化、精细化、专业化、标准化的社区服务体系，着力补齐城乡社区治理短板，不断提升城乡社区治理水平。

1. 注重"红色担当"

发挥区域化党建和行政资源下放的组合优势，放大党组织的带动效应，建立政府职能部门党员干部下沉社区的常态化体制机制，以党建带动治理资源向社区网格转移，为党建网格充分赋权增能。在街道办事处、区职能部门指导支持下，发挥驻社区机关企事业单位、社会组织、市场主体、乡贤等作用，搭建起多层次、多元化服务结构，提高社会自我协调、自我供给能力，共同协商，自主管理社区公共事务，将"单兵作战"转变成"协同作战"，将居民群众最关心、最迫切、最困难的事在网格平台中一键综合处置。

2. 延伸管理链条

习近平总书记强调："社区工作是一门学问，要积极探索创新，通过多种形式延伸管理链条，提高服务水平，让千家万户切身感受到党和政府的温暖。"李沧区将在居民与业主委员会、物业公司、共建单位等之间搭建桥梁，探索更加有效的合作模式，消化解决居民群众对居住条件、小区环境、服务设施、物业管理的要求，努力满足人民对美好生活的需要。完善工作制度，明确治理主体工作职责。建议上级部门出台相关政策要求，明确业主委员会、物业在社区治理过程中的职责，尤其是填补业主委员会监管空白。同时，充分发挥基层党组织战斗堡垒作用，通过开展利益协调、提供公共服务等促进各社区治理主体互相合作,实现与社区治理互相融合。

3. 提供项目化服务

将通过强化对社会组织党建工作的指导,积极帮扶社会组织发展,发展专业化的社会服务组织,促进社区社会组织服务主体健康良性发展。针对专业性较强的问题,统筹发挥社会力量协同作用,推进以社区为平台、社会组织为载体、社会工作专业人才为支撑、社区志愿者为依托的"四社联动",更好地发挥社会组织参与社区治理服务的作用。

(三)强化价值导引,塑造精神纽带

新时代城乡社区治理工作必须始终坚持人民当家作主和依法治理。2022年,李沧区将继续尊重居民群众的主体地位,把民主选举、民主协商、民主决策、民主管理、民主监督的实践贯穿于城乡社区治理的全过程和各方面,变"为民做主"为"由民做主",坚持依靠居民、依法有序组织居民群众参与社区治理,实现人人参与、人人尽力、人人共享。

1. 强化"公约精神"

将通过制定居民公约、签订承诺书等方式,树立居民自治意识。同时,社区党组织将充分利用自身宣传优势,在一些重要节日、时间节点开展内容多样的道德讲堂活动,广泛利用社区微信公众号、社区宣传栏等载体,充分挖掘居民身边的典型进行宣传,"用身边事教育身边人"重点提高社区优秀党员、居民代表、热心居民的"知名度",发挥带动引领作用。

2. 拓展议事渠道

大力推进居民议事厅建设,健全社区党组织领导下的"民主商议、一事一议"协商机制,增强社区居民参与能力。将通过微信公众号、意见箱等形式,拓展群众意见诉求渠道,广泛搜集社区群众的困难与问题。发挥社区党员带头作用,引导和发动群众,营造共建共商的社区氛围。

3. 凝聚情感纽带

在传统的通过楼座、地域划分网格党支部的基础上,将通过职业、兴趣爱好合并同类项,划分党小组,成立棋牌小组、广场舞团、戏曲票友等兴趣团体,引导社区居民走出家门广泛参与到兴趣活动中来,在满足居民文娱需求的同时培养一批具有共同兴趣爱好的新"熟人圈子"。在此基础上,以一定时间周期为节点,在党组织引导下开展兴趣小组集体参与的社区活动,进一步增强不同兴趣爱好"圈子"之间的交流频率,通过议事论事、互助协作增进社区居民之间的信任,培育社区温情。

(四)全力推进服务信息化、智能化、功能化

党的十九届五中全会提出"构建网格化管理、精细化服务、信息化支撑、开放共享的基层管理服务平台"。在大数据时代,充分发挥信息技术在整体性改革、精细化治理、公共服务等领域的重要作用,是现代社会治理的必然要求。

2022年,李沧区将强化"一门式"服务模式在社区应用,务实推进智慧社区信息系统建设,增强社区信息化应用能力,让"数据多跑路",优先推动智治共同体建设,用数据推动社会治理重心下移,提高管理服务精准化、精细化水平。

1. 在资源整合层面实现"多网合一"

对党建、网格管理、教育、民政、公安、消防等业务信息重新梳理、关联和分析,促进党建信息、政务信息与城市管理平台等"多网合一",建立一体化的社区治理指挥体系,让社区党委挖掘社区治理重难点和群众诉求集中点,调度职能部门、社区工作人员、志愿者、社会组织等资源,实现接诉即应、智能分拨、精准派单、闭环督导,快速解决群众身边烦心事、忧心事。

2. 在信息整合层面实现"多网合一"

推动互联网、客户端、手机网、12114、社区网、微信网的"多网合一",依托大数据、智能化手段实现精准治理,提高社区治理效能。建立涵盖"户情、片情、社情、舆情"的民情数据库,对民生信息的量化分析和预测处置,形成"横向到边,纵向到底"的精准化精细化服务网络。居民通过手机APP、小程序等接入信息平台,提出诉求并根据大数据提供的服务清单准确自助下单,实现信息、诉求、服务有效对接、互动共享,打通"人人都是网格员"数据化路径。

(作者单位:中共李沧区委党校)

2021—2022年青岛西海岸新区民营经济发展形势分析与展望

王　欣　卢茂雯　高玉强

2021年，青岛西海岸新区全面贯彻落实党中央和省、市委关于新时代民营经济工作的精神和重要部署，勇于担当，压实责任，积极作为，大力实施民营和中小企业梯次培育工程，积极争创山东省"两个健康创新区"和山东省"民营经济高质量发展先进区"，民营经济发展取得新突破。

一、2021年西海岸新区民营经济发展情况

2021年前三季度，西海岸新区共有6家专精特新"小巨人"企业入选首批高质量发展支持项目，新认定工信部专精特新"小巨人"企业12家、山东省"专精特新"企业（含保税区）19家、青岛市"专精特新"企业583家（含保税区），创历史新高。10家企业进入山东省瞪羚企业公示名单，1家企业进入山东省独角兽企业公示名单，30家企业申报新经济高成长企业，其中以萨技术股份有限公司入选2021年全球独角兽500强榜单。2021年5月，西海岸新区入选山东省首批民营经济"两个健康"示范创建县（市、区）。截至2021年6月，新区民营市场主体达到38.5万户，占全部市场主体的98.9％，已成为全区经济增长的强大引擎。民营经济新吸纳就业1.1万人，占全区城镇新增就业人数的73％，民营企业的实力和质量显著提升。

（一）优化营商环境，构建亲清政商关系

1. 精准谋划年度工作部署，积极争创山东省民营经济发展先进区

2021年，西海岸新区牵头制订《青岛西海岸新区2021年壮大民营经济攻势作战方案》《关于促进平台经济发展的实施意见（征求意见稿）》，多部门协同，确定了就业、民间投资、税收、市场主体等6项攻坚目标，形成四大类18项62条攻坚任务，加强统筹调度和协同推进。构

筑民企发展平台,做好全省"民营经济高质量发展先进区"创建工作。2021年7月13日,青岛市创建国家民营经济示范城市现场会在西海岸新区成功召开,西海岸新区作为全省区(市)唯一代表作大会典型发言。

2.多措并举服务企业发展

落实区领导联系企业工作机制,工委、管委主要领导赴重点企业调研。持续推进"双向挂职"工作,2021年前三季度,已选派15名机关干部到企业挂职,11名企业管理人员到机关挂职。推荐福瀛集团有关负责人参加青岛市赴深圳体悟实训活动。配合区政协组织开展"委员服务民营企业,助推民营经济高质量发展"活动,提供649家民营企业与政协25个专班、130名政协委员对接服务,有效助推新区民营经济发展。

落实涉企资金政策。落实中小企业发展专项资金拨付工作,探索免审即享,减轻企业负担,提高资金拨付效率,确保到位及时。2021年前三季度各级惠企奖励资金合计9900余万元。

高效办理企业诉求。工委、管委和部门主要领导带队深入科大讯飞、科力达、海林港等企业调研80余人次,及时了解企业经营情况,为企业办实事、解难题。工商联派出1名机关干部到区优化营商办公室集中办公,积极配合解决企业诉求。

(二)分类培育,优化民营和中小企业发展生态

1.激发民营经济新动能

邀请企业家为民营经济出谋划策,新区6名企业家被聘任为青岛市政府民营企业家经济顾问。推荐7名高成长企业负责人为全市民营经济代表人士后备人选。顶格推进创新创意项目落地,协调解决环球集团项目落地问题,起草《关于环球集团民营经济创意项目落地推进情况的报告》。推荐上报"四新"经济创意项目方案14个。推荐5家企业项目参与全市"项目落地年"宣传活动。

2.着力培育优秀民营企业

积极开展专精特新企业、隐形冠军企业、专精特新"小巨人"企业、瞪羚企业、独角兽企业入库培育工作。2021年前三季度,组织40家企业参与省市民企百强评选、31家企业参与省市创新民企评选。其中,赛轮、瑞源、康大3家企业入围省民企百强名单,兴华、亿联等26家企业入围市民企百强名单,在省市百强民营企业培育上有新突破。

3.加大民企上市推进力度,打造民企特色产业基地

聚焦企业上市短板,着力攻关,梳理2021年拟上市企业储备库,确定了10家企业进行重点培育,3年力争选育30家。通过分类培育、政

策服务、鼓励技术改造、金融支持、完善公共服务体系等措施,推动更多企业上市发展。

2021年前三季度,新区共推荐10个产业园和9个创业创新基地列入了市级重点跟踪培育计划、"中德商务服务平台"申报省级中小企业公共服务示范平台、"西海岸创新创业中心"等3个基地申报省级小微企业创业创新示范基地、王台纺机产业集群申报省级特色产业集群,产业园(基地)建设有新提升。

(三)升级服务,提升民营和中小企业发展效能

1. 组织实施企业家培训、访谈、交流

制订印发《关于培养优秀民营企业家的实施方案(2020—2022)》,通过工商联民企大讲堂等网络形式,免费为企业提供法律、政策、财税、投资管理、知识产权、转型升级等线上线下培训课程。整合培训资源、培训机构,建立多层次教育培训体系,开展涉及资本、人才、创新发展、移动营销等专题培训活动,其中邀请国内知名企业管理培训专家华红兵开展"移动营销的底层逻辑"培训,300余位企业家参加。指导科泰重工成立企业管理学院,为民营企业搭建成长学习和资源聚合平台。2021年前三季度,累计组织70余家企业参加全省中小企业对标学习、"双湾计划"数字经济对标创新培训活动,组织50余家企业参加博鳌亚洲论坛全球健康论坛第二届大会、中(青岛)日隐形冠军对接洽谈会等活动。围绕"新时期企业战略管理和策略创新——企业为什么要上市"主题,举办了民营企业家思享汇。通过开展企业家思享汇,促进企业间思想碰撞、信息共享、优势互补、市场拓展,不断提升企业战略管理水平,增强企业竞争和创新能力,共同实现高质量发展。

2. 搭建民企发展供需桥梁

充分依托工业互联网资源优势,2021年上半年,共引导3882家企业完成卡奥斯工业互联网平台注册,在产业链、销售链等环节互联互通,生产效率大幅提升。组织46家企业参加国际采购云洽会,达成意向成交金额1330.9万美元;开展"我为企业找订单"系列活动,近20家企业参与,发布订单需求、推介销售产品。

提升校企合作。发挥驻区高校科创资源优势,梳理企业技术难点痛点,面向专精特新企业开展技术需求调查,将企业提报的技术需求名单与山东科大、中国石油大学相关领域专家进行对接,推动科技成果转化落地。

3. 发挥舆论宣传正能量作用

完善宣传机制,依托民营企业综合服务平台、微信公众号、"青岛政策通"平台积极开展政策宣传推广工作。抓好民营经济发展和民企先

进模范典型宣传,发掘典型案例和优秀民营企业家先进事迹,2021 年前三季度,采访民营企业家 50 多人次,17 名企业家讲述了自己的创业故事,产生积极效应。8 家民企晒出了成绩单,3 家企业以此为纽带找到新订单。

4. 推进民企"双招双引"

2021 年,"双招双引"考核指标完成进度良好,预期全年超额完成内资、外资和税源引进任务。前三季度,内资到账超过 4 亿元,完成任务率 137%;外资到账过 1000 万美元,完成任务率 106%;税源引进完成 2759 万元,完成任务率 275.9%。

5. 充分发挥商会纽带作用

加强商会组织建设,2021 年发起《致全区商会、有关企业的倡议书》,制定《西海岸新区工商联所属商会星级评分办法》,加强行业自律。筹备成立新区人工智能商会等 3 家商会。发挥镇街商会作用,组织召开 23 家镇街商会会长座谈交流会,及时解决问题,强化服务。截至 9 月底,组织商会、执委企业参加 2021 年"最新财税政策热点"讲座、"外贸业务风控"专题讲座、"北交所的新机遇"主题沙龙活动等各类线上线下讲座、培训活动共计 11 期,激发了商会工作活力,提升了商会专业化水平。

(四)科技助力,引导企业提质升级

1. 用好用活政策支持

制订出台《青岛西海岸新区民营和中小企业梯次培育实施方案》,建立优势高成长企业培育库,从主体培育、搭建平台、政策扶持等方面发力,鼓励企业利用工业互联网平台、人工智能等新模式新技术,进行数字赋能、技改升级,精准扶持企业壮大成长,民企活力加速迸发。

2. 大力孵化新兴市场主体

构建新生态,培育新经济,打造新优势。成功举办 2021 年"创客中国"(青岛赛区)暨第七届"市长杯"·海创汇·中小企业创新创业大赛,在企业与投资机构之间搭建起精准对接的投融资服务平台,帮助项目快速落地,引领企业转型升级,助力企业健康持续发展。共有 100 余家企业报名参加新区预赛的角逐,参赛项目创历史新高。共筛选出 22 个项目参加青岛市复赛,其中中科华联的锂电池隔膜装备及产品荣获第七届青岛市"市长杯"创新创业大赛企业组冠军。

3. 培育创新型行业领军企业

2021 年前三季度,推荐 19 家企业参与山东民营企业行业领军 10 强评选、31 家企业参评省市创新民营企业。其中,青岛清原集团在行业领域世界排名仅次于德国拜耳以及合并后的美国陶氏杜邦,位列我

国除草剂研发领域第一名,畅销产品占全国同类除草剂产品市场份额40％,清原创新中心项目是青岛清原的研发创新总部,是亚洲最大的除草剂研发中心,集团自主创建了新化合物创制、植物基因编辑育种、化学信息化工业互联网三大全球领先的研发创新平台。

4.加强企业科技创新服务

搭建科创服务平台,助推企业自主创新。鼓励具备一定科研基础的高校、企业,挖掘现有资源,建立面向中小微企业的服务平台和创业创新基地。2021年前三季度,推荐8家企业申报小企业产业园、7家企业申报小微企业创业创新基地、5家企业申报中小企业公共服务示范平台,申报数量创历史新高。"中纺亿联时尚产业服务平台"申报2021年国家级中小企业公共服务平台进入公示期。

二、青岛西海岸新区民营经济发展面临的机遇和挑战

(一)西海岸新区民营经济发展的机遇

从国家层面看,中国全面建成小康社会,实现了第一个百年奋斗目标,历史性地解决了绝对贫困问题,迈向高质量发展,向着全面建成社会主义现代化强国的第二个百年奋斗目标奋进。在新的平台上,新需求创造新机遇,民营经济发展空间广阔。民营企业在捕捉商机、开拓市场、科技创新、带动就业等方面具有独特优势,促进和发展民营经济,是构建新发展格局的重要"微观基础",对民营经济发展的支持将继续加强。随着"放管服"改革的深入,营商环境更加完善,持续性的大规模减税降费政策,民营企业营收能力将显著增强。

从山东看,近年来省委、省政府高度重视民营经济发展,全面落实党中央、国务院促进民营经济发展的决策部署,先后实施了"非公十条""民营经济35条""民营经济高质量发展三年行动计划"等一系列政策,全省民营经济发展取得了积极成效。聚焦聚力解决阶段性突出问题,围绕在新时代现代化强省建设中推动民营经济高质量发展要求,2021年4月出台了《山东省民营经济高质量发展2021年行动方案》,推动惠企政策"一键匹配",开展系列助企专项活动,缓解企业融资难题,开展企业发展安全质效年活动,营造促进民营经济发展的良好环境。

青岛市在落实国家、山东省的工作部署和政策基础上,2021年初制定了《青岛市民营经济(中小企业)发展工作要点》,在全国率先出台首个同时适用于民营企业和中小企业的政府规章《青岛市民营和中小企业发展促进办法》,发布《关于进一步促进民间投资的若干措施》,推

出青岛市《壮大民营经济攻势作战方案3.0版》，开展"抓项目落地、促企业扎根"系列活动，编制《青岛市民营和中小企业政策一本通》（2021版），发布《一本通》电子书，编发《政策速递》3期，一系列政策措施集中在支持自主创新、破解民企发展难题、搭建民企服务平台、提升营商环境等方面，取得了积极反响。

青岛西海岸新区作为国家级新区承接四大国家战略，经济社会快速发展，民营经济发展环境优越，新区高端产业集聚，随着新一代半导体、高端化工及新材料、海洋生物医药、船舶海工、智能家电、汽车、海洋冷链、影视文化和新经济九大产业链的重点打造，为民营经济发展提供了广阔的市场机遇。2021年，新区制订了《青岛西海岸新区2021年壮大民营经济攻势作战方案》，就促进民营经济转型提升，融入新区发展，确定了就业、民间投资、税收、市场主体等6项攻坚目标，形成四大类18项62条攻坚任务，政策效应正在彰显。

（二）西海岸新区民营经济发展面临的挑战

从新区民营经济综合发展情况看，受新冠疫情和国际市场大环境的持续影响，面临的主要问题和国内大部分民营企业具有一致性。疫情导致国际订单下滑、国内国际市场需求不稳定，因产业领域各环节的影响传导，造成产业链供应链风险加大。民营企业中90%以上是中小企业，规模较小、成本压力大、承压能力偏低，资金链困难。由于营收下降，企业的成本负担逐渐凸显。企业面临的成本压力主要是人工、租金和税费，其中人工成本就接近一半。在市场需求突然缩减时，不得不采取减员、降薪等措施缓解成本压力，但疫情之下特定产品的需求突增以及疫情缓解后的恢复性需求，又造成短时间内招工难、融资难等问题，民营企业尤其是中小微企业所面临的融资难、融资贵以及经营成本过高的问题仍比较明显。新区民营和中小企业整体实力相对偏弱，发展活力仍需增强，一些企业经营管理观念和机制还不能适应高质量发展和企业继续成长的需要。在政务服务方面，营商环境仍需继续优化。

近年来，新区民营企业的整体创新力和竞争力有所提升，但相对于国家级新区的定位，对标国内先进地区还有差距，在山东省内还不突出。在省工商联、省科技厅、省总商会等八部门开展的2021年山东民营企业100强系列榜单评选中，新区只有3家企业上榜，排名最高的赛轮集团股份有限公司也只居第75位。在青岛市工商联、市民营经济发展局等七部门开展的2021年青岛民营企业100强评选中，新区26家企业上榜，与2019年相比变化不大，仅1家企业入围制造业企业10强，3家企业入围创新潜力企业20强。

三、青岛西海岸新区民营经济发展形势展望

2021 年第四季度和 2022 年,青岛西海岸新区促进民营经济发展的工作重点将放在有效落实既有的政策措施上,聚焦民营经济高质量发展,创新机制,强化服务,挖掘潜力,激发动能。

预计 2021 年全年,西海岸新区民营经济吸纳新增就业占比将达70%以上;民间投资持续高质量增长,同比增长 15%以上;国家级高新技术企业总量突破 750 家;民营经济税收占比达到 60%;新增境内外上市民营企业 1 家;新登记民营企业 2 万家,争取达到 2.4 万家;民营企业进出口保持平稳增长。

2022 年,西海岸新区将通过服务创新、平台建设和动能注入,提升企业能级,筛选培育“专精特新”中小企业,组织企业申报 2022 年国家“专精特新”小巨人、山东省“专精特新”“独角兽”“瞪羚”、青岛市“隐形冠军”“新经济高成长”企业。预计将培育市级专精特新企业 300 家以上,通过认定 250 家以上;山东省“专精特新”企业培育 30 家以上,力争获得认定 10 家以上;培育“隐形冠军”企业 10 家以上,力争认定 2 家以上;培育“专精特新”小巨人企业 15 家以上,力争认定 5 家以上;培育“瞪羚”“独角兽”企业 10 家以上,力争认定 5 家以上;争取“新经济高成长”企业认定 8 家以上。建立拟上市企业储备库,培育优质企业不少于10 家。

(一)民营经济发展机制将更加完善

1. 强化民企工作的顶层设计,建立重大项目推进机制

将强化平台的组织领导和调度作用,监测分析民营经济发展态势,对重大问题进行研究,及时作出决策。建立健全执常委议事制度、调查研究制度、建言献策制度等,更好发挥执委班子带头作用,健全执常委班子评估机制。加强工商联领导班子建设,定期召开主席会、常委会、执委会议,组织会员开展活动,增强会员的组织意识和工作积极性。

促进企业家参与政策过程,落实民营企业参与相关决策制度。将继续实施党政领导干部和部门与企业家常态化联系沟通机制,在相关政策的研究、制定、出台、修改等过程中实现企业全程参与,积极反映企业的诉求和呼声。做好人大代表建议、政协委员提案办理工作。通过畅通政企沟通渠道,采取座谈交流、挂钩联系、政企会商等方式,健全民营经济代表人士参与涉企政策制定机制,广泛听取民营企业的意见建议,及时回应民营企业的合理诉求。适时组织开展民营经济专题调研活动,召开调研成果协商会。推进区级领导联系企业和商会运行机制

常态化。依法保障民营企业及民营经济人士的合法权益，优化发展环境。

将推动高价值"创意"实体转化，对投资过1亿元的创意项目，纳入区重点推进项目，由区级领导顶格推进实施。定期举办创新创业大赛，积极为企业与投资机构之间搭建起精准对接的投融资服务平台，帮助创新创意项目快速落地，引领企业转型升级。

2. 抓好既有政策运行督促，及时解决企业诉求

将用好已有制度，突出政策兑现。以青岛市委《关于支持民营企业和中小企业改革发展的意见》为根本，按照《青岛市支持企业发展暨双招双引政策》《青岛市民营和中小企业发展促进办法》的要求，梳理政策推进情况，落实新区《关于培养优秀民营企业家的实施方案（2020—2022年）》，督导调度和落实推进《青岛西海岸新区2022年壮大民营经济攻势作战方案》。加大政策扶持力度，落实新修订的《关于加快培育我区优势高成长民营企业的十二条政策》，兑现省市奖补配套资金、专精特新"小巨人"、"雏鹰"企业奖励资金等政策。

将突出问题导向，靶向解决民营企业发展难题。做好常态化企业对话，落实《关于进一步加强党政领导干部联系服务民营企业和行业协会商会构建亲清新型政商关系的意见》，第一时间办理企业诉求。做细做实民营经济创意方案落地环节，实行"一企一策"，按照重点项目落地机制统筹组织推进。

（二）民营经济高质量发展支持力度将进一步加大

1. 提高民营经济发展的目标定位

将高点定位，争创国家民营经济示范城市先行区、山东省民营经济高质量发展先进区。锚定新定位，以更高站位谋发展、求突破、创一流，以争创先进区为目标定位，着力把西海岸新区打造成民营经济和中小企业发展的制度创新试验区、民企成长主阵地、创意活力动力源和产业发展增长极。

2. 推进培育优势高成长企业，大力培育省市百强民企

将落实区领导联系服务重点民营企业制度，继续选派机关干部和新生代企业家开展双向挂职工作，鼓励企业家围绕产业链条和产业集群提出发展创意，发挥"一企一策"效用，推动企业创意落地。

推荐符合条件的企业申报"瞪羚"企业、"独角兽"企业等，引导企业走专业化、精细化、特别化、新颖化发展路子，形成民营及中小企业梯次发展格局。对专精特新企业的新上项目，推荐申报青岛市级、区级专项资金补贴，发挥财政资金的撬动作用，支持企业转型升级。继续做好"市长杯"创新大赛相关工作。

3. 全面提升民企素质能力

将组织民营企业开展中长期订单式培训,举办以民企经营管理、现代企业制度、企业上市、企业融资等为主题的培训班,邀请企业管理专家、具有成功上市经验的知名企业家集中授课,对区内企业家、企业高管等进行系统培训。实施民营企业全员提质行动,阶段性开展"走出去"活动,组织民企高层管理人员赴深圳、上海等先进地区上市企业、大型民企等体悟实训、实地观摩,探索创新路径,活跃创新思想,提升综合素质和能力。

(三)民营企业创新提升的动能将继续增强

深入实施民营企业赋能计划,注入动能,强化发展保障,推动新区民营经济和中小企业高质量发展。

1. 资本赋能

将推进资本赋能高成长民营企业发展一揽子方案,对拟上市企业出台扶持政策,组织企业参加各类资本对接活动,缓解中小企业融资难、融资贵的问题,助力中小企业实现高质量发展。

2. 网络赋能

将坚定不移推动企业的智能制造转型升级,突出对民营企业运用互联网、大数据、人工智能等技术,发展新业态、新模式,数字化、智能化的引导和服务,通过转型创新实现高质量发展和提升再造。引导鼓励企业利用卡奥斯工业互联网平台,赋能企业加快发展,解决产业链、销售出路等问题,帮助中小微企业开拓市场。

3. 人才赋能

将借助驻区高校优势资源,加强与山东高校科创国际客厅、青岛人才会客厅、中外企业联合会和青岛国际合作交流中心合作,为企业引进高端人才,为新区企业尤其是传统制造企业转型升级、实现高质量发展提供强有力人才支撑。

4. 科技赋能

将坚持"科技兴区",鼓励企业走"研发立企、创新兴企"之路。做好"一企一技术"研发中心和市、区两级创新转型项目申报工作。实施好小微企业技术改造项目申报,促进创新创意项目落地。与面向中小企业的系统解决方案供应商,建立长期战略合作伙伴关系,开展全方位、多层次的业务合作,为中小企业技术改造提供技术支撑。最大限度借助外部优质资源,促进新区民营及中小企业转型升级,实现工业赋能制造业的红利。

(四)民营企业发展的平台支撑将更加完善

运用平台思维,多层级、全方位构建民营经济发展的七大支撑平台,助力民营企业提升能级。

1. 企业家成长平台

将根据民企培训调研报告,完善培训计划和课程设置,探索完善"建立现代企业制度专题培训",建立多层次教育培训体系,发挥青岛民营中小企业大学、中国海洋大学民营企业成长学院、中国石油大学继续教育学院等高校机构作用,免费为企业提供内容丰富的培训。

2. 创新创业平台

将加强创业创新基地、产业园、公共平台建设。在全区发掘筛选推荐更多的园区、基地和平台列入2022年全市重点培育计划,组织园区、基地和平台申报市级、省级和国家级认定;组织做好2022年小企业产业园、小微企业创业创新基地、中小企业公共服务平台奖励资金的申报工作,协调财政部门及时兑现奖励扶持政策,充分发挥政策的引导和撬动作用。推荐优质项目晋级市级复赛,落实第七届创新大赛成果,为企业与投资机构之间搭建起精准对接的投融资服务平台,引领企业转型升级。聚焦新区九大产业链发展,鼓励新区民营企业围绕产业链条和产业集群提出发展创意,推荐更多优质项目登上青岛市民营经济创意会舞台。

3. 校企合作平台

将用好存量资源,跟进前期企业需求与高校成果对接成果,继续征集企业需求,加强与驻区高校对接。扩大高校"朋友圈",加强与香港城市大学对接,召开科研成果发布会,推动科研成果落地。

4. 企业合作平台

将组织企业参加国际国内展会、全省中小企业对标学习、"双湾计划"数字经济对标创新系列活动、民企大学对标体悟提升系列专题活动等,帮助企业开拓市场,提升企业经营管理水平。定期召开企业家"思享汇",促进企业间思想碰撞、信息共享、优势互补、市场拓展,增强企业市场竞争力和自我发展能力,助推本土民营企业转型升级和创新改革。

5. 企业宣传平台

将继续开展优秀民营企业家的创新创业事迹和成功典型经验广泛宣传,讲好优秀民企故事。集中开展"青岛西海岸新区企业家宣传周"活动,发布"民营和中小企业梯次培育明星榜",表彰优秀企业家和优质高成长企业。

6."双招双引"平台

将加强同市工商联、市民发局、新区招商中心的沟通对接,积极参加各类招商推介活动,及时向民间资本推介共享优质项目资源。结合新区定位,针对人工智能、海洋新材料、海洋生物医药、港口贸易等产业,与各个高端平台、商会提供的优质民营企业对接,掌握企业需求,开展精准招商。发挥好商(协)会"双招双引"工作站、联络站和招商顾问作用,依托"互联网+",创新线上招商方式,抓好项目谋划。加强同异地商会、兄弟工商联的对接,走出去招商,走出去推介。积极组织企业参加"青岛中小企业国际采购洽谈会"等活动。

7. 商会服务平台

将积极把为中小微企业服务的各类平台搭建在镇街商会平台上,不断为镇街商会赋能,增强镇街商会的吸引力、凝聚力;加快产业聚集,培育新兴产业商会。聚焦"四新"经济等新产业,挖掘新区积极配合对接各行业管理部门,优化相应行业商会设立和完善,鼓励外地投资企业在西海岸新区设立异地商会。

(作者单位:中共青岛西海岸新区工委党校)

2021—2022年崂山区优化营商环境情况分析与展望

牟明明

营商环境是区域经济社会发展的重要软实力,更是核心竞争力。崂山区作为全市创新创业、投资兴业的一片热土,十分重视优化营商环境,认真贯彻《青岛市优化营商环境条例》,在前期一系列"放管服"和商事制度改革的基础上,出台《关于进一步优化营商环境的实施意见》,提出打造国内一流、省市领先的营商环境示范区的目标任务。全区重商、安商、亲商、富商的导向已经基本确立,区域营商环境品质得到有效提升,助企服务体制机制得到全面优化,切实推动了区域经济社会高质量发展。

一、2021年崂山区优化营商环境基本情况

2021年,崂山区紧紧围绕中央和省市深化"放管服"改革、全面优化营商环境的部署要求,着力打造"三化三型"(市场化、法治化、专业化,开放型、服务型、效率型)政务服务环境,积极对标山东省营商环境评价体系和先进地区经验,强化"换位思考、真诚服务、有求必应、无需不扰、持续改进"的服务理念,坚持企业视角、标杆引领、问题导向、改革集成,全面破解了一批企业办事中的"难点、堵点、痛点"问题,推动全区营商环境实现了质的提升。

优化营商环境的成效直接体现在崂山区经济社会高质量发展上。2021年上半年,崂山区实现生产总值473.54亿元,同比增长15.7%,两年平均增长8.9%;区级一般公共预算收入完成103.3亿元,完成年初预算的59.9%,高于时间进度9.9个百分点,同比增长22.4%;半年财政收入首次突破100亿元;实现区级税收收入84.3亿元,同比增长47.5%,税收占比高达81.6%,同比提高13.9个百分点。

(一)强化制度设计,提升企业满意度

1. 坚持顶格协调、顶格推进营商环境优化各项工作

崂山区成立了区委、区政府主要领导任组长的优化营商环境领导

小组,各街道、各部门主要负责人作为领导小组成员,对营商环境建设亲自抓、带头干、负总责,确保了优化营商环境各项任务高标准推进、高质量完成。2021 年,先后出台《为崂山发展、为群众办事"说怎么行"行动方案》《崂山区群众企业满意度提升行动方案》《关于纵深推进"鼓励创新在崂山"工作的意见》等制度文件,全面深化"放管服"改革,顶层设计不断完善,市场化、法制化、国际化的一流营商环境已具雏形。

2. 在提升企业开办便利度方面,创新打造"3012"模式

企业开办便利度是衡量营商环境质量的重要指标之一,也是衡量企业满意度、城市市场活跃度的重要内容。2021 年,作为全市唯一微信"智能审批"试点区(市),崂山区综合运用大数据、人工智能等先进技术,深度整合优化"崂省事"微信政务服务平台功能,创新推出企业登记全链条"智能审批"服务,微信支持企业自助填报登记基本信息,系统自动校验审核,实现企业登记即报即批、即批即得。同时,全面推行新设企业免费刻章。全国首创微信端企业开办智慧"一窗通"平台,将企业开办环节由 6 个压缩至 1 个,开办时间由 1 个工作日压缩至 2 小时,打造了 0 材料、0 成本、0 跑腿、1 个环节、2 小时办结的"3012"企业开办新模式,企业满意度与获得感得到切实提升。同时,崂山区还免费为企业提供了具有崂山特色的"崂山创业包",一次性配齐营业执照、公章、财务章、发票专用章、法定代表人名章、免费税务 Ukey、企业生日档案、惠企政策大礼包等企业开办必需品,实现"企业落户拎包入驻",目前已有近 4000 家企业领取了"免费印章",有效提升了辖区企业的归属感和幸福感。通过实施"3012"企业开办模式,崂山区企业开办门槛不断降低,全区市场主体已达 8 万多户,自上线以来,已有 2800 家企业通过企业开办智慧"一窗通"平台办理了所有企业开办环节业务,有效适应了社会大众的创业需求,进一步激发了市场活力。

3. 在提升工程建设项目审批效率方面,大力推行"拿地即拿证"

2021 年,崂山区积极贯彻落实市委、市政府"项目落地年"的战略部署,加快推进重点项目建设,积极融入全市发展大局大势,创新推出了《崂山区拿地即拿证实施细则》,出台《崂山区地籍调查前置工作实施细则》,制定社会投资项目落地明白纸,全力推进"要素跟着项目走"改革,实现"拿地即拿证"工作常态化、"拿地即开工"精准化。多措并举切实保证国有土地出让项目均可实现"拿地即拿证",2021 年以来,海尔学校、海尔云谷配套学校、东华软件副中心产业园、青岛实验中学崂山分校、山东头幼儿园项目和坡前沟安置区等建设项目均通过该方式拿到了不动产权证书。其中,海尔学校项目更是做到了"拿地即开工"。此外,盈峰项目、11 号线零换乘和汉河安置区等一批项目也已准备就绪。崂山区"拿地即拿证"模式全面推开,形成常态。项目服务审批实

现了最大达到 90% 的提速,对比深圳、上海等城市,不仅实现了速度上领先,而且做到了政策上的普适性。2021 年上半年,崂山区累计签约落户 193 个项目,总投资 1600 亿元,其中 180 个项目在 2021 年上半年已投入使用。2021 年上半年,签约总投资 674.2 亿元的重点招商项目 52 个,其中 30 亿元及以上大项目 7 个。

(二)注重改革创新,优化创业环境

1. 加大产业发展扶持力度

为进一步优化营商环境、细化产业政策、加快各类科技创新平台建设、完善科技创新服务体系,2021 年,崂山区对标深圳,借鉴上海、苏州等地先进做法,对产业政策进一步优化调整,制定《崂山区支持产业发展集成政策》,对经济贡献主要条款进行了全面提升修订,支持企业提升技术创新能力,建立科技型企业梯度培育制度,推进高新技术企业、"瞪羚"企业和"独角兽"企业的培育服务工作;在高成长企业奖励方面,进一步突出增量奖励,着力打造政策最优、服务最便捷、系统最集成的"一业一策"政策体系,全力做到政策含金量最高、竞争力最强,优质创新环境逐步成型。

2. 首创惠企政策"免申即享"

2021 年,在继续实施"助企服务 15 条"基础上,崂山区按照建立产业激励政策刚性兑现机制要求,从政策智能推送、企业申报数据共享、申报流程再造、审批流程智能化、政策兑付跨前一步等角度进行创新,在全国建立了首家"免申即享"政策兑现平台,并在以"携手金牌合伙人 共创崂山新未来"为主题的 2021 青岛市崂山区企业家和产业领军人才大会上正式上线启动,共对"独角兽"、隐形冠军、"瞪羚"、专精特新等企业兑现政策资金 8966 万元,同时在全市率先由权威机构发布区级高成长性企业榜单,促进"独角兽""瞪羚"企业培育。2021 年 4 月 26 日,长城战略咨询发布《中国独角兽企业研究报告 2021》榜单,青岛市新增 3 家、累计有 9 家企业上榜,在全国城市中排名第 8 位、北方城市第 2 位。在各区(市)中,坐落于崂山区的歌尔微电子成为全市 3 家新上榜企业之一,全区"独角兽"企业总数达到 6 家,崂山区已成为全市当之无愧的"独角兽"企业高地。截至 2021 年 9 月底,区内累计战略性新兴产业企业达 1000 余家,国家制造业单项冠军企业 77 家、省"十强"领军企业 4 家、"专精特新"企业 232 家;2021 年上半年,高新技术产业产值占规模以上工业总产值比重(85.5%)、万家企业法人单位高企数量(113.86 家)均居全市首位,区域产业发展的高度和厚度持续增强。

3. 人才综合服务强区加快建设

2021 年,崂山区着眼于打造青岛高端产业引领区,坚持"引进一个

人才、落地一个项目、带动一个产业"，制定了国内一流的产业扶持政策和人才激励政策，连续举办四届国家高层次人才峰会，成立"人才创新创业生态联盟"，探索实践人才、技术、产业、资本、服务的招才引智"千山模式"。搭建优质载体和互动平台，出台鼓励支持人才平台载体建设指导意见，首次表彰6家引才育才先进单位，打造产业链、资金链、人才链、技术链"四链合一"加优质高效政务服务环境的"4+1"发展生态，为产业发展"拔得头筹、占据优势"营造良好环境。先后出台"人才新政22条""高端人才集聚计划""产业巨峰人才引进计划"等一揽子产业、人才政策，高端人才集聚的强磁场效应进一步显现。截至2021年9月底，崂山区已累计集聚"两院"院士及外聘院士45人、国家高层次人才78人、泰山学者及泰山产业领军人才221人，汇集了中国海洋大学、中科院青能所等高层次科研院所13个，2021年新培育市级以上技术创新中心26家，为突破"战略北进"、深化再次创业搭好了智库，攒足了"人气"，让崂山区成为海内外人才创新创业的首选之地。

(三)推进流程再造,提升政务服务水平

1. 加速推进一网通办

2021年，崂山区进一步深化"互联网＋政务服务"，实现了区级依申请政务服务事项网上可办率不低于90％。建设崂山区云商大数据综合监管平台，率先建立顺应商事制度改革"宽进"后深化"严管"的工作新机制，深入推进部门协同监管、智慧监管、信用监管建设，构建起以大数据信息汇集为支撑、以法治建设为基础、以信用监管为核心的综合监管体系，有效推进政府治理体系和治理能力现代化，推动区域经济持续健康发展。创新打造的区级大数据综合监管"一张网"实现全省首创，创新推行的事先审批"一联审"、事中审批"三个双"(双告知、双反馈、双跟进)、事后监管"三个双"(双随机、双评估、双公示)的"一三三"智慧监管机制、"微监管""微服务"一键式查询终端为全国首创。积极推广电子税务局新功能，大力推行网上办税，让纳税人"多跑网路，少走马路"，实现纳税申报业务线上"一次办好"，减少申报次数。营商环境涉及所有税费种均已实现全流程电子化申报，网上申报率及缴费率均超过99％。

2. 积极鼓励企业创新

2021年，崂山区持续深化开展"鼓励创新在崂山"大讨论，出台《关于纵深推进"鼓励创新在崂山"工作的意见》，以包容审慎的态度支持企业创新发展，构建"尊重企业家、读懂企业家、服务企业家"的闭环工作机制，激发企业和企业家干事创业活力。以激活企业创新主体作用为重点，强化一切资源、要素和机制围着企业转的导向，站在企业需求角度想问题、定政策、优服务,大力支持新技术、新业态、新模式创新发展,让企业和企业家心无旁骛创新创造,坚持宽容审慎的监管原则,厚植鼓励企业大胆创新的制度土壤。在中植集团、东华软件、山东能源研究院、歌尔微电子等重点项目和重点企业的沟通对接中,主要负责人既"运筹指挥"又"挂帅出征",顶格组建专班,顶格倾听企业家意愿,顶格协调项目落地,顶格推进项目进展,让企业感受到重视和尊重。

3. 首推政务服务"好差评"机制

崂山区在全市率先建立以企业群众办事体验为导向的政务服务"好差评"制度,科学设置评价内容和标准,全面融合线上线下多种评价方式,实现政务服务事项、评价渠道、评价对象全覆盖。建立"差评"评价、反馈、整改、监督全流程闭环工作机制,对实名制差评整改回访率达100%,不断增强企业的获得感和满意度。

4. 充分发挥企业服务中心能效

崂山区企业服务中心于2020年4月1日设立,中心整合政府服务资源,建设企业综合服务平台,以工业互联网思维重构企业服务体系。一是建立虚实一体的互动模式,在线上简化办事流程的同时,线下建立企业服务窗口,实地结合企业发展的真实需求;二是建立上下游资源整合的服务体系,整合政务服务、产业链服务、第三方服务等各类服务资源,形成高度统一融合服务平台;三是建立精准的对接服务体系,建立智能政策推送平台、企业分类服务等精准服务体系,力求各类服务精准;四是实现智能化、一体化,采用人工智能、大数据等智能化手段做好企业画像。逐步建设智能政策推送、企业诉求一站式办理、政务服务资源整合、精准化企业服务、应用软件服务和中介服务六大平台。

二、影响崂山区营商环境优化的因素分析

(一)有利因素

1. 全市营商环境优化行动提升带来的机遇

2021年10月,青岛市人民政府办公厅印发了《青岛市营商环境优化提升行动方案》,围绕服务企业、自然人、项目建设、创新创业"四个全生命周期",提升市场化、法治化、国际化、数字化、专业化、品牌化"六种服务能力",对推动青岛营商环境进入全国前列作出部署安排。崂山区将积极融入全市营商环境优化提升行动,进一步优化区域营商环境,必将为崂山开启再次创业新征程提供更加坚实的保障,为贯彻落实省、市委对崂山提出的着力打造"五个区"要求(坚持以创新为引领,打造"四新"经济集聚区;坚决扛起国家使命,高水平打造财富管理金融综合改

革试验区核心区;加快建设现代化国际大都市的高品质新城区;着力打造生态文明建设示范区;争当全市促进共同富裕的先行区),提供重要着力点和战略抓手。

2. 历史传统优势

创新是崂山的传统和基因,也是崂山发展的最大潜力、最大优势。青岛高科技工业园位于青岛市"一园、三区、三线"发展战略的首位,其发展思路是在青岛市重点建设一个面向 21 世纪、高起点、高水平的国际城市新城区。2022 年,崂山区将迎来青岛高科技工业园成立 30 周年,在新的历史起点上继续优化营商环境,有利于崂山区发挥高端引领、创新驱动的优势,自觉贯彻新发展理念,把营商环境作为崂山发展的核心竞争力,加快打造"4+1"发展生态,激发企业自主创新潜能,进一步成全企业家的创意、创新、创造。

(二)不利因素

1. 周边区(市)竞争加剧的挑战

"高精特新"企业和优质项目永远是稀缺资源,也从来都是各个区域争相竞逐的对象。目前,青岛各兄弟区(市)均把营商环境优化作为经济工作的主战场,举全域全力加以推进,崂山区面临的项目落地和企业落户的挤出效应压力将逐渐增大。如西海岸新区出台了《新区优化营商环境三年行动计划》,提出 2021 年底区域核心竞争力实现大幅提升,打造成为全省营商环境标杆城市;2022 年底,新区创新成果力争在全省、全国复制推广,营商环境各领域全面进入国内先进行列;2023 年底,新区将打造成为全国营商环境标杆城市。制定实施了《关于推行"有需必应、无事不扰、政策即享"服务企业 17 条措施的意见(试行)》,实行"有需必应"诉求解决机制、"无事不扰"监管检查机制以及"政策即享"惠企服务机制。市北区制订出台《持续打造全国一流营商环境城区行动方案(2.0 版)》(以下简称《方案》),锚定打造中国北方最优营商环境城区的目标定位,优化营商环境纵深发展,2021 年已有青岛海智深蓝科技公司、海尔少海汇等 14 家公司在青岛中央商务区注册落户,跑出了项目落地年的发展加速度。崂山区与周边区(市)在扶持政策、产业集聚等方面的比较优势越来越不明显,面临的竞争愈发激烈,在全市发展格局中遇到的挑战逐步增大。

2. 面临发展空间受限的掣肘

受到崂山风景区和水源保护地生态环境保护的限制,崂山区可用于承载产业发展的空间逐渐趋于饱和,寸土寸金的主城区还存在载体利用率不高等问题。尽管崂山区于 2020 年开启实施了"北进"战略,聚力突破区域发展的这一"瓶颈",但崂山区城乡二元结构较为明显的现实一时难以得到改变,向北宅、王哥庄街道发展的过程中,相关产业配套的跟进将存在时间差,营商环境难以在短时间内形成系统完整的生态体系,营商环境将迎来"阵痛期"。在这一时期,如何保有企业存量、做大企业增量、引进优质项目,将是崂山区面临的一个较大课题。

三、2022 年崂山区优化营商环境发展展望

(一)2021 年第四季度崂山区优化营商环境预测

2021 年是"十四五"规划的开局之年,也是崂山区突破"北进"战略、深化再次创业、全面开启城市转型升级新篇章的关键一年。2021 年第四季度,崂山区将继续围绕市委提出的"项目落地年"工作部署,持续深化鼓励创新长效机制建设,进一步激发企业创新活力,预计全年新增"专精特新"企业 30 家、高新技术企业 80 家,构建形成具有强大竞争力的产业梯队。继续深化推进"双招双引",突出抓好招大引强,紧盯世界 500 强、行业 500 强项目,实施精准招商,预计全区引进 500 强企业达到 5 家、总部项目达到 5 个,过 1 亿元项目达到 80 个,实现新开工项目 60 个以上,新引进金融机构和类金融机构 100 家以上,推动形成以优质企业、重大项目为引领,以现代金融、新一代信息技术、文化旅游、医药健康"四大产业"为支撑的新发展格局。以营商环境的优化推动完成年度主要经济指标,预计全年生产总值同比增长 8% 左右,区级一般公共预算收入同比增长 6.5% 左右,固定资产投资同比增长 10% 以上,居民人均可支配收入增速不低于经济增速。

(二)2022 年崂山区优化营商环境预测

1. 市场经营环境将进一步优化,企业开办便利度将持续提升

2022 年,崂山区将加快推广企业登记全程电子化系统、"模拟审批"、告知承诺、容缺受理、微信身份认证、免费帮代办等举措,进一步压缩企业设立登记时间。推出新办纳税人"套餐式"服务,新开办企业领取增值税普通发票、增值税专用发票和税控设备,在半个工作日内办结。全面取消企业银行账户许可,对符合条件的开户材料实现即来即办、当场办结。电子营业执照全面推广,印章刻制服务得到优化,社保用工登记"二合一"有序实行。到 2022 年底,崂山区注册企业数量有望超过 4.2 万家,预计全区"独角兽"企业数量、万人发明专利拥有量继续居全省首位。

工程建设项目审批效率将持续提升。2022 年,崂山区将进行从项目立项到竣工验收的全流程改革,在全区推行"拿地即开工"审批服务

模式,对工程建设项目审批涉及的立项规划用地许可、工程建设许可、施工许可、竣工验收四个阶段实行"一家牵头、并联审批、限时办结",对各阶段审批的办事流程、耗时、材料、费用全面优化。在具备条件的区域,积极开展区域评估,"一张蓝图"统筹项目实施,全面实施多测合一、联合验收。实现"一个窗口"提供综合服务,"一张表单"整合申报材料,"一套机制"规范审批运行。预计2022年全年,全区新开工项目50个以上,固定资产投资保持8%以上增长。

2. 公共服务质量将进一步优化,公共设施和服务质量将持续提升

公共设施和服务质量是驻区影响企业幸福感、获得感的重要因素。2022年,崂山区将围绕企业获得公共设施如供水、供气、供电、供热等方面,进一步优化办理流程,减少办理环节,降低报装成本,压缩办理时间。完善线上办理系统,采取"项目经理人负责制"等方式优化用能报装服务,推行"店小二"式帮办代办服务,建立客户沟通联系及回访机制,提升服务质量。通信服务方面,加强网络建设,提升通信服务水平,打破垄断壁垒,督促电信运营企业全面落实提速降费、携号转网等工作,丰富服务渠道,加强客户诉求沟通,降低中小企业通信成本。排水与污水处理方面,完善道路配套排水设施、雨水管网,消除雨天道路积水问题,加强排水管线巡查,保障排水和污水处理设施安全运行。

企业办税体验将持续提升。纳税服务方面,2022年,崂山区将优化纳税营商环境,提高办税"最多跑一次"业务事项比例,压缩纳税次数,推进"一网""一次""一窗"办税,提高纳税服务质量。建设自助办税服务区,推行"互联网+税务"智能化模式,提高纳税便利度。规范涉企收费方面,2022年,崂山区将继续全面贯彻国家、省减免、降低行政事业性收费(政府性基金)的相关规定,完善收费目录清单管理制度,提高收费工作的透明度。全面清理整治各类违规涉企收费,减轻企业负担。贯彻降低社会保险费率政策,确保应降尽降。预计全区2022年涉企收费比2021年下降5%以上,驻区企业获得感、满足感、归属感进一步提升。

3. 创业投资环境将进一步改善,对创业的支持力度将持续加大

2022年,崂山区将继续扎实开展创业扶持工作,优化创业担保贷款流程,建立创业基金余额动态调剂制度,提升基金使用效率。研究出台有针对性的创业扶持政策、产业技能人才培育政策,推动各行各业积极培育各类创业先进典型,推广成功创业经验,为创业者提供便利和舞台,助推全民创业。开展孵化器提质增效行动,加强创业孵化基地(园区)建设,培育特色突出、功能完善、承载能力强的创业载体,打造一批创新创业示范平台。预计到2022年底,全区国家级众创空间达到15家以上,孵化器总数突破20个,聚集创客团队超过250个,高端研发项

目在崂山大地开花结果。

人才综合服务能力将持续提升。2022 年,崂山区将继续发挥好企业就业人才服务专员作用,主动为企业提供精准、高效、优质、及时的对接服务。深入开展职业技能提升行动,落实培训补贴政策。加强高层次人才服务窗口建设,积极推进高层次人才服务社会化,建立高层次人才、急需紧缺人才落户、住房、配偶就业及子女就学等相关保障制度。支持培育人力资源服务机构,建立人才考核评价机制,充分发挥引才、育才作用。探索人才大数据平台建设,精准掌握毕业生信息、用人单位岗位信息、人才政策信息。简化就业手续办理,优化身份证、居住证办理服务,提升人才引进效率。完善人力资源市场监管与服务制度,全面落实劳动合同制度。预计到 2022 年底,全区国家级博士后工作站点增至 20 家以上、流动站增至 30 家以上,继续保持全市领跑地位,累计培养博士后人员超过 1500 人,"人才＋产业＋资本"的招才引智模式效应进一步得以突显。

(三)崂山区优化营商环境的对策建议

1. 规范政府采购和招投标管理

建议持续强化政府采购监管,严格遵循公开、公平、公正、诚实信用原则,禁止在政府采购过程中对民营企业实行差别待遇。全面实行阳光采购,全过程公开采购信息,全流程电子化管理,降低企业参加政府采购和招投标成本。严格按合同规定及时支付采购资金,保障供应商合法权益。完善政府采购支持中小微企业的政策,发挥政府采购对民营、中小微企业支持作用。加强招标投标管理,规范招标投标活动各方行为,加快推进公共资源交易、服务、监管一体化平台建设,强化招投标监管,规范招投标投诉受理机制。

2. 加大企业合法权益保护力度

进一步完善企业家合法权益保护机制,及时化解重大涉企矛盾,切实维护企业生产经营秩序。依法、慎重对企业实施查封、扣押、冻结等强制措施,最大限度地减少执法对企业生产经营活动的影响。崂山区应实行更严格的知识产权保护,建立知识产权侵权查处快速反应机制,健全知识产权信用管理,加大知识产权侵权违法行为惩治力度,探索互联网、电子商务、大数据等新兴领域和业态的知识产权保护制度。保护中小投资者权益,加强信息披露透明度。落实合同纠纷案件立案登记制度,方便企业解决合同纠纷,保障民营企业胜诉权益,加大对恶意逃废债务被执行人的执行力度,建立多元商事纠纷解决机制。

3. 优化审慎包容的监管机制

近年来,崂山区新产业、新业态、新模式频出,探索完善行政管理的容错机制迫在眉睫。应进一步优化新兴行业市场发展环境,从行政处罚与违法行为的事实、性质、情节以及社会危害程度相当的原则出发,对首次、轻微的违规经营行为,依法免于行政处罚。建立企业信用修复机制,对于轻微、一般违法行为,主动纠正、消除不良影响的,经申请可不纳入信用联合惩戒范围。如何对企业进行监管直接关乎企业归属感,建议更大力度实行"双随机、一公开"监管和跨部门联合监管,形成"进一次门、查多项事"常态化监督管理机制,杜绝随意检查。

4. 巩固"清"和"亲"新型政商关系

政企沟通渠道是否畅通,关系企业"急难愁盼"问题是否能在第一时间得到反馈和解决。建议探索建立党政企沟通协调会议制度,充分赋予企业知情权、发言权,听取企业意见建议,回应和解决企业关切。全面推进处级及以上领导干部挂点联系服务重点企业活动,定期开展现场调研、现场办公,用顶格协调促成问题破解,强化政策落实。深化"千名机关干部进千企"工作,广泛覆盖中小企业,第一时间听取企业呼声,为企业发展当好"服务员"。邀请企业家参与政策制定,凡是政府部门制定的涉企政策性文件,都要征求企业家代表意见或请企业家代表参与起草,切实提高政策的科学性、适用性。

5. 提高政务服务数字化水平

实现企业办事数据线上跑腿是崂山区优化企业服务的重要目标,实现这个目标的关键一环就是更好发挥"一窗式"企业综合服务受理平台和惠企政策服务平台作用。建议实施"涉企服务流程再造"专项行动,优化惠企政策兑现程序,实现全覆盖政策服务,按照"线上一窗受理,部门一链审核,兑现一次到位"的模式,提高政策兑现效率,真正发挥政策的引导、扶持、鼓励的作用。同时,探索设置线下企业发展会诊室,安排品牌咨询师、质量专家、律师、会计师等专业人员,为企业个性化诉求提供专业解决方案,有针对性地帮助企业解决发展中遇到的难题。

6. 注重发挥商会的桥梁纽带作用

商会在服务企业、沟通政府的桥梁纽带作用将更加重要。建议围绕《崂山区商会改革和发展实施方案》,加快商会法人治理体系建设,提升商会活力、吸引力、凝聚力,提升企业会员对商会的认同感和归属感,加大商会骨干及优秀企业家队伍培养,建立健全政府、商会、企业的沟通互动机制,完善商会服务网络,不断提升行业商会服务企业发展、促进行业规范、助力政府管理、发挥桥梁纽带等方面作用,真正做企业的娘家人、政府的好助手。

(作者单位:中共崂山区委党校)

2021—2022 年即墨区文化产业发展状况分析与预测

姚军亮　丁爱梅

　　文化产业已经成为国家发展战略的重要产业之一,在经济进入新常态条件下,文化产业发展迅速,毫无疑问地成为当前经济发展中活力最强、最具有发展潜力的增长点。《青岛市国民经济和社会发展第十四个五年规划和 2035 年远景目标纲要》指出要"培育新兴时尚文化业态和文化消费模式,深化文化体制改革,加强文化市场体系建设,扩大优质文化产品供给",并且提出要着重做好提高时尚文化产业发展水平,培育壮大时尚文化产业载体,健全现代文化市场体系等工作。《即墨区国民经济和社会发展第十四个五年规划和 2035 年远景目标纲要》提出要"推动文化产业创新融合发展,改造提升传统文化产业,培育壮大新兴文化产业,将文化资源优势转化为产业优势和发展优势,打造文化产业发展新格局"。即墨区深化文化产业供给侧结构性改革,推动文化产业转型升级、提质增效,增强核心竞争力,先后获全国版权示范城市、全国休闲农业和乡村旅游示范市以及文化强省建设先进区等荣誉称号。

一、2021 年即墨区文化产业发展情况

　　2021 年,即墨区坚持社会效益与经济效益相统一,统筹文化产业与各领域深度融合,不断扩大优质文化产品供给,促进文化产业增值增效高质量快速发展。2021 上半年即墨区文化产业增加值 23.02 亿元,比上年同期增长 22.81%,比青岛市增速(18.6%)高出 4.2 个百分点,比全区第一季度增速(8.66%)高出 14.15 个百分点,呈现出加速增长态势。其中,规模以上企业增加值为 4.65 亿元,规模以下企业增加值为 18.37 亿元。

(一)2021 年前三季度即墨区文化产业发展特点

　　2021 年前三季度,即墨区立足自身文化特色,围绕本地文化的创

造性转化和创新性发展精准施策，在规划引领、扶持文化产业发展和项目带动方面成绩显著。

1. 坚持规划引领，指明文化产业发展方向

《即墨区国民经济和社会发展第十四个五年规划和2035年远景目标纲要》指出，"十四五"期间要在影视、音乐、动漫、文创等4个重点业态实现突破发展，不断推出反映新时代气象、讴歌人民新创作的文艺精品。要不断加快媒体深度融合，做强新型主流媒体，构建全媒体传播体系。加快文化产业载体主体培育。坚持引企、引资、引智相结合，加快引进和培育一批基地型、龙头型文化企业，建设一批高水平的文化产业园区和产业基地。坚持以文塑旅、以旅彰文，积极对接青岛全域旅游资源，构建文化旅游品牌体系，打造一批特色文化旅游线路、标志性景区和精品项目。截至9月末，已初步完成"十四五"时期文化旅游发展规划编制，加强对文旅融合发展的顶层设计，以规划引领新时代文化和旅游高质量融合发展，指导全区旅游产业发展。

2. 坚持政策引导，增强文化产业发展势能

即墨区政府出台《即墨区发展文化产业的扶持意见》，明确2020年至2022年，区财政每年安排1亿元文化产业专项扶持资金，用于扶持全区文化创意产业、影视产业、音乐产业、公共文化产业，加快推动即墨区文化产业发展，健全文化产业体系，培育全区文化产业发展新动能。其中，对以即墨的历史故事、人文传说为题材，或展现即墨经济社会建设历程、发展成就为题材的各类重大影视作品，每年安排3000万元用于扶持。对实际投资5000万元以下的给予投资额10%的补贴，投资5000万元至1亿元(不含)的给予投资额20%的补贴，实际投资1亿元及以上的给予投资额30%的补贴，最高补贴不超过3000万元。扶持意见实施以后，迅速在全区范围内形成导向效应，进一步增强文化产业的整体实力和市场竞争力。通过中国电影云基地平台的搭建，已逐步形成产业聚集效应，有力推动全区影视产业发展。截止到2021年9月末，全区聚集影视企业达到21家，《医者来时路》《闪亮的夏天》《我是周浩然》三部电影已完成后期制作，影视产业实现聚力突破。

3. 坚持项目带动，助推文化产业全面发力

近年来，即墨区抓好重点文旅项目引进建设，加大双招双引，围绕产业链条，打造产业集聚区，文博会展、艺术创意、文化演出等领域向着高端化持续发展。港中旅天创演艺剧场、博兰斯勒(青岛)大剧院、即墨区博物馆(新馆)等重点文化设施持续发力，其中，即墨区博物馆(新馆)占地面积1万平方米，展览文物685件。开展、演出《梦归琴岛》、小柯音乐剧及文物、书画展等一系列大型高品质活动。乐都城国际音乐谷、中国电影云基地项目、青岛国梦文创网红科技产业园项目、华侨城莲花田园乡村振兴示范区项目、鳌山卫梅茶园项目、温泉小镇项目等一批重点文化产业项目正在积极推进。占地 4000 平方米、建筑面积 3000 平方米的青岛市民俗文化产业园通过大力改造改进,已有 60 多项国家级、省级、青岛市级和即墨区级非遗项目入驻,推动了非遗资源产业升级。即墨古城占地 43 公顷,总建筑面积约 37 万平方米,呈现"一城、两街、十景、十三坊"的整体格局,已修缮古县衙、万字会,复建学宫、文庙、财富民俗馆、真武民俗馆、牌坊街、城墙和三门四阁等公共建筑。即墨古城是山东省重点打造的步行街区,从建成到运营得到社会各界普遍认可,人气逐日攀升,2021 年国庆期间有 29.5 万人奔赴古城打卡游玩,成为在国内有较高知名度、影响力的城市特色文化建设创新区。

4. 坚持品牌战略,纵深推进国际时尚城建设

聚力打响"时尚青岛 乐动即墨"文化品牌,擦亮"音乐即墨"城市品牌,产业核心竞争力和发展水平不断提升,着力举办即墨古城民谣季、叶小钢即墨开讲、LPA 独立音乐盛典、"2021 青岛麦田音乐节"、中国青岛合唱大会等大型文化品牌活动,显现了一条综合交响乐、民谣、音乐剧等各个音乐产业业态的清晰脉络。

青岛乐都音乐谷坚持多元文化交融和创意文化创新,以"音乐＋"为发展主轴,通过"一个平台、六大载体、八大板块"分步建设,依托超前规划和高端配套,与中国音乐家协会、中国音促会、中国文化传媒集团、德国博兰斯勒集团、中国音乐名家等高端音乐文化"集团军"合作,已成功举办了国际合唱大会、"神州唱响"高校展演、青岛海洋国际音乐季、郎朗音乐会、"叶小钢开讲"公益讲座、小柯音乐剧《想把我唱给您听》即墨专场、完美声音创作营、即墨金秋演唱会等近百场高端惠民演出活动。先后接待 6 万余名中小学生,开展行走齐鲁研学旅行、音乐主题亲子活动、乐器 DIY 制作体验课、音乐知识大讲堂等研学旅行活动。青岛乐都音乐谷成为省级重点文化产业园区。

5. 坚持重点突破,做好全国"非遗在社区"试点工作

着力将即墨古城打造成为青岛市非遗文化展示平台、青岛市对外文化交流窗口。依托古城社区,引入 20 余项非遗项目,可以让古城社区居民近距离观赏、学习、体验非遗技艺。依托古城"我们的节日·清明"系列活动,开展"非遗在社区"非遗展示展演活动,组织柳腔、大鼓书、大欧鸟笼、榼子等项目传承人进社区,对社区居民进行培训辅导。创新非遗进景区活动模式,组织非遗项目参加在即墨古城录制的《东西南北贺新春》节目。组织 60 余个非遗项目摊位展示作为节目街景取景的背景,并在节目录制过程中由主持人朱迅、刚强对老酒、花边等传统非遗产品进行介绍与宣传,最大限度宣扬即墨区地区非遗特色。2021年春节期间,借助央视节目的传播效应,即墨古城除夕至正月十五期间

游客达 77.2 万人次，单日最高客流量 8.4 万人，提前实现第一季度开门红。

(二)即墨区文化产业高质量发展面临的挑战

即墨区文化产业高质量发展有良好的基础，同时存在着投融资机制不健全、内容创新不足、高端平台数量少、升级效应和经济增长效应不明显等问题，影响即墨区文化产业的进一步发展。

1. 文化产业增加值占生产总值比重较低

2020 年即墨区文化产业增加值为 42.83 亿元，占 2020 年即墨区生产总值的比重为 3.3%。2021 上半年，即墨区文化产业增加值 23.02 亿元，占青岛市文化产业增加值(311.2 亿元)的比重为 7.4%，占 2021 年上半年即墨区生产总值(670.91 亿元)的 3.4%，远低于青岛市 4.8%的比例。数据充分证明，即墨区文化产业在青岛市文化产业发展中占比较低，文化引领产业发展趋势动能不强，融合度不高，短板效应明显。并且，即墨区文化产业结构中传统文化产业的比重较大，现代新兴文化产业发展不够，文化创意产业市场化程度不高、规模小，存在明显的高端原创不足、终端营销能力不强的产业链缺陷。

2. 高端文化产业平台数量少

即墨区虽然已有大量的文化创意产业项目落地，文化产业发展方面也有突破，特别是以青岛乐都音乐谷、古城民谣季为代表的优秀音乐人才聚集平台表现亮眼，但高端文化创意产业平台数量明显偏少、布局分散，难以有效地起到聚集效应和示范作用。在公布的即墨区 2021 年上半年文化产业增加值中，规模以上企业增加值为 4.65 亿元，占比仅为 20.2%。

3. 专业文化产业人才缺乏

文化产业最核心的竞争力在于人才，文化创意产业本质上是创新驱动和人才驱动，与大多数新一线城市所辖区(市)一样，即墨区在文化产业上对人才的吸引力明显不足，高端专业文化创意产业人才缺乏，严重制约了即墨文化创意产业的发展，文化创意人才资源劣势比较明显。不仅总量相对不足，而且结构失衡现象比较严重，文化创意产业的高端经营管理人才、专业人才和复合型人才短缺。

二、2022 年即墨区文化产业发展预测

2021 年第四季度及 2022 年，即墨区将坚持以习近平新时代中国特色社会主义思想为指导，深入贯彻落实习近平总书记关于文化产业的重要论述。坚持新发展理念，以文化领域供给侧结构性改革为动力，

推进文化产业转型升级、高质量发展,推动文化产业在以国内大循环为主体、国际国内双循环相互促进的新发展格局中开拓新局面。2021 年第四季度,即墨区将统筹优势资源,变资源优势为经济优势,在文化产业发展领域集中发力,预计全年完成文化产业增加值 15.30 亿元,环比增长 26.20％。

2022 年,即墨区将以市场为导向,注重社会效益与经济效益完美结合,强化规划引导,加强"双招双引"工作,培育新型文化业态,增加优质文化产品供给。预计 2022 年全年完成文化产业增加值 56.26 亿元,同比增长 16.50％,占即墨区生产总值的比重将达到 3.7％,更好地满足人民群众对美好生活的向往。

(一)加强文化产业发展的规划引导

通过对即墨的文化资源进行再梳理、再认识、再评价,进行相关产业、生态环境、公共服务、体制机制、政策法规、文明素质等方面的全方位、系统化的优化提升,实现即墨区域内资源有机融合、社会共享共建,以文化产业带动和促进即墨经济社会发展。

(1)按照文旅部发布的《"十四五"文化和旅游发展规划》以及省委、省政府《关于促进文化产业和旅游产业高质量发展的若干措施》,即墨区将紧密结合青岛市"十四五"规划、即墨区"十四五"规划中对于文化产业的规划要求,科学制定中长期文化产业发展规划,细化发展路径,使文化产业发展有总体遵循、有具体指导、有明确要求、有得力举措。

(2)文化产业发展规划的制定涉及面广,整合力度大,将着力突破部门思维局限规划文化产业发展,确保各部门树立大文化产业观,完善文化产业统筹协调机制,明确各部门在推动文化产业发展中的职能。

(3)文化产业发展规划注重总分结合、长短结合,既布局长远,又要着眼当前。文化产业发展规划的生命力在于执行和落实到位,以"功成不必在我,但功成必定有我"的热情坚决做到"一张蓝图绘到底",确保规划严格落实到位。

(二)健全文化产业市场体系

随着文化建设规模不断扩大,群众的精神文化需求越来越多样化和精细化,进一步建立健全现代文化产业体系,通过市场机制调动社会力量广泛参与,提供更加丰富优质的文化产品。

(1)坚持让市场起决定性作用的定位,鼓励各类文化市场主体公平竞争、优胜劣汰,推动形成不同所有制文化企业共同发展、大中小微企业相互促进的文化产业格局。

(2)充分发挥规模以上企业和综合性平台的示范带动作用,打造一批核心竞争力强的骨干文化企业,提高文化产业的规模化、集约化、国际化水平。鼓励文旅企业通过上市、重组、兼并等方式扩大企业规模。推动文旅企业纳入上市储备库,积极推动优质文旅企业整体或核心业务资产上市。城投公司、旅投公司等国有投资平台要坚持社会效益优先,主动对接文化产业项目,通过自身政策、资金优势帮助骨干型、枢纽型文化企业快速成长壮大。

(3)综合运用财税、土地、金融等政策加大对初创期文化企业的支持力度,完善文化产业优惠政策,营造公平、法治的市场环境,促进更多市场资本进入文化领域。将不断拓宽文旅企业融资渠道,扩大企业直接融资规模,支持文化和旅游基金发展,对符合条件的优质文旅企业,发改和财政部门给予财政资金股权投资支持。政府研究设立文化产业发展基金,运用风险投资、二级市场投资等社会融资的手段,不断加大资金支持力度。

(4)加强文化企业孵化器、众创空间、公共服务平台建设,支持专精特新等初创期文化企业发展。学习深圳经验,回收旧厂房以及办公场地,为初创期的文化企业提供便捷、优惠的办公地点,既可以减轻初创企业的经营压力,又为企业的快速发展提供了学习、赶超环境。

(三)培育新型文化业态

培育新型文化业态,利用新手段、采用新技术提高群众对文化消费的满意度,满足群众多方面、多层次、多样性的文化需求,推动文化产业升级。

1. 探索打造"文化十"的产业形态,促进跨界融合发展常态化

利用文化产业黏合度高、融合性强的特点,突破产业边界、重组产业要素,加强"文化十"融合发展的顶层设计,找准各产业链条各环节的对接点,促进文化与其他产业的深度融合。把文化与旅游、科技、农业、康养等相关产业紧密结合起来,拓展文化产业发展空间。

2. 运用"互联网十"视角促进文化产业与数字化融合发展

推动演艺、出版、工艺美术、文化会展等传统行业转型升级。传统文化产业在疫情影响下,不得不进行数字化转型。在线化、数字化、智能化也是其持续发展的必然要求。2021 年初,河南省春节联欢晚会上表演的《唐宫夜宴》,凭借创意表演和精致舞美,一经播出便迅速"出圈",不仅被央视、新华网等央媒官微转发,还得到《人民日报》《光明日报》《中国文化报》等主流报媒的专门报道。端午过后,河南卫视播放的"端午奇妙游"火遍全网,据河南卫视官方统计,播出之后的 48 小时,"端午奇妙夜""洛神水赋"等话题上了 19 次热搜,微博相关话题阅读量超过 30 亿次。即墨将做好文化产业数字化长远布局,加快发展新型文

化企业、文化业态以及文化消费模式,打造出具有延展性和生命力的产业生态链,促进文化产业与数字化融合发展。

3. 着重研究"金融＋"文章,深化文化金融合作

金融在文化产业的发展中发挥着重要作用。《"十四五"规划》中提出,金融对文化产业的支撑作用更加凸显,深化文化与金融合作,成为未来五年的重要方向。金融业深度参与文化产业发展可以进一步拓展和延伸文化产业链,增加文化产业的经济效益。即墨区将引导金融机构开发适应文化产业发展需要的个性化、差异化、定制化金融产品与服务,在有效控制风险的前提下,逐步扩大涉及文化企业发展的创新性金融产品规模等。

4. 创新"旅游＋"产品开发与整合,融合业态旅游,提高文化产业和旅游业附加值

大力发展研学旅游,利用即墨古城和青岛非物质文化产业园打造"非物质文化遗产研学旅游首选目的地"。大力发展乡村旅游,打造一批像莲花山田园乡村振兴示范区等景区化村庄和重点村镇,新开发2条以上乡村旅游精品线路。利用红色资源丰富的优势,大力发展红色旅游,提升完善红色教育场景,打造一批像周浩然文化园一样红色旅游线路。

(四)增加优质文化产品供给

我国文化供给已经不是缺不缺、够不够的问题,而是好不好、精不精的问题。即墨区将进一步推动文化产业高质量发展,以高质量文化供给提升人们的文化获得感、幸福感。

(1)深入挖掘即墨区本地文化资源,推动创造性转化和创新性发展,把本地区文化资源转化为文化产业资源、文化产业优势。即墨历史文化资源丰富,可以挖掘和拓展的项目众多,将坚持高标准运作,高水平制作,高效率宣发,真正制作出经得住时间考验的优质本土元素作品。

(2)鼓励本地区文化企业和文化平台做好市场调研,适应市场需求,提高科技和创意含量,培育文化消费增长点,提供个性化、多样化的文化产品和服务。支持社会资本投资建设美术馆、博物馆、非物质文化遗产传承及体验设施以及酒店、民宿等旅游接待设施,鼓励旅行社引进游客。文化消费供给注重城乡统筹,根据城乡居民的不同文化需求,提供适合城乡居民品位的优质作品。

(3)创新性落实《即墨区发展文化产业的扶持意见》,通过资金扶持、规划引导、政策奖励等手段,推动生产要素配置向头部企业和优质产品倾斜,促进企业创作生产更多高水平作品。

（4）做好非遗传承人群研培计划,支持非遗项目的产业化、规模化。组织柳腔、大鼓书、大欧鸟笼、榼子等项目传承人进社区,举办内容丰富的传习讲座。并在国庆、中秋、春节等节日开展非遗展示展演活动。依托即墨当地传统习俗和文化韵味,整合即墨区非遗资源,举办特色主题活动,宣传即墨区非遗特色。

（5）加大知识产权保护力度,加强文化产业领域的执法,切实保护文化从业者的合法权益,让文化从业者安心创作。在全国版权示范城市建设的基础上,继续以版权保护为突破口,拓宽知识产权保护渠道,增加知识产权保护手段和方法,为知识产权的产业化铺平道路。鼓励打造数字艺术展示交易平台,支持文化产权和版权交易平台做大业务增量。

（五）加大"双招双引"力度

1. 重点围绕创智新区、青岛蓝谷等重点区位,做好在招商引资工作

主攻旅游综合体、高端度假酒店等产业链业态,持续实施"走出去、请进来"的招商引资战略,精准对接 500 强等领军企业,引进文化创意、旅游休闲度假等项目。建立全区文旅产业企业库和项目库,对入库项目实施动态管理,完善好产业服务平台打造工程。进一步推进中国电影云基地项目建设。充分调动行业资源,继续引入电影产业上下游企业入驻基地,包括影视发行、影视后期制作、科技类产业链等相关企业。推进基地云平台建设,打造影视行业新标杆。

2. 围绕人才"引""用""留"做好招才引智工作

文化产业高度依赖于人的创造,高质量和规模化的人才梯队是文化产业发展的核心竞争力。首先,要以高端创意设计、经营管理人才为重点,完善人才发现、选拔、培养、流动和储备机制。其次,要加强文化产业相关学科建设,发挥山东大学青岛校区、北京航空航天大学青岛校区等驻即高校院所、文化企业、创投平台等各自优势,推进产学研用合作培养本土人才。利用驻即大学和研究机构,建立文化和旅游专家库、高端智库,加强课题研究,每年发布文化产业和旅游业发展报告。最后,要以激发人才的创新创作活力为目的,完善人才评价体系和奖励机制,真正实现让政策引导人才聚集和发挥作用。依托全区人才相关政策,招引聚集一批文化艺术大师和文旅创新团队。

（作者单位:中共即墨区委党校）

2021—2022 年平度市农村养老服务发展情况分析与预测

贾晓峰

党的十九届五中全会提出:"坚持把实现好、维护好、发展好最广大人民根本利益作为发展的出发点和落脚点,尽力而为、量力而行,健全基本公共服务体系,完善共建共治共享的社会治理制度,扎实推动共同富裕,不断增强人民群众获得感、幸福感、安全感,促进人的全面发展和社会全面进步。"伴随着人口老龄化日益严重,养老问题特别是农村的养老问题愈来愈严峻。解决养老问题、推进农村养老产业和事业发展,是实施乡村振兴战略的基础环节,是补齐民生短板、实现高质量发展的要务之一。

全国农村养老服务推进会提出了"形成布局完善、功能互补、统筹衔接的县乡村三级养老服务网络,构建居家社区机构相协调、医养康养相结合的农村养老服务体系"总目标和"固牢家庭养老、发展居家和社区养老、发挥农村养老阵地、挖掘农村养老市场、强化综合监管"五个重点任务。

平度市是山东省面积最大的县级市,老年人口数量在青岛各区(市)中列第一位。第七次人口普查数据显示,平度市总人口数 119.13万人,60 岁以上老年人口数达到 30.41 万人,占总人口的 25.5%。人口老龄化问题已成为平度市经济社会发展必须面对的战略性课题。

一、2021 年平度市农村养老发展现状

(一)平度市养老服务发展现状

平度市政府高度重视养老事业发展,将发展养老服务作为重要指标纳入平度"十四五"规划和重大的民生工程,编印《2020—2035 年中长期养老服务编制规划》,明确了本市养老产业发展的规划布局、发展目标、职责任务。在统筹布局高端机构养老的基础上,将 17 个镇(街

道)级居家社区养老服务中心全部纳入规划,着力构建养老与平度市经济社会发展水平相适应的养老服务体系。

1. 打造以居家养老为主、社区养老为辅、机构养老为补充的养老服务体系

按照"宏观控制、微观协调、政策引导"的原则,通过政府提供房屋资源,委托专业社会组织品牌化、连锁化经营,着力打造融居家、社区、机构为一体的"15分钟养老服务圈"。截至2021年9月底,全市5处镇街级居家社区养老服务中心实现运营,新增各类社区居家养老床位1450张,其中养老机构床位410张,已签约家庭床位940张、社区养老床位100张,超额完成全年新增1200张床位的任务,为1522名老人提供居家养老服务。

截至2021年9月底,平度市共有养老机构30家,其中医养结合型5家、签约式医养结合型25家。社区老年人日间照料中心16处,社区居家养老服务组织28家,农村幸福院31处。全市养老床位6586张,其中,养老机构床位2906张,平均入住率接近57%。引进万林、青鸟、上海"爱照护"等有资质、有信誉、有实力的养老机构参与中心建设和运营管理,签约家庭养老床位1800张。统筹推动助老大食堂建设,让老人足不出户,即可享受到自己喜欢的一日三餐。截至2021年9月底,镇街已建成助老大食堂17家。

2. 引建医养项目"注"活水

树立"项目为王"理念,打造养老服务行业的"平度品牌",引进的"国福"颐养项目和"同康居"医养项目,填补高端"医养""颐养"行业空白。"国福"颐养项目总投资1.1亿元,规划养老床位850张,主要以适老公寓、社区医院、康复中心、社区养老等配套养老服务设施,该项目已被列入"城企联动项目"数据库,创造了平度养老发展史上建设规模最大、设计床位最多、服务内容最全、辐射面积最广等历史性突破。"同康居"医养项目总投资3600万元,规划养老床位179张,该项目是一所集医疗康复、休闲疗养、文化娱乐于一体的综合养老机构,截至2021年9月底,该项目已建成,正在进行内部装修和设备安装。两个项目建成后,作为医养综合体将满足平度市高中端养老服务需求。

3. "公建民营"、集中供养为推进乡村振兴提供民生保障

为改善农村特困人员"小而散、脏乱差"的居住供养环境,确保农村特困老人进城集中供养及运营管理工作顺利进行,平度市政府2014年关闭全市所有镇级敬老院,实行集中供养,总投资1.51亿元,设计床位1259张,其中620张床位用于农村特困老人集中供养。集中供养实行"公建民营"模式,使得入住特困老人的生活质量得到了质的提升,"托起兜底保障的一片天"。

4. 加强监管,着力提升养老机构服务质量

以养老监管为主线,提出"3455"标准体系。"3"即对于养老院、居家养老服务中心、农村幸福院等三类服务机构,"4"即从消防安全、食品安全、医药安全、人身安全等四方面规范管理,"55"即依据55条基础指标,在全省率先实施红、黄、蓝、绿"四色"督导管控。着重加强全市23家养老机构和60家农村幸福院排查整治,对于安全风险较低的,指导消除安全隐患,办理各类持证手续;对于安全风险较高且不规范经营的,联合镇街和行业执法部门坚决予以取缔,着力消除行业领域隐患。

5. "智慧养老"不断升级

针对养老服务水平信息化程度低的状况,从技术、服务等方面进行创新升级,建立集"呼叫数据、基础数据、监管数据、评估数据"于一体的养老服务综合监管平台,不断织密"智慧"养老服务与监管网络。截至2021年9月底,全市30家养老机构、5家街道级居家社区养老服务中心实现"一网办理",上传老年人信息1642条,居家养老服务订单25份,实现了一个平台全管理、一组数据全掌控、一张地图全展示、一个系统全监控的管理效能。

(二)平度市农村养老服务面临的问题

平度市农村养老存在家庭养老功能减弱、其他养老模式不够完善与健全、集体养老的服务水平较低、不能起到全方位的辅助作用等问题。

1. 农村养老服务水平低

在平度现有养老机构中,养老服务主要体现在满足每天生活所需,机构中的娱乐项目主要是电视、报刊、棋牌、书画等,服务方式单一,效果不理想。政府购买社会组织服务农村养老刚刚起步。农村养老服务队伍专业化、职业化、规模化程度低,服务内容、服务方式、服务水平与老年人的养老需求还有差距。一些"空壳"社区养老组织成立后,无专职工作人员,没有配备专兼职社工、康复师、心理辅导师等专业人员,服务缺少计划性。在开展社区养老服务中,同质化现象较为普遍,使服务的精准性、差异性与精彩性不够,服务的专业化得不到体现,服务的质量不够高。

以行政化手段推动专业化服务。社区大多数日间照料中心(农村幸福院)一般由街镇直接管理运行,社区居家养老服务由(村)居委会配合街镇社会组织来完成。社区养老服务的运行,基本以行政推动为主,专业化指导得不到充分体现。在行政管理中,任务年年完成,服务量不断增加,但管理的标准化、服务的人性化往往被忽略,老年人的获得感

不明显。

2. 农村养老服务体系建设投入不足

养老服务机构资金短缺问题突出。养老服务行业一次性投入较大,回报周期长,对从业机构有着较高的经济实力要求。养老服务机构在场地租赁、医疗卫生和康复设施购置与维护、日常运营管理等方面需要大量资金投入,但苦于自筹资金来源渠道少、政府补贴资金有限,许多养老机构整体硬件和软件服务质量跟不上。社区日间照料中心(农村幸福院)开办之初可以享受省级建设和开办补助,后期却无持续性的扶持政策,各区(市)也没有配套资金。平度市 90% 以上的社区日间照料中心(农村幸福院)无偿提供休闲娱乐、日间托养、康复锻炼等服务,在无营利、无政府不断补贴的情况下难以长久维持。因为经费紧张,一些社区养老机构房屋简陋、设施陈旧、管理随意、服务粗糙。运行管理维护经费缺乏和管理人员不足已成为制约农村敬老院和日间照料中心持续发展的最大瓶颈。

部分村(社区)缺乏开展老年人居家养老的活动场所,居家养老服务功能相对较弱,停留在仅为老年人提供娱乐活动场地,离主动为老年人提供生活照料、医疗服务、精神慰藉、文化教育等全方位的养老服务还有较大差距;养老服务人员的培训费用、为老服务志愿者的补助等基础支出方面还缺乏相应资金支持;医养结合和互助式养老机构未建立,医养结合推进滞后。

3. 农村家庭收入状况影响社会化养老服务的发展

平度市现有社区养老 80% 是无偿服务,收费项目基本无人问津。目前一对夫妇至少要供养 2 位老人,依据平度 2020 年居民人均可支配收入 32729 元,享受社区养老服务按最低每个老人 1000 元计算,一个家庭一个月至少要在养老方面支出 2000 元,约占家庭总收入的 30%。较低的收入水平让大部分子女选择家庭养老,但是繁忙的工作又无法给老人及时的生活照料和精神慰藉。这种既有社区养老需求、受众群体又支付不起的矛盾,导致社区养老发展缓慢,养老服务机构床位空置率高。从养老机构布局来看,全市 30 家养老服务机构设在农村的 8家,全都是民营机构;设在城区的 22 家,其中公办机构 1 家、民营机构21 家,整体呈现农村养老服务水平明显低于城市的状况,但是城乡养老机构床位空置率却相差不大,床位利用率整体偏低,其中农村 8 家养老机构的 380 张床位,实际入住老人 213 人,空置率达 44%;城区 22家养老机构共有床位 2463 张,实际入住老人 1473 人,空置率达40.2%。家庭经济因素是重要的影响因素之一。

4. 养老服务人才需求与供给不匹配

相对稳定和高素质的护理人员队伍是养老机构发展的重要因素,

然而养老机构护理人才总量缺口大是目前一个相对突出的现象。平度市现有失能半失能老人1540名,但持证护理员只有264名,难以满足老年群体的日常医疗护理需求。同时,从业人员专业素质普遍较低。就年龄层次而言,目前全市养老机构护理人员以45～55岁居多,占比近95%,大多是农村中年妇女、城镇中老年下岗职工,护理技能单一;就文化程度而言,初中及以下文化程度的占70%,高中文化程度的占12%,卫校毕业的护士或者专业护工很少,专业知识不足,造成养老服务队伍整体职业水平与实际需求还有较大差距。主要是从事养老服务待遇差、社会地位低、工作环境差,年轻人认可度较低,流动性大。

5."医""养"资源有效衔接不足

从平度市实施"医养结合"的5家养老服务机构来看,进入养老机构的医疗卫生资源不足,内部开设康复保健科的养老机构仅有3家,占比60%,其中2家养老服务还处于闲置状态。总体看,目前开展"医养结合"的养老机构仍然是以"养"为重心,缺乏"医"的资源融合,"医"和"养"二者没有统一协调。

二、2022年平度市农村养老服务发展预测

(一)乡村振兴战略为平度市农村养老服务发展带来新机遇

根据我国乡村振兴战略的阶段性部署,农村养老服务体系建设的阶段性目标可以设计为:到2022年农村养老服务体系建设规划和配套政策体系初步健全;到2035年农村养老服务体系在保障农村老年人养老服务需求、生活质量提升和自由全面发展方面取得决定性进展;到2050年农村养老服务体系可以全面满足农村老年人的生存与发展需要,促成中国特色养老制度形成并成为中国全面现代化的重要支撑。此轮乡村振兴战略为农村养老服务体系建设带来如下机遇。

1. 为整合农村养老服务发展资源提供了重要契机

尽管养老服务发展存在"重城市、轻农村"的倾向,但近年来农村养老模式在不断探索中创新,如互助养老、养老大院、孝道餐等服务新模式,体现出中国农村养老服务的较快发展。但目前来看,未能切实考虑农村老年人的养老实际、农村的治理特点、文化习俗和地形地貌等因素,导致农村养老服务供需不匹配现象比较突出;从发展的可持续性来看,市场配置养老服务资源的决定性作用尚未充分发挥,导致养老服务供给主体单一,养老服务从生产到递送、再到使用的整个过程不通畅,发展的可持续性亟待加强。因此,构建完善的农村养老服务体系是应对农村养老挑战的必经之路。《乡村振兴战略规划(2018—2022)》对农

村养老服务发展作了全面部署,并明确提出要建设完善的农村养老服务体系,这无疑对整合现有养老服务资源、促进体制机制建设提供了重要契机。

2. 为繁荣农村养老服务发展提供了强大的内生力

乡村振兴的五个方面:"产业兴旺"将为农村康养产业和养老服务业发展提供新活力,"生活富裕"将直接或间接提高老年人养老服务购买力,"乡风文明"为丰富农村老年人精神文化生活并营造孝老爱老敬老社会氛围开启新篇章,"治理有效"为夯实养老服务发展并促进其可持续发展提供新动能,"生态宜居"(乡村绿化行动、垃圾污水处理等人居环境整治行动)将会逐步改善乡村居住环境,为农村老年宜居环境建设打开新思路。总之,农业、农村、农民的全面振兴将为繁荣农村养老服务发展提供强大的内生力。

(二)平度市农村养老服务发展预测

按照平度市"十四五"时期及中长期人口自然增长率、老年人口增长趋势,到 2025 年,户籍总人口将达到 141.32 万人,60 岁以上户籍老年人口将达 38.01 万人,全市老龄化水平达到 26.94%;到 2035 年,户籍总人口将达到 143.45 万人,60 岁以上户籍老年人 48.65 万人,老龄化率达到 33.91%。

平度市将积极推进农村养老产业和事业发展,补齐民生短板,助力乡村振兴战略实施,实现高质量发展。预计到 2021 年底,平度市将完成全部 12 个农村镇政府驻地居家社区养老服务中心建设,建成居家社区养老服务站 180 个。在此基础上,到 2025 年,按照每个居家社区养老服务站服务总人口不超过 5000 人的标准,补充建设居家社区养老服务站,全市社区(村)居家社区养老服务站总数达到 230 个。到 2025 年,平度市按照 6 床/千人的标准规划,共需建成养老床位 8479 张;到 2035 年,全市各镇街养老机构按照 7.2 床/千人的标准,需建成街镇级养老床位 10329 张。

至 2025 年,重点补足养老服务床位建设的缺口,按照千名户籍人口 10 张养老床位的标准,保证每千名户籍老年人拥有床位数不低于 35 张,规划末期床位总数为 14132 张。至 2035 年,按照每千名户籍人口拥有养老床位 12 张的标准,规划末期床位总数达到 17214 张。其中,市级养老服务设施基本满足需求,按照实际需求增建。镇街养老机构按照 7.2 床/千人的标准规划,共需增加养老机构床位 1849 张;居家社区养老服务设施(社区日间照料中心/农村幸福院)按照每处服务 1 万人的标准建设,共需建设 143 个,床位总数 2869 张。市级福利设施按照 1 床/千人的标准规划,到 2025 年,补齐床位缺口,新增养老床位

200张。到2025年,新增医养中心3处,按照0.4床/千人的规划标准,共需建设床位565张。

(三)平度市持续推进农村养老服务发展的对策

随着我国养老产业市场规模的不断扩大,我国养老产业已进入投资窗口期,伴随养老意识普及、养老需求的进一步提升,持续提高养老服务质量和水平是平度市应对农村人口老龄化的需要。

1. 加强养老服务政策研究,系统谋划战略全局

一是深入研究政府养老服务职责,健全基本养老服务体系。在支持家庭承担养老功能的同时,针对全体老年人及失能、失智、贫困、高龄等各类老年人群,研究建立完善基本养老服务清单,逐步建立与国家经济社会发展水平相适应、覆盖全民的基本养老服务体系,衔接配合建立长期护理保险制度。同时,坚持问题导向,推动养老服务政策落地落实。二是深入研究有利于社会力量参与养老服务的政策措施,提高服务供给质量。放开养老服务市场,依法做好备案管理,加强养老机构事中、事后监管。通过用地保障、信贷支持、补助贴息和政府采购等形式,引导社会力量参与养老服务设施与机构的建设、运行和管理。积极发展普惠性养老服务和互助性养老服务,健全老年人关爱服务体系和设施,鼓励社会组织和个人通过慈善捐助、慈善信托、时间银行等方式支持发展养老服务。

2. 强化养老服务标准化,提高规范化发展水平

一是加强标准化专业人才、管理人才培养培训。组织一批结构合理、德才兼备的养老服务标准化专家和研究团队,为养老服务业标准化工作提供人才保障。合理配置养老院人员岗位结构,鼓励有条件地方建立通过岗位补贴、以奖代补等扶持政策,加强以全科医生、护士、社会工作者、养老护理员为重点的人员队伍建设。完善养老服务相关专业技术人才培养、评价、选拔、使用政策,加强基层和一线养老服务专业技术人才队伍建设。继续加大对养老护理员规范化培训的支持力度,完善对养老护理员的职业资格培训补贴政策。着力推进社会工作与养老服务融合发展。鼓励养老专业毕业生从事养老服务。可借助平度市"护理质量提升年"契机,由卫生健康、民政等部门鼓励和扶持各养老机构加大对一线护理人员的专业培训力度,定期邀请青岛大学附属医院胶东医疗中心、平度市人民医院等专业医护人员进行为老服务技能讲授,并加大对优秀护理人员的评选表彰力度和舆论宣传,切实增强其专业素养和工作积极性。针对从业人员不固定、数量少的问题,可与一些开设养老护理专业的大专院校建立定向实习机制,与专业学生签订最低服务年限,实现高校培养和社会需要的有效对接。另外,结合"信用

平度"建设,探索建立养老志愿服务储蓄机制,志愿者在为他人提供养老志愿服务后,相关平台将其志愿服务的时间记录存储起来,未来这些时间储蓄可用来换取相应的服务。

二是构建专业机制,促进养老服务水平不断提升。改建一批房屋陈旧、设施简陋、管理随意的养老"烟杂店",使之变身为设计精细、环境优雅、建筑规范的养老"便利店";制定具体的服务标准,加强考评,尽快改变社区养老服务设施管理粗放、服务粗糙、效果低下的状况;培育具有一定规模的、连锁化的居家养老服务组织,改变碎片化、封闭化的运营情况,推进居家养老服务的集约化与专业化发展。

吸引社会资本进入养老服务行业。应努力调动民间力量和社会资本参与养老事业的积极性,探索借鉴养老合作社发展模式,除了政府投资、村集体投资外,老年人也出资,主要包括老年人自己的储蓄、子女及亲属的馈赠等。同时,在开展招商引资过程中,可积极对接布局健康养老产业的央企如华润、国投、中国诚通等,不仅可以利用其信用良好、融资能力强的优势,缓解养老服务业融资难融资贵问题,而且其较大的人才和技术优势,更有利于养老服务持续发展。

3. 激发科技创新活力,提升养老服务效能

推进养老服务信息"智慧化"。通过"养老通"小程序、智慧养老平台运用物联网、互联网、移动互联网技术、智能呼叫、云技术、GPS定位技术等信息技术,创建"系统＋服务＋老人＋终端"的智慧养老服务模式,推进养老服务供给和养老服务需求信息数据匹配共享信息化,完善养老机构、养老设施、从业人员服务项目、老年人基本信息大数据建设,加强养老服务信息应用推广,强化信息安全保护,大幅度帮助养老机构提升管理效率,让老年人享受到专业、智能的服务。促进养老服务信息共享。完善养老服务数据标准化,推进跨部门、跨地区养老服务信息数据共享。开展人工智能、物联网等创新技术在养老服务领域应用研究。

4. 增强农村养老服务的供给能力

发展农村经济,增加农民收入。应继续推进农业结构调整,挖掘农业内部增收潜力,拓宽农民增收渠道,为农村家庭养老提供更多的经济资源。同时,明确各级政府财权的分配责任,形成责任倒逼机制,给予农村养老服务建设足额的财政投入。落实与创新农村土地承包经营权抵押贷款、农房抵押贷款、农村集体建设用地使用权抵押贷款等用于发展农村养老服务业的贷款品种,通过提升信用贷款能力来增加养老服务资金投入。因地制宜地积极探索PPP模式发展农村养老服务业,设立专项养老基金用于农村建设,吸纳更多的社会养老资源。

5. 创新完善养老模式,推动养老服务发展

推动居家养老服务建设。居家养老不仅符合传统养老观念,而且

能满足大多数老人在家养老的需求,更能减轻社会养老负担。建议借鉴上海社区嵌入式养老服务模式,结合平度市老旧小区改造,在社区设立居家养老服务站点,完善小规模、多功能、专业化、综合型的养老设施,让老年人在熟悉的环境中原居安养。借鉴南京"家庭养老床位"试点工作,结合平度市新型智慧城市建设,对有养老需求的家庭将床位进行适老化改造后,把养老机构专业化、标准化的服务复制到老人家中。同时通过全市养老信息服务平台链接居家老年人,运用信息化手段实施智能照护,实现健康咨询、上门服务等。

大力发展农村医养结合服务。打造集养老、医疗、护理、康复保健于一体的区域性养老服务中心,实现医疗资源和养老资源的紧密衔接,为乡镇失能失智老年人提供集中或居家医养结合服务。依托区域性养老服务中心,建立居家养老服务中心(站),推行互联网+智能养老,开展助餐、助浴、助洁、助聊、助急、助行、助医、助乐等增值服务。实施农村老年人日间照料中心与村卫生室共享工程,鼓励有条件的村(社区),把照料中心与村卫生所设置在一起,实现资源共享,为农村老年人提供更便捷优质的医疗服务。

6. 加强养老服务行业监管

强化养老机构主体责任,指导和督促养老机构按照国家有关规定建立健全安全、消防、卫生、档案等规章制度,制订突发事件应急预案。特别是要联合消防部门组织开展日常防火检查,定期组织灭火和应急疏散消防安全培训。落实强制报告制度。建立养老机构综合评估制度,通过政府购买服务等措施,定期组织或委托第三方对养老机构的人员、设施、服务、管理、信誉等情况进行综合评价,将评价结果与补贴发放、项目支持等挂钩,并向社会公布。加快建立健全养老机构分类管理制度,积极开展服务质量满意度测评,鼓励养老机构加强质量管理体系建设。建立养老机构监管信息披露制度,通过联网、公示、收入系统核对等方式,加强对养老机构补贴资金使用的监管。

(作者单位:中共平度市委党校)

2021—2022 年莱西市全面推进乡村振兴情况分析与预测

孙玉欣

乡村振兴是一项长期的历史性任务。2021 年是"十四五"的开局之年,也是全面推进乡村振兴、加快农业农村现代化的关键之年。

莱西是青岛北部的县级市,面积 1568 平方千米,辖 8 处镇、3 处街道、1 个省级经济开发区,总人口 74 万人,是古莱夷文化的重要发源地,也是农村基层党建"莱西经验"的诞生地。近年来,莱西市坚持以新发展理念为指引,把深化拓展"莱西经验"作为"一号工程",全面落实"一统领三融合"(基层党组织统领,发展融合、治理融合、服务融合),党建统领、全域统筹、融合发展,乡村振兴纵深突破。先后获评国家城乡融合发展试验区、全国乡村治理体系建设示范试点市、全国农民合作社质量提升整县推进试点市、省部共建乡村振兴齐鲁样板示范县、全省县域经济高质量发展进步县,入选全国基层党建创新最佳案例、农业农村部乡村振兴典型案例、全省组织振兴典型案例。

一、2021 年莱西市全面推进乡村振兴基本情况

"十四五"时期是莱西加快建设大青岛北部绿色崛起典范之城的关键五年。莱西市以习近平新时代中国特色社会主义思想为指导,紧紧围绕市委"1＋5＋4"工作目标(即莱西市总体发展目标体系:"1"就是一个总的目标定位,即建设大青岛北部绿色崛起的典范之城。"5"就是 5 个具体目标,即现代化区域性次中心城市、青岛先进制造业基地、半岛交通物流中心、国际休闲旅游目的地和国家现代农业示范区。"4"就是围绕实现"1＋5"的目标任务,大力实施"生态优先、创新驱动、人才支撑、融合发展"四大战略),改革创新、奋发进取,努力推动莱西经济社会高质量发展。强化以工补农、以城带乡,大力发展集约高效农业,进一步丰富拓展农业全产业链,提高现代农业质量效益和竞争力。

(一)巩固拓展脱贫攻坚成果同乡村振兴有效衔接

1. 党建统领,尽锐出战,实现脱贫攻坚圆满收官

(1)党建统领,聚力攻坚压实责任。深化拓展"莱西经验",完善脱贫攻坚推进机制。落实三级书记抓扶贫,市委书记当好"一线总指挥",带头遍访贫困对象,层层压实责任。实施村级组织优化调整,形成上下联动、条块融合的脱贫攻坚组织体系。因村精准选派"第一书记"驻村帮扶贫弱村发展,带领群众产业致富。

(2)精准施策,巩固"两不愁三保障"。强化教育帮扶。2021年前三季度,向义务教育段家庭经济困难非寄宿生发放生活补助金79万元;将市定标准建档立卡本、专科生纳入免学费政策范围;向学前教育段、高中、中职学校学生发放助学金248万元。实施医疗帮扶,为2118户、3628名贫困人口全额缴纳城乡居民基本医疗保险,建档立卡贫困人口参保率和财政补助缴费率均达到100%。实施住房安全帮扶。对全市建档立卡贫困户及即时帮扶人员2132户进行住房安全鉴定并挂牌标识。对已脱贫享受政策的建档立卡贫困户住房安全进行全面排查。全面实现饮水安全有保障。

(3)分类管理,开展不稳定户帮扶。镇、村两级帮扶责任人加大走访力度,逐户分析、逐人施策,实行分类管理。对453户脱贫不稳定户采取有效帮扶措施,实现了稳定脱贫。

(4)动态监测,扎实做好即时帮扶。制发《莱西市关于健全防止返贫致贫动态监测和即时帮扶机制的通知》,主动开展动态监测。对发现的可能存在返贫致贫风险的群众纳入即时帮扶,根据家庭情况、实际需求和致贫风险等,开展精准帮扶。对纳入即时帮扶的14户、29人,落实了城乡居民医疗及养老保险、特惠保险、家庭医生签约随访服务等帮扶政策。

(5)全面保障,实施精准防贫保险。2021年前三季度,累计投入259.3895万元,购买精准防贫保险。对因受冰雹灾害导致农作物绝产的235户给予理赔,共计理赔128.02万元。对相对贫困人口因病住院产生医疗费用,经基本医疗保险、大病保险、第三方赔付等补偿后仍需个人负担的费用进行理赔。

(6)先行先试,探索解决相对贫困。开展解决相对贫困长效机制试点工作。2021年,出动各级摸排人员1200余人次,走访排查19万余户、58万余人,核查认定相对贫困户3398户、相对贫困人口4986人。精准分类管理,围绕教育、医疗、就业等8方面工作,细化完善了20余条帮扶举措,初步建立起相对贫困和农村低收入人口防贫减贫的预警、识别、帮扶等长效机制。

2. 山海携手，真情帮扶，贡献东西部协作莱西力量

自 2021 年 2 月全国脱贫攻坚任务胜利完成后，莱西市对口帮扶地区调整为两当县和东明县，莱西市坚持把自身所能同协作地所需有效结合，凝聚共识、汇聚力量，协调联动、合力攻坚，在深化帮扶成效中与协作地结下了深厚的山海情谊。

（1）强化组织领导，统筹协调推进。健全党政一把手负总责的领导责任制，由市委、市政府印发关于推动东西部协作工作的文件，细化工作目标，逐项压实工作责任，确保任务按时推进；2021 年前三季度，累计组织召开专题会议 21 次，研究部署推动工作，确保责任落实。市委书记和市长分别带队亲赴帮扶地考察调研，与协作地联合召开党政联席会议 7 次。30 余部门和镇街赴协作地对口帮扶单位交流对接。

（2）加大资金投入，切实保障成效。2021 年前三季度，累计向新疆、西藏、湖北、安顺、陇南、菏泽 6 地拨付统提财政资金 8047 万元，向对口帮扶的三个协作地拨付自筹财政援助资金 726 万元，在协作地累计完成资金援助项目 40 余个，带动建档立卡贫困户 1.4 万余名，其中贫困残疾人 130 余名，利益连接带动贫困户增收致富，人均增收 1000 余元。

（3）凝聚社会力量，形成帮扶合力。2021 年前三季度，累计组织 70 多个爱心企业、16 个先进村及 7 个社会组织等向协作地捐助社会帮扶资金 1213.6 万元及价值 4000 余万元的物资。

（4）强化人才支援，培育发展动能。2021 年前三季度，累计培训党政干部 1203 名，援派支医、支教、农技、商务、文旅等专业技术人才 51 名，在协作地开展电商技术培训、医疗技术交流、教师跟班学习、花生种植等培训班 10 余期，培训当地专业技术人才 2000 余名，在协作地引入新技术 10 余项。其中，在协作地试种花生 20 余亩，莱西花生品种成功落地"第二故乡"，为两当农业发展助力。青岛金妈妈公司通过组织农业技术人员向两当传授种业种植技术，并与对口乡镇共同谋划建设项目。

（5）聚焦劳务协作，做好稳岗就业。2021 年前三季度，累计在线上、线下发布招聘信息 50 余期，就业岗位 3 万余个，吸纳 125 名贫困劳动力和 17 名已脱贫劳动力来青就业；在协作地开展贫困劳动力和农村劳动力就业技能培训班 6 期，累计培训当地劳动力 550 名；帮助两当县实现就近就业 1280 人和到其他地区就业 254 人。完成 480 名创业致富带头人培训工作，着力提升创业致富带头人带动作用。莱西市劳务协作经验《莱西 来兮》在《中国扶贫》刊发。

（6）突出产业合作，促进消费带动。签约甘肃青陇金叶食品、青岛莱哆哆电子商务有限公司莱西分公司、甘肃福稻莱生态科技产业 3 个产业项目。2021 年前三季度,累计组织引导山东银华集团、青岛金叶食品等 6 家企业向协作地投资达 3600 余万元,带动协作地 1000 余名贫困劳动力致富增收。在莱西市设立名优特产展销中心、大莱西特产城等专区 6 处,现代化全自动专柜 2 个,线下帮助甘肃、贵州及菏泽等协作地区销售帮扶产品;举办春季农产品"产销对接"洽谈会暨促消费活动,牵头举办"6·18"消费帮扶特色产品直播带货、"双 11"等系列活动,成立陇南电商平台莱西线下配送中心,通过 832 平台、淘宝网店、微商小程序等线上形式开展宣传推介和销售,广泛发动社会各界,积极参与到消费协作中来,完成消费帮扶实际采购额逾 1.5 亿元,帮助协作地已脱贫人口增收致富。

3. 严格落实"四个不摘"要求,巩固拓展脱贫攻坚成果与乡村振兴有效衔接

(1)坚持精准施策,在巩固"两不愁三保障"上再加力。莱西市严格按照"四个不摘"(摘帽不摘责任、摘帽不摘政策、摘帽不摘帮扶、摘帽不摘监管)要求,落实"两不愁三保障"和饮水安全相关政策。累计投入资金 150 万元实施脱贫享受政策及边缘易致贫人口城乡居民医疗保险及符合条件人口基本养老保险兜底全覆盖;投入 77.088 万元实施特惠保险,投入 162 万元实施防止返贫致贫综合保险;投入 21.9 万元对 2020 年秋季学期在校接受中高职教育的 74 人及 2021 年春季学期在校接受中高职教育的 72 人,按照每学期按照每生每学期 1500 元标准实施"雨露计划"补助,脱贫享受政策义务教育阶段 113 名学生全部落实"两免一补"政策;开展脱贫享受政策和边缘易致贫人口住房安全动态监测和水质监测工作,现有脱贫享受政策人口及边缘易致贫人口住房级别均达到 B 级以上,饮水安全达到合格标准。创新开展"四季助力 真情帮扶"工作,定期对脱贫劳动力的务工状态、务工意愿、帮扶需求等信息进行摸排,对摸排出有就近就业意愿的为其安排辅助性公益岗位,实现家门口就业,增加务工收入,巩固提升脱贫成果。

(2)坚持群众导向,在健全防止返贫致贫动态监测和帮扶机制上再加力。2021 年,莱西市对脱贫不稳定户、边缘易致贫户和严重困难户进行排查,建立完善多渠道监测预警机制。通过农户自主申请、基层干部排查和分析研判,全市纳入边缘易致贫户 16 户、34 人,根据其家庭状况、风险类型和帮扶需求,落实了医疗、兜底等帮扶措施。

(3)坚持创新驱动,在落实支持和帮扶举措上再加力。经专家评估,确定院上镇、马连庄镇、日庄镇、河头店镇 4 个镇为莱西市乡村振兴重点帮扶镇。从政策、资金、金融、土地、人才、基础设施、公共服务等方面对重点镇予以支持,支持重点镇培育农业产业化企业,发展畜禽规模化养殖,加强农产品仓储保鲜冷链物流设施建设。推进重点镇现代农业与旅游、康养、文化等融合发展,推动产业振兴升级,以乡村振兴战略激发脱贫地区和人口的内生动力和外在活力,实现共同富裕。2021 年5 月27 日,莱西市与省派莱西市乡村振兴服务队联合举办服务乡村振兴"万企兴万村"签约仪式暨推介交流活动,59 家企业与村庄结对签约,确定项目帮扶资金 1378 万元。

（4）坚持效益优先,在衔接项目开发与管理上再加力。坚持从实际出发,充分考虑发展阶段、承受能力、提前谋划、动态管理;坚持群众参与,充分征求群众、相关镇村意见,2021 年,莱西市实施 30 个衔接项目入库,其中产业衔接项目 11 个,已脱贫重点村人居环境整治和小型公益性基础设施建设衔接项目 10 个。加强项目资产管理,对历年实施的产业扶贫项目和小型基础设施建设项目管理情况进行详细调研,摸清实底,严格管理。莱西市现有存量产业扶贫项目 117 个,全部登记备案,运行情况良好,收益稳定持续,带贫成效明显;小型基础设施建设项目资产摸排工作正稳步推进。

（二）聚力建设乡村振兴齐鲁样板先行区,确保在深化拓展"莱西经验"上始终走在前列

1. 优化调整村级组织,做好村级组织优化调整"后半篇"文章

结合村级组织优化调整,综合采取公开遴选、选派专业党建工作者、落实专项激励等措施,从根本上解决村庄无人可选问题。配套出台加强新村党委建设意见,推行党组织书记专业化管理,在全国首创新村党员议事代表制度,出台新村运行评估办法,加强新村党委对农村各类组织、各项工作的统一领导。村级组织优化后,村庄规模由小到大、治理网格由粗到细、区域资源由分到统,党组织的组织力明显增强。截至2021 年 9 月底,全市 861 个行政村优化调整为 111 个新村、37 个"村改居"社区,村党组织书记和村委会主任全面实现"一人兼"。

2. 加快生产要素融合,推动农业生产由"分散经营"向"抱团发展"转变

选取日庄镇沟东新村、院上镇七岌新村等 22 个新村为集体资产融合试点,推行"党组织＋公司＋合作社、村集体、农户"模式,在市、镇两级成立农业投资公司,建立镇级联合社,同步推进土地流转、托管,打造村党组织领办合作社"升级版"。截至 2021 年 9 月底,全市土地规模经营面积达到 68.5 万亩,占比达到 73.6％,中建材、宜品乳业等一批农业领军项目快速推进,韩国希杰、雀巢银鹭等一批总部项目签约落地。中建材项目智慧温室亩产比传统大棚提高 5 倍以上,效益提高 50 倍以上,该项目未来将建设玻璃新材料产业园,成立全国总部,打造三产融合发展的标杆。这些做法,有力促进了村集体、农民"双增收",全市

60％的新村集体经济收入达到 50 万元以上,获评全省农业专业化社会化服务机制创新试点县。加快构建现代农业产业体系,新希望六和生猪养殖、中建材智慧农业小镇、京东智慧农牧等一批农业领军项目快速推进。在全省第三批乡村振兴项目申报中,中合新农超等 7 个项目成功入库,占青岛市入选项目的 50％。中建材智慧农业小镇一期全部投产,累计实现销售收入 1.2 亿元,入选第三批国家农村产业融合发展示范园创建单位名单;京东智慧农牧一期 100 个新型装配式冬暖棚中的 35 个棚建成投产。莱西市日庄镇沟东新村由沟东、徐家寨、青峰岭、南埠、玉池 5 个自然村组成,其中 4 个曾是省定贫困村。新村党总支成立后,成立葡萄产业、乡村旅游、乡风文明等 5 个功能型党小组,创新"党总支＋合作社＋农业公司＋农户"模式,整合 5 个村庄的土地、资产、人才等生产要素,开发无核葡萄基地 1200 亩,新村集体经济收入从 3 万元增至 101 万元,人均收入增至 26800 元。"抱团"发展的沟东新村成为远近闻名的葡萄种植专业村、休闲度假的"打卡地"。七星河新村整合 7 个自然村的资金、资产、资源,成立新村集体经济合作社,形成"基础股＋资源股＋发展股"的股权模式,以人口股形式量化股份 5701 股,由新村集体经济合作社统一对外招商引资,项目收益按照 3∶3∶4 的比例进行分配。

3. 坚持政治、组织、服务引领,持续增强乡村治理效能

2021 年,莱西市完善党组织领导的自治、法治、德治相结合的基层治理体系,推动党建网格与社会治理网格"多网融合",全面提升乡村治理能力,倡导"让德者有得"理念,在全市建立道德积分制度、成立道德联盟,相关做法在全国乡村治理体系建设试点示范工作交流会上作典型发言。着力强化基层党组织领导乡村治理的能力,整合各方治理力量,打造共建共治共享乡村治理新格局。美丽宜居乡村建设,一体规划、分步实施,充分尊重群众意愿,同时正确引导、积极推进。如南墅镇东石新村,开展多轮入户征求意见,97％的村民选择住楼房,户型图、楼院规划、拆迁补偿均在村民大会通过,真正做到拆不拆、建不建、怎么建,群众自己说了算。乡村德治建设方面,在道德评价领域引入积分制,建立统一公共信用信息服务平台,将个人在社会公德、家庭美德、职业道德、个人品德等方面的表现量化为道德积分,归集到信用平台数据化管理,利用财政补助、社会捐助资金设立"道德基金",用"道德积分"兑换商品的模式,引导广大群众遵守村规民约,崇德向善,见义勇为,真正让有德者得实惠、有动力。《"小积分"激发新活力》入选全国在乡村治理中推广运用积分制第二批典型案例。

（三）围绕实现共同富裕，促进城乡融合协调发展

2021年，莱西市坚持把城乡融合发展作为重要切入点，持续打好农村宅基地改革、集体土地入市等九张"改革牌"（健全乡村治理体系、建立进城落户农民依法自愿有偿转让退出农村权益制度、建立农村集体经营性建设用地入市制度、搭建城中村改造合作平台、搭建城乡产业协同发展平台、建立生态产品价值实现机制、建立城乡有序流动的人口迁徙制度、完善农村产权抵押担保权能和健全农民持续增收体制机制），不断增强工业反哺农业、城镇带动乡村的能力。截至9月末，已投入5700余万元实施11个优势特色产业项目和10个小型公益性基础设施建设项目，相关资金已全部拨付到镇街。其中，20个项目已开工，1个正在履行招投标手续。

（四）提升群众文化生活满意度，有效解决群众关心的文化热点难点问题

（1）出台《莱西市文化和旅游局2021年度群众文化生活满意度提升工作方案》，明确了活动内容、保障措施和工作目标。

（2）采取多种方式丰富群众文化生活。一是稳步推进农村公益电影放映和一村一年一场戏等文化惠民工程。按照"政府购买、企业经营、群众受惠"的总体思路，建立了以莱西电影公司为主体、各镇村为纽带、流动数字放映队为基点的农村公益电影放映网络，覆盖率达100%。二是举办了一系列大型全市文艺演出活动。组织举办了第十六届全市文艺汇演、"梨园颂歌"京剧、吕剧革命现代戏票友大赛、"永远跟党走"红歌主题广场舞大赛暨莱西市第八届广场舞大赛、"唱支山歌给党听"庆祝中国共产党成立100周年红色歌曲合唱大赛等"庆祝中国共产党成立100周年"主题系列文化活动。三是举办特色展览和博物馆线上展示。2021年春节期间，与青岛市博物馆联合举办了《牛气冲天——辛丑生肖贺岁胶东五市联展图片展》展览。四是开展线上阅读推广，上线阅读资源设备，完成大数据分析平台。利用微信公众号服务平台及网站开展线上活动，截至2021年9月末，开展各类线上阅读活动114次，参与人数19234人次。五是加大文化惠民工作力度。按照文旅惠民消费季补贴范围，通过莱西文旅局微信公众号、张贴宣传材料等方式，积极引导辖区内旅游景区、文化艺术培训学校、书店等企业参与山东省和青岛市的文化惠民消费季活动，帮助企业进一步完善提交的申报材料，提高了企业审核通过率。六是加强文化活动宣传工作。通过图书馆、文化馆、博物馆官方网站、微信、微博和"莱西公共文化云"等各类媒体广泛宣传致广大市民的一封信，预告文化活动信息，进一步

提升市民对文化活动的知晓率和参与率。

二、2022 年莱西市全面推进乡村振兴发展预测

根据《莱西市国家城乡融合发展试验区实施方案》，到 2025 年，莱西市将基本建立城乡统一的建设用地市场，进城落户农民依法自愿有偿转让退出农村权益制度更加完善，基本建立生态产品价值实现机制，城中村改造合作平台和城乡产业协同发展平台功能更加完善，城乡融合发展的体制机制和政策体系基本完善，形成城乡融合发展的莱西模式和经验。

2021 年第四季度和 2022 年，莱西市将大力推进"项目落地"，深入推进"突破莱西攻势"，以全面推进乡村振兴战略为主题，围绕乡村产业高质量发展、农村人居环境整治、乡村治理、农村改革和统筹推进乡村"五个振兴"综合发力。

1. 深化"一统领三融合"，加压奋进，勇探新路，在深化拓展"莱西经验"上始终走在前列

一是将在基层组织建设上再创新经验。健全完善新村党委领导的村级议事决策、发展融合、治理融合、服务融合等机制，形成一整套制度规范，加快推进村党组织书记专业化管理，筑牢乡村振兴的坚强战斗堡垒。

二是将持续推进三次产业深度融合。加速推进土地规模化、组织企业化、技术现代化、服务专业化、经营市场化，依托中建材、宜品乳业等搭建平台、构建生态，再引进一批产业化大项目，壮大现代农业产业集群。

三是将努力打造全国乡村社会治理样板。以全国乡村治理体系建设示范试点市建设为契机，优化基层社会治理网格，构建社会管理信息大数据体系，提升基层治理信息化、智能化、现代化水平，创出更多"莱西模式"。

2. 将进一步做好巩固拓展脱贫攻坚成果与乡村振兴有效衔接

一是强化组织推进，推动工作落实。将继续按照《关于实现巩固拓展脱贫攻坚成果同乡村振兴有效衔接实施意见》，保持帮扶力度有增不减，严格落实"四个不摘"，聚焦工作举措、帮扶政策和机构队伍等关键环节，保持扶贫队伍总体稳定。加强动态监测和帮扶，确保不发生规模性返贫。

二是强化协调联系，扎实推进东西部协作工作。强化产业合作，推动消费和旅游协作。将结合两当县正在推进的多元富民产业发展、农业产业园区建设、冷水鱼养殖项目拓展等加强产业项目洽谈对接、技术

支持、市场拓展，扩大产业合作范围，助力当地产业提档升级。将继续在名优特产展销中心、陇南印象线下体验店等平台对两当农特产品开展长期性推介。利用"双11"等活动，开展两当消费和旅游协作宣传、采购活动，打通"团购"通道，鼓励和引导社会各界积极购买；加大两地互动，加强文化交流，协助两当搭建好旅游精品线路展示平台，发动和鼓励游客赴协作地旅游。凝聚社会力量参与，巩固结对帮扶成效。将进一步发动爱心企业、村庄等参与到社会帮扶工作中来，积极开展培训、社会捐助等实质性帮扶工作，提高"一对一"精准帮扶成效，帮助协作地巩固脱贫攻坚成果，助力乡村振兴。

3. 将围绕实施乡村振兴战略，加快提升农业农村现代化水平

一是优化农业产业结构。推进弘悦玫瑰等10个农业现代化重点项目建设，高标准建设院上葡萄小镇省级现代农业产业园。依托沽河街道食品产业集聚区，积极创建国际农产品加工产业园。培育莱西市农产品区域公用品牌。加大农产品冷链设施建设，预计2022年新增仓储保鲜能力2万吨以上，提升产地商品化处理水平。以中建材智慧农业项目为载体，加快创建国家级农村产业融合发展示范园。

二是提升农村人居环境。以创建全省农村人居环境整治示范县为目标，持续推进美丽乡村示范村建设。预计2022年新建村级污水处理站52个，实现农村生活污水治理全覆盖。完成建筑垃圾资源化利用项目，加快推进有机物资源化利用项目，建设生活垃圾分类示范村30个。完成农村清洁取暖推广2000户以上。投资9000万元，继续实施农村公路大中修和网化联通工程。创建省级乡村治理示范镇1个、示范村2~3个。

三是完善农田基础设施。扛牢保粮食安全责任，严守耕地保护红线，坚决遏制农村乱占耕地建房，依法依规查处违法用地行为。预计2022年建设高标准农田11.2万亩。加快推进小沽河防洪排涝及水源利用工程。启动实施幸福河、军武河治理工程，加快推进草泊沟、马家河治理工程，完成院上镇调水、院上镇东北部节水灌溉、南墅镇调水工程。完成农业水价综合改革8万亩。加强农村供水管理，实施农村供水工程维修改造，提升城乡供水一体化水平。规范农田基础设施长效管护机制，明晰政府投资项目产权归属，加快推动资源资产化、资产资本化。

四是深入推进农村改革。全力推进国家城乡融合发展试验区建设，预计2022年创建全国典型案例2个。按照"政策引领、项目支撑、重点突破、全面铺开"的思路，加快推进90个城乡融合重大项目，带动激活各类主体、要素和市场活力，完善农民增收机制。进一步探索集体经营性建设用地入市方式，提高对北汽70万套发动机等省、市重点项

目的供地灵活性,强化项目建设用地保障。全年成立合作社联合社、行业协会 15 家以上,土地适度规模经营率达 75%。调整划定畜牧业禁养区、适养区、限养区,促进畜牧业绿色高效发展。开展"净矿"出让改革试点。加快推进马连庄、店埠 2 个青岛市乡村振兴示范区试点建设。

五是将以红色文化资源为切入点,助推乡村文化振兴。莱西是一片红色的热土。2022 年,莱西市将进一步开发利用红色文化资源,做足红色文章,打造红色教育品牌。深入挖掘和利用红色文化资源的公共服务功能,发挥好红色文化故事宣传教育作用。将根据莱西红色旅游资源布局与特色,围绕构筑"一个红色旅游核心、一条红色旅游线路"的总体布局,打造莱西红色旅游精品景点,进一步推动对革命历史文化遗产的保护、挖掘和开发利用,使之成为青岛市的红色旅游基地和爱国主义教育的重要阵地。将继续挖掘红色故事,丰富红色文化内涵和形式。将加快莱西木偶戏艺术产业化发展,把莱西木偶戏艺术打造成为"民俗文化莱西"的响亮符号,把莱西打造成"中国木偶戏艺术之都"。将深入探索挖掘莱夷古乐,实现古音乐产业化发展,逐步把莱西打造成中国古乐之乡。同时,将运用好春节、元宵、清明、中秋等传统节日,组织开展灯会、庙会、歌会等民俗文化活动,让传统节日更富人文情怀,让农村更具情感寄托。

(作者单位:中共莱西市委党校)

市南区西部老城区产业业态升级研究

——以中山路区域为例

秦玉霞

　　以城市更新、文化发展与培育消费为核心的老旧街区改造写入国家"十四五"发展规划,青岛市启动国际消费中心城市建设,西部老城区复兴发展迎来新机遇。商业、文化、旅游三种要素融合交织是中山路有别于青岛其他商业街区的特点,引导复兴商业功能、沉淀流量资源、强化文化内核成为中山路改造转型升级的抓手。植入融合商文旅元素的流量经济、创意经济与体验经济形态,打造历史文化与现代时尚交融的场景消费体验新高地,成为中山路产业业态升级的主要方向。

一、中山路区域业态发展的现状

(一)中山路区域业态发展现状

　　作为曾经的"青岛第一商圈",中山路历经培育、发展、辉煌、衰落、复兴五个阶段。伴随城市中心东移,中山路客流流失严重,现已难寻旧日繁华,以流量经济、创意经济、体验经济为代表的新型产业业态升级缓慢,潮流经济、网红食品、酒店、集合书店等业态布局零散,首店、网红酒店、沉浸式实景领域尚为空白。

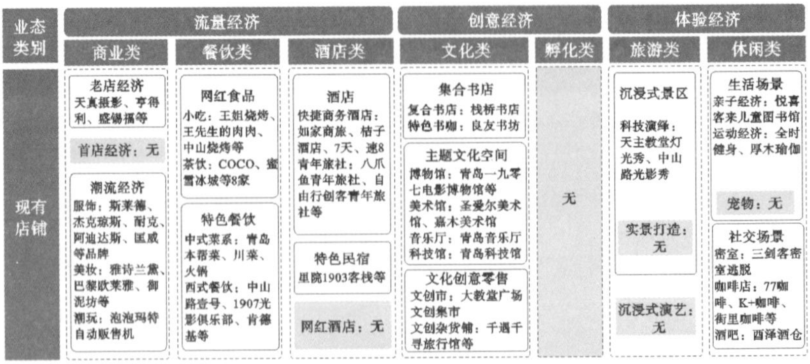

图 1　中山路区域业态发展现状

(二)中山路区域业态发展存在的问题

1. 新兴业态缺乏,难以吸引客流

中山路区域商业载体能级偏低,一方面,百盛等建筑无法满足现代餐饮、休闲娱乐等业态入驻要求,业态入驻受限;另一方面,同万象城引入 Apple 官方旗舰店、凯德 MALL 打造"蜜罐熊"IP 吸引客流相比,中山路区域内商业综合体缺乏 IP,在市内商圈缺乏亮点;此外,中山路商业业态低端问题突出,沿街两侧约有在营店铺 200 家(包含发达商厦 4 家底商,中山地下商城、劈柴院、百盛等按 1 家店铺计算),多从事海洋旅游纪念品、低端服饰经营,更有 29 处处于闲置状态,难以在短时间内集聚客流。

2. 内涵挖掘不足,文化品牌缺失

中山路区域文保单位利用率偏低,以胶澳商埠电汽事务所旧址为代表的山东省文物保护单位,以美口酒厂原址为代表的 6 处区文物保护单位仍处于待开发状态,文保单位历史价值挖掘有待深入。同时,中山路缺乏整体文化品牌,区域内文保单位、里院建筑、老字号品牌等处于散点分布,尚未形成一条融合历史文脉与城市记忆的"青岛故事"旅游线路,整体文化品牌有待打造。

3. 产权单位分散,整合难度较大

中山路道路两侧建筑如政府直管公房、单位房产、私人房产等错综分布,市城市发展集团、市房产经营公司、区明水路房管所(青岛市城市发展集团涉及建筑 9 处,共 6644 平方米;青岛市房产经营公司涉及建筑 34 处,共 39903 平方米;市南区明水路房管所涉及建筑 17 处,共 2207 平方米)以及部分企业等 18 家(包含发达商厦和发展大厦)单位拥有产权,产权分散成为中山路区域整体改造和业态升级的痛点。

4. 空间类型单一,市政设施老旧

同成都宽窄巷子通过小型商业空间等设计实现内部道路联通相比,店铺集中的中山路主街尚未与周边功能板块形成联动,单一动线较难汇聚人流。同时,目前区域仅能提供约 600 个(按门牌号计算,中山路沿街两侧约有 180 个门牌,18 家产权单位)车位,智慧环卫机器人、智能交通大屏等智能基础设施缺乏,智慧街区打造有待加强。

二、中山路区域产业业态升级的对策建议

(一)总体思路

贯彻落实国家、省、市各级战略部署,立足中山路区域发展现状,聚

焦周边居民、本地市民、外地游客三类消费群体需求,依托"一心、三轴、四组团"("一心"即以中山路主街为核心的"最时尚"国际潮流商业街,"三轴"即以北部高密路、中部肥城路、南部广西路三条街道为重点的步行街,"四组团"即以黄岛路片区为核心的"最青岛"文化创意孵化区,以劈柴院片区为核心的"最生活"民俗餐饮体验区,以宁阳路片区为核心的"最传承"特色民宿集聚区,以中山路南段为核心的"最休闲"文旅场景风情区)差异互补的空间格局,通过植入流量经济、创意经济、体验经济三大经济业态,实施挖掘文化内涵、优化建筑运营、升级空间资源、培育夜色经济、开展精准招商五项任务,打造历史文化与现代时尚交融的场景消费体验新高地,利用老青岛的城市底片,打造新青岛的城市客厅。

(二)中山路区域业态升级的主要任务

1. 挖掘文化内涵

(1)强化品牌宣传推广。打造中山路品牌文化 IP,线下通过建设中山路历史文化多媒体体验中心、在火车站等重要交通枢纽发放打卡地图、增设单体建筑历史文化讲解板等方式强化街区宣传;线上积极对接 MCN 机构、头部旅游博主,通过抖音、小红书、马蜂窝、bilibili 等渠道强化新媒体宣传。

(2)建设"四大场馆"。围绕街里老店、街里小吃、青岛民俗文化、街里生活故事等建设"街里寻踪"展览馆;围绕青岛商业发展史、国货运动、老买卖活动场景等建设青岛商业博物馆;围绕金融机构发展史、钱庄交易体验等内容建设青岛金融博物馆;围绕音乐、艺术、文学等文化元素建设中德文化交流中心。

(3)举办"N 场活动"。依托剪纸、成氏篆刻、周氏锢艺等非物质文化遗产策划非遗体验、节日庆典、快闪集市等文化活动,联合国潮品牌旗舰店举办新品发布会和时尚潮流展,联合老字号品牌举办老字号集市,联合餐饮商家举办中山路美食节等各类商业主题活动,营造多元街区氛围。

2. 优化建筑运营

(1)开展区域内建筑产权梳理。对区域内建筑产权进行进一步梳理,尝试对企业产权的建筑进行产权回购,在明确使用范围和界限基础上,支持社会资本通过购买整体建筑进行统一招商运营等形式实现区域内空间载体管理运营规范化。

(2)优化文保单位开发运营。在不改变所有权前提下,探索文保单位管理权和经营权分离,通过特许经营等方式引入社会力量重新谋划和参与青岛国际俱乐部旧址、德国医药商店旧址、胶澳商埠电汽事务所旧址等国家级、省级单体文物保护单位的开发运营,提升文保单位运营品质。

3. 升级空间资源

(1)优化交通体系提升便利度。加快在圣弥厄尔大教堂、百盛广场、中山路壹号等人流集聚重要节点建设上落客泊位;通过在山西路停车场引入高端自动化立体停车设备、扩容悦喜客来机械停车场等方式提升现有停车场站能级;探索在中山路社区、老舍公园等区块规划建设地下停车场。

(2)升级市政设施提升体验度。加快推进大沽路、黄岛路、宁阳路等道路修缮;在圣弥厄尔大教堂广场、百盛前广场等增设小型喷泉广场、休息区等延长人群停留时间;推进区域内房屋集中修缮,通过完善水电气暖设施、增设物业公司等改善居民居住环境,引导人气回流。

(3)布局融合设施提升智慧度。加快5G和IPv6网络部署及升级;布局多功能智慧杆件、智能信号灯等设施,加快智慧交通场景落地;搭建中山路区域智能管理平台,实现各相关部门数据资源共享;开发"中山路一键游"小程序,上线VR全景地图、潮流购物等模块。

4. 培育夜色经济

推进夜间亮化工程。统一设计建筑外立面、街道、橱窗等灯光系统,营造时尚绚丽的灯光层级;建设可互动的路面灯带、钢琴道路、巨型LED曲面屏等夜间街头小景,提升夜间体验;策划夜间出游项目。支持圣弥厄尔大教堂、青岛一九〇七电影博物馆等主题文化场馆延长开放时间;丰富夜间露天表演项目,策划街头声乐秀、星星集市、小型话剧表演等夜间文化活动;实现灯光秀常态化组织,谋划在百盛等商业综合体外设置裸眼3D屏幕,通过诉说中山路历史变迁塑造打卡新地标。

5. 开展精准招商

编制精准招商目录。将区域内商业载体、文化保护单位划分为正常运营、限期整改、关闭停业三档,生成区域内重点招商载体及产业定位清单,围绕流量经济、创意经济、体验经济三大业态,编制精准招商目录;开展场景招商。围绕生活消费、智慧交通、智慧街区等场景,通过部门征集、企业申报等方式开展项目梳理,编制《中山路区域城市场景清单》;举办"中山路城市场景创新发布会",面向全球发布中山路区域场景清单,吸引优质主体参与区域改造升级。

(三)中山路区域业态升级的具体路径

围绕打造历史文化与现代时尚交融的场景消费体验新高地目标,

基于周边居民日常生活、本地市民消费需求、外地游客旅游体验，围绕流量经济、创意经济、体验经济三大业态，形成"引客—聚客—留客"完整生态。其中，流量经济聚焦"引客"，通过导入具有远端引客能力的潮流品牌、体现开放包容态度的多样餐饮、独具城市特色的精品民宿，全面吸引三类客群；创意经济围绕"聚客"，通过打造差异多元文化空间、城市文化产业"硅巷"，吸引市内年轻群体及新兴中产等消费群体，实现同一时间人流集聚；体验经济专注"留客"，通过沉浸式旅游体验打造游客"青岛必到之地"，布局满足生活、社交的休闲娱乐场景，实现城市主流消费群体留驻商圈和外地游客多次造访。

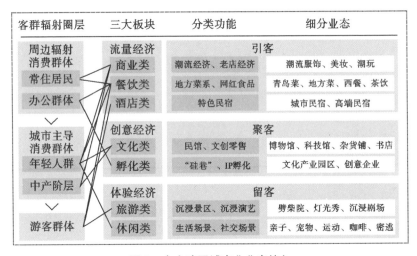

图 2　中山路区域产业业态植入

1. 流量经济

（1）商业类聚焦潮流业态导入和老字号新业态，逐步提升消费层级。潮流业态聚焦年轻消费群体高颜值、强个性消费偏好，在潮服领域积极导入山东首家李宁时尚旗舰店及安踏第十代形象旗舰店，打造国潮服饰新空间；在美妆领域关注 HAYDON 黑洞、HARMAY 话梅等仓储类美妆集合店，创设新式网红打卡点；在潮玩领域关注 TOP TOY 等潮玩集合店，探索建设二次元爱好者集聚区。老字号新业态聚焦本地情怀客群，支持天真摄影做大做强摄影行业生态，逐步向孕婴童产业拓展。

（2）餐饮类突出地方菜系品牌、主动布局网红食品，广泛吸引各类客群。地方菜系秉承"青岛本帮菜新老并进、地方特色菜兼容并包"的原则，支持春和楼通过推出创新菜品、依托劈柴院片区增设非遗体验区吸引本地客群；支持九龙餐厅等人气小馆提升就餐体验；加快导入本土海鲜餐饮流量品牌，巴奴火锅、小大董、蔡澜港式点心等川、粤、湘菜首店,精品日料、韩料、东南亚美食等多国籍料理及美式快餐。对接厝内小春村、茱沏等尚未进驻青岛区域的网红茶饮连锁品牌,尝试引入山东首家乐乐茶。

(3)住宿类聚焦特色民宿,沉淀游客流量。依托宁阳路片区里院建筑,聚焦年轻游客与背包客,对接斯维登等城市民宿运营机构,推进单体建筑市场化运营;探索将看景效果佳、内部布局优的单体里院改造为高端民宿,围绕电影、音乐、动漫等客群需求,打造特色网红酒店。

2. 创意经济

(1)文化类聚焦主题文化空间、文创零售及集合书店,打造城市文化新地标。主题文化空间围绕"存量升级＋增量突破",支持青岛一九〇七电影博物馆等现有展馆导入文化创意、互动体验等板块,提升服务能级;加快建设民俗展览馆、金融博物馆、商业博物馆、中德文化客厅等全新公益性文化场馆;争取青岛市科技馆改造升级。文创零售聚焦"品牌导入＋产品创新",关注 LOFT、十八字金等文创品牌,鼓励区域内文创店铺、展览馆、博物馆等对接点匠文创等机构,设计具有青岛特色的文创产品。集合书店专注"特色书店＋融合书店",关注钟书阁、言又几等特色书店,打造城市文化新空间,支持百盛等商业综合体植入以西西弗书店为代表的"图书阅读＋衍生品售卖＋休闲社交"等融合书店。

(2)孵化类加快导入文化产业业态,夯实区域产业根基。围绕创意设计、影视动漫、新媒体等新赛道,探索导入洛可可、吞象文创等文创设计机构;吸引区内影视动漫制作公司入驻,打造动漫园飞地;鼓励广告设计、新媒体创作、直播带货、抖音场景拍摄等团队入驻。

3. 体验经济

(1)旅游类围绕沉浸式景区与演艺,提升游客体验。沉浸式景区围绕实景打造与科技演绎,依托劈柴院片区里院建筑打造沉浸式街区,通过加入氛围演员、设置非遗互动体验项目、开展非遗民俗展演等方式还原老青岛民俗文化;对接丝路视觉等沉浸式数字创意公司,依托单体建筑策划中山路区域百年变迁光影秀。沉浸式演艺选取中山路南部单体欧陆风情建筑改造为沉浸式剧场,联合知名剧作家及历史学家合作撰写剧本,串联建筑、装饰与人、事等老青岛记忆,讲述青岛城市故事。

(2)休闲类专注生活及社交场景,提升客群黏性。生活场景聚焦亲子经济、宠物经济与运动经济,关注奥飞欢乐世界、MINI MARS 等亲子室内游乐场品牌;探索引入波奇宠物、极宠家等宠物医疗品牌,吸引宠物主及儿童群体;积极对接超级猩猩、乐刻等新型健身房,满足白领人群及年轻住户运动需求。社交场景聚焦年轻群体休闲需求,关注UMIPLAY 逃脱艺术、入戏 INSIDE 等高端沉浸式密室资源,打造爆款密室场景;依托中山路沿街、黄岛路片区等二层铺面,积极对接我是谜、叁仟世界等剧本杀品牌,推动"二楼经济"发展;导入 MANNER COF-FEE 等外带特色咖啡品牌、星巴克等精品连锁咖啡品牌,满足商务群体需求及社交聚会需求;积极对接海伦斯、Perry's 等新式连锁酒馆,打造都市白领群体工作之余的休闲放松之地,发展夜色经济。

(作者单位:市南区发展研究中心)

统一战线助推营商环境优化研究

——以市北区为例

修丰东　　隋成龙

　　近年来，我国营商环境持续优化，营商环境在全球 190 个经济体中的排名，已经由 2012 年的第 91 位跃升到 2020 年的第 31 位。统一战线作为党的事业取得胜利的重要法宝，在我国优化营商环境过程中，具有独特优势，为我国营商环境的优化作出了重要贡献。市北区充分发挥统一战线凝心聚力、桥梁纽带、协调各方、民主监督等重要作用，形成了更加开放、包容、国际化的营商环境"市北强磁场"。

一、统一战线具备助推营商环境优化的独特优势

　　统一战线历来是为实现党的中心工作服务的。《中国共产党统一战线工作条例》明确提出："统一战线是中国共产党凝聚人心、汇聚力量的政治优势和战略方针，是夺取革命、建设、改革事业胜利的重要法宝，是增强党的阶级基础、扩大党的群众基础、巩固党的执政地位的重要法宝，是全面建设社会主义现代化国家、实现中华民族伟大复兴的重要法宝。"在当前世界正处于百年未有之大变局背景下，营商环境的好坏，事关发展、事关全局、事关长远。党的十八大以来，习近平总书记曾在不同场合多次强调营商环境的重要性，从中央到省、市也都出台了相关政策。优化营商环境已经成为我国实现高质量发展、形成全面开放新格局的重要举措，它就像阳光、空气和水一样，影响着企业乃至全国经济的健康发展。统一战线作为党的重要法宝，一直在我国优化营商环境过程中，充分展现着独特的战略优势。

（一）参与国家制度和治理体系建设的协同优势

　　统一战线是中国特色社会主义制度体系的重要构成，是实现国家治理体系和治理能力现代化的重要力量。一方面，统一战线在国家基本制度的形成确立、巩固发展和效能发挥中具有不可替代的重要作用。

另一方面,统一战线也是党治理国家的一种重要而特殊方式,与国家治理体系和治理能力现代化有诸多的内在契合。在实现中华民族伟大复兴这个长期目标上,统一战线与国家治理有一致的愿景追求;基于坚持中国共产党的领导、多主体的合作参与,与国家治理拥有了共同的实践主体;通过统一战线优化国家治理、国家治理巩固统一战线,统一战线有了参与国家治理协同的实践路径。也就是说,统一战线服务国家体系和治理能力,既是推进国家治理现代化的必要条件,也是巩固发展最广泛爱国统一战线的分内之责。我国营商环境持续优化,根本原因就在于国家制度和治理体系拥有巨大优势。统一战线与我的国家制度和治理体系深度融合,优化营商环境不仅需要统一战线参与实践、发挥作用,而且统一战线也为优化营商环境搭建了新平台,开辟了新天地。此外,统一战线在与国家制度和治理体系的相互协作中,实现了协同效应、整合效应和创新效应,对我国营商环境优化作出了重要贡献。

(二)促进重大关系和谐的和合共生优势

营商环境是一个复杂的、系统性的存在,涉及政务环境、市场环境、法治环境、社会环境、人文环境等外部因素。社会和谐稳定在复杂的营商环境系统中,处于基础性地位,甚至更为重要,在一定意义上具有决定性。"基础不牢,地动山摇。"没有一个和谐稳定的社会环境,营商环境是不会好的。《中共中央关于巩固和壮大新世纪新阶段统一战线的意见》明确指出:"统一战线的团结是全社会和谐的重要基础。"《中国共产党统一战线工作条例》也指出,维护社会和谐稳定是新时代统一战线的重要任务。统一战线倡导求同存异、和谐包容,在理顺关系、化解矛盾、整合资源方面具备独特优势,十分有利于将各种社会利益主体团结起来,夯实共同的政治基础,实现彼此间的和合共生,进而维护全社会的和谐稳定。在这一方面,统一战线具有促进政党关系、民族关系、宗教关系、阶层关系、海内外同胞关系等关乎我国长远和全局的重大关系的和谐发展的重要功能。这"五大关系"反映在政治、经济、文化和社会各个领域,构成了我国基本的社会关系。它们是否能够做到协调一致,必然影响我国社会的整体和谐稳定,进而必然从根本上影响营商环境是否能够得以优化。统一战线也因此成为我国营商环境快速优化的重要保障。

(三)联系广泛资源丰富的优势

统一战线涉及的领域很广,工作范围包括各民主党派成员、无党派人士、党外知识分子、少数民族人士、宗教界人士、非公有制经济人士、新的社会阶层人士等12个方面。统战人士分布在各个行业、各个阶层当中,成员达"数亿之多",而且都是各方面的代表,其中不乏高级知识分子、领军人物,这使统一战线在人才、知识、联系交往等方面,拥有了丰富的资源。在《深刻认识做好新形势下统战工作的重大意义》一文中,习近平总书记指出:"只要把这么多人团结起来,我们就能为实现'两个一百年'奋斗目标、实现中华民族伟大复兴的中国梦增添强大力量。"在当前我国努力推进经济高质量发展的大环境下,打造世界一流营商环境,需要我们每个人的共同努力。统一战线联系广泛、资源丰富,能最大限度地凝聚优化营商环境的共识、智慧,并为之"增添强大力量"。《关于加强新时代民营经济统战工作的意见》明确指出"民营经济统战工作是全党的重要工作"同时,强调要"不断优化营商环境",把推动构建亲清政商关系作为民营经济统战工作的重要任务。从这个意义上看,统战工作与优化营商环境在民营经济上形成了重点交叉,进一步验证了:统一战线本身就是世界一流营商环境的重要参与者、建设者、维护者和展示者。党花大心思、下大气力抓好统一战线工作,天然地、内在地就成为我国优化营商环境的重大战略措施。

二、统一战线助推营商环境优化的市北实践

找准助力营商环境优化的切入点、发力点,把独特优势转化为具体的功能作用,才能将统一战线融入丰富多彩的优化营商环境实践中,并在激发市场活力构建良性发展生态中体现统一战线价值。近年来,市北区在优化营商环境过程中,充分发挥统一战线顶层设计、凝心聚力、桥梁纽带等八方面功能作用,形成的相关经验做法值得研究和推广。

(一)顶层设计作用

近年来,市北区坚持把优化营商环境作为"一号改革工程",成立了由区委书记和区长任双组长的优化营商环境协调小组。但与多数地方政府将优化营商环境推进工作交给政府部门不同,市北区高度重视统一战线在营商环境优化方面的战略优势,把统战部确定为统筹推动全区营商环境工作的牵头部门之一,将"市北区优化营商环境推进保障专班"办公室设在统战部。市北区统战部也因此在优化全区营商环境工作中,充分发挥了组织领导的顶层设计作用。2021年,先后协助区委制订《市北区持续打造全国一流营商环境城区行动方案》和2021年优化营商环境重点改革任务清单,参与制定"激发民营经济活力促进民营经济发展19条""人才高地建设六大工程20条""建设全国一流营商环境城区24条""关于加快总部经济发展的意见"等全区优化营商环境重要文件。先后组织召开提升服务能力、优化营商环境工作动员大会、企

业家大会、营商环境"三述"评辩会等重要会议；多次邀请企业家、专家座谈，把提出的"金点子"全部纳入区委、区政府决策；提出探索设置全区营商服务机构——市北区优化营商环境服务中心和区企业服务中心的建议，并在全市率先设立了"双中心"。推动强化工作督导落实，将营商环境纳入区委、区政府"大督查"、深化改革年度重点工作范围，坚持每月调度两大项 6 小项工作，建立健全优化营商环境长效工作机制。2021 年 7 月，市北区企业服务协会也在统一战线的重要部门——市北区政协的推动下揭牌成立，进一步丰富了优化营商环境的"市北样板"，探索出了项目落地的"市北路径"。

(二)凝心聚力作用

实现"人人都是营商环境"，就是要在人心上下功夫，就是要凝心聚力形成共识，就是要让建设全国乃至世界一流营商环境深入人心。近年来，在优化营商环境工作中，市北区充分发挥了统一战线的凝心聚力作用。一是通报良好发展态势激发热情。2021 年 8 月，组织召开党外代表人士座谈会，区委书记带头向党外代表人士通报近两年市北区建设国际航运贸易金融创新中心核心区的成长蝶变情况。二是组织现场观摩见证老城复兴。2021 年 4 月、6 月，组织区各民主党派基层组织、统战团体，并邀请全市新的社会阶层代表人士、驻青高校科研院所、国有企业统战人士，集体参观红景新区、青岛人工智能国际客厅等发展亮点，共同见证营商环境日益优化后的市北新发展变迁。三是成立联谊组织强化团结引导。深化市北区网络代表人士联谊会——"网新汇"相关经验做法，2021 年 5 月成立了青岛生物科技创新园新的社会阶层人士联谊会。既通过倡议做一个守规矩、讲秩序、道德高的新社会阶层代表人士，加强了营商环境舆论方面的团结引导，又在重点产业园区植入了统战工作"基因"，进一步带动辐射更多新的社会阶层人士参与到优化营商环境工作之中。四是培育"小微"扩大商会覆盖面。市北区制订《关于促进全区工商联所属商会改革和发展的实施方案》，积极探索培育"小微"商会，一方面为个体工商户安好家，实现商会组织向社区网格延伸，另一方面通过团结、服务、引导、教育，构建个体工商户抱团发展的良好营商环境。截至 2021 年 6 月底，已发展啤酒街商会、电子信息商会、南山商会等"网格商会"4 个，商会会员从 40 户到 300 户不等。

(三)桥梁纽带作用

护航民营经济发展是优化营商环境的重要工作目标。作为一流营商环境的建设者、维护者、展示者，担当起民营企业与党委和政府之间互联、互通、互动的桥梁纽带，是统一战线的应尽之责。近年来，市北区委统战部积极推动构建党委和政府与民营企业间的联系沟通机制。积极协助区委组织召开"市北区商协会及企业家大会",建立、健全党委和政府与企业、商协会定期协商机制。在此基础上,进一步推动完善领导干部联系企业商协会制度,落实37名区级干部联系171家重点企业、商协会;在全区不同层次探索推进服务企业新平台的建设,制定了定期调查、信息收集报送及涉企服务事项信息共享和协同联动等相关工作制度。市北工商联全面发挥与民营企业"面对面""肩并肩"的职能优势,一方面,建立起政企直通车机制,在新冠肺炎疫情防控期间,为企业提供政府政策解读、政策咨询、补贴申请等一系列免费服务,截至2021年2月底,累计帮助企业解决政策问题1300余个、涉及资金2000余万元;另一方面,全力为企业纾困解难,帮助企业协调融资累计约3亿元、签订订单总额1.45亿元,为租户减免国有经营性房产租金4600余万元、入孵企业减免房租500余万元,协助23家小微企业成功贷款3500多万元,为59个重点项目提供全流程、一对一的"管家式"服务,有力推动了项目建设大提速。此外,市北区委统战部积极推动把"党群e家"微信小程序,建设成为收集民营企业意见诉求的重要平台,截至2021年3月底,企业用户已达1.23万家。4月中旬,市北区通过该程序开展营商环境线上问卷调查,共收集有效问卷5180份,汇总需区政府帮助解决事项80余项、意见建议150余条,其中多项被区委、区政府有关文件采纳吸收。

(四)建言献策作用

建言献策是统一战线发挥作用的基本方式。近年来,市北区高度重视发挥统一战线的智力优势。连续两年,由统战部邀请市级及以上民主党派领导、专家举行座谈,为国际航运贸易金融创新中心核心区建设、老城区高质量发展赋能助力。这种做法在青岛市尚属首次。2021年2月,市北区委统战部积极协调青岛市社会主义学院成功举办"RCEP与青岛机遇"统战智库专题研讨会,从产业布局、制度保障、创新突破等方面,为市北区建设RCEP创新试验基地提出了很多有价值的意见和建议。这些做法也激发了各民主党派建言献策的积极性,提出了许多具有针对性、建设性和可操作性的"金点子""好点子",为本地和全国的优化营商环境工作提供了重要参考。民盟盟员提出的《关于社会组织与中小企业在减轻税费负担、降低运营成本等方面享受同等政策扶持的建议》得到了国务院的电话反馈;提出的《关于在RCEP试验基地引入"青岛国际商事法庭(青岛RCEP商事法庭)"的建议》得到了区委主要领导的批示,相关部门正在推进落实中。市北民建基层委协助市北区承办了"青岛国际航运贸易金融创新中心核心区产业项目签约大会暨青岛新金融集聚区启动仪式",协助邀请民建中央副主席、全国政协常委、上海市政协副主席周汉民出席启动仪式并进行主旨演讲;会员撰写的《亟须加强对第三方移动支付的监管》建议被全国政协采用。截至 2021 年 9 月底,九三学社市北区基层委完成市级以上调研课题 8 项。

(五)维护稳定作用

社会和谐稳定是最基础的营商环境。近年来,市北区统一战线在助力基层治理、民事纠纷调解、防控新冠疫情等方面,做了大量的工作,取得了显著成效,在夯实优化营商环境基础方面作出了重要贡献。市北区通过创新"结对共建"模式,积极引导各民主党派基层组织和统战团体组建志愿者队伍,发挥自身资源优势,助力街道做好社区、网格一线治理工作,主动服务优化营商环境工作大局。已涌现出"民建帮你办"、"信新相映"公益平台、鑫淼社会工作服务中心、同明书坊等一批典型,广受街道、社区和群众好评。2021 年 7 月,在市北区委统战部的推动下,青岛市网络纠纷人民调解委员会(青岛市网调委)在该区法律援助中心揭牌。青岛市网调委是在 2020 年成立的全国首创以新的社会阶层人士为主体参与人民调解的网络纠纷解决工作机制、山东省首家网络纠纷调解专业性公益机构——"市北区网络纠纷人民调解委员会"(市北区网调委)的基础上迭代升级而来。截至 2021 年 6 月底,市北区网调委累计调解案件近 500 起,调解成功率接近 50%,被中央统战部及国家、省市级媒体、网站累计报道 100 余次,多次受到政法系统、受益市直单位和当事人的表扬感谢,并得到了青岛市委统战部主要领导的批示肯定。新冠疫情暴发后,市北区广大统战人士自发捐款捐物,用己所长以多种方式投身疫情防控阻击战一线。据不完全统计,截至 2021 年 8 月底,全区统一战线各界共捐赠防疫物资 1000 多万元;党外代表人士参与并带动志愿者参与疫情防控超过 5000 人次;精心创作网络作品 13000 余条,多篇作品点击量超过 10 万。

(六)法治服务作用

法治是最好的营商环境。统一战线拥有众多法律专业人士资源,应当在优化营商环境中,充分利用法律人才的专业知识特长,有意识、有目的、有组织地发挥出专业化的法治服务能量。2020 年,市北区借助统一战线资源优势,依托区司法局,组建了惠企法律服务团队,积极为企业提供优质的"法助企航"服务。截至 2021 年 9 月底,共有 5 家律师事务所、57 名骨干律师,通过进行法治体检、提供专业化合规服务等方式,对市北区的 1028 家企业进行了情况梳理,实地对接、走访企业

543 家,接受企业咨询 764 件次,为企业解决合同履行、工伤处理等实际问题 327 件,并成功探索出"惠企从注册开始"的全新工作模式,力求实现惠企法律服务在企业生命周期的全覆盖。市北区工商联更是采取多种措施为民营企业提供法治服务。一是联合检察院积极开展"服务'六稳''六保'护航民企发展"检察开放日活动,向受邀参加活动的民营企业家代表通报部分涉民营企业典型案例,进一步畅通了检企联系,强化了对民营企业合法权益的保护。二是成立商会人民调解委员会,安排律师轮值提供公益咨询服务,帮助企业咨询劳资纠纷、维权等问题。以南山商会为例,截至 2021 年 4 月底,共排查调处商户矛盾纠纷 57 件,防止民转刑纠纷 2 件 7 人,制止群体性纠纷械斗 4 起 38 人,劝止集体性上访 2 起 18 人,基本实现"小矛盾不出商会,大纠纷不出街道"。三是成立个私法律维权服务中心,广泛宣传党的方针政策和国家法律法规,加强法制教育和职业道德教育,仅 2021 年初就受理相关投诉 10 余件,为个体私营企业挽回经济损失 20 余万元,解答有关咨询 200 余人次。四是积极举办知识讲座,结合实际就《民法典》、税法等法律法规进行讲解,引导会员诚信经营、文明服务。五是开展争创"守合同重信用企业""光彩之星""青年文明号"等系列活动,强化企业文明经商、公平竞争、守法经营的职业道德意识,民营企业诚信守法意识不断增强。

(七)民主监督作用

民主监督是统一战线作用发挥的重要实现形式。在优化营商环境过程当中,引导统一战线人士以强烈的政治责任感和民主监督意识,采取诸多形式,积极主动开展民主监督活动,为该区"放管服"等工作补短板、强弱项作出了积极贡献。借助于市委统战部关于支持各民主党派市委会履行民主监督职能的工作安排,2020 年、2021 年先后邀请民进市委会到市北区开展"六稳六保""项目落地年"专题民主监督调研,并提出需要市级层面解决的 6 项意见建议,通过市委相关部门直报市委、市政府。如有人大代表在提案中提出市北区"当前在投资建设项目中仍存在审批环节多、审批效率低下等诸多问题,个别项目从立项到许可需要 9 个月到 1 年的时间,造成企业预算难、成本高"后,市北区在2021 年进一步加快了审批智能化建设,梳理开发出首批"秒批"事项,实现了全过程"零跑腿、零排队、不见面、全自动"。在"两会"发言过程中,有政协委员提出市北区政务服务"与深圳等相比还有很大差距,办事效率慢,特别是中层以下办事慢"后,市北区把以解决消极怠慢、服务不亲为重点的窗口服务提效行动,列为 2021 年加强作风建设的 15 项行动之一,并建立健全了窗口服务"好差评"制度。针对民营企业家在调研座谈中多次向市北区有关领导当面表达的不了解惠企政策的情况，2021年出台《市北区持续打造全国一流营商环境城区行动方案》，把"提升惠企政策可及性"单列为一项具体行动，明确提出探索借助人工智能、互联网等手段开展政策匹配、信息推送等惠企工作。市北区统一战线人士还积极通过视察调研形式，对优化营商环境工作进行民主监督。如2021年7月，驻市北区的青岛市人大代表对RCEP青岛经贸合作先行创新试验基地建设情况开展专题调研活动，实地视察了人工智能国际客厅、RCEP青岛企业服务中心，听取了有关工作情况汇报，实现了统一战线民主监督由"结果"向"过程"的转变。

（八）人才培育作用

优化营商环境的最终目的在于激发市场蕴藏的活力。市场活力来自人，也来自民营企业家。因而，民营企业家素质能力的高低、优秀企业家精神是否得到弘扬，对营商环境的优化有着十分重要的影响。近年来，市北区做了大量具体有效的工作。如2021年3月和5月，市北区科技局和企业服务中心分别举办了科技产业沙龙和企业沙龙，共约100名企业代表参与活动，交流行业发展，展望未来前景，帮助企业家们拓宽了上下游产业链合作和跨界合作的视野。7月，市北区举办了"重温百年奋斗史、启航产融新征程"为主题的红色金融论坛，邀请不同领域的企业代表，就如何用好创投风投提升用好资本市场能力进行深入交流，增强了民营企业家们的资本市场意识。9月，市北区举办了有40余家企业参加的OKR管理法培训，围绕OKR的理论、技术与实际管理等方面开展讲解，帮助参会的企业高管及人力资源主管，理解OKR的精髓、了解OKR制作的操作流程，助力民营企业提高人才管理水平。同时，市北区着力培养民营企业家参政议政能力，截至2021年8月底，先后推荐126人次参加全市、全区民营经济代表人士培训、座谈会加强培养，12名个体工商户作为人大代表、政协委员人选。在弘扬企业家精神方面，市北区工商联充分发挥自身优势，通过引导民营企业家学习党史、新中国史、改革开放史、社会主义发展史，激发企业家感党恩勇于担当、办实事回馈社会的热情。

三、在优化营商环境中进一步发挥统一战线力量思考

经过近年来坚持不懈的努力，我国营商环境已经取得了显著进步，但与世界一流国家相比，依然存在一定的差距，与实现经济高质量发展的现实需求、与企业对更好营商环境的向往，还有不小的上升空间。从市北区来看，虽然2021年上半年企业家政务服务环境满意指数调查已上升为青岛市第二名，但需要进一步提升的工作也多方面存在。比如，

参与营商环境优化的主动性不够,部分单位缺乏主动担当意识,个别人员"慵懒散",服务企业方式简单;服务企业的精细化不够,部门之间推诿扯皮、拖拉延误现象仍有发生,尚没有专门的营商服务热线、惠企利民政策宣传力度不强;干部队伍的专业化不够,对营商环境世行标准、政策法规、先进经验的学习掌握不够,帮助企业解决实际问题的能力有待提升,等等。为此,必须持之以恒努力优化营商环境。统一战线在此过程中应当强化使命意识、责任意识、担当意识,进一步发挥自己的独特战略优势和具体功能作用,为营造最优营商环境贡献力量。

(一)进一步健全统一战线参与营商环境优化机制

首先,进一步提高统一战线对优化营商环境重要性的认识。应广泛形成以下共识:优化营商环境离不开统战人士的广泛参与和创新创造,离不开统一战线形成最大公约数、汇聚正能量,离不开统一战线发挥协调关系、化解矛盾的特殊作用。改变营商环境优化是政府职能部门的工作、与统一战线基本无关的观点,改变优化营商环境是政府的事、企业只是共享者不是建设者的观点,进而在党委、政府各部门树立"一盘棋"理念,在统战人士特别是民营经济代表人士中,树立"营商环境就是我们自己"理念。其次,开发创新更多统一战线融入营商环境优化工作的切入点。比如,推动"有实力"的大国企与"正在努力"的中小民营企业之间的合作,推动各种类型企业发挥各自专长,通过相互配合达到资源优化,最终实现各企业都有较好收益等。统一战线在这些方面有资源、有智慧、有力量,完全能够为党委、政府提供强大持久的支持。第三,深入探索统一战线参与营商环境优化的机制。2021年市北区积极探索了"党建+统战"机制,努力推动党建工作、统战工作、民营企业家引领和楼宇经济发展的有机结合。这一做法可进一步深化为更多的"统战+"机制,如"统战+群团""统战+公益""统战+社会治理""统战+民生"等,并借助这些机制不断延伸统一战线参与营商环境优化的触角。

(二)着眼迫切需要改善统一战线参与营商环境优化效能

实践是不断发展变化的。强化问题意识,推动工作不断提升。从目前看,在做好新冠疫情防控的同时,进一步推动企业发展,是最重要的优化营商环境工作。统一战线,特别是工商联,应当从民营企业的"娘家"进一步发展成为民营企业的"家",从遇到困难才帮助解决进一步转变到"心入"企业,与民营企业心心交融,"读懂企业,读懂企业家",把统一战线建设成为民营企业的共同家园。同时,把统一战线打造成为惠企利民政策宣传的重要渠道,全方位、多渠道、多方式对国家政策进行宣传,推动各项惠企利民政策真正落地生根。更为重要的是,随着经济社会发展的不断深入,民营企业发展已离不开国家发展的战略大局。统一战线应引导民营企业积极融入国家发展大局,参与全国营商环境的建设,推动形成以国内大循环为主体、国内国际双循环相互促进的新发展格局,顺势而为,加强创新,化危为机,在自己的主业上下硬功夫、下大力气,为市场和消费者提供更多的一流产品、一流服务、一流技术,在国家发展的战略大局、在全国营商环境的不断优化中赢得更大发展。

(三)加强平台建设提升统一战线参与营商环境优化水平

优化营商环境是一个系统工程,既需要建设好"一网通办"等政务服务硬实力平台,也需要建设好统一战线等构建亲清政商关系的软实力平台。应从世界一流营商环境的高定位出发,创造创新统一战线参与营商环境优化的网络状平台,给更多的企业、企业家提供机会,让大家都在统一战线这个平台上,为自己向往的最优营商环境做出效能倍增的努力,世界一流营商环境自然就在其中了。具体而言,应进一步强化四方面的平台建设:一是政治引领平台。营商环境反映着一个地区的政治生态,优化营商环境更要把准政治方向。应进一步夯实统一战线思想政治引领的各类平台,凝聚共识、凝聚力量,确保广大统战人士与党中央同心同向同行。二是建言监督平台。充分利用政协、人大等平台,组织广大统战人士围绕营商环境优化各方面工作,积极建言献策,强化民主监督。建议建立、推广营商环境企业家督导委员会机制。三是"云上统战"平台。智慧化是当下和未来时代的明显标志。应利用智慧政务等平台,实现"指尖上的统战""指尖上的营商环境",把快捷、贴心的"即时服务"送到统战对象身边。市北区"党群e家"已取得初步经验。四是发力发光平台应继续总结推广。在一定意义上,"双招双引"就是营商环境的再造过程。许多统战人士愿意投身"双招双引"工作尽微薄之力。统一战线应充分依托现有条件,积极搭建统战人士在"双招双引"工作中的发力发光平台,通过引导民营企业家参加项目投资推介会、洽谈会等招商活动,发挥其招商引资的人脉、专业等优势,把好的企业招引过来。

(四)顶层设计强化统一战线参与营商环境优化支撑

市北区委统战部作为牵头部门,在全区营商环境工作中充分发挥组织领导作用的经验,值得推广。应认真学习贯彻《中国共产党统一战线工作条例》,以"大统战、大平台、大融合、大发展"思路,打破统一战线固有的管理服务、联谊交友工作模式,树立新思路、创新新方法、运用新手段,全面深化提升政治统战、经济统战、文化统战、社会统战的软硬件力量,推动统一战线向优化营商环境工作的一线阵地延伸,逐步实现以统战带营商、以营商促统战的工作新局面,书写优化营商环境的统一战线担当和责任。同时,进一步提高对统战队伍建设的重视,充实统战工作专职队伍力量,配强政治坚定、业务精通、作风过硬的统战干部,为统一战线参与营商环境优化提供人才保障。

(作者单位:修丰东,青岛统一战线智库、中共市北区委党校;隋成龙,青岛市市北区委统战部)

城阳区基层社会治理研究

张丕钦　彭孝锋

党的十九大报告提出"打造共建共治共享的社会治理格局""要加强社会治理制度建设,完善党委领导、政府负责、社会协同、公众参与、法治保障的社会治理体制,提高社会治理社会化、法治化、智能化、专业化水平"。《中共中央关于制定国民经济和社会发展第十四个五年规划和二〇三五年远景目标的建议》,将国家治理效能得到新提升作为"十四五"时期中国经济社会发展的六大主要目标之一。习近平总书记多次强调,"党的工作最坚实的力量支撑在基层","要把加强党的基层建设、巩固党的执政基础作为贯穿社会治理和基层建设的一条红线",这为基层社会治理指明了方向和路径。城阳区围绕"小社区、大社会"城乡社区治理要求,以"阳光城阳"建设为总抓手,通过"阳光社区"建设,完善以人为本的精细化、精准化服务体系,整合服务资源,丰富服务功能,共享美好生活,形成了基层社会治理的城阳特色。

一、城阳区基层社会治理实践

(一)构建"基层党建十社会治理"新格局,实现党建引领基层治理

面对城镇化步伐加快带来的社区类型多、党员流动性大、基层治理难点堵点问题多的现实情况,城阳区率先在全市实施"街道吹哨、部门报到、领导联包"机制,推动党建管理精细化、精准化,以党建引领基层治理机制创新,促进基层党建与基层治理的有机融合,构建"基层党建十社会治理"的基层社会治理格局,推进大党建引领大治理。

1. 细化党建网格,实现党员精准到户

强化党组织领导网格管理,全面建立区、街道、社区党组织三级党建协调议事平台,优化调整 1.2 万个基层网格,推选党员中心户 1200余户,在社区网格化管理中建立网格党支部,使网格党组织与网格管理服务融为一体,建立起"街道党工委—社区党组织—网格党支部—楼院党小组—党员中心户"组织链条,实现党的组织向社区最基层延伸,形

成网络化、立体式社区党组织体系。在此基础上,各社区根据实际情况再进行细化。拥有众多企事业单位的棘洪滩街道青大片区专门成立了流动党员党支部,解决流动党员的归属问题;已实现村改居多年的流亭街道西后楼社区成立了退休干部和新市民党支部,以便及时全面掌握不同类型党员的实际情况。

2. 全面推行"契约化"党建共建和社区"大党委"工作机制,提升社区党建的影响力和凝聚力

以"社区共建、社企共建"为主导,街道全部建立"大党工委",社区"大党委"覆盖率达到100%。在区、街道、社区党组织三级党建协调议事平台基础上,城阳区积极推动社区党建、单位党建、行业党建多方联动,完善"街道党工委—大社区党委—网格党支部—党员"的党建引领基层治理体系,细化网格党支部(党小组)的职责任务,健全党建引领的社会参与机制。以流亭街道西后楼为例,社区党总支建立了社区共建议事会,与区消防大队三支队党支部、流亭边防派出所党支部、城阳第十三中学党支部、流亭街道春雨小学党支部、青岛万万顺工贸有限公司党支部等五家驻社区单位党组织实现共建,在社区党建、环境卫生管理、志愿队伍联建、文体活动等方面实现组织共建、资源共享、机制衔接、功能优化,丰富和便利了党员群众的生活,赢得了党员群众的热烈欢迎。

3. 推进阳光党建阳光居务,夯实基层堡垒

城阳区制定出台全面从严治党"1+6"制度体系,建立"街道吹哨、部门报到、领导联包"基层治理新机制,推动重心下移、权力下放、力量下沉,形成了眼睛向下抓落实的良好局面。坚持从制度建设入手,制定社区干部《十个坚持》《十个不得》责任清单和负面清单,列出社区资财管理十项流程,全过程强化管理监督,全方位堵塞风险漏洞。广泛推行社区"两委""亮目标、亮权力、亮家底"和党员"亮身份、亮承诺、亮家风"活动,把社区工作放在阳光下"暴晒",真正给群众一本"明白账",通过自律与他律相结合的方式,给社区干部戴上"紧箍咒",绷紧"纪律弦",促进了社区干部阳光守纪、阳光用权。进一步完善农村产权交易平台,实现了对社区的全面监管和实时监督。

4. 实施"红色风筝"党建联盟,提升党员群众对党组织和社区的向心力

近几年,城阳区城市化步伐和社区重组加快,党员群众居住分散,信息传达、村务公开难以及时到位,且党员组织活动开展和作用发挥存在困难,为此一些街道探索实施了"红色风筝"党建联盟,由社区党组织做"放风筝的人",党建网格做支撑风筝保障稳定和升力的"龙骨",分散居住的党员汇成"风筝面",通过多种途径教育、跟踪性管理、人性化关爱与精细化服务做实"四位一体""风筝线",做到拆迁社区党员群众"人

散心不散"。如棘洪滩街道有 10 个社区处于旧村改造阶段,涉及居民 8000 余户、党员 900 余人,街道在前海西、后海西、南万、北万、韩洼五个拆迁社区进行试点,搭建社区党组织、街道便民服务业务科室、过渡期间集中居住区域党组织联盟平台,开展 10 余项便民服务,有效解决拆迁社区党员教育、服务群众难题 100 余次,有效增强了群众与党组织之间的认同感和归属感。

(二)聚力打造综合服务体系,实现民生导向基层治理

以人民为中心,是基层社会治理的核心价值观。城阳区提出结合城市单元规划建设,推进城市社区党群服务中心示范点建设,依托城市社区党群中心,整合城市社区服务,通过构建"三位一体、三级联动"的区、街道、社区服务平台,完善以人为本的精细化服务体系,整合服务资源,丰富服务功能,实现社区由传统管理向"服务管理并重,服务为先"的转变,提高居民的幸福感、归属感。

1. 依托党群服务中心完善便民服务功能,促进基层和谐

坚持把保障和改善民生作为社区中心建设的根本目的,在功能设置上贴近群众、贴近实际、贴近生活,最大限度地满足群众多样化生活需求。一是依托党群服务中心,完善配套设施,搭建"开放式"活动平台。在社区中心配套建设"百通岗"、党建活动室、"两代表一委员"工作室、民声服务室等公共服务场所,图书室、舞美室、棋牌室等文化服务设施,为群众提供健身、休闲、学习、娱乐活动阵地,满足了各群体文体娱乐活动需求。二是依托党群服务中心,集中管理职能,搭建综合型、小型化的"一站式"办事窗口。将区里十五大类政府公共服务职能、社区便民服务功能向党群服务中心集中,建设综合服务大厅和集中受理"百通岗"窗口,工作人员集中入驻、行政事项集中受理,开展劳动就业、养老保险、居家养老、人口计生、社区教育、治安安全、救助帮扶等便民利民服务。三是依托党群服务中心,改进服务方式,搭建"零距离"服务网络。大力加强相关服务网站建设,不断提高信息化服务水平。开通社区微信公众号、社区 APP,建立居家、养老、家电维修等服务机构数据库,居民通过服务热线"一拨就灵、一点就通"了解预订服务需求。开通就业指导网站,及时分析就业形势,发布就业信息,接受群众咨询,有效缓解因缺少专业技能带来的就业问题。开通"文化超市"网站,整合全区文化设施、人才、队伍、活动等资源,群众可根据需要在网站平台上自由选择,由政府统一出资购买配送到基层、提供给群众。

2. 依托党群服务中心延伸组织管理功能,增强基层活力

坚持把健全基层组织管理体系作为党群服务中心建设的首要任务,在每个党群服务中心辐射的片区建立党的领导、依法治理和城市社

区民主自治有机统一的新型管理模式。一是满足群众需求,推进社区功能设置标准化。城阳区制定《城阳区社区党群服务中心规范化管理办法》,提出党群服务中心的外观形象标准,室内按照"一厅五室一中心"(党群服务大厅,社区办公室、党建活动室、"两代表一委员"工作室、民声服务室、警务室,文化活动中心)的基本建设标准,最大限度的满足群众需求。二是坚持社区服务管理专业化。在城市社区党群服务中心推进政府购买服务,鼓励引导各类社会组织参与社区管理和服务,将专业的服务事项交给专业团队和机构办理,为群众提供专业化、社会化服务。按照每300~400户配备1人的标准选配专职社区工作者,招标引进有资质的餐饮企业入驻党群服务中心,设立社区便民餐厅(助老大食堂)。三是搭建公众参与平台,提高群众参与度。在社区中心内开设市民协商议事厅,定期听取居民意见、征求居民建议,保障了群众参与权、表达权,使社情民意成为社区决策的重要参考,实现了权力在阳光下运行、工作在监督中开展。

3. 依托党群服务中心下沉综合治理功能,实现基层稳定

按照党群服务中心的规划布局,在党群服务中心设立综治服务中心、警务室,推进网格化管理,强化治安防控、矛盾排查调处、流动人口服务管理、社区矫正服务等职能,充分发挥群众力量和社会力量,专群结合、群防群治,实现了责任在一线落实、问题在一线解决、和谐在一线形成。一是引导群众参与治安防控。建立完善专职队伍与协防队伍相结合的治安防控队伍,由党群服务中心警务室统一调配、分工协作,对重点区域全天候监控、不间断巡逻,消除了治安防控盲点,震慑了犯罪分子,减少了犯罪活动。二是引导群众参与矛盾纠纷排查化解。设立民声服务室,开展"观察事务、收集民意、民情调解、解决居民反映问题"等社区服务,完善领导干部联系社区、社区"两委"民情走访、党员联户等制度,聘任热心群众担任调解员,力争问题第一时间发现、第一时间上报、第一时间解决,使党群服务中心成为基层矛盾纠纷的"终点站"。三是引导群众参与新市民管理。建立新市民协管员队伍,由党群服务中心警务室牵头划分管理网格、落实管理属地,登记建档,进行动态管理服务。在党群服务中心设立新市民家园、司法援助中心,帮助外来务工人口解决子女入学、劳资纠纷等问题。

(三)坚持区域力量联动,实现网格规范基层治理

面对城镇化进程中群众诉求的多样性,城阳区充分动员群众力量,发挥科技支撑作用,推动网格化管理智能化、精细化、精准化,不断提升社区治理和服务水平。城阳区已建立起区、街道、社区、网格四级扁平化治理体系,实现了网格化服务管理中心、矛盾纠纷多元化解中心、综

治中心、调解中心、法律服务中心"五位一体"运行。全区 8 个街道 267 个社区按照辖区面积、实有房屋数量、社会治安环境等实际情况,划分社区网格(包括农村社区和城市社区)4965 个,专属网格(包含机关、学校、企事业单位、工业园区、公共场所等)348 个,实现辖区内综治网格全覆盖。同时成立了综治网格员、信息登记员、网格管理员三支综治网格化队伍,仅综治网格员就调动起社区党员、居民代表、优秀社区居民、物业工作人员等多种人群的参与,主要履行信息采集员、民意收集员、法规宣传员工作职责。在此基础上,各街道和社区结合自身实际创造性开展工作。城阳街道小寨子社区实行四级网格化管理实践最具典型示范意义。

1. 设网定格,构建社区网格化治理格局

小寨子社区位于区城中心,辖区面积 4.2 平方千米,共有 9 个居民小区、83 个楼座。社区按照"规模适度、无缝覆盖、动态调整"的原则进行网格划分,将整个社区设定为一个网,划分为三个片区,每一单元设定为一个网格。按照这个设定办法,整个社区共划分网格 308 个,其中,一片区有网格 91 个,二片区有网格 98 个,三片区有网格 119 个,形成了"横向到边、纵向到底、全面覆盖、不留死角"的网格化布局。

2. 格中定人,夯实网格组织基础

网格实行四级管理、分级负责制。社区党委书记为总网格长;每个片区设片长和委员,分别由社区"两委"成员和社区中层干部担任,负责本片区的日常事务,向总网格长负责;每一个楼座设 1 名楼长,楼长兼任单元长,向片长负责;每一个单元(网格)设 1 名单元长,向楼长负责。楼长和单元长作为网格员,是网格协调运转的重要基础,社区党委认真筛选,选择懂文墨、热心居务、身体健康的居民组建网格员队伍,负责网格内的日常工作。经过几年的更新和打磨,网格员队伍不断成长,成为网格化治理的骨干力量。为夯实网格基础,社区党委把党支部建在网中,每个片区成立片区党支部,党支部书记任片长;在网格中设立党小组,一般 4 个左右楼座组建一个党小组,形成"党委抓支部、支部管党员、党员联群众"的党建工作格局。

3. 各负其责,着力提升网格管理实效

制定网格长、网格片长、网格员等工作职责,明确工作任务,各负其责。制定网格化工作例会、情况报告、信息化管理等制度,建章立制,促进网格化管理规范化。成立社区网格化服务管理中心,下辖治安、安全消防、保洁、单元长、楼长五支队伍,将治安、计生、安监、维稳、水电五方面信息联网,实现数据共享、队伍联动。建立网格化运行机制,确保网格运行快捷高效。一是摸清基础。网格员开展入户走访,对本网格内的住户信息、外来人口信息等逐一登记,做到底数清、情况明。格内住户、人员发生变动的,及时采集更新。二是加强日常巡查。网格员坚持每天巡查,因为大多数网格员就生活在网格内,所以成为发现问题、处置问题、上报问题的第一人。三是及时解决问题。网格员对排查出的矛盾纠纷、安全隐患等问题,本级网格能自行解决的,及时解决;不能解决的,及时上报上一级网格解决;确实解决不了的,由"社区"两委研究解决。

4. 科技赋能,提高网格治理信息化水平

建立社区网格化智能管理平台,将所采集信息输入平台管理,做到服务管理一目了然、及时便捷。实施智慧社区工程,规划建设安防监控系统、智能车辆识别出入控制系统、人脸自助门禁系统、全景高点系统、一键紧急报警系统、人脸识别布控系统、监控中心系统、访客系统、出入口自助测温系统、智能水表读表系统等组成的智能立体防控系统,实现了社区管理的智能化全覆盖,提高了社区治理的信息化水平。开发"城阳街道小寨子社区"微信公众号,可以在手机上完成水费、电费、物业费的缴纳和故障维修,方便了群众办事,使社区服务更具人性化。

(四)强化组织领导,着力健全社区多元共治工作机制

1. 建立顶格协调推进机制

成立了由区委主要领导任主任、区政府主要领导任第一副主任和区委组织部、区委政法委主要负责人,区政府分管领导为副主任,区相关部门主要领导为成员的城乡社区治理领导小组,实行重大事项"由上而下"顶格协调,减少决策层级和环节,缩短决策进程,最大化提高城乡社区治理决策效率,进一步明确顶格协调事项,细化顶格协调工作流程,将责任落实到具体人、具体岗位、具体时限。

2. 建立部门协同联动工作机制

围绕城乡社区治理目标任务落实,建立了一部门牵头、多部门联动的协同推进的社区治理机制,改串联为并联,推动工作整合重构,强化对全区社区治理工作的领导力度。各街道组织指导社区建立社区党组织领导下的,由社区党组织成员、居委会成员及业主委员会、物业公司、驻社区单位负责人组成的社区共建共治工作领导协调小组,推进社区治理工作。

3. 坚持阳光议事,推动多元治理

围绕解决群众关心的重要事项,深入开展"阳光自治家园"项目,2021年前三季度,累计在 32 个城市社区投入 180 余万元,购买了 29个精准服务"治理项目",推动在社区党群服务中心和市民议事厅等搭建邻里沟通网络;制定完善自治章程、居民公约、楼栋公约和专项公约等,激发居民参与社区治理的能动性;完善基层协商机制,全面推行"问

民需、听民计、议民生"为主题的"区、街、居"三级市民议事,明确了"9+X"协商主体"七化议事法",积极推动"我爱青岛·我有不满·我要说话——阳光城阳在行动"民声倾听主题活动。截至2021年9月末,累计开展市民议事活动1300余场次,解决政策制定、邻里纠纷和社区问题860余个,参与群众达2.5万余人次,实现了"问政于民"的常态化。

4. 鼓励社会力量参与共治

鼓励社会组织参与社区治理,在全省率先举办社会组织类扶持政策阳光发布会,每个社会组织服务项目,扶持资金最高可达25万元,截至2021年9月末,全区累计投入扶持资金近1800万元。在全市率先将低保和特困审批权委托下放到街道,成立"海鸥服务""蓝马甲"两支志愿服务队伍,建立主动发现、全程代办帮办机制,办事流程由40天以上缩短到了15天以内。加强社会心理服务体系建设,加快推进社会治理由"安防"到"心防"的转变,基层医疗机构心理咨询室、社区心理辅导室设置率均达到100%。

(五)提高德治法治水平,打造和谐幸福的阳光社会生态

1. 加强阳光阵地建设,让文明更加风尚

深化推进精准文化惠民工程,传承发扬传统文化,让群众共享更多的文化发展成果。每年举办市民节、民间艺术节、社区艺术节、邻居节等各类群众性文化活动3000余场。全面推进全省新时代文明实践中心建设,建立文明实践阵地346个,打造了20个星级文明实践站,被确立为全国新时代文明实践试点区。启用全市首家新时代结婚礼堂,弘扬时代文明新风,引领群众感受生活的阳光幸福。开展"城阳身边好人""最美退役军人"评选活动,深入开展"四德工程"建设,讲述"城阳故事",截至2021年9月末,累计获评市级及以上道德模范97人、山东好人23人、中国好人5人,评选全国道德模范1人。盘活文化资源,培育文化产业,大力推进不其、法显、胡峄阳、王邦直、康城书院等历史文化资源的市场化、产业化发展,打造了胡峄阳文化园和峄阳文化产业街。

2. 建立阳光调解机制,维护社区安全稳定

城阳区通过全面推行公共法律服务"1+1"制度(每个社区1律师、1首席调解员"坐堂问诊"),建成山东省首个区级纠纷多元化解中心,在街道设立公共法律服务站,社区设立司法行政工作室,实现社区法律服务的全覆盖,每年开展"阳光普法"进社区宣传活动100余场次,让社区居民在"家门口"即可享受到星级法律服务。实施"诉调联动、警调联动、访调联动"等多元联动调解工作模式和"1+2+N"(一个社区民警+两个社区辅警+群防群治力量)社区警务模式,建立社区治安巡逻队、夕阳红巡逻队等协防队伍230余个、治安志愿者6000余人,社区群

众安全感和治安满意度连年上升,获得"全国人民调解宣传工作先进集体"荣誉称号。

3. 提升阳光生活环境,让社会更加和谐

推进"阳光医保惠民计划",在全市率先开展门诊大病网上预受理,社区集体卫生室实现"24 小时预约"、延时服务,基层医疗卫生服务管理得到了中央改革办的肯定。强化创业服务指导,推进山东省创业型街道创建,17 个社区获评山东省"四型就业社区",认定数量居青岛市第二。完善"阳光救助"机制。积极构建全域共建、全民共享群众体育格局,在全区形成"8 分钟健身圈""15 分钟足球运动圈",有效解决了社区群众健身"去哪儿"的现实问题,全民健身"六个身边"工程成为叫得响的城阳经验。

二、城阳区基层社会治理取得的成效

经过近些年的努力和探索,尤其是 2017 年实施"阳光城阳"建设工程以来,城阳区将满足人民群众日益增长的美好生活需要放在首位,在基层社会治理方面取得了不俗的成效,居民的获得感、幸福感和安全感不断提升。

(一)强化了党的领导,基层党组织的领导核心地位显著增强

城阳区以落实全面从严治党为主线,以增强各级党组织政治功能和组织力为重点,坚持思想建党与制度治党相结合,党组织协调各方、组织动员的优势得以充分发挥,党的政治领导力和党组织的凝聚力不断增强。如推行阳光管理、严格监管,倒逼社区干部转作风,新一届居委会产生后,所有社区干部开展履职承诺,向党员群众公开,一旦违反,承诺书自动转为辞职申请书,给社区干部上紧"发条"。聚焦基层干部规范用权,进一步完善了农村产权交易平台,195 个社区"三资"交易全部纳入平台管理,实现了对社区的全面监管和实时监督。惜福镇街道松树庄社区坚持能公开都公开,将 1 万元以上支出、社区审计报告等都纳入公开范围,赢得了群众信任,群众对党组织的认同度明显提升,其参与基层社会治理的积极性也明显提高。

(二)健全了治理体系,社区治理能力显著提高

通过推行网格化管理"多网融合",解决了以往不同部门在网格管理中各自为战、用力分散的问题,织密了基层党组织纵横到边、全域覆盖的组织体系,有力推动了街道社区党建、单位党建、行业党建相互融合,以"小网格"实现"大治理"。在建立健全包括街道区域化党建工作

联席会议制度、社区共建议事会制度和"契约化"党建共建制度的基础上,各社区普遍建立了以社区党组织为核心,居委会、群团组织、物业公司、驻区单位等积极参与、有序运转的"1+7"社区治理运行机制,居民融合及社区重构进展顺利,社区居民特别是社区新居民在社区治理体系当中的地位得到基本保障,党建引领、"一核多元"的社区治理体系日趋成熟,基本形成共建共治共享的社区治理格局。

(三)赢得了群众满意,党群干群关系更加密切

城阳区通过推动机关企事业单位党组织联系社区党组织、借助专业化社会组织、建立志愿服务队伍,整合各方资源,形成服务合力,开展个性化、精细化服务,群众对党组织的认同感越来越强,从而把群众更加紧密团结在党组织周围。在社会组织孵化方面探索出以社区为资源配置平台、社区社会组织为参与载体、社会工作专业人才为专业支撑、社区志愿者广泛参与的"四社联动"机制,推动"四社"资源共享、优势互补、多元共治、相互促进。通过资源整合共享,全区100%的社区新居民及原居民在水、电、暖、物业管理及其他公共性服务方面完全实现了均等化;完善"阳光救助"机制,把全区外来转移人口家庭、务工人员和支出型困难家庭等都纳入救助范围,群众的获得感和幸福感不断增强。在"阳光社区"达标建设中,包括原居民、新居民在内的居民随机抽样满意度调查结果表明,社区组织坚强有力这一调查指标社区居民满意度连续两年在95%以上。

(四)实现了资源下沉,社区精准服务体系不断完善

专业服务项目日益增多,目前全区8个家社区养老服务中心都由专业机构运作,可为失能、失智、部分失能的居家老年人提供日间托养、康复医疗、助餐配餐等专业化服务。面向全体居民的社区文化服务更加多样化,每个社区都积极支持居民组建自娱自乐的文体活动组织,如合唱团、舞蹈队、京剧社、时装表演队、太极拳队等,以推动开展各类群众性日常文化活动。社区服务质量和水平显著提升,截至2021年9月末,全区80%以上的社区实现了由专业物业服务机构管理社区物业,建立起社区物业长效管理服务机制。全面推进新型智慧社区建设,所有社区充分利用互联网信息技术、社区微信公众号,向居民提供各种线上服务。

(五)强化阳光为民指向,生活品质不断提升

城阳区将七成以上财力投向民生领域,城阳街道在全市率先实现社区集体经济收入"村村过百万",全区农村社区集体经济平均收入超过 300 万元,居全市第一。组织开展"星级阳光社区"达标工程,给予获得"星级阳光社区"称号的一次性奖励 30 万元。在全区范围内组织开展了山东省森林乡镇、森林村居创建工作,城阳街道东田、流亭街道北后楼等 12 个社区被评为山东省森林村居。实施绿化提升工程,截至2021 年 9 月末,新增 3 处区域口袋公园,有区域口袋公园累计达 79处。推动医疗服务优质共享,截止到 2021 年 9 月末,整合、新建社区集体卫生室 206 处,创建省、市、区三级示范卫生室 34 处。构建全方位健康支持环境,截至 2021 年 9 月末,培育健康社区 71 个,建成健康自助检测点 80 个,新建健康主题公园 3 个,全区健康家庭创建实现了全域覆盖。全区人均期望寿命逐年提高,预期达到 81.45 岁,百岁老人数量逐年增加,先后被评为山东省长寿之乡、省级健康促进区。

三、城阳区基层社会治理经验启示

通过城阳区的基层社会治理实践,可以得出以下启示。

(一)坚持把建强基层党组织作为根本,把党对一切工作的领导落实到基层

党的领导是中国特色社会主义最本质的特征。实践表明,基层党建强,基层治理就强;基层党建弱,基层治理就弱。基层党组织领导基层治理,就要扩大党在各领域的组织覆盖,完善组织体系,提高组织能力,从休制机制上全面加强党对基层各类组织和各项工作的统一领导。应着力加强街道社区党组织建设,发挥党组织在基层社会治理中的领导核心和战斗堡垒作用,将党的政治优势转换为为民服务的优势,确保基层治理充分体现党的意志和要求,始终保持正确方向。

(二)坚持把统筹推动、共建共治共享作为抓手,构建党组织领导下的基层治理体系

基层党组织担负着领导社区治理的重要职责,要把社区居民和单位组织好,打造共建共治共享的基层治理格局,必须强化政治引领、组织引领、能力引领、机制引领,改变原来大小事均由社区党组织包揽管理的模式,发挥基层党组织的领导核心作用,对各类组织敢于领导、善于领导、全面统筹、开放融合,整合各方资源力量,做到党组织统一领导、辖区各类组织积极协同、广大党员群众共同参与。

(三)坚持把提高群众生活质量作为出发点,提高基层党组织服务群众的能力水平

坚持以人民为中心的发展思想,要求把人民群众的需要作为工作的努力方向。应深刻认识基层党建的为民导向,发挥党组织在服务群众中的主体作用,以党组织为纽带,整合辖区各类资源、力量,共同做好服务群众工作。适应群众多层次、多样性需求,丰富服务内容、创新服务手段,健全服务网络,寓治理于服务之中,做到普惠服务、公共服务与精准服务、个性化服务相结合,把服务做到群众心坎上,真正赢得群众满意。

(四)坚持"网格化"管理服务,实现基层社会治理和服务精细化

党的十九届五中全会提出"构建网格化管理、精细化服务、信息化支撑、开放共享的基层管理服务平台"。基层社会治理要实现治理和服务精准化、精细化,离不开"网格化"。城阳区在社区已有网格化管理中建立网格党支部,实现了"多网合一",充分发挥了"网格化"管理"地域相邻、规模适度、方便管理"的优势,坚持党建引领、融合管理与服务,增强了基层社会治理和服务的效能。"网格化"管理是推进基层社会治理的重要手段和有效载体,是转变政府职能、密切联系群众服务群众的有效途径,也是创新社会治理方式的有力举措和发展趋势,对推进基层社会治理体系和治理能力现代化具有重要意义。

(五)坚持将信息化应用于基层社会治理,进一步提升基层社会治理的智能化水平

基层社会治理创新离不开新的服务载体,信息化的迅猛发展为基层社会治理提供新的媒介和途径。城阳区通过智慧社区建设和网格化信息系统形成大数据指挥调度平台,对网格中的人、地、物、事等数据全部动态管理,充分发挥了信息化及时快捷高效的优势,也使基层治理主体能够直接高效地参与社会治理,是信息化在基层社会治理领域的新应用和新发展。信息化在基层社会治理中的广泛运用,不仅能提高基层治理和为民服务的效率,也为辖区联动单位召开会议、开展活动、信息公开提供平台,而且能进一步激励居民主体的参与意识,培养公众的主体感和责任感。可以说以信息化促进网格化、以网格化发展信息化是基层社会治理创新的一个重要趋势。

四、城阳区基层社会治理创新发展建议

城阳区的基层社会治理围绕着基层群众的切身利益,在以人民为中心的社会治理创新中做出了可贵的探索和创新,在未来的发展中,在完善现有治理格局的基础上,需要做好以下几方面工作。

(一)进一步完善基层社会治理格局

在"一核多元"、协商民主、共建共治共享社会治理格局基础上,坚持问题导向,抓短板促提高,进一步健全党组织领导的自治、法治、德治相结合的基层治理体系。在街道一级,整合各部门延伸至基层的资源力量,健全社区管理和服务机制,不断完善网格化管理和服务,发挥群团组织、社会组织作用,发挥行业协会商会自律功能,实现政府治理和社会调节、居民自治良性互动,夯实基层社会治理基础。

(二)恰当处理政府治理与民间自治的边界

以人民为中心,并不仅仅是将人民群众作为服务的对象,而是要将其看作具有能动性的主体,要尊重群众的创造力,尊重民间自治传统,依靠群众自我治理的力量。但是在具有长期全能政府理念的影响下,城阳区的社会力量还稍显薄弱,民间自治和群众主动性的发挥仍然不够,尤其是在政府服务继续下沉、社区治理精细化精准化的思路下,政府治理的边界如何把控,进一步激发民间自我治理的活力等都是可探讨和努力的方向。

(三)进一步提高服务群众的精准度

城阳区辖 8 个街道 281 个社区,其中涉农社区 228 个,这些社区正处于传统农村村落社区向新型城市居民社区转型的关键时期,社区类型多样,群众需求多元化、复杂化,需要进一步做好政府服务与群众需求的精准对接。

(四)重视柔性治理的作用

科技支撑是现代国家治理体系的重要内容,但是标准化的技术治理手段如何与动态复杂的乡村相结合,如何打通社区治理的"最后一公里",仍然需要探讨和完善。因此,基层治理更要注重从提升公民素养、加强村民自治等方面下功夫。

(作者单位:中共城阳区委党校)

胶州市建立党史学习教育常态化机制研究

刘骏骎　朱铎鹏　赵丽娟　许　彤

党的力量来源于组织,县域是具有区域整合能力、离基层群众较近的一个组织单元。2021年,胶州市以全党党史学习教育为契机,以县域为单位挖掘、整合党史学习教育资源,不断固化和拓展党史学习教育成果,逐步形成资源共享、体系完备、横向到边、纵向到底的组织化、系统化、常态化的党史学习教育体系,建立了党史学习教育常态化机制。

一、胶州市党史学习教育常态化机制构建情况

2021年,胶州市以在全党开展党史学习教育为契机进行党史学习教育机制构建。在胶州市委的领导下,组织部门和宣传部门协同组织,整合各系统、各部门和其他社会力量,充分挖掘、整合具有区域特色的党史学习教育资源,打造常态化、全覆盖的党史学习教育体系,不断夯实党史学习教育的组织基础,在不同层面取得了显著成效。

(一)建立党史学习教育领导体系

胶州市成立了市委党史学习教育领导小组,市委组织部、市委宣传部共同发力、协同领导。胶州市委印发《关于认真学习贯彻习近平总书记〈用好党史资源,传承好红色基因,把党史江山世世代代传下去〉重要文章的通知》《关于推动全市党史学习教育走深走实的若干措施》等文件,把党史学习教育列入胶州市重点工作内容。市委组织部制定了《胶州市党员教育专家库管理办法(试行)》《胶州市党员教育师资库管理办法(试行)》《胶州市党员教育培训基地管理办法(试行)》《胶州市党员教育教材开发基地管理办法(试行)》等5个办法,形成了党员教育工作制度体系。市委宣传部印发《全市学习贯彻习近平总书记在庆祝中国共产党成立100周年大会上重要讲话精神专题宣讲工作方案》《关于成立胶州市学习贯彻习近平总书记"七一"重要讲话精神专题宣讲团的通

知》等文件,组建"专家学者宣讲团""百姓宣讲团",建立起领导干部带头学、党员干部广泛学、市民群众常态学的党史学习教育层级体系。

(二)构建党史学习教育内容体系

一是挖掘和保护党史学习教育资源。组织部门、宣传部门等单位,通过征集、记录、访谈、拍摄、实地考察等方式,对发生在胶州的重大历史事件、重要英模事迹和伟大革命精神进行挖掘和整理,形成多种形式的可留存和可查看的党史记忆、生动教材,为党史学习教育提供了史料支持。截止到2021年10月上旬,60余篇事迹、故事篇目编入《大美胶州讲起来》《胶州故事汇》出版。

二是创作和巡演红色文化产品。通过"颂党恩 传家风——听四代母亲话党史"活动,挖掘四个分别成长于国内革命战争时期、社会主义建设时期、改革开放时期和新时代的党员母亲家庭故事,形成党史演出剧本演出;创作了突出胶州文化特色的茂腔小戏《五颗扣子》《归来》、秧歌小戏《颂党恩》等一批传承红色基因、反映历史巨变的文艺作品并演出,截止到2021年10月上旬,累计开展文艺巡回宣讲310余场。

三是打造"线下＋线上"党史学习教育载体。胶州市创新党史学习教育载体,打造特色鲜明、主题突出的党史学习教育阵地和红色文化传承平台,通过"线上＋线下"多形式、多维度呈现红色文化。线上,运用传统媒体和新媒体等平台,不断增强党史资源的辐射力、影响力。如利用市融媒体平台开设党史革命故事专栏,在《金胶州》数字报连载胶州党史故事与党史人物事迹、在"云上胶州""学习胶州"等微信公众号定时发布党史学习教育开展情况与胶州党史事迹。线下,除依托胶州党史馆、宋家屯第一党支部等传统党史展馆打造爱国主义教育基地外,还开辟党史宣传长廊、党史乡村旅游线路等党史实景资源开展党史学习教育。如三里河街道、胶西街道"重走长征路"爱国主义教育基地;山东省发布"济南—胶州市大店村文化展馆—胶北革命历史纪念馆—玉皇庙村""胶州—青岛黄岛杨家山里党史学习教育基地"党史旅游线路;铺集镇"中国精神"主题党史宣传长廊等。其中创造性地依托新时代文明实践中心、所(站),推广"党史大喇叭",定时播放党史歌曲、讲述党史故事,向广大群众传播党的声音、宣讲党的理论。截止到2021年10月上旬,累计覆盖全市10个镇(街道)、30余万党员群众。

(三)打造常态化党史学习教育实施体系

1. 打造"1＋12＋N"党员干部党史理论教育实施体系

胶州市建立起以"1个县级党校＋12个镇(街道)党校＋N个党史学习教育阵地"为主体的"1＋12＋N"党史理论教育实施体系,县、镇

(街道)两级党校分工协作、上下左右行业联动,最终实现党员干部党史理论教育"横向到边、纵向到底"全覆盖。

"1"即多措并举强化县级党校党史学习教育主阵地。胶州市委十分重视党校工作,主要领导多次到市委党校开展调研,组织、宣传部门把党校师资纳入全市党史学习教育师资库。胶州市委党校发挥党史学习教育的主阵地、主渠道、主力军作用,积极打造党史学习教育师资队伍,不断完善师资库,推行"3＋3"教学新模式,即将理论教学、实践教学、党性教学等相关教学内容与框架式、菜单式、互动式等教学方式相结合,把党史学习教育作为党校必修课,带领学员打卡党史展馆、胶州党史馆等,进行实地场景化学习、感悟、交流。2021年,围绕习近平总书记在全党党史学习教育动员大会上的讲话、在庆祝中国共产党成立100周年大会上的重要讲话等系列讲话精神,开展针对性备课、结构化授课,将党史学习教育与胶州市经济社会发展紧密结合。形成党史记忆(胶州党史)微课堂、身边榜样进课堂等新型党史学习教育方式,打造多处党史现场教学基地,运用融合传播渠道,通过农家书屋、"板凳圈"、"线上＋线下"等形式传播党的理论和路线方针政策等,农忙季节送课到田间地头、到农家小院,让党史学习教育进入寻常百姓家。

"12"即上下联动推进镇(街道)党校党史学习教育全覆盖。镇(街道)党校是党史学习教育组织体系的基础,是基层党员教育培训的"最后一公里"。近年来,胶州市委积极部署镇(街道)党校建设,制定了镇(街道)党校建设标准,高起点规划、高标准建设、高效能管理,围绕"一镇(街道)一特色"进行镇(街道)党校建设。认真落实经费保障机制和教学管理制度,12个镇(街道)党校全部按照"五区一线十有"标准("五区",即教学区、党性体检区、餐饮区、住宿区和活动区;"一线",即初心教育专线;"十有",即有名称标识、有党旗党徽、有宣誓广场、有党建资料、有教学设备、有党性体检流程、有学员餐厅、有学员宿舍、有规章制度、有培训档案)建设完成。市委党校全面调研场所设置、培训计划、师资配备等情况,并指导各党校有序开展党员干部理论培训和党史学习教育工作。各镇(街道)党校因地制宜,深挖本地红色文化,将红色基因融入镇(街道)党校建设。胶北街道、胶莱街道、洋河镇等镇(街道)党校立足当地红色文化,打造了"胶高魂"革命历史纪念馆、宋家屯村全市"党员教育基地"、柴世荣展览馆等党史特色展馆,通过现场教学方式激励广大党员不忘初心,砥砺前行。截止到2021年10月上旬,全市农村党员干部党史学习教育通过镇(街道)平台全部完成。

"N"即市委党校辐射带动N个行业、部门党史学习教育阵地。通过农家书屋、"板凳圈"等形式送课到企业、社区、学校、医院、田间地头和农家小院等,让党史学习教育进入寻常百姓家。

2. 打造分众化党史学习教育常态化实施体系

2021年,胶州市根据党史学习教育的受众群体特征,分层次、分内容、分体系建立健全相应领域的教育实施体系,保障党史学习教育常态化、规范化进行。

(1)构建"党建引领+"党员干部党史学习教育机制。通过构建"N"个党员干部党史学习教育组织单元,形成了以党员干部为主体赓续红色基因的"红色地带"。一是"党建引领+培训"。通过全市"N"个党组织依托主题党日、"三会一课"、民主生活会等党的组织活动开展党史学习教育和培训,保持党的先进性。如胶州市人民政府开展"红心向党 三练三强 全员成长"主题实践活动,练学习本领、强理论素养;练标兵作风、强机关效能;练精神面貌、强拼搏劲头,打造一支能力更强、效能更高、劲头更足的机关干部。通过"党建引领+培训",全市党员干部党史学习教育实现全覆盖。二是"党建引领+志愿服务"。发挥全市"N"个新时代文明实践中心(所站)阵地作用,着力打造"党建引领+志愿服务"文明实践模式,提升党史学习教育的社会转化水平。胶州市成立山东省首家志愿服务联合会党委,带领指导全市2800余支志愿服务队伍开展志愿活动。截止到2021年10月上旬,共开展"党史·教育"——党史宣讲志愿服务活动、"党史·关爱"——"我为群众办实事"志愿服务活动、"党史·服务"——"'胶'您满意'州'到服务"志愿服务践行活动、"党史·文艺"——建党主题文艺志愿服务活动、"党史·健康"——党员义诊志愿服务活动、"党史·生活"——文明环保宣传志愿服务活动、"党史·真情"无偿献血志愿服务活动等7类主题活动720余次,参与志愿者2.2万人次。

(2)构建"一主两线六环"青少年群体红色基因传承机制。胶州市实施红色基因传承工程,构建党史育人新机制。抓牢"一主两线"("一主"即红色文化课堂,"两线"即党史理论教育、党史实践教育),推动"六环相扣"(搭建党史讲堂、举办阅读党史和党史儿童剧表演等艺术活动、开展党史研学等体验式教育、加强党史创作、开展党史主题活动等),发动"八大攻势"(校园党建共同体建设、红色基因传承、新时代思政课建设、育人队伍建设、阳光心理培育、阳光体育建设、法治教育、家校社一体化建设等),全面、立体开展党史学习教育,引导学生厚植爱国主义情怀、砥砺强国报国之志。例如,青岛胶州市中云振华教育集团党委创新党建工作,确立了"党建统领全局,演绎振华故事"的办学思路,聚焦"立德树人,传承红色基因"。2021年,振华集团抓住庆祝中国共产党成立100周年的有利时机,围绕"构筑校园生态,献礼建党百年"的中心任务,以"有根有魂有底蕴,有梦有诗有故事"为目标,生成了以"永远跟党走"为主题的党建文化,开发了传承红色基因的"生命润染课程"。通过经典诵读展演,"小站拢绿,尽染芳华"六年级毕业典礼,"永远跟党走,信仰代代传"入队仪式、"展眼新时代,弘扬好家风"等党史学习教育课程,将思想教育融入其中,让每一个活动都成为学生难以磨灭的文化记忆,让红色真正成为学校的主色调。

(3)构建"尚德胶州 身边人讲身边事"基层群众党史学习教育常态宣讲机制。发挥全市党史学习教育宣讲师资库以及老革命、老英模、老党员等各级各类宣讲队伍作用,围绕"群众做给群众看,群众讲给群众听",定时定点"进机关、进社区、进村庄、进学校"进行党史学习教育等党史宣传、宣讲,常态开展"大家演"乡村故事会、老党员走进乡间村头讲党课等活动,推进党史学习教育覆盖基层群众。截至 2021 年 10 月上旬,累计开展基层群众党史宣讲 980 余场次,受众 12.8 万余人次。

(4)借力乡村夜校实现乡村党史学习教育常态化。为推动乡村振兴战略深入实施,不断提升村民们技能素质,拓展红色教育渠道,市委组织部在广泛征集村民需求的基础上,由村级党组织领办,依托现有村级活动场所,整合胶州全市资源建立师资库,设置了技能培训、涉农政策、法纪知识等十类夜校微课堂,实行"菜单式"教学,在各村开办"乡村夜校"。通过乡村夜校这个平台,不但可以把各种资源送到老百姓家门口,而且可以融入党史学习教育,实现乡村党史学习教育常态化。

(四)打造"学史力行"的党史学习教育转化平台

胶州市以庆祝中国共产党成立 100 周年为契机,以党史学习教育为主线,创新开展"我为企业解难题""党员干部结新亲""千名书记解千题、万名党员圆万梦"三项主题实践活动,将党史学习教育的成效不断转化为"我为群众办实事"的民生实效,让广大党员干部在"学史力行"中显示本色,将党史学习教育成效转化为推动经济社会发展的原动力。

1. 在推进企业"项目落地"中显示本色

胶州市坚持在党史学习教育中引导党员干部把学习党史、传承红色基因同推动发展相结合,积极推进党史学习教育与青岛"项目落地年"紧密融合,着力破解发展难题、厚植区域发展优势。胶州市相关部门通过召开企业创新发展大会、上海合作组织国际投资贸易博览会,成立 102 支服务小分队,为企业发展找机遇、找订单。截止到 2021 年 10 月上旬,全市党员干部累计为企业解决问题 95 项,协助企业签订订单共计 8.8 亿元。

2. 在解决群众"急难愁盼"中显示本色

胶州市在党史学习教育中坚持引导党员干部在解决群众"急难愁盼"中显示本色。把群众关心的教育、医疗、人居环境、文化生活、政务服务等问题制订成"民生清单",确保事事有回音、件件有着落。人民群众在问题解决中得到实惠、受到感召；党员干部在解决问题中显示本色、受到洗礼。例如，针对群众反映强烈的老旧小区设施老旧、公共管理服务不到位等问题，胶州市大力推进老旧小区改造。截止到 2021 年 10 月中旬，累计投资 1.9 亿元对 161 个老旧住宅小区进行了基础类改造，通过加装电梯、更换管网、美化绿化、改造车位等工作，使老旧小区焕然一新，受益家庭达 3.79 万户、12 万人。

3. 在健全常态化帮扶机制中显示本色

胶州市为激发广大党员干部深化对党的性质宗旨的认识，激发党员群众干事创业热情，按照切口小、发力准、效果好的标准，广泛开展联系群众大走访和联系企业大走访，健全常态化社会帮扶机制，在持续改善民生中显示本色，固化党史学习教育成果。

二、胶州市党史学习教育常态化机制存在的主要问题

胶州市结合本地实际，对党史学习教育常态化机制进行了一系列探索和创新，取得了较大成效，但是也存在一些问题。

（一）理论教育在党史学习教育中比重偏低

习近平总书记指出，"马克思主义理论素养是领导干部的必备素质，是保持政治上清醒坚定的基础和前提。"理论上的成熟是政治上坚定的基础，政治上的清醒来源于理论上的坚定。中国共产党的历史是一部推进马克思主义中国化、不断丰富和发展马克思主义的历史，也是一部运用马克思主义理论认识和改造中国的历史。从课题调研来看，理论教育组织培训力度小、覆盖少，在全市党史学习教育中比重偏低。党校是理论教育的主要承担者，从调研统计来看，自 2020 年 11 月以来，市委党校本校开展理论教育培训 28 次，培训 2800 人次；外出授课 130 次，培训 8471 人次。12 个镇（街道）党校共培训 29 场次，参训人员 3389 人次。市、镇（街道）两级党校共培训 17660 人次，这与胶州市 5 万多名党员干部和近 100 万城乡常住居民的总数相比，比重明显偏低。

（二）党员群众有效参与度尚待提升

1. 自主参与度不高

为了解胶州市党员群众参与党史学习教育情况，作者组织了一次问卷调查。主要考察视角有三：

（1）党史学习教育调查问卷回收率低。本次累计发放线上、线下党史学习教育问卷 4926 份，回收 999 份，仅占发放问卷的 20% 左右，说明党员、群众对党史学习教育关注度不高。

(2)党员群众对本地党史资源了解少。从回收的问卷来看,对"你了解本地哪些红色文化场所"这一问题进行的统计,除对胶州党史馆了解人数超过2/3(76.03%)以外,其他几个主要党史展馆的了解人数均未过半。统计数字如下:了解大店村党史学习教育基地的44.1%;了解玉皇庙党史学习教育基地的36.44%;了解艾山党史记忆馆的32.3%的,仅有21.8%的人了解胶州市第一个党支部——宋家屯第一支部(图1)。

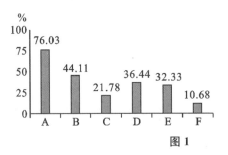

A 党史馆
B 大店村红色教育基地
C 宋家屯第一支部
D 玉皇庙红色教育基础
E 艾山红色记忆馆
F 您了解的其他场所

图1

对"您了解哪些革命先烈事迹"进行的问卷调查统计结果显示,对王尽美、邓恩铭等著名中国共产党人了解的人数占60%左右,而对于纪子瑞、柴世荣、姜谔生、王石民等本土革命烈士了解的人数占比均不超过30%。80%的调查对象不了解"姜致和""李笃生""姜北海"等胶州早期的共产党人(图2)。

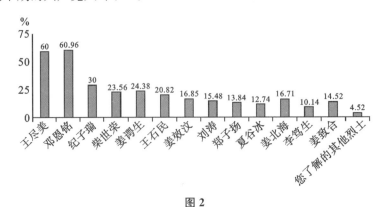

图2

(3)线下、线上党史场馆发挥作用小。线下多数展馆无专人管理,展出面积小,展示形式单一,展示内容雷同、杂乱、缺乏特色,导致参观学习过程短、感悟浅,教育作用发挥受限。线上党史场馆也比较冷清。如胶州市胶莱街道推出的党史记忆陈列馆宋家屯第一支部网络展馆,采用VR全景视图技术建成数字网上展馆,全面展示了第一支部的丰富内涵。但是展出却显得冷清,截至9月末,仅有825人进行了点击浏览,与胶州市5万多名党员干部和100万城乡常住居民的总数相比着实太少。线上、线下参观浏览人数少也说明了干部群众主动有效参与党史学习教育的程度不高。

　　2. 组织动员范围还需扩大

在党史学习教育中还没有把广大群众充分动员起来。据统计,定时定点"进机关、进社区、进村庄、进学校"进行宣传宣讲,常态开展"大家演"乡村故事会、老党员走进乡间村头讲党课等活动,受众11.8万余人次,仅占胶州市常住人口(根据第七次人口普查结果,胶州市常住人口987820人)的12％左右,说明组织动员范围还需扩大。

(三)党史学习教育的效果仍需提高

当前党史学习教育工作仍是自上而下的任务传导模式,党史学习教育动能不足。一些单位用文字材料代替学习过程、用拍照进行打卡、用发布公众号代替学习成果,流于形式、应付公事、完成任务的情况一定程度存在,入脑入心的学习目标任重道远。在对"党史学习教育效果评价"的调查中发现,有15％以上的人认为当前党史学习教育效果一般以下或不了解,较好以下评价占到将近四成(图3)。

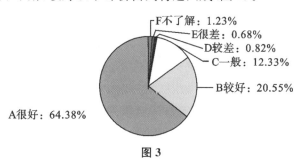

F不了解:1.23%
E很差:0.68%
D较差:0.82%
C一般:12.33%
B较好:20.55%
A很好:64.38%

图3

三、健全党史学习教育常态化机制的几点建议

固化全党党史学习教育成果,建立、完善党史学习教育常态化机制是当前党史学习教育的一个迫切问题。现提出以下几点粗浅建议。

(一)把党史学习教育与加强党组织建设相结合,锻造党建统领经济社会发展的"红色引擎"

党建统领经济和社会发展是中国共产党实现初心和使命的途径和方法,是中国共产党安身立命之本和与生俱来的红色基因,是党史学习教育的目标和方向。要把党史学习教育与党组织建设相结合,从而完善党史学习教育常态化机制的组织基础,锻造党建统领经济和社会发展的"红色引擎"。

1. 完善党史学习教育领导体制和工作机制

截至目前,胶州市党史学习教育领导小组、市委组织部、市委宣传部统筹协调,在党史学习教育中发挥了重要领导作用。为进一步推进党史学习教育工作,确保在党史学习教育活动结束后制度化、常态化运行,建议胶州市党史学习教育领导小组继续保留,继续统筹领导全市各单位党组织进行党史学习教育工作,解决目前党史学习教育中存在的条块分割、缺乏互动交流的问题,不断提升党史学习教育效能。

2. 把党史学习教育与其他工作相融合

例如,党史学习教育与基层党组织建设相结合,"主题党日+"活动就可以依托各具特色的镇(街道)党校,实现从"坐在办公室单纯灌输到走到党史基地深入体悟"的模式转变,增强党史学习教育直击人心的力量,体现红色传承的当代价值;党史学习教育与经济社会发展工作相融合,把党史学习教育形成的精神力量,化作推动发展的磅礴伟力,并作为检验党员干部思想、工作、作风的重要标尺;党史学习教育与为民服务相结合,把党史学习教育的过程作为党员干部践行初心使命为民谋幸福的过程,等等。

3. 利用基层党建文化阵地开展红色文化活动

要利用好基层各类党建文化阵地开展党史家书诵读等活动,把红色文化传播融入具体的社会活动、精神文明创建活动、丰富多彩的文化娱乐活动中,带动党员干部近距离感悟革命优良传统。

(二)把党校干部理论教育与理论惠民相结合,夯实党校理论培训的"红色渠道"

要进一步发挥党校在理论教育方面的阵地作用、主渠道作用,夯实"1+12+N"理论培训组织体系,加大理论教育的比重,确保理论阵地守得住。

1. 要不断提升县级党校理论培训水平

马克思主义理论是"共产党人的必修课",掌握好马克思主义是共产党人的"看家本领",是党史学习教育的核心内容。要打造多元化党史学习教育师资队伍。由市委组织部牵头,以市委党校师资为主体,整合全市党史学习教育师资力量,整合社会各领域专家、学者、先模人物、革命后代建立党史学习教育师资库,根据不同班次和教育对象选派教师,确保党史学习教育师资需求;要引导学员自觉增强学习马克思主义理论的意识,用习近平新时代中国特色社会主义思想这一马克思主义中国化的最新成果武装头脑,保证党员干部政治上清醒坚定,行动上奋发有为;要加大理论培训密度,扩大培训规模,争取更多班次进入党校参训;要建立全体党员干部理论轮训制度,确保每年有计划、有步骤、分层次、分系统采用不同方式完成全体党员干部的理论培训。

2. 形成特色鲜明的党史学习教育课程体系

一是打造党史理论课程体系。以市委党校为主体打造党史理论课程体系,形成一批经典理论解读、中国共产党史、改革开放理论和习近平新时代中国特色社会主义理论等重点宣讲课题,讲清讲透马克思主义为什么行、共产党为什么能、社会主义为什么好的问题。二是打造党史故事课程体系。以身边人讲身边故事、微党课比赛优秀成果、老党员老兵自述党史故事、党史演讲比赛优胜作品为基础,打造党史故事课程体系,将以伟大建党精神为精神之源的中国共产党人的精神谱系直观形象地传递给党员干部和社会大众。三是打造体验式党史实践课程体系。以三里河街道、胶西街道重走长征路实践基地、铺集镇中国精神大道、刘家村百年辉煌长廊、文旅部门的党史微剧场等为载体,打造体验式党史实践课程,通过感悟体验加深对红色文化的认同。

3. 尽快提高镇(街道)党校理论培训规范化、制度化水平

应通过严格督查、考核等措施,确保镇(街道)党校理论培训规范化、制度化水平再提高。要用好用活镇(街道)党校这个平台,采取有力措施,确保基层党员干部每年至少进镇(街道)党校培训一次,实现农村基层党员干部理论培训全覆盖。

4. 进一步用好"N"个理论培训阵地

理论一经掌握群众,便会变成无穷的力量。一要建立各行各业丰富多彩的党史学习教育板块,实现理论教育"横向到边"。例如,胶州市教育系统在红色基因传承方面进行了有效探索,通过校车党史流动课堂、党史学习教育研学等创新形式基本实现了全市少年儿童党史学习教育全覆盖、常态化目标。应全面总结胶州市教育部门在红色基因传承中的成功经验,在科技、卫生、医疗、金融、工信、城建、市场监管等领域开展各具行业特色的党史学习教育实践,形成特色鲜明的党史学习教育板块,力争理论教育"横向到边"。二要深入开展"四进"(进村居、进企业、进学校、进机关)活动,通过村居、企业、学校、机关把马克思主义理论的种子播种在每一寸土地上、播撒到每一个公民的心灵里,实现理论教育"纵向到底"。

(三)把党史学习教育与基层社会治理相结合,筑牢基层社会治理的"红色堡垒"

古人云:"防民之口甚于防川。"古有"子产不毁乡校",主要是通过乡校了解群众意愿,因势利导解决问题。我们可以建立乡村振兴讲习所、企业工人补习夜校、社区综合服务中心等多种基层党史学习教育新

平台,通过党史学习教育深化基层社会治理创新,筑牢基层社会治理的"红色堡垒"。

1. 建立乡村振兴讲习所推动农村基层党史学习教育全覆盖

中国共产党成立初期举办的农民运动讲习所,是当时培养农民运动骨干的学校,有力地促进了全国农运的发展。胶州市可以依托市委组织部建立的"乡村夜校"建立乡村振兴讲习所,在农村基层党组织领导下,建立起组织化的基层农民群众学习党的理论、党的历史和惠民政策场所,培养乡村振兴农民骨干力量,把乡村振兴和赓续党的红色血脉有机结合。一要促进基层党组织造血功能。把乡村振兴讲习所作为农村基层党组织宣传党的路线、方针、政策的前沿阵地,为群众学习党的历史和其他理论知识搭建有组织、有保障、很实用、受欢迎的"近水楼台",锻造基层党员服务群众的"红色堡垒",培养发现农民优秀分子,促进基层党组织造血功能。二要激发乡村振兴内生力量。党的十九届五中全会提出要举全党全社会之力推进乡村振兴。乡村振兴讲习所要把党史学习教育与群众需求结合起来,用群众需求吸引群众,解决党校培训很难覆盖到基层农民群众的难题,激发乡村振兴内生动力。

2. 建立企业工人补习夜校夯实党的阶级基础

中国共产党以工人阶级作为自己的阶级基础。教育、发动工人运动是中国共产党成立之初的最主要活动,团结、依靠工人阶级是中国共产党人的看家本领。可以依托人力和社会资源部门,整合县域内现有培训场所,打造一批公益场所和培训基地,把企业工人的职业前景规划、职业技能培训、职称晋升、人才开发等所有有助于提升企业工人发展能力的内容纳入培训计划,把党史学习教育作为必修课,培养优秀工人骨干,增加企业发展的红色血脉,把工人阶级这部分最宝贵的社会发展力量牢牢掌握在党的手中。

3. 建立社区综合服务中心实现社区居民党史学习教育全覆盖

社区是每位居民的栖息地。要以社区基层党组织为红色纽带,凝聚共青团、妇联、工商联、社会公益组织等社会组织和社会力量,发动本社区居民,搭建集生产、生活、教育、服务于一体的、互助式综合服务中心,把党史学习教育春风化雨渗透进居民的生活中、血液里,让以家庭为单位的社区进行党史学习教育兜底,完成党史学习教育社会群体全覆盖。

通过以上这些平台,不仅要自上而下灌输党的理论和路线、方针、政策,进行党史学习教育,更要通过这些平台把群众组织起来,自下而上听到基层群众最真实的声音,建立社会各领域不和谐因素的瞭望塔和烽火台,与基层群众产生良性互动,增强群众对党和政府的信赖感及安全感,拓展社会治理的触角和途径。

（四）把党史学习教育与持续改善民生相结合，拓展民生关切的"红色通道"

要确保党史学习教育深入人心，最触及灵魂的党史学习教育就是持续改善民生。把党史学习教育与持续改善民生相结合，不断增加人民群众的获得感、幸福感，从而产生对中国共产党的认同，对中国特色社会主义道路、理论、制度、文化的认同，不断凝聚实现中华民族伟大复兴的人民力量。例如，可以通过构建解决群众"急难愁盼"问题的"110"来解决群众眼前利益；通过拓展红色文化新业态来实现群众长远发展利益等，通过不断创新方式方法，不断拓展民生关切的"红色通道"。

1. 构建群众"急难愁盼"问题的"110"解决群众眼前利益

可以在政府网站、"云上胶州"公众号等平台设置专门区域，与已经建立的"行风在线"相结合，与开展的"党建引领＋志愿服务"文明实践等相结合，建立多个"民有所呼，我有所应"的"110"式快速反应通道，对人民群众"急难愁盼"问题快速反应和妥善解决，以实际行动播撒党的光辉、感召人民群众。

2. 拓展红色文化新业态实现群众长远发展利益

一是形成完整红色产业链。在坚持政府主导的基础上，可以鼓励、引导、扶持社会资本和民间资本进入红色文化相关产业，集中打造一批红色文化特色小镇、红色文化村，形成完整的红色产业链。运用现代传媒手段丰富红色文化展示形式，制作反映我们当地红色历史文化的文字资料、影视资料、声像资料、多媒体课件，为党史学习教育的开展提供素材、载体和场景。二是加快红色旅游转型升级。红色资源是我们党艰辛而辉煌奋斗历程的见证，是最生动的历史教材，红色旅游是最鲜活的党史课。要着力推动红色旅游与党史学习教育、研学旅行相结合，努力形成红色旅游、红色图书出版、红色会展、红色动漫、红色数字传媒、红色研学等传统业态和新业态互利互补、合作共赢的新格局。2021年3月份省文化和旅游厅推出了百条山东红色旅游线路，胶州市"胶州市大店村文化展馆—胶北革命历史纪念馆—玉皇庙村"成功入选全省15条红色加党建教育路线。胶州市可以以全省百条红色旅游线路打造为契机，加大宣传推广力度，以大店村为核心，对现有景点和遗址进行修缮改造提升，扩大红色展馆规模和内涵，整合革命历史纪念馆、胶北玉皇庙、宋家屯第一支部等红色景点，打造集党史学习教育，生态旅游，休闲观光于一体的精品旅游线路，助推乡村振兴内涵式发展，并以点带面影响带动全市党史学习教育形成大氛围。

(五)建立可操作的学习评估制度

建立可操作的党史学习教育评估制度,防止形式主义、走过场,确保党史学习教育走深走实。要减少拍照打卡等务虚内容在考核中的比重,把考核的重点放在学习转化成果上,推进党史学习教育与经济和社会发展的深层融入。

(作者单位:中共胶州市委党校)